# 会计专业硕士(MPAcc)
# 教学案例集(Ⅲ)

徐宗宇 主编

上海大学管理学院 MPAcc 案例编写委员会 编著

上海大学出版社
·上海·

图书在版编目(CIP)数据

会计专业硕士(MPAcc)教学案例集.Ⅲ/徐宗宇主编;上海大学管理学院 MPAcc 案例编写委员会编著.—上海:上海大学出版社,2018.6
ISBN 978-7-5671-3176-7

Ⅰ.①会… Ⅱ.①上… Ⅲ.①会计学-研究生-教学参考资料 Ⅳ.①F230

中国版本图书馆 CIP 数据核字(2018)第 143915 号

策　划　农雪玲
责任编辑　农雪玲
封面设计　缪炎栩
技术编辑　金　鑫
　　　　　章　斐

## 会计专业硕士(MPAcc)教学案例集(Ⅲ)

徐宗宇　主编
上海大学管理学院 MPAcc 案例编写委员会　编著
上海大学出版社出版发行
(上海市上大路99号　邮政编码 200444)
(http://www.press.shu.edu.cn　发行热线 021-66135112)
出版人　戴骏豪

\*

南京展望文化发展有限公司排版
上海华业装潢印刷厂印刷　各地新华书店经销
开本 787mm×1092mm　1/16　印张 24　字数 414 千
2018 年 7 月第 1 版　2018 年 7 月第 1 次印刷
ISBN 978-7-5671-3176-7/F·180　定价　65.00 元

# 上海大学管理学院 MPAcc 案例编写委员会

**主　编**：徐宗宇

**编　委**（按姓名拼音排列）：

陈可喜　陈　溪　戴书松　方　宗　何　任

李建华　李寿喜　李远勤　娄祝坤　吕怀立

毛丽娟　任永平　邵建军　宋　彬　王晶晶

王则灵　邬烈岚　徐宗宇　许金叶

# 前　言

时光荏苒,《会计专业硕士(MPAcc)教学案例集(Ⅲ)》付梓之际,正是2016级MPAcc学员毕业之时。本案例集也是给他们的毕业礼物。

MPAcc学员的案例开发工作是上海大学管理学院会计系进行会计专业硕士培养的重要内容,这项工作从2015年开始,迄今为止历经2014级、2015级和2016级3个年级,共形成了数百篇案例。其中的部分案例获得了全国MBA百优案例、MPAcc优秀教学案例、2017年中国工商管理国际最佳案例奖提名奖等荣誉,更多的案例入选中国管理案例共享中心、中国工商管理国际案例库和中国专业学位教学案例中心,还有部分案例结集出版形成了《会计专业硕士(MPAcc)教学案例集(Ⅰ)》和《会计专业硕士(MPAcc)教学案例集(Ⅱ)》,这些成绩的取得与各位导师和同学长期以来的努力是分不开的。

《会计专业硕士(MPAcc)教学案例集(Ⅲ)》是上海大学管理学院会计系MPAcc教学案例集出版工作的延续,是案例开发工作的又一次检阅。本书收录的案例共36篇,是从2016级MPAcc学员与他们的导师合作开发的100多篇案例中遴选出来的,主要涉及"审计理论与实务""财务管理理论与实务""企业并购""财务会计理论与实务""内部控制理论与实务"和"财务报表分析"等课程,既可作为MPAcc案例课程教材或配套辅助教材,也可作为高年级本科生相关课程的辅助教材。

案例教学正日益受到国内教育界的重视,好的案例教学首先需要优秀的教学案例,上海大学管理学院会计系近年来十分重视教学案例开发工作,热切希望能够借助案例集与国内同行进行交流,非常期待各位同行的反馈。

徐宗宇

2018年7月1日于上海大学宝山校区

# 目 录

## 审计理论与实务

上海超日太阳能公司会计违规案例解析 ……………………………………… 3
从光明食品集团的违规看内部控制漏洞 ……………………………………… 11
中源协和收购柯莱逊失败案的分析 …………………………………………… 19
漫漫 5 年操纵路——亚太实业会计违规的百转千回 ………………………… 27

## 财务管理理论与实务

P2P 网络借贷平台盈利模式的案例分析——以宜人贷为例 ………………… 39
天威集团：输变电龙头为何破产重组 ………………………………………… 50
共享经济下房地产企业盈利模式转型——以万科集团为例 ………………… 62
政府补助对 TCL 集团投资活动的影响 ………………………………………… 73
"兰花第一股"的艰难上市之路 ………………………………………………… 81
聚美优品私有化风波 …………………………………………………………… 89
影视行业业绩承诺困惑 ………………………………………………………… 98
雷士照明"争位之战"："文明人"与"野蛮人"的较量 …………………… 106

## 企业并购

与"野蛮人"的对抗——博弈视角下金地集团控制权之争 ………………… 119
十字路口的天天快递 …………………………………………………………… 133
赢了官司，黄了补偿——山东地矿业绩对赌案始末 ………………………… 144
格力电器并购珠海银隆风波 …………………………………………………… 151
三联商社并购德景电子 ………………………………………………………… 161
万达集团收购传奇影业：构建全球化全产业链的影视帝国 ………………… 174

并购大王的"收购经"——中国化工收购先正达 …… 188

## 财务会计理论与实务

康达尔反并购京基始末 …… 201
匹凸匹"掏空记" …… 210
网宿科技："高送转+减持"后的"跌跌不休" …… 223
激励还是福利？——泸州老窖股权激励案例分析 …… 231
星辉娱乐文娱产业并购基金的波折之路 …… 241
PE控股上市公司背后，产业并购基金成为并购利器 …… 257

## 内部控制理论与实务

海尔集团美国收购之成败 …… 271
"一醉再醉"，拨开酒鬼酒"营运危机"迷雾 …… 281
保定天威何故陷入破产境地 …… 291
光明食品集团的海外扩张之路 …… 300
管理层权力到底有多重要？ …… 308

## 财务报表分析

香飘飘上市的波折之路 …… 323
上市公司分立动因及效果研究——基于城投控股分立案例 …… 332
宝能何以撬动万科？——从万科股权之争看我国上市公司内部治理问题 …… 340
融创中国收购绿城集团失败案的分析 …… 350

## 其他

贝因美"伪高新门"补税案例研究 …… 361
杉杉股份的"华丽转身" …… 368

## 后记 …… 376

# 审计理论与实务

SHENJI LILUN YU SHIWU

# 上海超日太阳能公司会计违规案例解析

**适用课程：** 审计理论与实务　财务会计理论与实务　财务管理理论与实务

**编写目的：** 上市公司会计违规行为分为会计核算违规和信息披露违规。其中会计核算违规行为包括：上市公司虚构利润、虚列资产、虚假记载、误导性陈述、欺诈上市及其他会计处理不当。信息披露违规行为包括：上市公司未及时披露信息、披露信息存在重大遗漏、披露信息存在不实信息。上海超日太阳能公司会计违规案例有助于学生认识会计违规发生的背景、违规方式和动机及其后果，学会应对会计违规的审计策略。

**知 识 点：** 会计核算违规　信息披露违规

**关 键 词：** 会计违规　光伏企业　审计失败

**案例摘要：** 上市公司的会计违规行为会误导投资者的决策，损害投资者的利益。上海超日太阳能科技股份公司 2010 年 11 月在深圳证券交易所上市。2012 年 3 月 7 日，超日公司发行了 5 年期 10 亿元企业债券。此后由于公司连年亏损，应付债券不能按期付息，该债券成为我国债券市场上的首个违约公司债。2014 年 6 月，超日公司被实施破产重整。2015 年 5 月 26 日，中国证监会对超日公司通过财务舞弊隐瞒公司风险的行为做出顶格处罚。

2010 年 11 月，上海超日太阳能科技股份公司（以下称为"超日太阳"）股票（002506.SZ）在深圳证券交易所挂牌交易。2012 年 3 月 7 日，超日太阳发行了 5 年期的 11 超日债。此后由于公司连年亏损，应付债券不能按期付息，11 超日债成为我国债券市场上的首个公司债违约案例。2014 年 6 月，超日太阳被实施破产重整。2015 年 5 月 26 日，中国证监会对超日太阳通过财务舞弊隐瞒公司风险的行为做出顶格处罚,对超日太阳责令改正,给予警告,并处以60万元罚款;对时任超日太阳董事长、总经理和法定代表人的倪开禄处以30万元罚款;并且认定倪开禄为证券市场禁入者,终身不得在任何机构中从事证券业务或担任上市公司董事、监事或高级管理人员职务。

## 一、背景简介

我国企业债券经历了数十年的发展历程,债券融资在我国社会融资中已占有越来越重要的地位。从间接融资来说,我国大部分企业依赖于银行贷款;从直接融资来说,2008年之后,我国债券市场不论是在社会融资总额中的所占比重还是在融资规模方面都一直领先于股票市场。由于企业债券的发行、债务契约的签订、债券的定价以及债券的信用评级很大程度上都依赖于企业提供的会计信息以及所报告的企业盈利能力,因此企业为了债券的发行经常采取一些会计违规行为。学者们发现企业主要通过延迟披露、重大遗漏和虚假记载等会计违规行为改变企业盈利能力。会计违规行为会给企业运营带来严重后果,不仅会削弱国家宏观经济的调控能力,造成经济秩序混乱,影响债券市场的正常发展,还会误导投资者决策,从而损害投资者的合法权益。11超日债是我国第一个违规债券,从发行开始就备受争议。

## 二、案例概况

### (一) 企业简介

2003年6月,上海超日太阳能科技发展有限公司成立,成为中国境内较早从事太阳能光伏生产的企业,并获得国家高新技术企业称号,主要产品为单晶硅太阳能电池组件和多晶硅太阳能电池组件。2007年6月,公司对核心团队等进行股权激励,同时引入风险投资,以完善法人治理机构。超日太阳系由上海超日太阳能科技发展有限公司依法整体变更设立的股份有限公司,发起人为倪开禄、倪娜、张正权等26位自然人及张江汉世纪、建都房产、南天体育3家法人单位。公司于2007年10月12日在上海市工商行政管理局正式办理了工商变更登记手续,设立时注册资本为11 500万元。2009年8月26日,公司增资扩股,注册资本由11 500万元增加到12 350万元;2009年12月4日,公司以资本公积金转增股本,注册资本由12 350万元增加到19 760万元。

公司主营业务为研发、生产和销售晶体硅太阳能电池，主要产品为晶体硅太阳能电池组件。2010年，公司逐步形成"多晶硅锭→多晶硅片→晶体硅太阳能电池片→晶体硅太阳能电池组件"的相对完整的晶体硅太阳能电池产业链。产品成功进入欧洲、美国、澳大利亚、日本、韩国等晶体硅太阳能电池主要应用市场，并获得客户的高度认可，超日太阳的品牌成为晶体硅太阳能电池行业具有较高知名度的品牌之一。

（二）超日太阳的债券违约事件

超日太阳在2011年三季报中预计2011年度净利润在约3.3亿—3.7亿元之间，同比上升50%—70%。2012年1月31日，超日太阳披露了业绩预告修正公告预计净利润在7 715万—1.4亿元之间；2月29日，超日太阳披露业绩快报预计净利润8 347万元。3月5日，超日太阳发布债券募集说明书，在深交所公开募集10亿元公司债（11超日债），票面利率8.98%，债项评级AA，受到投资者的热捧，其中4亿元用于偿还银行贷款，剩余资金用作企业流动资金。

3月26日，超日太阳公告推迟年报发布日期。4月17日，公司披露业绩快报修正公告预计亏损5 852万元；4月20日，11超日债公开发行上市。4月26日，超日太阳称，2011年度经审计的净利润为亏损5 479万元。

在短短数月内，超日太阳公布了5个版本的净利润数据，而这些数字没有一组相同。由于超日太阳在业绩预告、业绩快报中预计的2011年度净利润与经审计的净利润之间存在重大差异，最终被交易所通报批评。

2012年3月31日，超日太阳公告称公司2位独立董事和1位监事同时辞职，同时3位高管相继辞职，隐约预示超日太阳管理层出现动荡。之后新聘请的两位独立董事也没有及时发现或揭露超日太阳的会计违规问题。1个月后，公司发布的2011年年报显示公司亏损0.55亿元。同年6月，鹏元资信将超日太阳的展望调整为负面；10月，中国证监会上海证监局对超日太阳进行2011年年报专项检查，发现公司的《电站公司管理协议》以及海外电站担保信息披露不充分；11月，深交所发布通报批评，指责超日太阳在业绩预告、电站项目、变更募集资金用途方面信息披露不规范，对公司高层进行了通报批评。12月，鹏元资信将超日太阳的主体评级和11超日债由AA下调至AA—，列入信用观察名单，此时公司继总经理辞职后，部分生产线出现停产，借款逾期和供应商诉讼也不断发生。

2013年1月，在11超日债债券受托管理人——中信建投的要求下，公司董事会通过以部分应收账款、机器设备和不动产作为债券担保的决定。同月，证监会上海稽查局因其涉嫌信息披露存在不规范性，决定对公司进行立案调查。3月2日，公司发布11超日债付息公告。4月10日，鹏元资信将其主体评级和11超日债信用等级降为BBB+。4月27日其发布2012年年报，年报中披露亏损为17.52亿元，2011、2012连续两年的亏损导致了其股票退市。5月，11超日债停牌，鹏元资信将公司主体评级和11超日债信用等级调降为CCC。

2014年2月28日，公司发布业绩快报，披露其归属于股东的净利润预计亏损13.31亿元。3月，*ST超日因其发行的11超日债无法到期全额付息震惊市场，这是国内首例公募债的违约事件。

（三）会计违规表现

超日太阳会计违规的表现包括信息披露违规、虚增利润、通过关联交易操纵利润、操纵坏账准备、操控生产成本等。

1. 推迟披露

（1）超日太阳未及时披露公司与境外合作方签订的《电站公司管理协议》。

2011年2月起，超日太阳陆续出资4.95亿元在境外收购或设立5家全资或控股子公司，并通过这些子公司在境外设立了55家电站项目公司。超日太阳对这5家境外公司的实际出资额为人民币4.95亿元，占公司2010年总资产的11.08%。超日太阳设立或收购这5家境外公司时，都是委托境外合作方代管，并代为负责这些境外公司及下设电站项目的开发、建设、运营及日常管理和财务运作。当时超日太阳未专门与境外合作方签订相关代管协议或电站委托开发、建设、运营协议。2012年3月年报审计时，倪开禄于3月12日—4月12日，陆续与境外合作方补签了4份《电站公司管理协议》和1份《公司管理协议》，协议内容主要为约定由境外合作方负责这5家境外公司及其持有的电站项目的开发、建设及运行、日常经营和财务运作。

超日太阳未将上述《电站公司管理协议》和《公司管理协议》提交董事会审议，直到2012年10月17日，才披露上述协议。

（2）超日太阳未及时公告对已售太阳能组件调减价格的情况。

2011年以来，超日太阳采取合作开发建设太阳能电站模式扩大自产太阳能组件销售。超日太阳向合作方出售的太阳能组件定价高于市场价格，以此方式实现其在合作中的收益。后因市场环境变化、资金紧张等原因，超日太阳无法继续按原计划合作开发建设电站，不得不将原先基于合作建设电站确立的溢价供应组件方式改为平价供应，并根据市场行情相应调低已供组件价格。

2012年12月,超日太阳调减对天华新能源、Sky international 的已售太阳能组件价款,调减对 China solar 和 Foever capital 的太阳能组件供货应收账款。超日太阳和超日国贸合计调减对上述4家公司已售太阳能组件应收账款513 911 056.96元,调减额占公司2011年净资产的比例为17.69%。但公司未及时履行信息披露义务,直到2013年4月才在年报中予以披露。

2. 重大遗漏

(1) 超日太阳未披露在海外收购光伏电站项目的情况。

超日香港系超日太阳的全资子公司,2011年7月7日,超日太阳通过超日香港出资(占股70%)与天华欧洲(占股30%)合资成立海外合资公司超日卢森堡。

2011年12月19日—2012年11月28日,超日卢森堡及其子公司 Openwave Ltd.向天华阳光控股的海外下属公司收购了位于保加利亚和希腊境内的共计22个光伏电站项目,合计金额3.7亿元,达到超日太阳2011年净资产的12.69%。超日太阳未披露上述交易。相关项目的收购及谈判、收购价格由倪开禄和天华阳光控股的实际控制人苏维利协商确定。双方没有签订合作框架协议等文件,没有经过超日太阳董事会及股东会审议。

(2) 超日太阳未按规定披露超日卢森堡向国家开发银行贷款过程中相关股权质押情况。

在保加利亚项目的建设过程中,2012年3月26日,超日卢森堡、超日股份及国开行浙江分行三方签订借款合同,约定国开行浙江分行为超日卢森堡在保加利亚6个电站项目提供4 309万欧元贷款,超日太阳作为担保人向国开行浙江分行提供担保,并约定超日香港和天华欧洲将其在超日卢森堡的股权质押给国开行浙江分行。但超日太阳仅公告了公司为超日卢森堡提供4 309万欧元担保的事项,未提及超日卢森堡股权质押的情况。2012年6月13日,超日卢森堡再次与国开行浙江分行签订借款合同,约定国开行浙江分行为超日卢森堡另外3个电站项目提供2 171万欧元贷款。同样的事情再次发生,超日太阳公告同样未提及股权质押的情况。

上述超日卢森堡与国开行浙江分行签订的两份借款合同,合计6 480万欧元,折合人民币5.287 2亿元,占超日太阳2011年净资产的18.14%。

超日太阳与国开行浙江分行的谈判由时任超日太阳董事、副总经理陶然参加,在陶然谈定后,由倪开禄决定签订上述借款、保证、质押合同。

3. 虚假记载

超日太阳虚假确认对上海佳途太阳能科技公司销售收入1.634 6亿元,导致2012

年半年报、第三季报营业收入和利润总额虚假记载。

超日太阳提前确认对天华阳光新能源有限公司销售收入 2.387 6 亿元,导致 2012 年第三季度报告营业收入、利润总额虚假记载。

4. 通过关联交易操纵利润

超日太阳与其关联方之间存在大量的关联购销等关联交易。通过关联方之间的产品购销来进行盈余操纵,影响金额非常大,而且具有隐蔽性。由于近年来光伏市场下滑,为了应对市场变化,超日太阳积极开拓海外电站,先后在美国、意大利建立了多个海外电站。在 2008、2009、2010 这 3 年中,超日太阳与关联方企业在采购与销售上进行大量交易,其中以 2010 年度最为明显。2010 年度超日太阳采购关联方产品合计 47 728.45 万元,占超日太阳同类交易金额的 24.91%,占营业成本的 18.23%,超日太阳销售给关联方的金额为 23 092.52 万元,占同类交易金额的 7.51%。而 2010 年度超日太阳前 5 名客户销售的收入总额 38 464.22 万元,占公司全部销售收入的 10.02%。由此可见超日太阳 2010 年度利润来源不稳定,盈利基础不扎实,对关联方依赖程度高。

(四)会计师事务所对年报审计结果

如表 1 所示,2007—2011 年超日太阳连续 5 年由天健会计师事务所审计,2012—2013 年改由大信会计师事务所审计,2014 年公司经过破产重整后,聘请立信会计师事务所审计。2011—2013 年间,超日太阳连续亏损 3 年,而会计师事务所在 2011、2012 年由于应收账款回收具有极大不确定性以及没能取得满意的审计证据,给出的审计意见为保留意见,在 2013 年由于债权人申请破产程序,公司持续性经营具有不确定性使得会计师事务所无法表示意见。

表 1  超日太阳各年报表审计情况

| 年份 | 审计事务所 | 审计意见 | 注册会计师 | 审计费用(万元) |
| --- | --- | --- | --- | --- |
| 2007—2009 | 天健会计师事务所 | 无保留审计意见 | 吴懿忻、葛徐 | 60 |
| 2010 | 天健会计师事务所 | 无保留审计意见 | 吴懿忻、陈彬 | 60 |
| 2011 | 天健会计师事务所 | 保留意见 | 葛徐、杜昕 | 60 |
| 2012 | 大信会计师事务所 | 保留意见 | 陈立新、朱劲松 | 200 |
| 2013 | 大信会计师事务所 | 无法表示意见 | 陈立新、朱劲松 | 200 |
| 2014 | 立信会计师事务所 | 无保留审计意见 | 陈黎、封磊 | 350 |

超日太阳于 2012 年 6 月、9 月分别虚假确认了对上海佳途 25 MW、10 MW 组件销售收入 1.164 5 亿元和 4 701 万元,销售利润 2 060 万元和 855 万元,两笔销售收入合计占公司 2012 年前 3 季度营业收入的比例为 7.79%。但大信会计师事务所两位注册会计师陈立新和朱劲松却对 2012 年的年报出具了保留意见,仅指出以下 3 个问题:① 公司对海外客户的应收账款能否收回存在不确定性以及坏账准备计提存在不合理性,固定资产及在建工程减值准备计提存在不完整性;② 公司合并范围的境外子公司的审计证据存在不完整性;③ 公司持续经营能力存在重大不确定性,可能无法在正常经营过程中变现资产、清偿债务。会计师未能发现超日太阳的财务舞弊问题,存在较严重的审计失败。

天健会计师事务所两位注册会计师葛徐和杜昕对超日太阳 2011 年的年报出具了保留意见,他们发现的问题是:① 公司海外电站合作方客户的应收账款能否收回以及何时收回存在不确定性;② 公司组件销售往海外电站合作方客户的收入金额及相应的销售毛利,事务所未能获取充分、恰当的审计证据。

超日太阳 2013 年的年报被出具无法表示意见的原因在于:① 公司持续经营假设存在重大不确定性。公司 2012 年度、2013 年度连续发生巨额亏损,截至 2013 年 12 月 31 日,未弥补亏损 292 308 万元,营运资金和归属于母公司的权益为负数。② 公司生产经营管理处于停滞状态,逾期借款 137 952 万元,应付债券不能按期付息,无力偿付供应商货款,主要资产处于被冻结、抵押或查封等涉诉状态。③ 被申请破产重整。④ 重要的子公司审计范围受限。

## 三、问题讨论

(1) 超日太阳会计违规事件发生的背景是什么?

(2) 超日太阳会计违规的具体表现是什么?其会计违规的原因是什么?

(3) 超日太阳各年会计师事务所的审计是否存在审计失败?审计失败的原因是什么?

## 参考文献

[1] 蔡春,李明,和辉.约束条件、IPO 盈余管理方式与公司业绩——基于应计盈

余管理与真实盈余管理的研究[J].会计研究,2013(10).

[2] 郝玉贵,刘李晓.关联方交易舞弊风险内部控制与审计——基于紫鑫药业案例的研究[J].审计与经济研究,2012(4).

[3] 齐天翔,葛鹤军,蒙震.基于信用利差的中国城投债券信用风险分析[J].投资研究,2012(1).

[4] 苏灵,史伟.上市公司盈余管理与政府监管问题研究——基于博弈论的视角[J].财会通讯(学术版),2007(12).

[5] 袁克利,于金亭.上市公司债券融资与盈余管理行为实证研究——基于中国公司债券发行的经验证据[J].金融经济,2012(22).

[6] 于静霞.盈余管理与银行债务融资成本的实证研究——来自A股市场的经验证据[J].财政研究,2011(11).

[7] 钟华.我国上市公司非正当关联方交易问题浅析[J].当代经济,2013(16).

(执笔人:唐月娇;指导老师:李寿喜)

# 从光明食品集团的违规看内部控制漏洞

**适用课程：** 审计理论与实务　内部控制与风险管理　公司治理

**编写目的：** 本案例旨在引导学生通过深入分析上市公司的多种违规行为，探讨其违规行为的动因及后果，从中考察我国上市公司所存在的公司治理和内部控制的漏洞，进而探讨如何提出相应解决方案。

**知　识　点：** 上市公司的违规动机　内部控制　公司治理

**关　键　词：** 公司治理　内部控制　信息披露

**案例摘要：** 我国证券市场自诞生以来，上市公司违规行为就一直存在。上市公司的违规行为严重影响投资者的判断与决策，阻碍着资本市场的向前发展，也影响着社会经济的健康持续发展。在上市公司违规案件频发的今天，切实提高我国上市公司会计信息质量、防止上市公司违规行为、切实维护公众利益，已成当务之急。本案例选取光明食品集团2012—2015年间3类典型的违规行为，引导学生进一步思考如何改善内部控制制度才能有效防范上市公司违规行为的发生，促进上市公司健康发展。

2012年，光明食品（集团）有限公司（以下称为"光明食品集团"）利用虚假的监理报告和审价报告骗取财政资金1 262万元；2012年，它被爆出6次食品生产质量不过关；2014—2015年，其相关高管被查出涉嫌受贿。光明食品集团违规行为屡次发生，其违规动因引人好奇，完美的审计报告也遭人质疑。这不禁让人思索：上市公司高层该如何改善内部控制制度，才能有效防范违规行为的发生，促进上市公司健康发展？

# 一、公司简介

## (一) 光明食品集团成长及扩张历史

光明食品集团由原上海农工商集团、上海市糖业烟酒集团和上海益民食品一厂等组建而成,是一家以食品产业为核心业务,集现代农业、食品加工制造和食品分销为一体的综合性食品产业集团。其股权结构如图1所示。

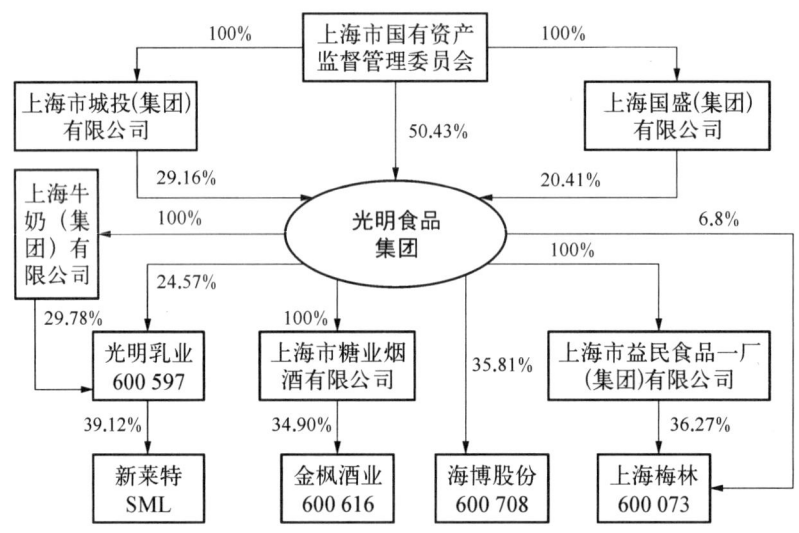

图1 光明食品集团股权结构

在初始建成的几年里,光明食品集团主要以整合为主,确立集团的核心主业。光明食品集团的整合主要在两个方面:一是纵向的产业链整合;二是内部的横向整合。光明食品集团的产业链很长,上下游产业链之间可以有协同的地方,比如上游的粮食可以用于酒业、上游的农场可以用于下游的乳业等。此外,光明食品集团还对内部进行了一系列的重组,以简化内部管理流程、提高管理效率。其初始发展如表1所示。

表1 光明食品集团初始发展史

| 2006年 | 8月8日,上海益民食品一厂(集团)有限公司、上海农工商(集团)有限公司、上海市糖业烟酒(集团)有限公司、锦江国际(集团)有限公司集中相关资产组建成光明食品集团 |
|---|---|
| 2007年 | 12月,上海梅林正广和股份有限公司(以下称为"上海梅林")与重庆今普食品有限公司(以下称为"重庆今普")第一次合资,组建了生猪饲养企业重庆梅林今普食品有限公司,上海梅林占40%,重庆今普控股60% |

(续表)

| | |
|---|---|
| 2008年 | 8月,上海梅林与重庆今普第二次合资,成立"新"重庆今普,上海梅林控股份51%,重庆今普占股份49% |
| 2009年 | 8月,光明食品集团出资8亿元收购云南英茂糖业有限公司60%的股权;心族实业公司收购了黄山汪满田茶叶公司50%的股权 |

如表2所示,2009年后,光明食品集团走上了国际化道路,海外项目的并购也逐渐成为近几年公司在并购方面的特色。其中值得注意的是光明食品集团旗下光明乳业对新西兰新莱特乳业的收购。2010年7月16日,光明乳业与新西兰新莱特乳业签署战略投资合作协议,以8 200万新西兰元控制新莱特乳业51%股份,同年11月完成投资,新莱特乳业成为光明食品集团第一家海外并购企业。2013年7月,新莱特乳业在新西兰证券交易所主板成功上市。新莱特乳业从完成并购、整合到成功IPO,仅用了32个月的时间,成为中国第一个在海外并购同时又在海外IPO的项目。对此,光明食品集团表示,新莱特乳业的成功并购与IPO,为光明食品集团的国际化探索出了一条成功道路。

**表2 光明食品集团后期扩张史**

| 2010年 | 收购了新西兰新莱特乳业公司。以增资扩股的方式,控股51% |
|---|---|
| 2011年 | 以5.16亿收购澳大利亚玛纳森食品公司75%股权 |
| 2012年 | 以70亿元人民币收购英国早餐谷物食品维他麦公司60%股权;收购法国DIVA波尔多葡萄酒公司70%股权 |
| 2013年 | 7月,新莱特乳业在新西兰主板上市 |
| 2014年 | 10月,收购意大利橄榄油生产商Salov集团的多数股权 |
| 2015年 | 4月,斥资上百亿收购了以色列最大食品生产商特鲁瓦(Tunva)大部分股权,并交由旗下光明乳业进行管理;9月30日,在巴塞罗那宣布收购西班牙食品业巨头——西班牙米盖尔公司,股权占比72%;光明食品与良友集团联合重组,合并完成后,良友集团将成为光明食品集团旗下子公司,两者在粮油产业整合后,势必成为上海最大的粮油供应集团 |

(二)高管介绍

王宗南,1995年,任上海友谊(集团)有限公司总经理,上海内外联综合商社总经理、党委副书记兼联华超市股份有限董事长、总经理。2003年4月,任上海百联集团股份有限公司总裁兼上海友谊集团股份有限公司董事长、联华超市股份有限董事长、上海友谊复星(控股)有限公司董事、总经理。2006年8月至2013年7月,担任光明食品(集团)有限公司董事长、党委书记。

郭本恒,曾任东北农业大学食品学院副院长、副教授,省重点学科带头人,农业部食品监督检验站(上海)站长,光明乳业新产品开发部经理、乳品培训研究中心主任、科技开发部经理、生产技术总监同时兼技术中心常务副主任、主任等职。

董鲁平,历任上海淀山湖酒厂质检科科长、生产科科长、厂长助理,上海金枫酿酒有限公司副总经理,上海金枫酒业股份有限公司董事、副总经理、总工程师。董鲁平职务虽然只是金枫酒业的总经理,但在其落马之前,金枫酒业旗下4家子公司均由董鲁平担任法人代表。

## 二、案例概况

(一)骗补门

违规行为:

2012年,光明食品集团在新海农场水产养殖场建设项目中,与4家工程监理和审价机构串通,利用虚假的监理报告和审价报告骗取财政资金1 262万元。

内部处理结果:

2014年6月,光明食品集团在接受相关采访时回应:"我们已经整改完成了,审计署提出的一些问题,我们根据实际情况进行了整改,我们还进行了相关的大检查,制定了相关的规定。"对于光明食品集团到底有没有故意骗补,发生这种违规行为的原因到底是什么,相关负责人则表示出现这类问题的主要原因还是内部管理不严,日后将会加强这方面的监管。同时,光明食品集团表示并没有对任何责任人问责。

(二)质量门

违规行为:

2012年6月,安徽省颍上县部分学生食用光明乳业配送的牛奶后不适甚至呕吐;2012年6月25日,光明集团乳品二厂生产的950毫升光明"优倍"渗入清洗剂成分;2012年7月,广州市工商局抽查的部分光明奶油和50%减脂芝士片菌落总数超标;2012年8月,北京范先生在婴幼儿食品光明乳酪配料表中发现不允许婴幼儿食用的乳矿物盐;2012年9月,市民反映由上海乳业四厂生产的220毫升装的光明小口瓶鲜牛奶部分出现酸败现象;2012年10月,消费者反映所购买的光明鲜奶中发现漂浮的蓝色固体颗粒物。

内部处理结果:

在质量问题发生之后,光明食品集团总是第一时间向消费者道歉,并称将吸取教训加强管控。但是光明食品集团再三道歉却没有改观,处理结果也并未对外公布。

(三)高层腐败

违规行为:

王宗南在担任友谊集团总经理、联华超市董事长期间,于2001—2006年间,伙同原联华超市总经理良威、董事张增勇、财务总监徐苓苓、人事总监道书荣,利用各自的职务便利,先后10余次共同挪用联华超市及其下属单位公款共计1.95亿余元用于上海立鼎有限公司和上海泉润有限公司注册、验资、受让股权、参与房地产投资等经营活动,并谋取个人利益。其中,王宗南获取非法收益计120万余元。此外,王宗南还在友谊集团与上海复星高科技集团合作成立上海友谊复星控股有限公司后,利用职务便利,为复星集团谋取利益。2003年,王宗南向复星集团董事长郭某提出其父母欲购买复星集团下属房产公司开发的别墅,郭某同意。同年1—9月间,王宗南父母以3 000元/平方米、总价208万余元的低价购得本市松江区涞亭南路两套别墅。经估价,2003年上述两套别墅的市场价与王宗南父母购房实际价格差额合计269万余元。此后,上述两套房产分别于2010、2013年转售他人,销售得款共计1 480万元。

董鲁平在金枫酒业工作了26年,直至2010年5月他才正式出任金枫酒业总经理,也就是说约有22年时间,他的主要精力放在了地处金山枫泾镇的上海金枫酿酒公司。主持金枫酿酒公司工作期间,董鲁平多次收受原材料供应商的贿赂。

2015年6月25日,光明乳业突然发布公告称,郭本恒因个人原因申请辞去光明乳业股份有限公司董事、总经理职务。根据光明乳业2014年年报,郭本恒在此届董事会中担任的董事、总经理之职的时间是从2013年4月19日到2016年4月19日。因此,郭本恒的提前辞职在业内看来并非"个人原因"那么简单,圈内也有众多传言,但一直没有得到官方确认。有业内人士向记者透露,郭本恒被调查缘于员工举报。有消息称,其被举报的原因可能与此前不久光明乳业的一起全球最大并购事项有关:2015年6月8日,停牌数月的光明乳业对外公布拟间接收购以色列最大的食品公司特鲁瓦76.7%股权,该项交易预估值约为68.73亿元。"该交易或涉嫌国有资产流失",上述业内人士表示,特鲁瓦这起并购,有可能存在故意调高收购价格,从而变相操作将部分收购资金变成个人资产。

内部处理结果:

2013年11月,吕永杰接棒"因身体原因卸任"的王宗南,出任光明食品集团党委书记、董事长。王宗南离职后不久即被立案调查。2015年12月,光明食品集团再次在其官网公布了集团换帅的消息,将由是明芳担任光明集团党委书记和董事长一职。同时更替的管理层还有副董事长等人。这意味着,光明食品集团一年内董事长、总裁全部换人。

综合上述的公司概况和违规行为可以看出,光明食品集团不是没有建立内部控制,而是制度没有得到有效的执行。一般来说,内部控制不能有效执行的原因主要有二:一是制度本身制定得不合理,或过于理想化,或随着新情况出现而原有制度已不能适应却没有及时修改,从而使得制度不具可操作性,自然也就不会被执行;二是缺乏保证制度执行的机制,一些单位对内部控制执行情况既没有检查监督,又没有相应的奖惩措施,内部控制制度成为墙上摆设和一纸空文也就不奇怪了。光明食品集团往往都是在问题发生之后,第一时间向消费者道歉,并称将吸取教训加强管控,但是多次道歉却没有改善问题,也没有出台任何的高管"问责制"制度,表明其并未重视企业内部存在的控制漏洞,导致制度的滞后。再加上所有者对经营者约束不力,经营者实际上拥有了对企业资产的控制权和处置权,在利益驱动下滥用职权、谋取私利、独断专行,滋生了企业内部控制失灵、会计信息依需而做、内部审计形同虚设等恶果。再观光明食品集团这几年的审计报告(如表3—表6所示),审计费用逐年递增,出具的报告都为标准无保留意见,审计监督的有效性不足也成为企业内部控制可钻的漏洞。内部控制是现代企业管理的重要手段,也是规范市场经济秩序的主要途径,作为企业经营管理的自我监督和自我约束机制,直接关系到企业的兴衰成败。为此,企业一方面需要提高制度可操作性,另一方面要加强制度执行力,正视制度漏洞,正确运用内部控制,不能为制度而制度,这样才可以有效防范违规行为的发生,促进上市公司健康发展。

**表3 光明乳业审计结果汇总表**

| 年份 | 审计事务所 | 审计意见 | 内部控制有效性 | 注册会计师 | 审计费用(万元) |
|---|---|---|---|---|---|
| 2006 | 德勤华永会计师事务所 | 标准无保留 | 有效 | | 160 |
| 2007 | | 标准无保留 | 有效 | 吴晓晖、许育苏 | 不超过200 |
| 2008 | | 标准无保留 | 有效 | 吴晓辉、许育苏 | 不超过200 |
| 2009 | | 标准无保留 | 有效 | 牟正非、许育苏 | 不超过200 |
| 2010 | | 标准无保留 | 有效 | 牟正非、赵海舟 | 不超过250 |
| 2011 | | 标准无保留 | 有效 | 牟正非、赵海舟 | 不超过220 |
| 2012 | | 标准无保留 | 有效 | 许育苏、赵海舟 | 220 |
| 2013 | | 标准无保留 | 有效 | 许育苏、祝小兰、赵海舟 | 330 |
| 2014 | | 标准无保留 | 有效 | 许育苏、蒋懿 | 335 |

**表 4　金枫酒业审计结果汇总表**

| 年份 | 审计事务所 | 审计意见 | 内部控制有效性 | 注册会计师 | 审计费用（万元） |
|---|---|---|---|---|---|
| 2009 | 立信会计师事务所 | 标准无保留 | 有效 | 孙冰、郑斌 | 60.5 |
| 2010 | | 标准无保留 | 有效 | 孙冰、郑斌 | 60.5 |
| 2011 | | 标准无保留 | 有效 | 孙冰、郑斌 | 60 |
| 2012 | | 标准无保留 | 有效 | 孙冰、范翃 | 90 |
| 2013 | | 标准无保留 | 有效 | 严劼、范翃 | 90 |
| 2014 | | 标准无保留 | 有效 | 郑斌、范翃 | 90 |

**表 5　梅林股份审计结果汇总表**

| 年份 | 审计事务所 | 审计意见 | 内部控制有效性 | 注册会计师 | 审计费用（万元） |
|---|---|---|---|---|---|
| 2010 | 立信会计师事务所 | 标准无保留 | 有效 | 王一芳、乔琪 | 80 |
| 2011 | | 标准无保留 | 有效 | 王一芳、张宇 | 180 |
| 2012 | | 标准无保留 | 有效 | 张宇、乔琪 | 180 |
| 2013 | | 标准无保留 | 有效 | 张宇、乔琪 | 200 |
| 2014 | | 标准无保留 | 有效 | 张宇、乔琪 | 200 |

**表 6　海博股份审计结果汇总表**

| 年份 | 审计事务所 | 审计意见 | 内部控制有效性 | 注册会计师 | 审计费用（万元） |
|---|---|---|---|---|---|
| 2010 | 立信会计师事务所 | 标准无保留 | 有效 | 葛勤、刘桢 | 120 |
| 2011 | | 标准无保留 | 有效 | 钱志昂、姜维杰 | 120 |
| 2012 | | 标准无保留 | 有效 | 钱志昂、姜维杰 | 130 |
| 2013 | | 标准无保留 | 有效 | 钱志昂、姜维杰 | 130 |
| 2014 | | 标准无保留 | 有效 | 葛勤、姜维杰 | 130 |

# 三、问题讨论

（1）你认为光明食品集团屡次违规的动机是什么？

（2）当光明食品集团违规行为被曝光后，你认为市场会出现什么反应？

(3) 从每年度会计师事务所出具的年报中可以看出,光明食品集团的审计结果都为标准无保留意见,你认为审计失败是何种原因造成的?如何去防范这种审计风险?

(4) 你认为光明食品集团内部控制存在哪些漏洞?如何改善企业内部控制制度才能有效防范违规行为的发生,促进上市公司健康发展?

(执笔人:童瑶;指导老师:李寿喜)

# 中源协和收购柯莱逊失败案的分析

**适用课程：** 财务管理理论与实务　审计理论与实务

**编写目的：** 当前，企业并购重组已成为我国经济发展的一个重要趋势，也是企业做大做强的战略选择，然而并购并不意味着变强与成功，并购失败频频发生，并购风险不容小觑。本案例分析了前景看好却"半途而止"的中源协和收购柯莱逊的过程，帮助学生对资本市场成功或失败的各大收购案进行更深入的理解与分析，启发其对收购失败风险的思考，引导关注企业并购监管等，将有助于后来者避免重蹈覆辙。

**知 识 点：** 并购风险　收购失败

**关 键 词：** 魏则西　中源协和　收购案

**案例摘要：** 2016年3月4日，中源协和发布非公开发行股票预案，拟通过非公开发行股票的方式募集不超过15亿元资金，其中11亿元用于收购柯莱逊100%股权。2015年12月8日，融源瑞康受让柯莱逊100%股权，作价8.2亿元。而根据中源协和定增预案，柯莱逊全部股权估值为11亿元。同融源瑞康收购价相比，溢价率达35.1%以上。随着"魏则西事件"影响力的不断扩大，监管层也表达了对公司收购柯莱逊案件的关注。这项收购预案本来前景看好，却在这场风波的旋涡中，不仅柯莱逊原本"优良"的价值堪忧，中源协和也难以独善其身，其股票市场面临前所未有的大下滑。随后经过多次问询、停牌、回复问询、复牌，中源协和不断受累，最终于2016年6月3日发布公告，停止收购柯莱逊。

20世纪90年代以来，我国资本市场发生了相当大的变化，其中较为显著的变化就是在经济运行过程中作为调整社会资源有效配置的重要手段的收购活动逐年发展起来并经久不衰。当前,企业并购重组已成为我国经济发展的一个重要趋势,也是企业做大做强的战略选择,但公司的收购往往会给公司的经营和发展带来重大影响。中源协和干细胞生物工程股份公司(以下称为"中源协和")收购海柯莱逊生物技术有限公司(以下称为"柯莱逊")失败案就是一个值得深思的案例。"魏则西事件"的曝光,使得中源协和收购柯莱逊成为倍受关注的焦点,这起金额高达15亿元的收购本来前景看好,却在这场风波的旋涡中出现了种种变数。

## 一、收购方中源协和简介

(一)中源协和发展历程

中源协和原名上海望春花股份有限公司,是1992年5月5日经上海市人民政府经济委员会批准,采用公开募集方式设立的股份有限公司,于1993年5月4日在上海证券交易所上市。中源协和是目前国内沪深两市中唯一一家以干细胞产业为主营业务的上市公司,也是国内一流、国际领先的生物高新技术企业,以及中国干细胞产业领跑者、医药行业的佼佼者。

2000年8月,公司重组开始战略转型,发展干细胞产业,承接国家干细胞工程产品产业化基地的建设。2001年12月2日,天津市脐带血造血干细库成立;12月4日,成功储存中国第一例自体脐带血造血干细胞。2005年1月,"干细胞及基因工程产品产业化"获得天津市重大高新技术产业化项目;3月,国家干细胞工程产品产业化基地通过项目专家组验收。

2008年1月,国家干细胞工程产品产业化基地被列入天津市20项自主创新产业化重大项目;10月,天津脐血库加盟中华骨髓库。2009年4月,"生命银行"被认定为"著名商标"。2010年12月,脐带间充质干细胞抗肝纤维化注射液申请注册,公司彻底剥离非干细胞业务资产,完成战略转型。

2011年7月,公司成为"国家干细胞与再生医学产业技术创新战略联盟"副理事长单位。2012年11月,收购和泽生物科技有限公司,干细胞储存业务覆盖全国。2013年5月,公司市值超过百亿,确立"干细胞+基因"双核业务发展模式。2014年4月,公司下属的天津市干细胞再生医学转化企业重点实验室被认定为天津市企业重点实验室。

(二)收购方股权现状与控股结构

如图1所示,中源协和控股股东是天津开发区德源投资发展有限公司(以下称为

"德源投资"),其持股比例21.09%,王辉个人持股4.41%,而德源投资的控股股东为天津红磡投资发展股份有限公司(以下称为"红磡投资"),持有德源投资99.68%股权,李德福直接拥有红磡投资37.5%股权,其控股的永泰红磡控股集团有限公司(以下称为"永泰红磡")持有红磡投资18.125%股权,李德福合计拥有或控制红磡投资55.625%股权,红磡投资间接持有中源协和20.04%股权,对中源协和拥有控制权,李德福成为其实际控制人。

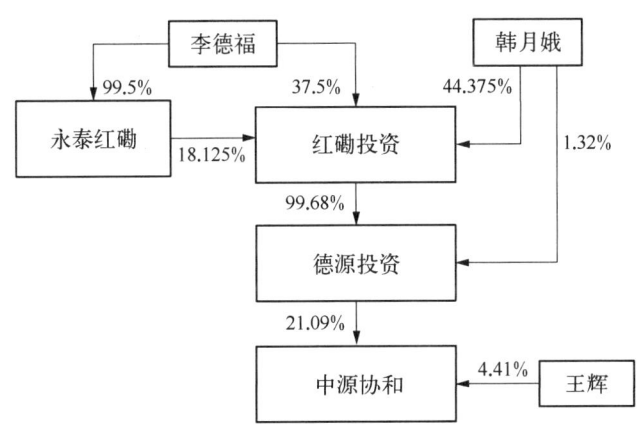

**图1 中源协和实际控股人股权及控制关系图**

## 二、中源协和收购柯莱逊始末

2016年5月,"魏则西事件"持续发酵,而5月3日起停牌的A股上市公司中源协和身陷其中,中源协和收购柯莱逊这场国内最贵细胞免疫治疗公司收购案浮出水面,成为倍受市场关注的焦点。

(一)收购之初的"香饽饽"

细胞免疫治疗一直是市场资金追捧的热点,2016年3月3日,中源协和发布预案称,公司拟以11亿元收购柯莱逊100%股权,而柯莱逊是国内最大的免疫细胞治疗企业之一。

定增方案显示,柯莱逊2015年营业收入为2.96亿元,净利润约为4 001.9万元,这样的盈利能力对于中源协和而言实际上有很大的诱惑力。中源协和2015年年报显示,其2015年实现净利润约为2.08亿元,扣除非经常性损益后的净利润约为5 258万元。尤其值得注意的是,中源协和2016年公布的一季报显示,公司2016年第一季度虽然营业收入同比增长约7.51%,但净利润却同比由盈转亏,亏损约618.5万元。因而,中源协和似乎急需寻找打造新的盈利增长点,而收购柯莱逊则是一条捷径。

另一方面,细胞免疫治疗是一种新兴的自身免疫抗癌的治疗模式,在国际上获得了极大关注,已成为肿瘤治疗极具前景的方向之一。中源协和已确立"细胞+基因"双核驱动的发展战略和"6+1"全产业链协同发展的业务模式,而柯莱逊专注于肿瘤生物治疗技术的研究和开发,其细胞免疫治疗技术服务涉及的细胞种类主要包括CIK、NK细胞等,收购完成后,中源协和可以将柯莱逊的细胞免疫治疗技术服务业务纳入公司的主营业务范畴,不仅能够帮助中源协和完善产业布局,而且能够大幅提升公司的盈利能力。且中源协和也对柯莱逊的发展充满了信心,认为"标的公司经营状况较好,具有较强的盈利能力,未来发展前景良好"。

(二)风波背后的高溢价收购

2016年5月,"魏则西事件"的曝光,不仅牵出了百度和武警北京总队第二医院,更是牵出了为涉事医院提供细胞免疫技术支持的柯莱逊以及这场国内最贵细胞免疫治疗公司收购案。

依照中源协和此前披露的数据,柯莱逊2015年未经审计的净利润4 001.9万元,若以11亿元的收购价计算,中源协和将按27.5倍的静态市盈率收购柯莱逊。这一市盈率明显高于医药并购市场平均15—18倍的市盈率。

而中源协和收购柯莱逊"分两步走","先低价入股再高价并购"本身就存在争议。2015年12月21日,中源协和参与设立的一只并购基金"湖州融源瑞康实业投资合伙企业"(以下称为"融源瑞康"),以8.2亿元购买柯莱逊100%股权。中源协和作为劣后级有限合伙人出资1.25亿元,持有该并购基金11.6%股权。2016年3月4日,中源协和发布非公开发行股票预案,其拟通过非公开发行股票的方式募集不超过15亿元资金,其中11亿元就是用于收购柯莱逊100%股权。而根据中源协和定增预案,柯莱逊全部股权估值为11亿元,这意味着,在短短的2个多月时间里,柯莱逊增值了2.8亿元,溢价率达35.1%以上。

2015年11月14日,中源协和作为劣后级有限合伙人,出资1.25亿元,与湖州融瑞投资管理有限公司、杭州巨鲸财富管理有限公司共同出资设立融源瑞康。2015年12月1日,浦银安盛取代杭州巨鲸财富管理有限公司成为优先级合伙人,出资7.1亿元,后者通过鲸品中融并购1号基金,出资2.35亿元,以中间级合伙人入伙,融瑞投资则出资100万元,合计共募集资金10.71亿元。第二天,融源瑞康正式成立。作为劣后级合伙人,中源协和以其子公司上海执诚生物科技有限公司(以下称为"执诚生物")100%股权作为担保,为浦银安盛、巨鲸财富的本金以及8.658%、11.38%的预期收益偿还支付提供保证。在通常情况下,有限合伙基金中的劣后级资金出资人,就是资金的实际使用方。融源瑞康更像是为专门收购柯莱逊而设立。

事实上,在此次并购要约出现前,中源协和早已通过另一渠道对柯莱逊"出手"。2016年4月11日,中源协和将其劣后份额转让给天津万兆投资发展集团,收购前转让给天津万兆投资发展集团可能是在避免被认为是自己在对倒交易。而这个溢价也存在争议,场内场外的资产估值方法本来就不一样,场内存在流动性溢价是正常的,只是它的周期比较短,定增的停牌最早在2月初就有了,也就是说并购了没多久就被上中源协和装进去了,可见中源协和对收购这个公司的事还是比较着急的。

通过并购来增厚业绩,扩大自己在干细胞领域的业务,是中源协和近年来的主要动作,所以它也急于通过并购一些技术公司来占领市场。然而,这场高价收购案到底是资本运作,还是正常的流动性溢价,引人深思,若没有此次曝光牵连出收购事件,2016年中源协和是否将通过此次收购神不知鬼不觉"悄悄获益",也将不得而知。

(三)"香饽饽"变成"烫手山芋"

随着"魏则西事件"影响力的不断扩大,监管层也高度关注此事。2016年5月3日,为避免公司股价出现剧烈波动和保护投资者利益,中源协和申请股票紧急停牌,同日收到上交所《关于对中源协和细胞基因工程股份有限公司有关媒体报道事项的监管问询函》。上交所要求中源协和补充披露媒体报道的"魏则西事件"对公司发展战略、业务模式及生产经营等的具体影响、可能承担的法律责任等事项;对公司非公开发行股票事项的影响并补充披露"魏则西事件"的影响。同时,请公司在充分评估上述影响的情况下,明确是否拟继续推进本次非公开发行股票事项,收购柯莱逊100%股权。

5月5日,中源协和停牌核查涉及"魏则西事件"及莆田系医疗企业事项后,对相关事件进行了首度回应。"由于问询函涉及的问题复杂、涉及事项存在不确定性,涉及的参与各方较多,同时'魏则西事件'持续发酵,都将对本次非公开发行产生重大不确定性。"中源协和表示,需要时间对非公开发行股票收购柯莱逊的事项进行重新评估。此次并购标的卷入"魏则西事件"是一个比较重大的负面新闻,由于外界的舆论压力,很可能会影响上市公司对收购标的的价值和品牌评估。

从"香饽饽"变成"烫手山芋","魏则西事件"不仅让中源协和此次定增收购蒙上了阴影,还使中源协和面临业绩下滑和舆论不利的双重压力,这恐怕是其在收购之初也未曾想到过的。

(四)收购预案阻碍重重

中源协和此前公告称,柯莱逊2015年营业收入为29 633.31万元,未经审计的净利润为4 001.90万元,2015年末资产总额为23 017.88万元,负债总额为7 138.44万元,净资产为15 879.44万元。柯莱逊之前的经营业绩并不理想,特别是2013年曾出现了资不抵债的现象,2015年却又出现了净利暴增现象。财报数据显示,柯莱逊2013年实现营业总收入18 171万元,实现净利润250万元,纳税总额250万元,2013年末资产总额为12 504.70万元,负债总额为13 311.57万元,净资产为-806.87万元;柯莱逊2014年实现营业总收入25 613万元,实现净利润2 480万元,纳税总额366万元,2014年末资产总额为15 892万元,负债总额为6 526万元,净资产为9 366万元。其2014年的净利润竟接近2013年的10倍,2013—2015年的净利润复合增长率高达300%。与此同时,其2015年末的净资产竟然相当于2014年末的资产总额。更让人诧异的是,柯莱逊在2014年净利润比2013年暴增如此之多的情况下,纳税总额仅仅高出116万元,对柯莱逊净利暴增之谜,不少人表示担忧。

除去2016年5月3日对柯莱逊事件的问询,此前,2015年12月30日及2016年4月6日上交所也曾先后两次向中源协和发出问询函。上交所指出,中源协和近期披露的对外投资、增资、收购等公告较多,大部分事项涉及的金额未达到规定的披露标准,属于自愿性信息披露,部分内容是以直通车的方式进行披露,要求中源协和补充说明。上交所还要求中源协和,对部分事项的披露内容应该客观有据、谨慎准确,不得夸大其词,误导投资者投资决策。

不少投资者也在多个社交平台呼吁中源协和终止此次定增方案。值得注意的是,一些基金在定增方案公布前悄悄撤离了中源协和。截至2016年3月31日共有易方达科讯混合、景顺长城内需贰号混合等12只基金持有中源协和股权,而2015年底尚有约50只基金暗藏其中。不过,中源协和也在定增预案公告中坦言,标的公司柯莱逊预估值较其账面净资产增值较大,敬请投资者注意相关风险。中源协和同时提醒,随着细胞免疫治疗行业的不断发展,国家将不断完善、调整细胞治疗领域的相关法律法规,不排除可能对标的公司的经营形成不利影响,因此存在一定的政策风险。

### (五)"半途而止"的收购

"魏则西事件"发生后,国家卫生计生委于2016年5月4日召开电视电话会议,要求落实《国家卫生计生委关于取消第三类医疗技术临床应用准入审批有关工作的通知》文件要求,明确自体免疫细胞治疗技术按照临床研究的相关规定执行。免疫细胞治疗的行业环境发生变化。

经审慎研究,中源协和决定终止本次非公开发行股票事项,并表示,公司终止本次非公开发行股票事项为公司综合考虑免疫细胞行业政策做出的决定;目前公司财务情况良好、业务经营正常,本次非公开发行事项终止不会对公司正常生产经营与持续稳定发展造成不利影响。与此同时,中源协和就上交所的问询进行了回复。其中包括中源协和对公司免疫细胞业务发展的最新回复,以及相关担保问题。对于免疫细胞业务,中源协和坦言,短期内受免疫细胞行业政策影响,公司免疫细胞业务发展的速度将受到一定影响,但由于免疫细胞相关业务收入在公司整体业务收入中占比很低,不会对公司的整体经营业绩造成重大影响。

另外,此前上交所在问询函中表示,中源协和将子公司执诚生物100%股权为融源瑞康提供质押担保,担保金额为10.8亿元。对此,上交所要求补充披露该担保责任的具体约定,并结合执诚生物的经营业绩和财务指标等,说明若履行上述担保责任,将对公司生产经营、业绩承诺等事项可能造成的具体影响。对于上述疑问,中源协和首先表示,并购基金于2015年12月2日设立,存续期为1.5年,于2017年6月1日到期。执诚生物股权担保的总金额为10.8亿元。截至2016年5月30日,并购基金已经支付包括股权转让款、增资款、利息税费及管理费用等共计9.78亿元,并购基金账面余额0.93亿元。截至目前,相关担保责任并未触发。如并购基金在2017年6月1日到期后担保责任被触发,公司所持执诚生物100%股权将有可能根据担保合同约定用于支付优先级和中间级有限合伙人的本金及预期收益。执诚生物2015年营业收入约2.49亿元,占公司全部营业收入7.09亿元的35%;如丧失执诚生物股权,预计将对公司2016年经营业绩造成重大影响。

为了避免上述风险,中源协和表示已采取新的措施。德源投资、永泰红磡已经分别与公司签署反担保合同,并承诺在并购基金到期前,德源投资、永泰红磡确保优先级合伙人和中间级合伙人足额获得实缴出资本金及预期收益,以避免触发公司担保风险。如因触发担保风险而给公司造成损失,公司将依照反担保合同由德源投资、永泰红磡和万兆投资全额赔偿,弥补公司损失。

## 三、中源协和收购案效果分析

尽管获利丰厚,但柯莱逊这类免疫细胞治疗企业,盈利点都存在一个普遍的行业性争议:其广泛应用于临床的,为第一代以 DC-CIK、CIK 等为主的技术,有效性并不明确。实际上,关于目前国内医院盛行的免疫细胞疗法"疗效有限"的情况,早已被媒体曝光。新华社和《南方周末》《21 世纪经济报道》等多家媒体,2014—2015 年间曾对"监管不明、标准缺乏"的灰色地带下,以免疫细胞疗法为主业的生物公司野蛮生长的现象做过多次报道。但在高额利润的诱惑下,柯莱逊等相关细胞治疗技术公司开始不断被并购,而它们身上所存在的争议和风险却被轻轻带过。某种程度上,这也是国内第一代免疫细胞治疗产业的"原罪"。

收购全国最大的免疫细胞治疗企业柯莱逊,是中源协和"肿瘤免疫治疗"布局中最为重要的一步,而除了渠道价值,柯莱逊之于中源协和的意义,在于增厚其利润。这一收购案也一度被指涉嫌关联交易。而在我国,相当多的上市公司及其控股股东就利用非公允关联交易粉饰业绩、操纵利润,严重损害了中小投资者的利益,妨碍了市场经济的健康发展,同时也大大增加了对上市公司的审计风险。因此,需要对上市公司关联交易及其披露情况的审计予以关注,提高会计信息的质量,降低审计风险,防止管理层利用关联交易操纵企业的经营状况和财务利润,谋取不正当的利益。

## 四、问题讨论

(1) 试从多角度分析这起前景看好的收购案最终失败的原因。
(2) 对于这桩"半途而止"的收购,已经付出的成本和风险将落到谁的头上?
(3) 企业并购中,如何合理选择并购标的公司?
(4) 从监管角度,试分析如何加强对企业并购及其风险的管理。

(作者:陈欢欢;指导老师:李建华)

# 漫漫 5 年操纵路
## ——亚太实业会计违规的百转千回

**适用课程：** 审计理论与实务　财务会计理论与实务

**编写目的：** 本案例描述了亚太实业的 5 年造假历程与手段，并对其财务造假的动机以及后期影响进行了分析。一方面，学生可以了解到上市公司财务造假的主要动机及其实际效果；另一方面，学生也可以对上市公司利润操纵的方式扩展一定的认识，以此引发对于审计实践的多方面思考。

**知 识 点：** 审计风险　财务造假的动机　会计信息披露

**关 键 词：** 亚太实业　利润操纵　虚增收入

**案例摘要：** 本案例以亚太实业遭到证监会处罚作为背景，描述了 2010—2014 年这 5 年时间里该公司利润操纵的一系列行为。亚太实业通过提前或延迟确认收入、质量索赔款的不恰当处理、长期股权投资减值准备的错误计提、不恰当的会计信息披露等实现财务造假，不仅对自身成长，也对资本市场的环境造成严重影响。在亚太实业事件以及一系列财务造假事件背后，都值得反思审计与监管等各方面是否还有漏洞，这也是资本市场不断完善的重要一步。

2016 年 2 月 23 日晚，A 股上市公司亚太实业公告收到证监会《行政处罚决定书》，被指 2010—2014 年年报均存在信息披露违法情形。亚太实业受到警告，并被处以 60 万元罚款，公司前董事长龚成辉等 23 名涉事责任人被给予警告，其中 17 人还被处以 3 万—30 万元不等的罚款。

这是继南纺股份、上海物贸、青鸟华光后的又一起"连续 5 年造假"案例。

## 一、公司介绍

海南亚太实业发展股份有限公司最初是通过中国寰岛集团公司、中国银行海口信托咨询公司和交通银行海南分行等单位共同发起,以定向募集的方式设立的股份有限公司。1997年1月,经中国证监会批准上市发行社会公众股3 100万股,1997年2月28日,公司股票正式在深圳证券交易所挂牌上市。自企业上市以来,不仅主营业务发生不断改变,经历了旅游酒店、电子器械、医疗保健、房地产开发等业务,而且其实际控制人也在不断发生着变化。

2001年5月21日,寰岛公司将其持有的7 094.72万股公司法人股转让给天津燕宇,其持有27.48%股份,成为第一大股东。2006年9月22日,天津燕宇将其持有的12.48%股份转让给北京大市。另外,亚太实业决定2006年用资本公积转增股本6 509万股,变更后股本总额为32 327万股。2007年10月18日,天津燕宇减持流通股1 615万股,后持股6.98%,为第二大股东。北京大市持有股份占公司股份总额的9.97%,成为亚太实业的第一大股东。

2009年5月10日,兰州亚太工贸集团有限公司的行动人兰州太华投资控股有限公司通过正规的司法程序竞拍取得天津燕宇持有的2 256.35万股有限售条件流通股中的部分股权。随后,兰州亚太通过二级市场大宗交易平台交易的方式,购入10 352 000股本公司股票,也多次通过深圳证券交易所增持4 185 677股。

亚太实业在本次信息披露违规事件接受调查时,北京大市持有3 222.02万股,持股比例为9.97%;兰州亚太持有公司2 745.44万股,持股比例为8.49%;兰州亚太持有2 200万股,持股比例为6.81%。

除此之外,1997年正式上市后,公司的名称历经了"寰岛实业""ST寰岛""*ST寰岛""ST寰岛""ST联油""*ST联油""*ST亚太""亚太实业"以及直到现在的"ST亚太"。

## 二、亚太实业5年信息披露违规事件历程

上市公司的造假手段往往隐藏较深,难以发现,却又会对投资者以及资本市场造成不良影响。亚太实业长达5年的造假历程,就是造成恶劣影响的又一典范。亚太实

业的动机非常简单却不单一,一方面是为了避免连续亏损而导致股票被 ST 处理,另一方面则是出于再融资的需求。因此,只要列示其会计违规前后各年的利润情况,就不难发现其会计违规的动机。根据亚太实业年度报告、处罚决定书以及亚太实业 2016 年发布的调整公告,亚太实业 2010—2014 年报告的净利润和调整后的净利润数据如表 1 所示:

表 1　亚太实业 2010—2014 年调整前后净利润数据　　　　单位:万元

| 分　类 | 2010 年 | 2011 年 | 2012 年 | 2013 年 | 2014 年 |
|---|---|---|---|---|---|
| 原报告金额 | 984.36 | 416.66 | 113.00 | 262.63 | -2 094.55 |
| 按处罚决定书调整后金额 | 984.36 | 416.66 | 370.00 | -232.17 | -2 094.55 |
| 公告调整后金额 | 613.24 | -3 984.92 | -765.54 | -496.91 | -4 307.10 |

由表 1 可以看出,如果早在 2013 年亚太实业已经预计 2014 年的亏损不可避免,就有可能采取会计违规手段使 2013 年产生会计利润。与此同时,2014 年 4 月 8 日,亚太实业《非公开发行股票预案》公告显示,公司拟以 4.5 元/股的价格向股东兰州亚太非公开发行股票 1.5 亿股,募集资金 6.75 亿元,这也恰恰印证了再融资条件也是亚太实业操纵利润的动机之一。

在亚太实业 5 年操纵利润的历程中,主要涉及对质量索赔款的不当会计处理、不计提长期股权投资减值准备、提前或延迟确认销售收入等方法蓄意操纵利润。

(一) 2010 年:初涉利润操纵

早在 2010 年之前,亚太实业就已经挣扎在风险警示实施与撤销风波之中。此次长达 5 年的利润操纵事件起点就是亚太实业控股子公司兰州同创嘉业房地产开发有限公司在 2010 年提前确认其永登亚太玫瑰园房产的销售收入。

2010 年,亚太实业年报披露信息中,房地产销售收入确定时点是房产完工并验收合格,签订销售合同,取得买房付款证明并交付使用。但同创嘉业并未按照公司的会计政策和会计准则的要求进行会计核算,提前确认销售收入。这项操作直接导致同创嘉业虚增 2010 年营业收入 97 145.82 万元,鉴于亚太实业持有同创嘉业 84.16% 的股权,因此,在合并报表之后,亚太实业的营业收入虚增了约 971.43 万元,占当期营业收入的 100%。

亚太实业此类通过提前或者延迟确认收入的方式操纵利润的手段在以后年度均有所运用。2011、2012、2014 年分别虚增营业收入 4 122.7 万元、1 056 万元、2 043.2 万元,分别占当期营业收入的100%、21.78%、59.53%。2013年虚减营业收入974万元,占其当期营业收入的43.31%。

(二) 2011—2014年:持续性利润操纵

在这5年间,亚太实业对于利润的操控更是变本加厉,不再限于单一的方法,而是多管齐下,多角度进行利润操控。

1. 质量索赔款的不恰当处理

济南固锝电子器件有限公司是亚太实业的子公司,2012年和2013年两年间,亚太实业一直持有济南固锝48%的股权。

2012年,济南固锝根据客户台湾敦南科技股份有限公司出具的《扣款通知单》,将535.51万元的质量索赔款确认为营业外支出。

2013年10月,济南固锝以质量索赔款尚未实际支付且具体赔偿金额尚无法合理确定为由,冲减已于2012年计提的营业外支出。2013年12月31日,济南固锝将2013年的凭证冲回,随后在下一凭证中冲减当期营业成本,并对应调增产成品530万元。剩余的5.51万元,则通过以下分录进行处理:

借:本年利润(红字)            5.51万元
  贷:利润分配——未分配利润(红字)      5.51万元

正是这样的不恰当操作,使得亚太实业2012年虚减利润约257万元,2013年虚增利润约257万元。

2. 未按定价依据计提长期股权投资减值准备

2013年12月31日,亚太实业第七届董事会2013年第五次会议决议通过的《关于转让济南固锝电子器件有限公司21%股权的议案》,披露的股权转让价格为875万元,其定价依据为截至2012年12月31日亚太实业持有的济南固锝股权的账面价值2 001.7万元,但并未具体落实。因此在2013年,便没有对持有的济南固锝股权计提减值准备。

2014年1月20日,亚太实业2014年第一次临时股东大会决议通过《关于转让济南固锝电子器件有限公司21%股权的议案》。但亚太实业却在2014年底对仍持有的27%济南固锝股权根据之前的定价标准计提了减值准备,计提的金额为1 027 064.92元。之后又转让了济南固锝9.36%股权,此次转让在2015年1月完成,并且是以同一定价依据确定的交易价格。

我国《企业会计准则第8号——资产减值》第三章第六条规定,可收回金额应当根据资产的公允价值减去处置费用后的净额与资产预计未来现金流量的现值两者之间较高者确定。第四章第十五条规定：可收回金额的计量结果表明，资产的可收回金额低于其账面价值的，应当将资产的账面价值减记至可收回金额，减记的金额确认为资产减值损失，计入当期损益，同时计提相应的资产减值准备。

对于亚太实业拟转让的部分股权来说，在2013年12月31日的资产负债表日，由于亚太实业已经签订了出售价格明确的股权转让协议，该协议价格自然是这部分股权的可收回金额的最可靠的计量金额。亚太实业2013年12月31日未对所持济南固锝48%的股权对应的长期股权投资计提减值准备的行为导致其2013年虚增净利润237.8万元。

3. 未及时披露股份实际控制人的变更

2011年10月26日，亚太实业控股股东兰州亚太及其控股股东万恒星光（北京）投资有限、星光浩华公司共同签署了《北京大市投资有限公司股权转让及债务重组协议》。由于涉及北京大市实际控制人变更，属于应披露事项，但亚太实业对上述问题并不知情，因此2012—2013年年报披露信息有失偏颇。

后来，该协议内容多次变更，但恰在此期间，北京大市破产，股权无法过户到万恒星光、星光浩华，兰州亚太希望通过收购万恒星光、星光浩华的全部股份帮助北京大华解决债务以及其他历史遗留问题。最终，万恒星光与星光浩华将其持有的大市公司100%的股权（万恒星光占股99%，星光浩华占股1%）全部转让给兰州亚太，因此，兰州亚太和兰州太华持股亚太实业比例达到15.3%。协议约定，该条款在兰州亚太支付转让款3 000万元后生效。

但是上述协议目前尚未生效。对于该重组事项，自始至终亚太实业并不知情，且未进行任何相应的披露。另外，在重组的流程方面也充满了不合理性。一方面没有在重组之前进行必要的调查，另一方面更是没有进行有效的重组。这样的行为给投资者投资带来很大风险，也给资本市场的稳定带来威胁。

（三）2015年：内忧外患并存下利润操纵行为被揭露

1. 定向增发项目遇阻

2015年3月14日，亚太实业连发两则公告，公告显示公司正在面临诉讼问题。北京大市破产导致了很多问题，亚太实业却以案件未公开审理为由暂时无法判断对公司可能产生的影响。

公告显示，万恒星光与星光浩华于2012年3月份和亚太实业实际控制人兰州亚太签订了《兰州亚太工贸集团有限公司与北京大市投资有限公司战略合作协议》。协议约定，保证"不得单方面处理及解决有关大市公司及上市公司的所有事务"，并且在不损害公众投资者利益的情况下，保持互通信息和一致行动关系。

但是亚太实业认为万恒星光、星光浩华滥用诉权行为，阻止公司融资6.75亿元。另外，亚太实业还认为，万恒星光、星光浩华并非公司的股东，通过阻止融资的手段使公司资金缺乏，如此损害广大中小股民及社会公众利益，是不合法的行为，遂请求法院撤销该案件。

2. 利润操纵行为被揭露

2015年6月5日，亚太实业收到证监会海南监管局下发的《调查通知书》，因涉嫌信息披露违法违规，海南监管局决定对公司进行立案调查。2015年11月19日，公司收到证监会《行政处罚事先告知书》，证监会决定对公司以及相关当事人给予警告及罚款的行政处罚。

2016年2月22日，亚太实业收到中国证监会《行政处罚决定书》。证监会表示，对亚太实业信息披露违法行为进行了立案调查、审理，并依法向当事人告知了做出行政处罚的事实、理由、依据及当事人依法享有的权利。经查明，亚太实业存在一定的违法事实，并对公司及其相关当事人做出了处罚。

## 三、亚太实业利润操纵产生的影响

（一）利润操纵对公司股票价格的影响

财务信息与公司股票价格是密切相关的，因此，利润操纵行为会直接影响公司股票价格。利润操纵行为一方面将无法真实反映企业的经营状况、盈利水平和未来发展潜力，而且还会使得企业真实的市场价值无法客观地得到评估。因为常用的评价方法和评价指标在利润不真实的情况下会呈现不同程度的钝化。倘若上市公司向市场披露的财务信息存在重大错误或不真实的成分，那么该公司的股票价格很难将其所代表的企业真正价值充分地反映出来。

如图1所示，从2010—2016年亚太实业的K线图可以看出，公司在利润操纵的5年时间里，股价走势较好，但是违规行为一经披露，股价在最后区间就出现了大幅度下跌。因此，利润操纵会影响投资者的投资预期，对于公司长期的股价发展会产生不

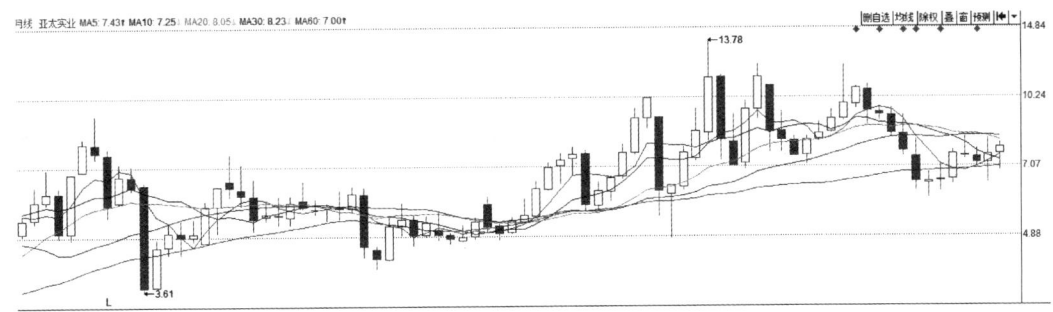

**图 1　2010—2016 年亚太实业股价波动图**

利影响。

（二）利润操纵对公司信用的影响

公司自身良好的信用是上市公司在市场经济环境中赖以生存的根源，是在资本市场中运行的保障。上市公司在按规定履行信息披露的制度时，投资者对公司的信任也在无意中提升了很多，良好的企业形象便在不知不觉中塑造起来。因此，诚信的重要性超乎想象，任何公司都不能忽视，这是企业的根基，是拿不走的无形资产，会给企业创造出难以计数的效益。

在此次违规事件中，亚太实业自身及相关当事人所做出的一系列违法违规行为与受到的相应处罚，都将计入深圳证券交易所上市公司诚信档案，并向全社会公布。这既是对广大投资者负责任的态度，也将在很大程度上影响上市公司在后续经营过程中的信用水平。

（三）利润操纵对公司经营状态的影响

1. 资产负债率连续大幅攀升

亚太实业利润操纵的情况被曝出后，经营受到很大影响。从财务报表的追溯重述来看，公司资产负债率连年上升。亚太实业主营业务为房地产开发与销售，因此将公司资产负债率与行业平均水平进行比较。

从图 2 可以看出，2012 年以后，亚太实业资产负债率高于行业平均水平，现金流无法满足企业正常运营，出现前所未有的资金紧张。公司不得已只能通过长期借款来填补亏空，弥补 2014 年和 2015 年不断恶化的现金流状况。

2. 变现能力减弱

亚太实业在经过利润操纵行为后，财务出现了很大问题，这给公司的成长留下了深深的隐患。从流动比率角度看，亚太实业的偿债能力还处于正常水平。

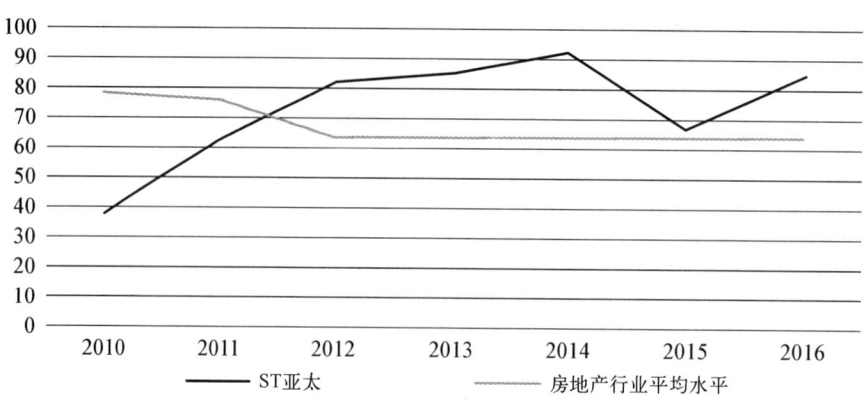

图 2 2010—2016 年亚太实业资产负债率变动图(单位:%)

从图 3 可知,亚太实业流动比率远远低于行业平均水平,流动资产变现能力相当弱。亚太实业的存货几乎占据所有流动资产,如图 4、表 2 所示,与排名相当的企业相比,存货占流动资产比重也处于较高水平,因此一旦有紧急情况,难以变现。

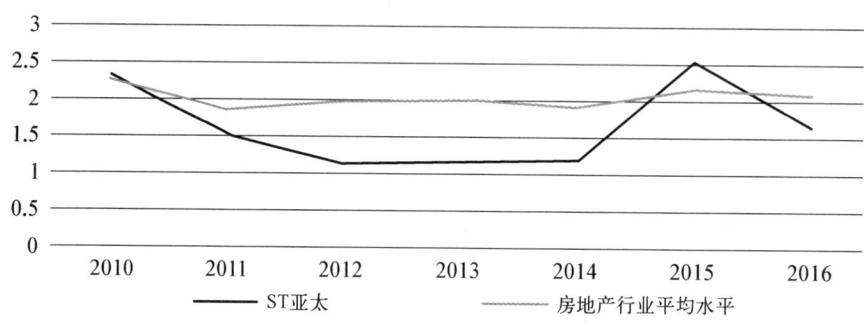

图 3 2010—2016 年亚太实业流动比率变动图(单位:倍)

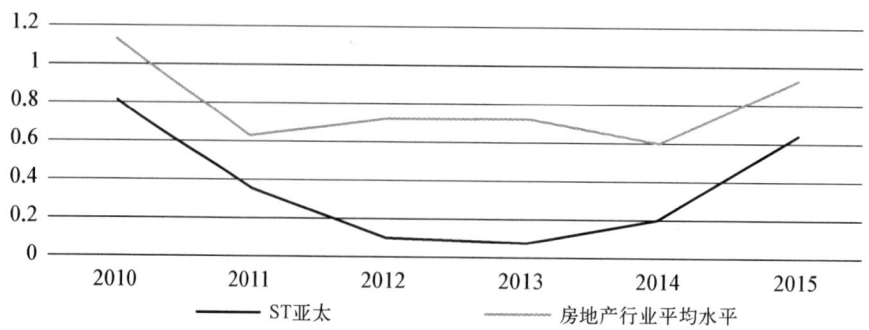

图 4 2010—2015 年亚太实业存货占流动资产比重变动图(单位:倍)

表2 2010—2016年排名靠近企业存货占流动资产比重变动图　　　　单位：%

| 股票代码 | 公司名称 | 2010年 | 2011年 | 2012年 | 2013年 | 2014年 | 2015年 | 2016年 |
|---|---|---|---|---|---|---|---|---|
| 000671.SZ | 阳光城 | 57.89 | 43.25 | 64.85 | 67.18 | 76.95 | 62.35 | 65.22 |
| 000691.SZ | 亚太实业 | 65.11 | 76.57 | 90.43 | 93.05 | 83.40 | 74.88 | 81.83 |
| 000718.SZ | 苏宁环球 | 87.66 | 91.60 | 90.35 | 85.62 | 86.51 | 69.98 | 68.03 |
| 000732.SZ | 泰禾集团 | 75.72 | 86.69 | 63.01 | 67.78 | 86.38 | 78.58 | 82.37 |

3. 经营能力不稳定

亚太实业有向医药行业转型的打算，但是实施起来不太成功，通过将经营指标与行业平均水平进行对比，可以发现公司近6年经营非常不稳定。

如图5所示，亚太实业销售毛利率非常不稳定，变化特别大，其必然性地导致资产净利率的变化波动大（如图6所示），这在一定程度也说明公司没有稳定的经营能力。

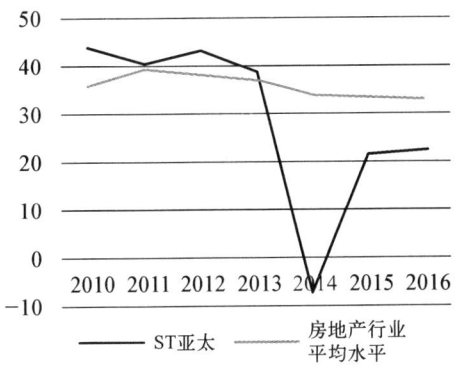

图5　2010—2016年亚太实业销售毛利率变动图（单位：%）

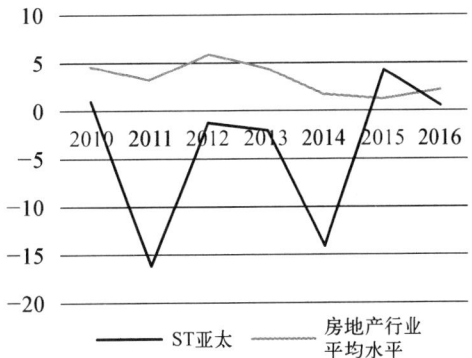

图6　2010—2016年亚太实业资产净利率变动图（单位：%）

利润操纵使得企业一味希望通过一张令人满意的报表获得更长远的发展，然而这只是暂时的。企业在经营过程中出现的问题只能正面对待，否则都将不是长久之计。

## 四、结论与启示

虽然自2015年亚太实业利润操纵曝光后，其股价进入了一段时间的低迷，但是目前亚太实业也已经成功摘帽，走上正常经营的轨道。

5年的利润操纵虽已过去，但是其背后仍有许多问题值得我们思考。一方面，在亚太实业的违规事实中，违规的会计处理并不复杂，易于识别，这与近年来的会计违规案例相似,比如银广夏、绿大地、万福生科、紫金矿业等,所使用的违规方法均易于发现。上市公司准确及时的会计信息披露是证券市场得以有效运行的基本条件,但监管部门对违规行为的处罚力度不足以震慑上市公司恶劣的会计违规行为,这是上市公司违规操纵的重要原因。

另一方面,从亚太实业 2011—2014 年度财务报告来看,负责财务报表审计的注册会计师连续 4 年都对亚太实业年度财务报告出具标准的审计报告,审计质量问题值得考虑。其中联营企业会计违规也会影响上市公司的财务报表,因为从实际的会计核算结果来看,权益法的结算方式中,联营企业的投资收益自然构成上市公司财务报告的一部分。由此可见,审计师在审计过程中应当扩大审计范围,进行一定程度的延伸审计,为发表标准审计意见获得合理的保证。

## 五、问题讨论

(1) 盈余管理与利润操纵的概念分别是什么?两者之间有何区别?

(2) 亚太实业利润操纵的最主要的动机是什么?

(3) 亚太实业利润操纵的手段有哪些?分别对财务报表产生什么影响?

(4) 亚太实业利润操作对公司有哪些主要的不利影响?

(5) 亚太实业的处罚力度是否足够达到惩戒目的?

(6) 从亚太实业等一系列财务造假案例中,对资本市场审计以及监管的改进有何建议?

(执笔人:张以柔;指导老师:徐宗宇)

# 财务管理理论与实务

CAIWU GUANLI LILUN YU SHIWU

# P2P 网络借贷平台盈利模式的案例分析
## ——以宜人贷为例

**适用课程：** 财务管理理论与实务

**编写目的：** 本案例研究 P2P 网络借贷平台盈利模式，目的在于使学生学会全方位解读公司的盈利模式，并学会系统思考现象背后的逻辑关系。

**知 识 点：** 杜邦分析　盈利模式

**关 键 词：** 宜人贷　P2P

**案例摘要：** P2P 是当下互联网金融领域里非常热门的一块市场，与大众认知不同的是 P2P 进入中国已有 10 个年头。10 年中，P2P 经历了起起伏伏，有广告轰炸，有跑路事件，尽管褒贬不一，网络借贷行业在磕磕碰碰中已经初具规模，并且在朝着规范化、合理化不断发展。宜人贷作为目前为数不多的公开披露盈利信息的网贷平台之一，在近几年的经营中获得了亮眼的业绩，其盈利模式有众多可供借鉴之处。因此，对宜人贷盈利模式进行深入、系统的研究，对思考我国网络借贷行业盈利难题具有重要的参考价值。

## 一、互联网金融

互联网金融是指传统金融机构与互联网企业利用互联网技术和信息通信技术实现资金融通、支付、投资及信息中介服务的新型金融业务模式。互联网金融这一概念首先由谢平（2012）提出，他在《互联网金融模式研究》中率先提出了互联网金融的概念。因为互联网金融几乎完全由商业实践得来,并且仍处在不断发展当中,业界与学术界对互联网金融的概念和内涵尚未形成统一、权威的定义。目前比较为大众熟知的几类互联网金融模式主要有:众筹、P2P 网络借贷、第三方支付、以阿里余额宝为代表的互联网理财产品等。

## 二、P2P 网络借贷

P2P 网络借贷是指以互联网平台为媒介的个人对个人的借贷模式。P2P 借贷的客户主要是由资金需求方和资金借出方组成,P2P 借贷的金额偏小,属于小额度的借贷,主要是为了满足个人的资金需求,在发展个人信用体系的同时也可以提高闲散资金的利用率。

全球首家 P2P 借贷平台 Zopa 于 2005 年在英国创立。我国的网络借贷起步较晚,其发展大致可分为 3 个时期:第一个时期,2007—2012 年是我国网络借贷行业的起步发展期。2007 年我国第一家网络借贷平台拍拍贷的诞生拉开了国内网络借贷行业发展的序幕,之后红岭创投、人人贷等平台相继涌现,这个阶段从业者较少,用户规模也小,网络借贷的主要形式是信用借款。第二个时期,2013—2015 上半年我国网络借贷行业进入高速发展期。从业者和用户规模迅速增长,但同时平台跑路、倒闭等恶性事件也频频出现。第三个时期,自 2015 年下半年开始,监管成为网络借贷行业的主旋律,行业开始进行大洗牌,网络借贷平台呈现出分化发展态势。随着互联网金融监管政策的不断出台,互联网金融行业将会向着规范化、合法化方向发展。

## 三、P2P 行业概况

(一)平台数量

如图 1 所示,据网贷天眼网站不完全统计,截至 2018 年 1 月 31 日,我国 P2P 网贷平台数量达 5 385 家,其中在运营平台数量为 1 615 家。从近一年数量波动来看,在运营平台数量一直处在波动减少的发展状态中。2018 年备案前后,市场发展将有较大转折。尽管经过一年多的监管调整,生存下来的平台都在合规方面做了努力,但最终的备案考核也将真正考验平台的合规性和后续发展性。

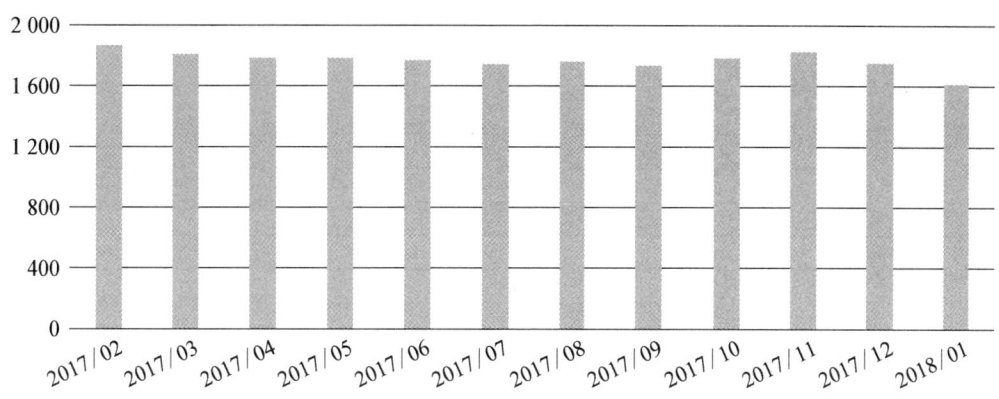

**图 1　网贷行业每月在运营平台数量(单位：家)**

资料来源：网贷天眼网站

(二) 月成交额

如图 2 所示，2018 年 1 月，P2P 网络借贷行业成交额为 1 824.19 亿元，环比下降 3.83%，同比下降 14.95%。在监管趋严、竞争日益激烈的背景下，网络借贷行业的高速发展势头减缓，自 2017 年 12 月开始，监管部门和平台都在为备案做冲刺性准备，稳定、合规、存管、信披仍是调整的核心，所以 2018 年上半年交易规模仍呈现波动走势。

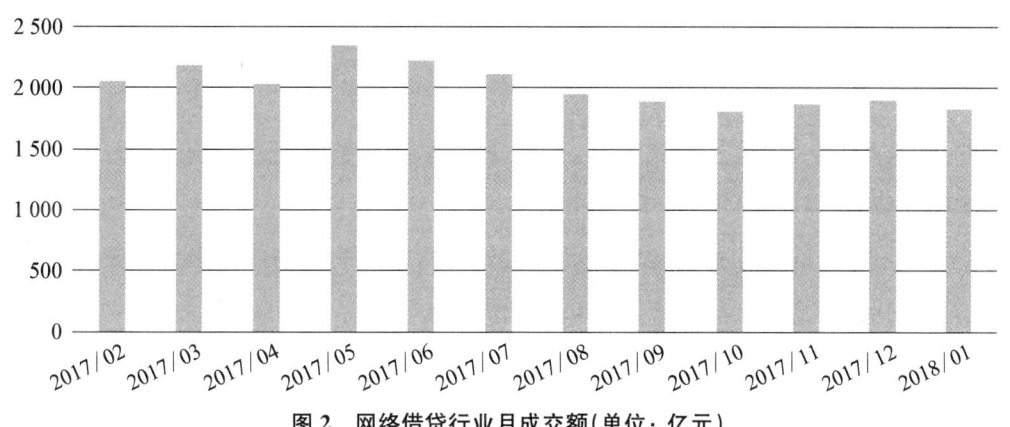

**图 2　网络借贷行业月成交额(单位：亿元)**

(三) 地区分布概况

如图 3 所示，从区域分布来看，北上广、山东和浙江五地占据了全国累计平台的主要份额，合计占比达 65.68%；其他地区累计平台数量均在 300 家以内，甚至多数在 100 家以内。从交易规模来看，北上广交易规模均在 400 亿元以上，明显高于其他地区，浙江紧随其后排在第四位，交易规模在 300 亿元以上。总体来看，网络借贷平台多集中在少数发达省市，北上广的规模优势明显，但从目前区域布局来看，一、二线城市资源逐渐被大平台瓜分且根基稳固,而三、四线城市却存在市场空白,所以随着行业规模的扩大,后续市场发力点或往三、四线城市转移。

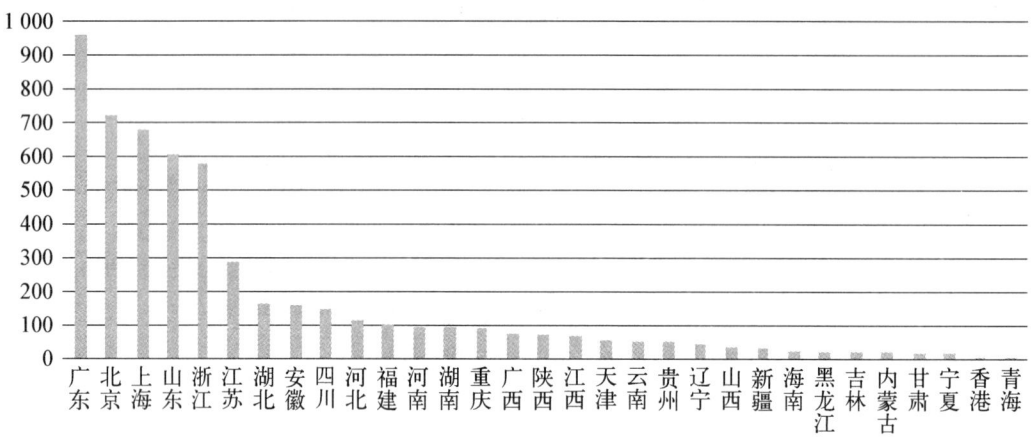

图 3　累计平台数量地域分布(单位:家)

(四)问题平台

如图 4 所示,2018 年 1 月,全国新增问题平台 139 家,环比上涨 85.33%,同时,新增平台 3 家。截至 2018 年 1 月底,全国 P2P 网贷问题平台共计 3 770 家,其中,广东和山东问题平台数量均超过 500 家,北京和上海也达到 400 多家,浙江地区紧随其后,达 385 家,排名前 5 位地区的问题平台占比达 63.74%,另外,排名前 10 位省份的累计问题平台均在 100 家及以上,合计占比 81.49%,可见,问题平台与整个网络借贷平台区域分布相似,集中度偏高。行业问题平台的加速离场,展示了市场良性调控的效果。2018 年,备案成为行业主题,也将成为平台业务方向调整的决定性因素,预计前半年在监管审核和平台自查中,将有一批平台面临未来出路的选择,行业淘汰率将继续保持高位。

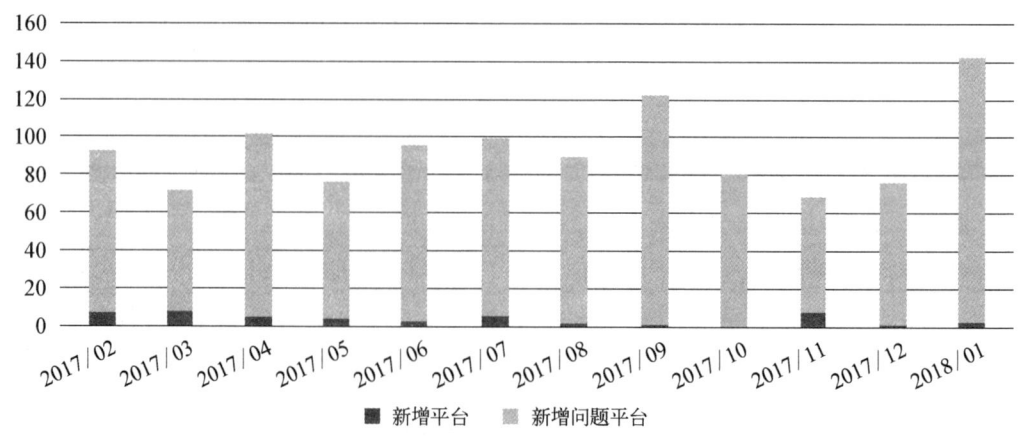

图 4　新增平台与新增问题平台对比(单位:家)

不过从网络借贷平台的整体盈利现状来看,目前行业整体还处于亏损状态。未来几年内,业界对网络借贷平台的盈利预期不容乐观,尤其是在监管趋严的政策背景下,业界普遍认为网络借贷平台未来利润空间较小,实现盈利遥遥无期。

## 四、宜人贷简介

宜人贷平台来源于宜信公司互联网部,于2012年3月正式上线运营。2014年9月,宜信成立恒诚科技发展(北京)有限公司独立运营宜人贷平台。2015年12月18日,宜人贷在美国纽约证券交易所成功上市,成为中国金融科技第一股。截至2017年9月30日,宜人贷累计服务了约100万位借款用户,近120万位出借用户,累计促成借款总额达605亿元。

与其他P2P平台类似,宜人贷的客户分为投资人和借款人,宜人贷也针对不同客户群体提供细化的财富管理服务和资金出借服务。其中,针对借款人主要有4种模式,如表1所示。

**表1 借款人借款模式**

| 模 式 | 借款额度(万元) | 借款期限(月) | 借 款 要 求 |
|---|---|---|---|
| 公积金模式 | 1—20 | 12—48 | ① 两周内的个人征信报告<br>② 拥有个人公积金账户 |
| 精英模式 | 2—20 | 12—48 | ① 提供近6个月工资流水<br>② 两周内的个人征信报告 |
| 极速模式 | 1—10 | 12—48 | ① 个人电商账号<br>② 个人信用卡<br>③ 两周内的个人征信报告 |
| 寿险模式 | 1—20 | 12—48 | ① 拥有寿险保单并连续缴费<br>② 两周内的个人征信报告 |

宜人贷向投资人提供的产品可以分为两种:自动投资工具和助投资工具。自动投资工具指的是宜定盈系列产品,也是大多数投资人的理财选择,其主要产品要素如图5所示。

这类产品是投资人同意将一定数量的资金在特定时间内出借给数个借款人。一旦投资人启用,其投入的资金将通过平台自动分配给已经审核批准的借款人。在该借款人还清借款时,自动投资工具会将投资人所获回报再次投入借款项目,加快对现

图5 宜定盈产品图示

金流的再投资。如果投资人提前终止服务,需要支付一笔提前赎回费用。

自助投资工具指的则是精英标产品,投资人可以自行选择投资机会,其主要产品要素如图6所示。

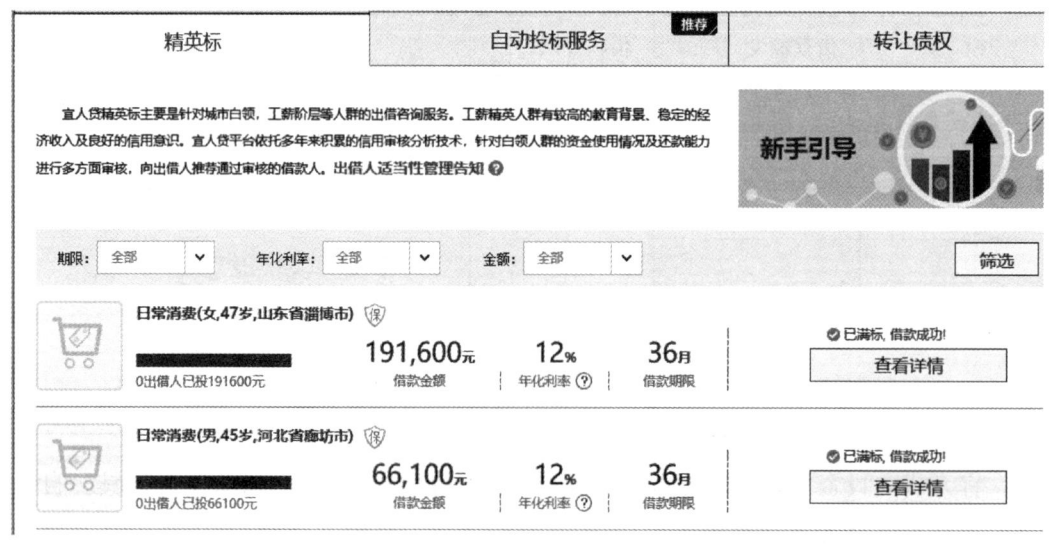

图6 精英标产品图示

这类产品是投资人可以根据借款期限、金额和利率,在平台中发布的已经通过审核的几百个新借款项目中进行个性化选择。利用这种投资工具,投资人将一定数量的资金在一定期限内(必须满足借款人的借款期限)出借给特定的借款人。为鼓励投资人分散风险,宜人贷规定每位投资人的投资额最高不超过一笔借款金额的20%。

同时宜人贷提供了具有一定流动性的二级市场,二级市场为投资人提前退出交易提供了可能。投资人在贷款合约未到期时支付2%的交易费即可以将其转让给其他投资人。

## 五、宜人贷盈利模式

根据宜人贷2017年第三季度财报显示,2017年第三季度,宜人贷业绩增长超出预期,保持长期的盈利水平。该季度宜人贷为192 725位借款人促成借款总额121.85亿元,较2016年同期增长117%;为214 967位出借人完成135.10亿元的资金出借。净收入15.14亿元,较上个季度增长28%,较2016年同期增长73%;净利润3.03亿元,较上个季度增长13%,较2016年同期调整后净利润增长57%。据宜人贷此次财报的业绩展望,2017年全年预计借款促成总额400亿—405亿元,预计净收入52亿—53亿元,预计调整后EBITDA利润率16.0亿—16.2亿元。预计到2020年,宜人贷将成为千亿级金融科技共享开放平台。

与主流网络借贷平台业务模式类似,宜人贷也是通过汇集借款人与投资人,在不占用自有资本的前提下撮合借贷双方,促使交易达成。宜人贷、借款人、投资人三方签订贷款服务合同。宜人贷为投资者提供两种不同类型的投资工具,投资人向其支付服务费,投资资金则存放于托管银行。宜人贷从线上和线下两种渠道获取借款人,借款人获得宜人贷的放款许可后从托管银行获取贷款,并向宜人贷支付交易费。

(一) 收入构成

据宜人贷招股说明书上披露,宜人贷的收入主要来自两部分:向借款人收取的交易费和向投资人收取的服务费。因此可以得到宜人贷的收入构成:

宜人贷收入＝向借款人收取的交易费＋向投资人收取的服务费＋其他

1. 向借款人收取的交易费

宜人贷的财务报告显示,向借款人收取的交易费是宜人贷公司的主要收入来源。公司向借款人收取的交易费金额约为其促成的借款总交易额的30.5%。在收入确认方面,线下借款客户的全部交易费都是前期一次性付清,而对于线上渠道发展的客户,借款人一般前期支付部分交易费(最高42%),其余部分根据借款期限按月支付和进行收入确认。

通过对宜人贷的借款规则进行具体分析,可以发现宜人贷是根据借款人信用状况的不同实行阶梯收费。收取的费用通常由两部分组成:① 固定利息部分,利率在10.0%—12.5%之间;② 交易费部分,根据借款客户资质收取不等的交易费用。公司的风险定价主要体现在所收取的交易费中。宜人贷通过由宜信与FICO共同开发的内部信用打分模型将符合条件的借款客户分为A、B、C、D 4个级别,其中A类风险最低,而D类风险最高,各级借款利率如表2所示。

**表2 宜人贷各级借款利率情况①**　　　　　　　　　　单位:%

| 定价评级 | 利率 | 平均交易费率 | 借款人总成本 |
| --- | --- | --- | --- |
| A类 | 10.0—12.5 | 5.6 | 16.9 |
| B类 | 10.0—12.5 | 18.5 | 27.4 |
| C类 | 10.0—12.5 | 26.4 | 33.5 |
| D类 | 10.0—12.5 | 28.2 | 39.5 |

与其他融资渠道相比,宜人贷收费水平并不低,尤其是D类客户。社会各界曾质疑宜人贷D类客户的利率之高,不过据宜人贷解释,D类客户39.5%的年化成本是APR的概念。APR的计算是按照等额本息的还款方式,考虑了复利因素,因此得出的数值较高。举例而言,若在宜人贷平台借款2万元,期限1年,每月还款额为2 037.05元,一年整体还款总额为24 444.58元,APR约为40%,名义年利率为22.2%。此外,笔者发现宜人贷针对还款记录良好的优质借款人,还推出循环贷产品。根据借款人资质,该产品将给借款人提供更高的借款额度以及更加优惠的费率。

2. 向投资人收取的服务费

面向投资人收取的服务费的占比很小。宜人贷面向使用自动投资工具和自助投资工具的投资人按月收取管理费,但此笔费用在公司总体费用收入中占比仅为1%左右。

上述分析表明,宜人贷的业务收入并不多样化,绝大部分来自借款人的交易费,小部分来自投资人的服务费。因此,对于2016年8月24日四部委发布的《网络借贷信息中介机构业务活动管理暂行办法》中的新规定"同一自然人在同一网络借贷信息中介平台的借款余额上限不超过人民币20万元,同一法人或其他组织在同一网络借

---

① 平均交易费率是基于对相同定价评级的借款所收取的交易费率的简单平均值计算得出,未进行年化计算。

贷信息中介机构平台的借款余额上限不超过人民币100万元",在宜人贷的历史批贷记录中,单笔借款超过20万元的金额占总体批贷金额的比例小于5%,所以该政策调整对业绩的影响非常小。

（二）成本构成

基于运营视角,宜人贷的成本分解为投资人收益支付、获客成本、运营费用,可以用如下公式表达：

$$宜人贷成本＝投资人收益支付＋获客成本＋运营费用$$

在成本端,宜人贷成本主要为投资人收益支付(8.5%)、获客成本(8%)、运营费用(3%)3项,合计成本约为19.5%。

投资人收益支付即宜人贷给予投资人的收益,据调研报告显示,投资人成本约为交易金额的8.5%。投资人的收益即网络借贷平台的定价成本,它的高低对平台的发展有着至关重要的作用,因此应保持在一个合理的值域。

获客成本指的是网贷平台因开发、吸引、销售、获取、服务及保留顾客所消耗各类资源而产生的成本。对于网络借贷平台而言,平台的获客成本主要指获取借款标的产生的成本。宜人贷的借款标的主要来自两个途径：一是线上渠道（搜索引擎营销、搜索引擎优化以及与互联网合作等）；二是宜信实体销售网络等线下渠道。宜人贷的获客成本约为8%,其中线上2%、线下6%。

运营费用占比约为3%。宜人贷的运营费用主要分3部分：销售和营销支出、发起和服务成本、总务和行政支出。销售和营销支出占运营费用的60%—70%；发起和服务成本相比之下在运营费用中的占比最小；总务和行政支出一直以来比较稳定。

由此可以发现宜人贷给予投资人的收益率较为合理,而它的获客成本和运营成本都随着宜人贷平台规模的扩张而逐步得到改善。低廉的获客成本主要与宜人贷的母公司宜信有关；运营费用虽然在3项成本之中占比最小,但宜人贷也应警惕,避免发生风险事件而造成不必要的损失。

（三）利润增长点

利润增长点主要指企业从哪些产品、渠道、服务中可获取利润。具体来看,宜人贷的利润增长点主要分为专注于消费金融的产品和服务以及"线上＋线下"的发展渠道。

1. 专注消费金融的产品和服务

网络借贷行业是近几年快速发展起来的,所以很多平台一开始在定位与产品模式上并不清晰。监管的缺失让网络借贷行业的同质化竞争非常严重,行业大有"劣币驱逐良币"的趋势。在产品和服务方面,宜人贷从创立之初专注于信用贷款市场,逐步转向消费金融市场。消费金融的概念自2007年被引进,发展至2016年已经形成了万亿级的市场,未来中国的消费金融市场仍是一片蓝海。当前我国信用卡的普及率相对国外依然较低,宜人贷所提供的信用借款服务恰好解决了信用卡占有率低且借款需求不被满足的现状。宜人贷在2016年3月还推出过中国首个在线消费金融ABS产品"中金—宜人精英贷专项计划",在深圳证券交易所挂牌。

在同行业中,专注产品和服务发展的还有深耕车贷细分领域,把汽车分期抵押贷款作为发展重点的浙江省网络借贷平台龙头微贷网。作为全国最早的十家网络借贷平台之一,微贷网在成立最初也专注信用贷款市场。但是自2012年3月微贷网就思索转型,开始用线上、线下结合的方式做汽车抵押借贷,主要原因是汽车抵押借贷具有周期灵活、易于定价等特点,容易实现标准化操作,而且还可以以车为抵押物到车管部门做抵押登记,这使得汽车抵押借贷的信用风险更易控制,一旦出险,处置难度相对较小。

2. "线上+线下"的发展渠道

宜人贷的客户主要分为借款客户和投资客户两类。宜人贷的主要借款客户是通过宜信线下获取。宜人贷2013、2014和2015年的借款客户,分别有54%、48%和51%来自宜信的举荐,这部分客户在同期公司促成的交易额中的占比分别为62%、60%和68%。宜信线下获客能力堪比陆金所,宜信目前布建了超过40 000名员工的全国经营网络,其规模大于陆金所。不过陆金所线下渠道更加多元化,包括通过线下网点的直销、与小贷公司等地区从业者合作以及来自平安集团的交叉销售。与借款客户主要来自宜信线下渠道不同,宜人贷的多数投资客户来自线上渠道。而且从2015第四季度开始,宜人贷已实现投资资金全部来自线上。

(四) 盈利举措

网络借贷行业是受舆论影响巨大的行业,网络借贷平台的良好声誉是盈利能力的助燃剂。网络借贷行业也是风险高、容易引起连锁反应的行业,宜人贷采取了种种措施来规避风险,同时提升平台自身的品牌价值,在市场上增强了竞争力。

1. 建立严格的风控机制

宜人贷建立了严格的放贷决策机制,充分利用大数据完善打分模型,启用信用分级制度筛选借款人;计提质量保障服务专款,提高风险承受能力;严控逾期率和坏账率,以减少损失。

2. 通过上市大大提高知名度

宜人贷是中国网络借贷行业上市的第一股。宜人贷在美国纽约证券交易所上市,代表着更高的透明度和更成熟、更严格的监管,表明了国际资本市场对宜人贷的认可,是宜人贷最亮眼的招牌。

3. 通过合理的广告宣传占领市场

宜人贷充分利用社交平台的口碑传播,从传统的广告投放到精准营销的朋友圈刷屏,再到官方发布的长图,宜人贷塑造了借钱快、值得信赖的良好形象。同时,宜人贷用漂亮的数据在各大网络借贷门户网站,如网贷之家、网贷天眼等,都占据了排行榜前列。

## 六、结束语

宜人贷是公开披露的为数不多的实现盈利的网贷平台之一,而且其盈利状况也是最为亮眼的,但在其盈利模式中,仍然存在较大的潜在风险,主要表现在产品的合规性、质量保障服务专款的合理性以及 D 类借款占比上升造成的违约隐患等方面。2018 年将会是网络借贷行业的寒冬,业内预计正式监管文件将会陆续出台,对业务模式、风控机制、产品合规性等都会有更加具体的规范,网络借贷行业将会迎来一次大洗牌,宜人贷也将接受严格考验。

(作者:高春显;指导老师:王则灵)

# 天威集团：输变电龙头为何破产重组

**适用课程：** 公司战略与风险管理　公司治理　财务管理理论与实务

**编写目的：** 本案例旨在引导学生探究上市公司在进行战略转型时应注意的风险，了解公司如何加强内部控制、优化决策流程，进而减少决策失误，提升公司治理效率。

**知 识 点：** 战略转型　风险管理　内部控制

**关 键 词：** 新能源　海外并购　控制权　资产置换

**案例摘要：** 作为国家重大装备制造业骨干企业、河北省大型支柱性企业，天威集团在向新能源行业转型的过程中却不是那么一帆风顺。对形势的误判、对风险的忽略以及欠缺的内部控制、盲目的海外并购……让这家央企逐渐走向陨落。2015年4月21日，天威集团因未能兑付发行的中期票据11天威MTN2的利息，成为债券公开市场上第一家违约的央企。同年9月，天威集团发布公告称，集团及其子公司拟申请破产重组。为何一度辉煌的输变电龙头企业会走上破产重组之路？本案例从行业情况、公司内部两个角度，选取了关键节点、关键事件展现天威集团走向违约破产的过程。

作为国家重大装备制造业骨干企业、河北省大型支柱性企业，天威集团曾被评为中国机械工业29家最具成长性企业之一，也曾位列中国制造业500强第308位、中国机械500强第97位。然而，天威集团在向新能源行业转型的过程中却不是那么一帆风顺。对形势的误判、对风险的忽略以及欠缺的内部控制、盲目的海外并购……让这家央企逐渐走向陨落。2015年4月21日，天威集团因未能兑付发行的中期票据11

天威 MTN2 的利息,成为债券公开市场上第一家违约的央企。同年 9 月,天威集团发布公告称,集团及其子公司拟申请破产重组。为何一度辉煌的输变电龙头企业会走上破产重组之路?

## 一、天威集团概况

### (一)公司简介

天威集团坐落于河北省保定市,北靠首都北京,东临海滨城市天津,南临河北省会石家庄,处于"京津石"三角地区的中心位置。它的前身为成立于 1958 年的保定变压器厂,于 1995 年成为首家按照《公司法》改制的地方性国企。2007 年 9 月,中国兵器装备公司正式将天威集团纳入麾下,至此中央直接管理的特大型国有重要骨干企业、十大军工企业之一的中国兵器装备集团公司(以下称为"兵装集团")拥有天威集团 100%的股份,天威集团成为名副其实的央企。天威集团旗下有 15 家全资控股子公司,2014 年资产置换以前部分子公司如表 1 所示。

表 1  2014 年以前天威集团部分子公司

| 行　　业 | 全资(控股)公司名称 |
| --- | --- |
| 输变电子公司 | 保定天威保变电气股份有限公司 |
|  | 保定天威集团特变电气有限公司 |
|  | 保定保菱变压器有限公司 |
|  | 天威合肥变压器有限公司 |
| 新能源子公司 | 保定天威保变电气股份有限公司 |
|  | 天威新能源控股有限公司 |
|  | 保定天威薄膜光伏有限公司 |
|  | 保定天威风电叶片有限公司 |

自成立以来,天威集团的主营业务为变压器、互感器等输变电设备。2000 年,集团创建了第一家光伏新能源企业"西藏华冠科技股份有限公司",此后主要业务板块扩大到太阳能以及风电产业,希望能建立一条以晶体硅太阳能电池、薄膜太阳能电池以及光伏系统集成及服务运营产业链。天威集团将输变电产业全部集中在总部,新能源产业集中在旗下上市子公司天威保变(现已更名为保变电气,股票代码:600550.SH)。

## (二) 高管介绍

丁强,天威集团发展史的核心人物,从1999年就开始担任天威集团的董事长,直到2012年天威集团开始出现亏损才离任,目前在母公司兵装集团担任总经理助理。

董其宏,2011年进入兵装集团,2012年12月至2013年9月接任丁强,担任天威集团董事长、党委书记、天威保变董事长,之后被调离。

邓腾江,2001年进入兵装集团担任中国兵器装备集团公司西南地区部副主任,2001—2005年在兵装集团的财务与审计部、2005—2013年在兵装集团的财务部任职。2013年9月,年近退休的邓腾江被调入天威集团。选择邓腾江的原因是当时天威集团债务缠身、筹资压力大,而兵装集团想让天威集团将新能源的包袱甩掉,有着多年审计和财务经验的邓腾江正是一个合适的人选。

边海青,天威集团副董事长、总经理、党委委员,并任天威集团旗下上市子公司天威保变的董事长,从天威保变成立后就一直在此工作。2013年9月接棒董其宏,成为天威保变的董事长。

## 二、忽略风险,折戟新能源

### (一) 无视行情,高歌猛进

天威集团旗下子公司天威保变(2014年3月更名*ST天威,保壳成功后又更名为保变电气,股票代码:600550.SH)自2001年登陆沪市以来,一直是天威集团重要的融资窗口。天威保变也不负众望,于2002年从输变电行业转型新能源,2007—2008年一度成为新能源行业中的龙头股。然而在2014年,两年巨亏让天威保变披星戴帽,而天威集团其他的新能源子公司也都四面楚歌。为了保住这唯一的融资窗口,天威集团走向了破产之路……

2002年,天威保变与英利新能源成立合资公司——天威英利,2005年天威英利为天威保变贡献了4 325万元、将近43%的净利润。自此,尝到甜头的天威保变开始高喊"全产业链"和"双主业"的口号,大量投资新能源项目(包括多晶硅、薄膜电池以及风电领域)。截至2008年,新能源市场给天威保变带来了50%以上的利润,一时间股民们对其抱有极大的期待。

但是,由于2008年下半年的金融危机,欧洲国家纷纷减少了太阳能补贴。同时,如图1和图2所示,我国光伏市场、风能市场均出现了产能过剩。

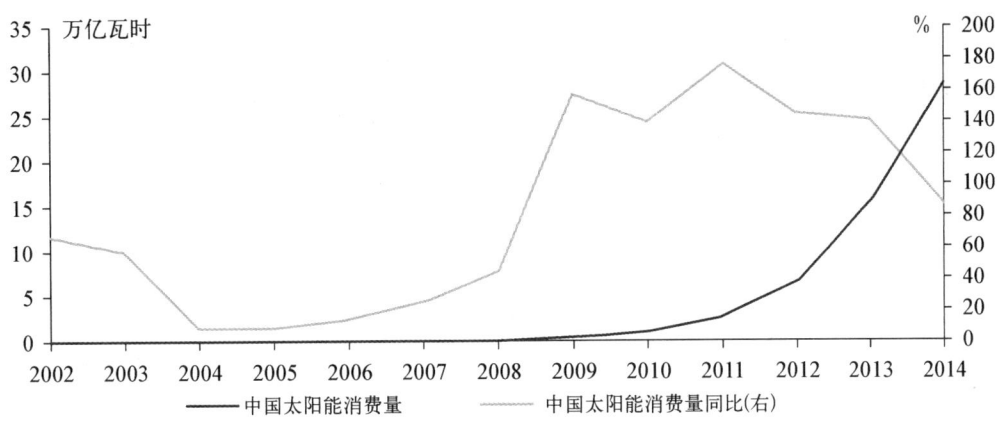

图1 2002—2014年我国光伏设备利用小时数

资料来源：WIND资讯，招商证券

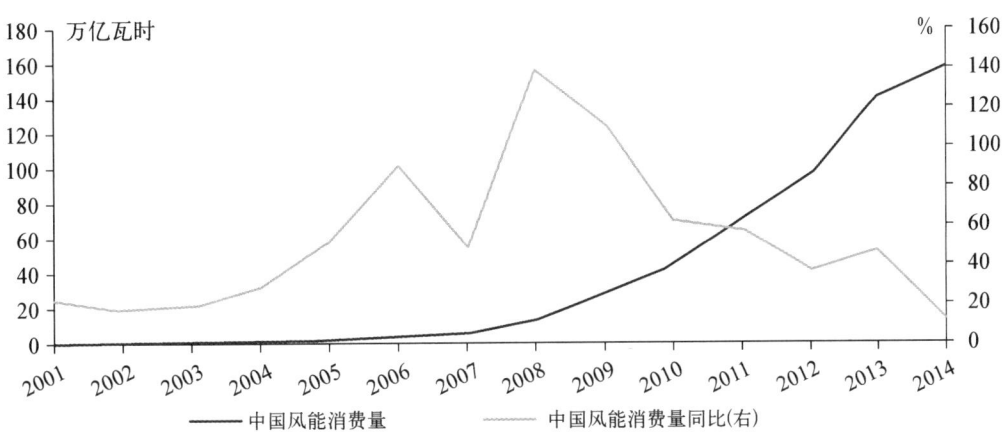

图2 2001—2014年我国风能设备利用小时数

资料来源：WIND资讯，招商证券

但是当时天威集团管理层认为，这种现象只是暂时的，新能源市场并没有饱和，所以并没有从新能源市场中退出，2008年还在新能源市场投入大量资金，创立了许多子公司。天威集团2009年的年报强调："公司坚信新能源行业广阔的发展前景"。也正是基于这种判断，天威集团甚至还签下大额新能源订单，进行大额海外并购。这种对形势的误判也为日后的悲剧埋下了伏笔。

2009年6月，天威集团产出了第一批薄膜太阳能电池组件；7月，天威风电二期工程基本完工；8、9月，天威硅业、乐电天威分别成功试产出第一炉合格产品。在新能源领域全面拉开阵势的天威保变认为，随着国内外整体经济形势的不断好转，新能源产业将逐渐复苏,上述努力将为公司新一轮大发展奠定坚实的基础。

从 2010 年起,多晶硅和风机价格一路走低,但在多晶硅的成本方面,天威集团担心技术改造后的成本跟不上价格的下滑脚步,因此除了部分改造之外,实际上的技术升级并未全面启动,所以成本一直比竞争对手高。而在薄膜太阳能和风电方面,天威集团的产品似乎并没有获得市场的广泛接受,一直未见起色。

同时,我国光伏产业过度依赖出口,当 2012 年美国和欧盟针对我国光伏产品"双反"政策出台后,如图 3 所示,光伏产品出口量锐减。也就是在那一年,天威保变亏损 15.2 亿元,净利润同比下降 4 436%。在接下来的 2013 年,天威保变巨亏 52.33 亿元,开始了艰辛的保壳之路。表 2 展现了 2006—2013 年天威保变和天威集团部分新能源子公司的利润对比。

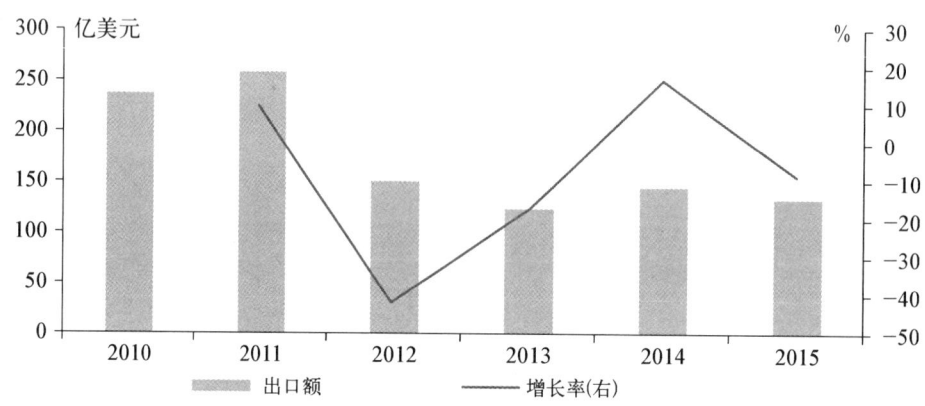

**图 3　2010—2015 年我国光伏产品出口情况**

资料来源:中国光伏行业协会,招商证券

**表 2　2006—2013 年天威保变和天威集团部分新能源子公司利润对比表**　　单位:亿元

| 公司 \ 利润 \ 年份 | 2006 | 2007 | 2008 | 2009 | 2010 | 2011 | 2012 | 2013 |
|---|---|---|---|---|---|---|---|---|
| 合并报表 | 1.98 | 4.62 | 9.61 | 6.08 | 6.33 | 0.65 | −17 | −58.17 |
| 天威保变 | 1.96 | 4.52 | 9.29 | 5.34 | 7.08 | −0.87 | −13.6 | −51.94 |
| 天威英利(归属于母公司) | 1.35 | 2.13 | 3.01 | 1.55 | 2.14 | −1.02 | −1.87 | 无 |
| 四川硅业 | 未成立 | 未成立 | −0.008 | −0.001 | 0.05 | 0.45 | −3.53 | −11.68 |

(续表)

| 利润 \ 年份 \ 公司 | 2006 | 2007 | 2008 | 2009 | 2010 | 2011 | 2012 | 2013 |
|---|---|---|---|---|---|---|---|---|
| 薄膜光伏 | 未成立 | 未成立 | −0.03 | 0.001 | −0.44 | −0.62 | −1.53 | −12.48 |
| 风电科技 | 未成立 | 未成立 | −0.2 | −0.38 | −0.83 | −0.6 | −2.31 | −4.74 |
| 风电叶片 | 未成立 | 未成立 | −0.03 | −0.13 | −0.17 | −0.11 | −1.13 | −1.14 |

资料来源：2006—2013天威集团财务报表

（二）控制权难收，心生嫌隙

2002年，天威保变与英利新能源成立合资公司——天威英利，并获得49%的股权。2004年，天威英利准备扩大生产，急需大量资金，于是希望获得天威保变的融资担保支持。借此机会，天威保变进一步从英利集团手中收购了天威英利2%的股份，取得了天威英利51%的绝对控股权。天威保变为天威英利投入近5 000万元资金，更用担保使其获得数以亿计的贷款。在发现已竭尽全力哺育天威英利但仍缺乏资金后，天威保变决定让出控制权，放手让天威英利海外上市融资。

2007年6月8日，天威英利成功登陆纽交所，股票代码：YGE。不过此时天威保变对天威英利的股权已被摊至25.99%。同年9月，天威集团被整体划转给了兵装集团，兵装集团承诺：第一，到"十二五"末，投入不少于300亿元；第二，收回天威英利控制权；第三，2008年实现天威集团整体上市。

然而，此后的天威英利在竭尽所能地"去天威化"。先是改名为中国英利绿能，后又出台了一项"毒丸计划"：大肆购入公司流通股累计超过15%，并规定原公司股东可以半价获得海量新股，以对抗"入侵者"。由此看来，且不说天威保变能否将自身持有的股份置换为纽交所流通股份，想绕开天威英利董事会进行恶意收购、争夺控制权的算盘注定是要落空了。截至2011年，据天威英利

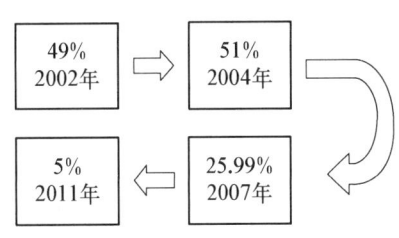

图4　天威保变在天威英利中的权益变化

内部人士透露，天威保变所持有的股份仅为5%左右。图4反映了天威保变在天威英利中的权益变化。

这样一来，眼看收回控制权无望，兵装集团所承诺的300亿元也就打了水漂。其实兵装集团从一开始就看重的是国内最大的光伏企业——天威英利，毕竟

2005—2008年,天威英利为天威保变带来的净利润累计近10亿元。眼下,看到控制权难以收回,兵装集团对天威集团的支持力度自然就大打折扣。

(三)决策草率,自食其果

天威集团的另一家子公司天威新能源,因投资决策草率而吃尽苦头。

2011年5月,审计署发布《中国兵器装备集团公司2009年度财务收支审计结果》,其中显示:2008年3月,天威新能源未经慎重决策与境外某公司签订10年期、4.68亿美元购货合同,并预付7 900万美元货款。2009年,该境外公司濒临破产、无法履约,天威新能源以债转股方式控股该公司,并又投入近1亿美元。但因项目后期投资缺口巨大,截至审计日仍未能建成投产,前期投资面临风险。这里的"境外某公司"是指美国太阳能源供应商Hoku。

Hoku公司全名Hoku Scientific,2001年3月在美国夏威夷成立;Hoku拥有两家全资子公司:Hoku Materials,Inc.(以下称为"Hoku材料")和Hoku Solar,Inc.(以下称为"Hoku太阳能")。Hoku材料从事多晶硅材料的生产销售,其设计年产能为4 000吨。Hoku太阳能的主要业务是在美国本土及夏威夷进行太阳能光伏系统的市场销售和安装。

从2002年开始,全球太阳能光伏产业快速发展,全球对多晶硅的需求猛涨。于是Hoku材料2007年在美国爱达荷州建设一条预期总投资4.09亿美元、年产4 000吨的多晶硅生产线。但是多晶硅是属于资金密集和技术密集的产业,而Hoku材料并没有掌握其核心技术,只是聘请了几位有生产经验的退休人员充当生产技术顾问。此外,Hoku材料的资金也并不足以支持它完成这条产业链的建设——Hoku的上市只融资了1亿多元——而这条产业线的建设需要10亿元以上。对此,Hoku材料的解决办法就是不断地寻找下家希望与其签订长期合约,这也就是它的长单定金模式,依靠长期合约的定金支撑着。但是,到了2009年初,新能源市场萎缩,多晶硅的价钱不断下跌,这时候没有公司再愿意与Hoku材料签订长期合约,Hoku材料没有足够的定金支撑生产线运营下去。没有新订单,加上老客户因其无法按期履行新合约纷纷要求返还预付款,导致Hoku材料的资金链更加紧张,差点被迫倒闭[①]。而Hoku材料正是在这一情形下被天威集团旗下子公司天威新能源并购。

2008年8—9月间,天威新能源在Hoku材料生产线还没建好的情况下,就与

---

① 严凯.天威一亿美元海外投资或成烫手山芋[N].经济观察报,2015-05-30.

Hoku 材料签订了两个为期 10 年的合同,总货款分别为 2.84 亿美元和 2.27 亿美元。截至 2009 年初,天威新能源向 Hoku 材料支付了包括定金在内的预付款 7 900 万美元。但是,签订合同时天威新能源未能关注到合同条款存在的风险。Hoku 材料与其他公司签订合约时,合约上注明:如不能按时交货,定金退还。但是在与新能源签订的合约上却是不能按时交货也不退还定金。鉴于天威新能源给出的预付款项较大,这项合同风险陡增。2008 年下半年开始,金融危机爆发,Hoku 材料濒临倒闭,为了保住预付的定金 7 900 美元,天威新能源只得决定收购 Hoku 材料。2009 年 9 月,新能源收购 Hoku 材料,此次收购,天威新能源耗资 1 亿多美元。但在收购成功后才发现,Hoku 材料对于天威新能源来说其实是一个资金黑洞。2011 年初,Hoku 材料在天威集团的帮助下获得了共计 8 700 万美元的债务融资。可是,第一批生产出的多硅晶材料仅有 518 千克,与之前规划的 2 500 千克相差甚远。与此同时,多硅晶的价格也在不断下跌。在 2009 和 2010 财年,Hoku 材料的净亏损分别为 260.2 万美元和 410 万美元。2011 年,Hoku 材料的亏损额继续加大,股票收盘价连续低于每股 1 美元,甚至无法满足纳斯达克持续上市的要求,按时提交 10-K 年度财务报告。2012 年 7 月 6 日,Hoku 材料董事会决议,自动从纳斯达克全球市场退市。虽然 2013 年光伏产业开始稳定,但是 Hoku 材料前期投入过大,再加之多晶硅价钱从 1 千克上百美元的价钱最低跌到 1 千克 30 美元,Hoku 材料无法持续经营,只得在 2013 年 7 月申请破产。

这样一来,不但天威集团需要承担连带担保责任,而且天威新能源对 Hoku 材料的投资全部亏损。这一次的投资使得天威集团损失巨大,根本原因就是盲目地签订合约和并购,未能进行审慎的可行性研究就匆忙作出决策。

在 2014 年发布的一份报告指出:2008—2012 年,天威集团 21 个新能源固定资产投资项目中,有 20 个未经董事会审议等法定程序,涉及投资额 152.75 亿元;2010—2012 年,天威集团未经国家发展改革委批准擅自上调投资计划,实施的境外新能源投资项目因设计缺陷等原因被迫停工、破产清算;至 2012 年底,天威集团有 3 个投资项目超计划投资 2.85 亿元,未按规定报经主管部门审批;11 个项目未经兵装集团审批即开工建设,涉及投资额 24.85 亿元。

天威集团的新能源投资造成负债规模和经营风险快速增长,至 2013 年 5 月,外部融资规模达 234.42 亿元,2011 年与 2012 年亏损分别高达 11.90 亿元和 33.28 亿元。

## 三、弃车保帅,资产置换

天威保变成立之时,天威集团拥有其51.3%的股份。2013年6月,天威集团面临大额亏损,于是通过协议转让给兵装集团25.64%的天威保变股份,以此来抵消欠兵装集团的钱。2014年1月,为了保住上市体天威保变,天威集团向兵装集团非公开发行了1.61亿股股票。自那时起,上市公司天威保变的大股东就变为了拥有其33.47%股权的兵装集团,天威集团只拥有天威保变22.96%的股份,屈居第二。这一举动的意图十分明显,即稀释原大股东天威集团的持股比例,使之不能再从天威保变调配资金"输血"。

从上述天威保变的股权变动中我们可以看出,2013年兵装集团基本上就可以直接掌控保变天威,而且2012年末,天威保变、天威集团董事长丁强离任,曾在兵装集团工作的董其宏和邓腾江接棒,他们工作的中心就是如何在处置劣质资产的同时保全上市公司的壳资源,所以天威保变之后的一切资本运作都是为了保住上市体。

2013年10月12日,天威集团公告称与天威保变进行资产置换,其中天威集团以输变电相关业务子公司股权、土地、房屋所有权、商标和专利为代价,置换天威保变光伏、风电新能源相关业务子公司股权。虽然从净资产的对价上来看,两方置换资产价值对等,但是天威集团置出资产中除其中一家子公司有亏损,其余子公司保持盈利,而置入资产中的子公司全部都出现大幅亏损,同时天威集团还需要付出7 079.5万元现金作为支付差价。表3反映了此次资产置换的具体细节。

表3 天威集团与天威保变资产置换情况

| | 公司(资产)名称 | 评估价格(万元) | 置入股权比例(%) | 相应股比对应的置换价格(万元) |
|---|---|---|---|---|
| 天威集团置入资产 | 天威结构 | −2 924.45 | 100 | 0.00 |
| | 天威维修 | 4 045.81 | 100 | 4 045.81 |
| | 保定保菱 | 19 753.25 | 66 | 13 037.15 |
| | 保定多田 | 13 541.92 | 49 | 6 635.54 |
| | 保定惠斯普 | 6 350.35 | 39 | 2 476.64 |
| | 三菱电机 | 9 853.29 | 10 | 985.33 |
| | 土地 | 15 234.61 | — | 15 234.61 |

(续表)

| | 公司(资产)名称 | 评估价格(万元) | 置入股权比例(%) | 相应股比对应的置换价格(万元) |
|---|---|---|---|---|
| 天威集团置入资产 | 房屋所有权 | 1 918.70 | — | 1 918.70 |
| | 商标 | 17 553.35 | — | 17 553.35 |
| | 专利 | 31 073.22 | — | 31 073.22 |
| 小计 | — | — | — | 92 960.34 |
| 天威集团置出资产 | 天威长春 | 16 822.14 | 100% | 16 822.14 |
| | 天威风电 | 48 215.48 | 100% | 48 215.48 |
| | 天威叶片 | 14 901.83 | 100% | 14 901.83 |
| | 天威薄膜 | 20 100.43 | 100% | 20 100.43 |
| 小计 | — | — | — | 100 039.88 |

时任天威集团董事长的邓腾江在2013年底的一次公司经营分析会议上表示,天威保变的经营状况是新能源产业减值和亏损导致的,两个产业交织在一起给天威保变带来了很重的负担,所以必须尽快清理干净,才能让输变电产业轻装前进,才能真正回归主业①。

2014年1月,天威保变对控股子公司四川硅业实施破产,将天威英利7%的股份以3.89亿元的价格转给天威集团,将持有的兵装财务10%的股份以2.55亿元的价格转给南方资产。从事情后续的发展来看,出售英利新能源股权的确为天威保变带来了不菲的收益。据天威保变2014年半年报显示,此次股权处置公司确认了投资收益约2亿元。2014年上半年,天威保变净利润为2.57亿元,得以脱去"ST"的帽子,而天威集团则直接爆出百亿亏损。

## 四、何以解忧? 破产重组

2013年中,天威集团下属公司发出贷款逾期公告。2014年,天威集团合并报表内的债务逾期越来越频繁,集团面临着十分严峻的偿付压力。伴随着天威集团众多贷款等债务逐渐出现欠息、逾期等问题,各类债权人(主要是银行、兵装财务、租赁和信托)纷纷发起财产保全,然而2013年兵装集团基本已经完成对天威集团的资产置换,

---

① 华静一.违约之下:天威豪赌光伏的背后隐秘[EB/OL].(2015-10-28). http://solar.ofweek.com/2015-10/ART-260009-8460-29020032_2.html.

银行后来的撤销申请基本没有收到效果。

在这一段时期内,各债券的利息仍按时支付,考虑到公司央企的属性,债券投资者未采取任何行动。

2015年4月21日,天威集团正式发布公告,未能于当日兑付11天威MTN2的利息,天威集团正式违约,成为债券公开市场上第一家违约的央企,同时也是第一只违约的银行间公开发行债券。

2015年8月14日,天威集团公告:因主要资产涉及法律诉讼被多家债权人查封,部分案件进入强制执行阶段。

2015年9月18日,天威集团公告:集团及其子公司拟申请破产重整;12月2日,兵装财务作为主要债权人表示支持天威集团破产重整,并强调要求尽快进入破产程序,否则于2015年12月启动强制执行程序;2016年1月8日,河北省保定市中级人民法院裁定受理重整申请。

## 五、尾声

回望天威集团的几次转身:从最初的全国输变电行业老大,变身为备受兵装集团器重、股民期待、拥有上市公司天威保变的新能源"明日之星",再变身为被置换一空、巨亏百亿、债务违约、申请破产的落魄央企,每一次的变身都值得我们认真思考……

## 六、问题讨论

(1) 哪些原因导致了天威集团从输变电行业的龙头企业,变身为债券违约、破产重组的落魄央企?

(2) 天威集团在转型新能源行业时忽略了哪些风险?

(3) 天威新能源海外并购失败的原因主要是什么?

(4) 天威集团破产重组的原因有哪些?

## 参考文献

[1] 费智.国际新能源发展及展望[N].上海电力学院学报,2014(2).

[2] 叶明,叶键.企业海外并购财务风险防范研究[J].财会通讯(综合),2012(11).

[3] 高侠,张双巧.跨国并购财务风险与财务协同效应探析[J].会计之友,2012(10).

[4] 胡彦宇,吴之雄.中国企业海外并购影响因素研究——基于新制度经济学视角的经验分析[J].财经研究,2011(8).

[5] 张锐.海外并购：中国企业的铿锵之旅[J].中国外资,2010(9).

(执笔人：丁玥；指导老师：李寿喜)

# 共享经济下房地产企业盈利模式转型
## ——以万科集团为例

**适用课程：** 财务管理理论与实务

**编写目的：** 本案例研究房地产企业万科集团在共享经济下盈利模式的转型,旨在使学生学会全方位解读公司的经营模式,学会系统思考现象背后的逻辑关系。

**知识点：** 共享经济　轻资产运营　盈利模式转型

**关 键 词：** 万科集团　共享经济　轻资产　盈利模式

**案例摘要：** 共享经济逐渐走入人们的视野,并以它革命性的力量颠覆着传统经济模式。房地产行业近些年来利润率持续下降,各房地产企业的资金链都趋于紧张,企业纷纷寻找新的融资之道,并且实施去库存的策略,可以说,整个房地产行业已经进入现金为王的时代。探索新的盈利模式,着眼于轻资产转型,提升企业的经营业绩,是房地产行业未来的方向。本案例分析了房地产龙头企业万科集团如何通过布局长租公寓、运营"小股操盘"、建设云配套等来积极完成盈利模式转型,同时分析了转型后的盈利模式对万科集团的资金链、自由现金流、融资能力造成的影响,并讨论轻资产模式给其带来的风险。

## 一、万科集团的转型探索

### (一) 万科集团简介

万科集团成立于1984年,于1988年进入房地产行业,历经30余年的发展,已成为国内领先的城市配套服务商。2016年公司首次跻身《财富》"世界500强",位列榜单第 356 位;2017 年再度上榜,位列榜单第 307 位。2016 年公司实现营业收入 2 404.8 亿元,同比增长 23.0%;实现归属于上市公司股东的净利润 210.2 亿元,同比增长 16.0%;每股基本盈利 1.90 元,同比增长 16.0%;全面摊薄的净资产收益率为 18.5%,较 2015 年增加 0.44 个百分点。

万科集团定位于城市配套服务商,近些年在核心业务稳定发展的基础上,围绕城市配套服务商的定位,积极拓展业务版图,进入商业开发和运营、物流仓储、冰雪度假、集中式长租公寓、养老、教育、"轨道＋物业"等领域,同时积极参与混合所有制改革。

2017 年,深圳地铁集团成为万科集团基石股东,未来万科集团和深圳地铁集团将充分发挥各自优势,共同推进实施"轨道＋物业"发展战略,全面提升城市配套服务能力,助推城市经济发展。

(二) 万科集团转型背景

1. 转型的时代背景

房地产行业以往一般是重资产开发模式,需要投入大量的资金用于前期买地和后续建设,如今行业遇冷,负债率上升,资金链和运营均背负着巨大压力。在此背景下,轻资产成为各房地产企业应对激烈竞争、分散风险、维持发展的选择,各房地产企业纷纷投入到轻资产建设中,万科、金地、远洋、绿城等房地产企业明确提出或实行轻资产转型。房地产企业为何要去做轻资产,一个显性的理由是房地产行业已背负不了更多的杠杆,只能由资本来直接投资。更重要的原因是党中央已经明确表示,"坚持房子是用来住的,加快建立多主体供给、租购并举的住房制度",房地产轻资产转型之路势在必行。一线城市新房成交量增长不可持续,月供和租金差距加大,租赁人口逐年提升,品牌公寓市场占有率间的缺口较大,长租公寓可以说是租赁市场的一大蓝海。纵观万科发展历程,万科能对政策号召和市场需求及时做出积极响应、投身于轻资产战略转型,显然不是一蹴而就的,必然会经历一个漫长的探索和抉择过程。

2. 万科转型发展历程

1992 年邓小平提出将逐步推动居民住宅向商品化转变并将房地产业列为经济战略支柱性产业之一。万科管理层敏锐地意识到未来经济结构调整的方向、产业发展的趋势,积极推动企业快速实施跨地域发展思路。1995 年万科开始进行第一次大规模结构改革和业务转型,将此前的业务发展区域重点转向北京、上海、天津、深圳、广州等城市。1996 年万科对其从事的进出口贸易、电气设备、工业生产制造等业务进行削减和剥离,同时重新规划整合了主营业务,将主营业务收缩到以房地产开发为主、以连锁商业和影视制作为辅的三大产业结构。2000年万科经过专业化的改革以及在房地产市场的快速发展,房地产板块利润在万科利润总额构成中占了绝对比重。之后引入华润总公司,受让深圳经济特区发展集团所持有股份,使之成为万科今后十几年的第一大股东。正是由于这次改革的成功,解决了企业发展长期得不到大股东支持的弊端,管理层的权责与职能得到进一步扩大。

万科自深圳证券交易所成功上市以后,一直以其优良的资本结构、持续稳定增长的业绩、优良的管理理念、较高的分红比率得到了众多机构和投资者的认可。其营业收入年均复合增长率为31.54%,净利润年均复合增长率为36.55%,2008—2016年一直位居"中国房地产企业综合实力排行榜"榜首,先后受到《福布斯》等国内外权威媒体的赞誉。2003—2015年万科的销售额从63.8亿元增加到2 627.56亿元,市场份额从0.94%提高到3%,成为国内乃至世界最大的住宅开发商。

就最近几年的房地产行业而言,在成交规模方面,2017年1—11月50个代表城市商品住宅市场月均成交面积2 943万平方米,同比下降24.2%,绝对值低于2015年同期水平。从不同级别城市来看,一线代表城市成交规模下降最为明显,绝对水平与2011年相当。二线代表城市成交量降至2015年水平。三线代表城市较去年成交回落,但绝对规模居相对高位。土地方面,2014—2016年土地的成交规模不断降低,土地供应一直比较紧张,直到2017年才开始增长,住宅用地成交楼面均价4年间不断上涨,但溢价率却逐渐走低。

在房地产行业的发展方面,呈现龙头加速领跑、中型企业进退分化的局面,整个房地产企业的竞争格局面临巨变,房地产企业纷纷大力挖掘存量资产运营价值,借助产品创新促进居民消费升级,提高开发主业服务附加值。面对日益下降的行业利润率,同时为了以更低的成本迅速进行扩张,占领更多的市场,房地产企业纷纷抛弃了过去集投资、建设和管理于一身重资产运营模式,开始试水轻资产运营模式。

在政策方面,由于近年来过快的流动性增长、狭窄的实体经济投资渠道及不合理的城镇化空间结构共同推高了一线城市和热点二、三线城市的房价,并带动其他城市房价普涨。与此同时,对房地产加杠杆过度使得银行等金融机构越来越依靠"房地产繁荣",加剧了房地产泡沫化,给国家安全、社会稳定和人民美好生活带来严峻挑战。党中央高度关注房地产行业,2016年10月起,各部门各地区出台"因城施策"的调控政策,新一轮的房地产调控拉开序幕。

房地产行业在高速扩张期过后,目前已经到了危急关头。提出房地产行业属性的回归,不仅是中国经济稳健成长的需要,也是房地产行业自身发展的需要。因此,房地产行业向轻资产模式转型,既是房地产行业的大势所趋,同时也是房地产企业加速占领市场、减小经营风险、响应国家政策的必然要求。万科提出要在恢复住房的居住属性、回归房地产初心上做出努力和贡献。万科指出:党的十九大精神对万科而言是调整发展策略、经营计划、管理制度的根本指引。房子是用来住的,不是用来炒的。服务不好人民日益增长的美好生活需要,万科就没有未来,房地产业也没有未来。可以看出,转型已经成为万科发展的最为迫切的需求。

2016年,万科推出了第一个长租公寓品牌——泊寓。与深圳福田区南园街道办合作,探索"统租运营+物业管理+综合整治"模式,升级数千套城中村房子。但这不是万科转型的所有,万科未来的发展理念,是以人民的美好生活为中心,成为美好生活场景师、创新探索试验田、实体经济生力军、和谐生态建设者。

## 二、万科集团的转型探索举措

### (一)布局长租公寓

1. 长租公寓发展现状

近年来,在互联网共享经济推动下,长租公寓以一种新的租房模式使得各大房地产企业、风投争相布局。进入"租购并举"时代,在一系列政策鼓励和推动下,长租公寓迅速成为房地产市场新风口。

转型"城市配套服务商"的万科在此领域不断实践探索,自2015年起布局长租公寓,2016年推出"泊寓"品牌。"泊寓"的设计是从使用者角度出发,从空间设计、社区服务到运营管理进行系统梳理,产品设计以"为城市漂泊的青年创造好的共享生活社区"为主题展开,打造青年人在聚集、独处、移动、静止等各种状态下都能得到更佳体验的长期居住空间。"泊寓"租金的差别主要体现在房间面积的大小上,所有的公共空间和配套设施如书吧、健身房、休憩室、公共厨房、花园等的使用权都是平等开放的,体现其"共享性"。截至目前,泊寓已进入全国19个城市,获取了8万余个房间。其在上海的门店数量也已达7个,包括虹桥南华园店、张江国创中心店、翡翠公园店、安亭新镇店等,拥有近2 000个房间,服务客户约6 000人。

同时,我国人口的出生率不断下降,生活水平、医疗技术的提高使得民众预期寿命不断上升，人口老龄化进程加快。这一社会现象使得我国的养老产业市场需求越来越大。对此，万科积极地发展养老产业，不断在内部探索市场化、规模化的养老道路，以此解决我国养老难的问题。从 2009 年起，万科便开始了自身的养老产业建设，在杭州开展了首个养老公寓项目"随园嘉树"，整个社区集合了包括医院、休闲养生、文娱等在内的多种功能业态。随后又开展了"幸福家""智汇坊"等不同模式的养老公寓，其模式、团队操作、配套设施等日益成熟。

万科现有养老产品的类型主要有：第一种是机构型，这种类型的定位为高端护理型，即"医养结合"，针对的是无法独自生活、身患疾病的 60 岁以上老年人。第二种是 CCRC 型，侧重于对老年人的全生命周期的照护，社区内多是健康的老年人，周边配套设施齐全。第三种是社区嵌入型，即是在已有的社区内设立老年人服务中心，该服务可辐射周边社区的人们，规模通常比较小。

总体上，万科集团对养老业务定位为：以对老人的日常生活照护为基础，以医疗康复为业务的核心竞争力。为了加速万科养老业务的规模化发展，一方面，万科积极通过对外合作，开展特色康复项目；另一方面，自身投资成立自己的康复医院、护理学院等，为养老业务的规模化发展扫除障碍。

2. 长租公寓面临风险

就当前长租公寓的发展方向来看，一般人都认为规模及盈利是长租公寓始终绕不开的痛点。尽管租赁市场有美好的前景，但品牌长租公寓的盈利状况是业内普遍不看好的，因为品牌公寓前期投入大、回本周期长：一方面，巨大的资金需求很容易出现融资难题；另一方面，长租公寓仅仅通过收租来回本和盈利是一件效益非常低下的事情。

（二）向轻资产转型

1. 轻资产发展现状

房地产的价值链形成过程，按照风险收益特征大致可以分成 4 个主要环节：投资、建造（或改造）、运营、退出。故应运而生的是房地产"轻资产"建设的 4 种模式：投资环节配套的是地产基金模式，建造环节对应的是代开代建模式，运营环节对应资产管理模式，退出环节对应销售管控模式。

现任万科 A 董事会主席郁亮在 2016 年 9 月明确指出，万科的商业地产业务会进行轻资产运营，即走轻资产的金融化道路，原因是在中国目前的资金成本条件下，重资产没办法做，只有打通国际资本，才能找到万科商业的未来道路。

万科当前做的就是代开代建模式的轻资产,代开代建模式的价值增长点在于建设成本的节约和品牌附加值。如通过规范流程的管理提高效率,通过集中采购降低采购成本,通过品牌影响力来获得定价权等,以管理费、股权收益作为主要收入来源。

2."小股操盘"

通过图 1 我们可以直观地看到万科的"小股操盘"。简单来说,一是万科在合作项目中不再控股,而是持有较低比例的股份;二是项目建设仍由万科团队操盘,其他投资人不能对项目进行管控。同时,项目在建设过程中,享用万科的平台和渠道,建设完成后,使用万科的品牌。在这种模式下,合作伙伴的选取就尤为重要。在同等条件下,万科比较倾向于和土地方进行合作,这是因为和土地方进行合作时,万科会和合作方共同成立项目公司,万科只需要负责经营管理即可。在这种合作方式下,万科所需要付出的成本将很少,主要是输出品牌和管理能力,那么就可以发挥资产杠杆作用,以最小的成本、最快的方式获得回报。但是,土地方往往也不愿意和别人合作,他们更愿意自己独享土地的高额回报。当万科和资金方合作时,付出的成本可能会相比于前面的合作方式要大一些,因为他们必须先和合作方一起竞拍土地或者是拿出自己的土地与合作方共享收益,万科不仅要输出管理,还需要付出一定的资金成本,虽然代价较大,但是还是能够形成一定的杠杆效应。万科的这种做法是充分发挥自己的品牌优势,既是项目的操盘者又是项目的持有者。

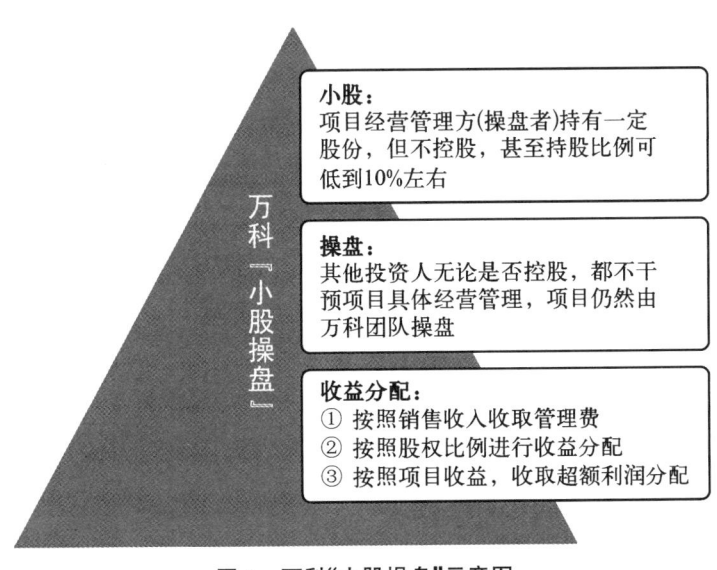

图 1　万科"小股操盘"示意图

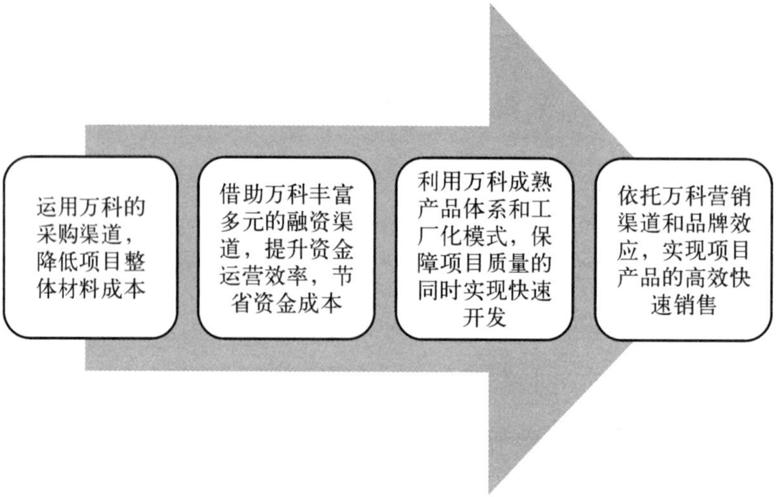

```
┌──────────┐ ┌──────────┐ ┌──────────┐ ┌──────────┐
│运用万科的│ │借助万科丰富│ │利用万科成熟│ │依托万科营销│
│采购渠道，│ │多元的融资渠│ │产品体系和工│ │渠道和品牌效│
│降低项目整│ │道，提升资金│ │厂化模式，保│ │应，实现项目│
│体材料成本│ │运营效率，节│ │障项目质量的│ │产品的高效快│
│          │ │省资金成本 │ │同时实现快速│ │速销售     │
│          │ │          │ │开发       │ │          │
└──────────┘ └──────────┘ └──────────┘ └──────────┘
```

图 2　万科"小股操盘"运作流程

从图 2 可以看出，万科利用自身的优势，节省成本，加快项目周转，提高利润率。万科通过这一系列的运作，最后从以下 3 个方面来获取收益：一是借助运营能力和品牌效应来收取管理费用；二是凭借项目的所占权益比来获取权益回报；三是根据与合作方所签合约，设计浮动获利方案，在项目收益超过约定的标准后，获取超额利润收益。

3. 云配套

互联网时代，"云"的概念早已不再陌生，如云盘、云数据、云计算等，"云"常常成为虚拟世界里的关键词。当"云"与实体的配套相结合，寓意随时随地都能享受到云服务。

万科从 2016 起开始运用 BIM 数字化工地提升住宅品质，为客户带来更好的居住体验。同年，万科在万科社区内开始初步推行"万科＋U 住行联盟"试点，在部分成都万科社区落地打车站点，为业主出行带来便利。2017 年春节返乡时节，万科与滴滴联手打造"住行联盟"，放出 60 万份打车礼券，为返乡人的归途全面提速。而后继续推行"万科＋优步中国"，在部分社区开通了优步专线，当万科业主、客户以万科社区为打车的起点或终点时，万科都将给予大额优惠，甚至还有部分免单。

如此看来，云配套即意味着万科将在平台之上，围绕"大城生活"的理念，吸引、整合到能为业主、客户提供服务的外部资源，并且和云服务一样，万科的云配套同样具备"随时随地"的便捷性。另外,当"云"的概念与房地产对位,为客户提供服务时,依然是谁拥有最大的规模,谁就能提供最深入、最全面的服务。可以预见的是,今后万科社区为业主提供的服务不再局限于装修房、教育资源、商业配套等生活必需品。当业主产生其他需求时,万科也将利用自身平台,通过与其他服务企业展开合作以满足业主的需求。从这个角度来看,万科已然超出了传统意义上的开发商身份,更是一个城市创新生活的运营者。万科的云配套在当下的市场空间,必将会创造出更多商业与服务的可能性。

4. 轻资产转型面临的风险

其一,轻资产运营过程中,固定资产比重少,一旦遇到通货膨胀,企业很难有效对冲风险,容易出现资金周转困难等情况,这在很大程度会影响企业的持续经营。其二,轻资产运营过程中,房地产项目的质量难以得到保证。因为通常情况下,企业的主要精力都是集中于上游的开发和下游的营销,输出技术、品牌、管理等。轻资产运营不仅有可能使公司面临巨大的供货风险,还可能加大对整个公司供应链精准控制与管理的难度:① 在"小股操盘"的过程中,如果项目出现任何质量问题,操盘方的品牌价值都可能受到侵蚀。产品质量的崩塌对企业品牌建设造成的损失是致命的,对整个运营链条的运转也是毁灭性的。② 不同的合作方有不同的利益诉求,在项目运营和分成环节容易产生矛盾。自近年开发商合作开发常态化后,双方争夺项目控制权的案例层出不穷。

5. 轻资产转型的结果

房地产企业资金链是指资金通过几个主要的阶段进行顺畅循环,保持较好的流动性,最终为企业带来价值增值的一个资金链的流动循环过程,如图3所示。

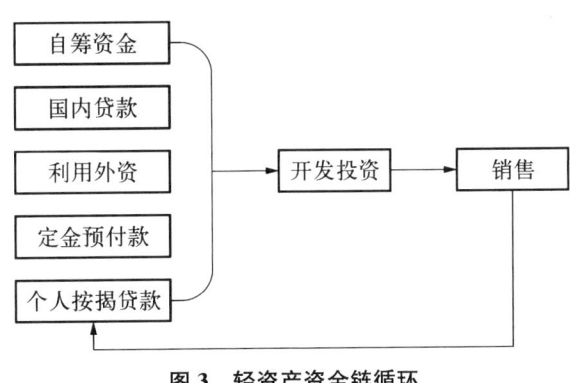

图3 轻资产资金链循环

在轻资产模式下,万科负责整个合作项目的建设运营,但在项目中持有较少股份,土地和资金等由合作方供应。比如万科的"小股操盘",万科的合作方提供土地、建设资金,万科负责设计、建设以及营销等,项目使用万科的品牌和产品体系,共享万科的信用资源和采购资源,万科通过输出管理与品牌获取管理费用和股权收益,实现以小股投资撬动大额收益。

但是轻资产在运行过程中,也存在一些问题。目前中国房地产企业要转向轻资产运营,资产证券化和合作开发是两种主要转型实施方式,这就要求房地产企业具有较强的资本运作能力。一方面,企业要逐渐把重资产资源通过资产证券化等手段运作转变成轻资产资源,要求企业有比较强的变现能力;另一方面,合作开发的主要方式中不管是"小股操盘"、开发代建或是合作运营,核心都是利用大量的外部资金而减少自有资金投入,这时就要求房地产企业具备较强的合作开发能力和融资能力。下面让我们通过影响轻资产运营和融资能力的财务指标来看一下万科的转型效果。

(1) 自由现金流。

企业的自由现金流能考察企业过去的获现能力和未来的变现能力,它是指扣除税收、必要资本性支出和营运资本变动后,企业能够自由支配的剩余现金。企业的自由现金流越大,用于开发新产品的资金就越多,越能够给予当前的轻资产建设更为有力的支持。万科2013—2016年自由现金流如表1所示。

表1 万科自由现金流

| 年 份 | 2013 | 2014 | 2015 | 2016 |
| --- | --- | --- | --- | --- |
| 自由现金流(亿元) | 126.68 | 167.99 | 206.84 | 253.55 |

(2) 融资能力。

一般来说,企业的融资方式主要是从银行等金融机构进行抵押贷款的方式,而轻资产模式的企业通常有较少比重的固定资产和有较大比重的流动资产,企业将更多资源集中于产品设计、技术研发、品牌效应、客户关系等无形资产的建设,且无形资产价值不稳定,从而导致抵押资产无法满足所需贷款的要求,企业很难通过银行筹集资金。那么万科在轻资产建设过程中,其融资能力是否有所下降呢?在过去的重资产模式下,万科的筹资渠道一直十分广泛,使用了包括发行A股和B股、定向增发、配股和可转换债券、公开增发等几乎所有的融资方式。万科资金来源方式如表2所示。

表 2 万科资金来源方式

| 年 份 | 2013 | 2014 | 2015 | 2016 |
|---|---|---|---|---|
| 占用供应链资金占比(%) | 69.67 | 70.49 | 70.53 | 70.78 |
| 对外借款占比(%) | 10.14 | 10.90 | 9.04 | 8.85 |
| 债券融资占比(%) | 2.55 | 3.43 | 4.81 | 5.29 |
| 股权融资占比(%) | 6.72 | 5.93 | 4.94 | 4.11 |

(3) 资产结构。

在长期投入方面,对于转变为轻资产模式的公司,应看到其资产结构的改变。存货、固定资产、在建工程等重资产的占比应呈下降趋势,体现企业对于实体重资产投入的减少、集中优势资源于轻资产的战略。对于房地产企业来说,改善运营周期的动态资源管理,保持合理的库存结构,也是企业采取战略转型的目的之一。万科2013—2016 年资产结构如表 3 所示。

表 3 万科资产结构

| 年 份 | 2013 | 2014 | 2015 | 2016 |
|---|---|---|---|---|
| 长期资产投入(亿元) | 24.39 | 18.31 | 20.63 | 22.19 |
| 重资产率(%) | 69.74 | 63.31 | 61.12 | 59.88 |
| 无形资产率(%) | 0.09 | 0.17 | 0.17 | 0.15 |
| 存货周转率(次) | 0.316 6 | 0.316 1 | 0.402 9 | 0.406 3 |

# 三、结束语

总的来说,万科发展共享经济,就是想做一个以房地产为核心的综合性的共享平台,利用其房地产的知名度来转型服务业,实现多元化发展,包括长租公寓、医疗、教育、交通、院线等,以此应对中国房地产由新房销售时代进入存量房时代,或者说由黄金时代到白银时代的时期,拓展自身从销售能力的构建转向通过运营服务提升价值的能力。通过转换盈利模式、进行轻资产的运营、布局万科云等一系列变革,都将使万科在互联网这一大平台背景下得以持久发展。

## 四、问题讨论

(1) 万科为什么要向轻资产转型?以布局长租公寓为立足点的轻资产转型的主要原因是什么?

(2) 万科通过探索布局长租公寓和云配套等措施从房地产销售商过渡到城市配套服务商的核心竞争力与风险是什么?

(3) 万科轻资产转型的风险是什么?如何去减少和防范这些风险?

(执笔人:张杰;指导老师:邵建军)

# 政府补助对 TCL 集团投资活动的影响

**适用课程：** 财务管理理论与实务

**编写目的：** 本案例旨在引导学生了解政府补助的相关概念，同时对政府补助如何影响企业投资活动等问题加以思考并加深理解。

**知 识 点：** 政府补助相关概念　企业内外部环境分析　企业投融资活动

**关 键 词：** 政府补助　企业融资　企业投资

**案例摘要：** 近些年来，在我国经济转型的背景下，越来越多的上市企业收到政府补助，并且补助额度也在不断增加。本案例选取连续多年获得高额政府补助的 TCL 集团进行分析，帮助学生结合我国特殊的制度背景，了解政府补助对企业的经营与投资活动的影响和意义，同时引导学生从股权与债务融资之外的角度思考企业融资。

在我国经济转型的背景下，政府通过发放补助的形式参与市场经济的发展，完成社会和经济目标。近年来，越来越多的上市企业收到政府补助，并且补助额度也在不断增加。2016 年 A 股 3 222 家上市企业中，有 2 893 家企业获得政府补助，占比约 90%，共计 1 655.65 亿元。TCL 集团股份有限公司(以下称为"TCL 集团")连续多年获得高额的政府补助，其投资的行业、时机、地区、规模等都受到了政府补助的影响。

## 一、政府补助相关概念

(一) 政府补助的定义

根据《企业会计准则第 16 号——政府补助》，政府补助是指政府无偿给予企业的非货币性资产或货币性资产,但不包括政府作为企业所有者投入的资本。

(二) 政府补助的形式

我国常见的政府补助形式主要包括财政拨款、税收返还、财政贴息、无偿划拨非货币性资产等。财政拨款是企业得到的具有专门用途的政府资金;税收返还是指政府向企业返还税款以为企业提供优惠与支持,包括即征即退、先征后退,但不包括增值税出口退税;财政贴息是政府对企业的银行贷款利息进行补助,其目的往往是为了实现政治目标,促进地区或行业发展;政府为企业划拨天然资源、土地使用权等都属于无偿划拨非货币性资产。

(三) 政府补助的动机

政府补助的动机大致可划归为实现经济目标和实现政治目标,即通过政府补助对有限的资源进行再分配以及保证民众就业和完善基础设施。另外,为了扶持当地企业获得上市资格,政府有时也会发放补助。综合当前众多学者的研究,政府发放补助的动机主要有促进产业升级,稳定就业,鼓励研发,融资、扭亏和保牌。

1. 促进产业升级

政府在国家发展的各个阶段都会根据实际需要,制定相应的经济发展战略。就我国而言,在"十二五"以及"十三五"规划中,产业升级、结构优化都是经济发展的重中之重。为了能够实现促进产业升级、推动经济发展的目标,政府往往会对高科技产业、新兴产业等进行补助,找到新的经济增长点,逐渐淘汰落后产能。另外,为了支持衰退型产业的转型发展,政府也会对该类产业提供相应的补助,如对钢铁、水泥产业的节能减排补助。

2. 稳定就业

为了保障社会安定,政府会向企业提供补助,以刺激企业能够增加就业岗位,在一定程度上缓解就业难、失业频繁的现象。这一点在经济形势萧条时尤为明显。比如1979—1986年间,德国政府给予国内钢铁企业高额的政府补助,不只是保证钢铁产业的运行,更是维护工人的就业和社会的安定。

3. 鼓励研发

当今市场已经越来越开放,模仿和复制核心技术的难度也正在逐渐降低。在这种情况下,如果竞争对手只需要付出很少的代价就能够分享其他企业由研发而带来的利润,那么这就会极大地挫伤企业研发的积极性。如果技术无法进步,那么企业间难以出现良性竞争,行业发展的步伐会变得沉重而缓慢,严重者将影响到一国经济的发展。为了鼓励企业能够及时研究开发新产品、新技术,不断提高产品与服务的质量,始终保持竞争力,政府往往会对企业提供补助。

4. 融资、扭亏和保牌

企业上市不仅能够为企业自身带来切实的好处和利益,从较为宏观的角度来看,企业上市还对带动当地经济发展具有十分积极的作用,进而为当地政府塑造良好的形象。由此不难看出,政府有使用补助帮助区域内的企业获得上市资格的动机。同理,为了能让区域内的上市公司持续发展,政府会用提供补助的方式帮助企业融资、扭亏。当企业被特殊处理时,地方政府会对企业发放补助,保护其上市的资格。

## 二、TCL 集团股份有限公司介绍

TCL 集团是全球化智能产品制造及互联网应用服务企业集团,创立于 1981 年,前身为中国首批 13 家合资企业之一——TTK 家庭电器(惠州)有限公司。1997 年 7 月 17 日注册为有限责任公司,2002 年 4 月 19 日更为股份有限公司,注册资本 159 193.52 万元。2004 年 1 月 30 日在深交所挂牌上市(股票代码:SZ.000100),注册资本为 1 222 570 万元。目前除整体在深交所上市外,TCL 集团旗下还拥有 4 家上市公司:TCL 多媒体电子(01070.HK)、TCL 显示科技(00334.HK)、通力电子(01249.HK)以及翰林汇(835281)。

TCL 集团的业务从录音磁带的生产制造拓展到电话、电视、手机、冰箱、洗衣机、空调、小家电、液晶面板等领域。TCL 集团 2014 年的营业收入首次实现超过千亿,高达 1 010 亿元,同比增长约 18.4%;2015 年和 2016 年也保持在千亿以上,分别为 1 046 亿元和 1 065 亿元。2014—2016 年净利润分别为 42.3 亿元、32.3 亿元以及 21.4 亿元,虽然近 3 年利润呈现递减趋势,但从年报中可以发现,2016 年 TCL 集团研发投入高达 42.7 亿元。目前公司在世界范围内拥有 23 个研发中心,核心研发人员 6 800 名,4 个 CNAS 资质认证实验室,核心技术覆盖印刷 OLED 显示技术、HDR 技术、量子点技术、图像识别与增强技术等领域。截至 2016 年 12 月,TCL 集团累计专利申请量达到 24 669 项,累计专利授权量达到 10 986 项。可见在全球消费电子市场增长放缓、竞争日趋激烈的情况下,TCL 集团十分重视技术的研发。

从1981年成立至今,TCL集团已有37年发展历史,先后经历了规模积累、高速增长以及创建全球领先企业等阶段。TCL集团成立之初具备国企性质,产权改革后惠州市政府持有的国有股从100%逐渐下降,但现在其仍然是集团第一大股东。另外,TCL集团创始人、现任公司董事长、CEO李东生在集团成立之初便担任党委书记等要职,同时还担任中共十六大代表,第十届、十一届和十二届全国人大代表。李东生本人也多次表示自己与广东省政府以及深圳市政府保持着良好的关系。

TCL集团旗下子公司华星光电所属的是液晶面板行业,这一行业最近几年一直备受国家扶持。2009年,高世代液晶面板生产线项目被国家列为战略性产业。由于战略性新兴产业发展的好坏能够直接影响到我国的综合国力,因此为了推动高世代液晶面板生产线项目的发展,我国也先后推出了各种扶持政策与法规。

## 三、TCL集团所获政府补助情况

### (一) TCL集团获得政府补助的规模

根据TCL集团2011—2016年年报数据的分析可知,TCL集团每年都会获得政府补助,如表1所示。2011—2013年所获政府补助金额以较大幅度增长,增长率分别为60.20%和65.76%。虽然2013—2014年增长率为负,但除了2011年之外,其他几年均在10亿元以上,其中2013年因深超科技投资有限公司(以下称为"深超科技")对其进行债务豁免,TCL集团所接受的政府补助达到了22亿元。

表1 2011—2016年TCL集团所获政府补助

| 年份 | 政府补助(千元) | 净利润(千元) | 政府补助占净利润比例(%) |
| --- | --- | --- | --- |
| 2011 | 828 868.00 | 1 671 051.00 | 49.60 |
| 2012 | 1 327 876.00 | 1 272 710.00 | 104.33 |
| 2013 | 2 201 030.00 | 2 884 689.00 | 76.30 |
| 2014 | 1 172 320.00 | 4 232 727.00 | 27.70 |
| 2015 | 1 111 600.00 | 3 230 009.00 | 34.41 |
| 2016 | 1 112 070.00 | 2 137 540.00 | 52.03 |

如表1及图1所示,TCL集团在2011—2013年间所收到政府补助的数额较大。特别是在2012年和2013年两个年度,其在2012年所收到的政府补助数额甚至超过了集团当年的净利润。值得一提的是,2013年6月17日,深超科技代表深圳市政府,对华星光电51亿元用于8.5代液晶项目的委托贷款进行了豁免。根据项目成立时所签署的合同,如果华星光电能够达到约定的产能条件,深圳市政府则会批准由深超投资有限公司代表其豁免该笔债务。被豁免的这笔委托贷款被划分为与资产相关的政府补助,并且确定了7年的折旧年限。自2013年6月14日起,如果按照7年分期确认当期收益,那么豁免该笔委托贷款能够在2013年为TCL集团创造的收益预计大致为3.8亿元。

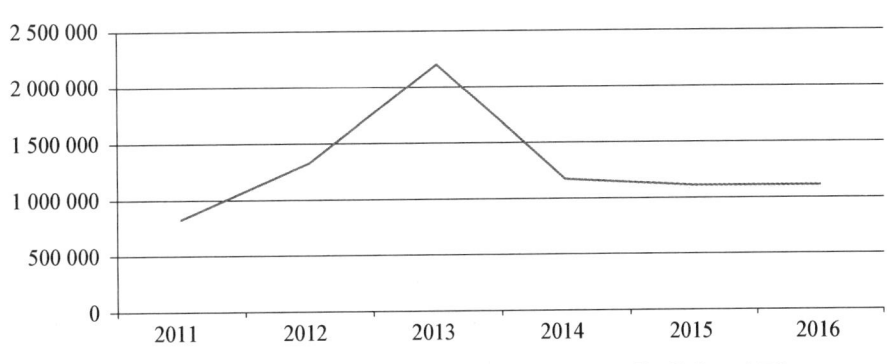

图1　2011—2016年TCL集团所获政府补助增长趋势(单位:千元)

(二) TCL集团获得政府补助的方式

1. 地方政府财政补贴

2004年,TCL集团在深交所上市,上市后广东省、深圳市和惠州各级政府大力支持TCL集团在广东省内的发展。TCL集团得到的政府补助包括废弃家电拆解补助、惠民工程节能补助,以及水电费补贴、液晶产业链相关的其他补贴等。

2. 地方政府股权融资

2009年11月,深超科技代表深圳市政府和TCL集团共同出资成立华星光电,注册资本为100亿元,双方各持股50%。华星光电预计投入245亿元以创建8.5代液晶器件生产线。由于高世代液晶面板具有前期投入规模高、风险性大的特征,因此深圳市政府选择在项目之初通过股权融资,分担企业风险。项目逐渐成熟时,深圳市政府开始向TCL集团转让股权。政府以股权融资的形式在风险高的时候为华星光电提供支持,在企业盈利时低价转让,TCL集团通过此次股权转让,最终获得华星光电85%的股权,实现了绝对控制。政府抛出股权能够减少对华星光电的干预,使其回到市场经济中,让TCL集团自主决定发展战略,决策未来发展目标,对企业提高自主经营能力可持续发展起到了促进作用。

3. 地方政府提供土地和税收等相关优惠

代表深圳市政府的深超科技曾向TCL集团承诺,会在土地资源以及税收等方面为TCL集团提供支持。华星光电的产业园区就是一个很好的例子:华星光电项目启动后,国内外相关产业企业被纷纷吸引而来,其中包括LG化学和旭硝子,这在很大程度上鼓励了该区域相关产业链的建设。

4. 地方政府提供矿产资源

2011年4月,TCL集团发布公告,表明计划在乌鲁木齐经济开发区成立技术产业园,设计3条液晶彩电生产线,预计年产100万台,之后还要完善配送等业务,形成生产、运输一条龙产业园。为了提供匹配的矿产资源,同年10月,新疆维吾尔自治区国土资源厅批准了新疆TCL能源勘探新疆阿勒泰地区约461平方千米的申请,勘探期为3年,主要为了寻找和开采生产家电器件的铅、铜等有色金属资源矿。

## 四、政府补助对TCL集团投资活动的影响

TCL集团近年来大力投资发展高世代液晶面板项目。高世代液晶面板行业属于我国战略新兴行业之一,虽然战略新兴产业投资大、风险高,但是其发展对于我国在未来成为创新大国、跻身世界强国之列有着重要的意义。为了鼓励液晶面板行业的发展,近年来政府出台了一系列政策,如表2所示。

表2 液晶面板行业发展的相关政策

| 年份 | 相 关 政 策 |
| --- | --- |
| 2007 | "十一五"发展规划:平板产业成为政府重点支持的中长期信息产业 |
| 2009 | 《电子信息产业调整和振兴规划》:将"新型显示和彩电工业转型"列为重点工程,政府支持建设六代以上液晶面板生产线 |
| | 中央为支持高世代液晶面板相关产业,划拨技术改造专项资金 |
| | 将连续3年组织实施彩电产业战略转型产业化专项,推动平板显示产业的发展 |
| | 对生产新型显示器件的企业提供进口税收优惠政策 |

(续表)

| 年份 | 相 关 政 策 |
|---|---|
| 2010 | 《国家发展改革委办公厅关于2010年继续组织实施彩电产业战略转型产业化专项的通知》：平板显示重要配件和材料的研发及产业化发展将得到政府扶持 |
| 2010 | 《国务院关于加快培育和发展战略性新兴产业的决定》：新型显示被列为新一代信息技术的核心基础之一，平板显示再次被列为国家重点扶持工程专项 |
| 2012 | 《电子信息制造业"十二五"发展规划》：在将平板产业链不断完善的同时将液晶面板进口关税调增 |

从表2中我们可以发现我国政府发展面板产业的规划已有多年，同时，2008年中央公布的"四万亿"投资计划也对液晶面板产业的发展起到了推动作用，先后有8家企业宣布建设7.5代以上液晶面板生产线的计划，总投资额约2 000亿元。2009年各地规划和在建的液晶面板项目如表3所示。TCL集团在2009年建立华星光电正是想要把握各种扶持与优惠政策所带来的机遇，以便为跨入液晶面板行业打下根基。

表3  2009年各地规划和在建的液晶面板项目

| 省份 | 城市 | 投资企业 | 项目 | 投资额（亿元） |
|---|---|---|---|---|
| 广东 | 深圳 | TCL、深超科技 | 8.5代 | 245 |
| 广东 | 广州 | LGD | 8.5代 | 273 |
| 广东 | 佛山 | 广新光电、CHIMEI | 8.5代 | 230 |
| 广东 | 佛山 | CAIHONG GROUP | 5代 | 5.08 |
| 江苏 | 南京 | CEC-PANDA、SHARP | 8代 | 300 |
| 江苏 | 南京 | CEC-PANDA、SHARP | 6代 | 140 |
| 江苏 | 昆山 | 龙飞光电 | 8.5代 | 226 |
| 江苏 | 苏州 | SUMSANG | 7.5代 | 22.5 |
| 江苏 | 张家港 | CAIHONG GROUP | 5代 | 18 |
| 江苏 | 张家港 | CAIHONG GROUP | 6代 | 146 |
| 陕西 | 咸阳 | CAIHONG GROUP | 5代 | 17 |
| 安徽 | 合肥 | BOE | 6代 | 175 |
| 北京 | | BOE | 8代 | 280.3 |

表4统计了TCL集团近年来投资活动产生的现金流量情况，2011—2014年间TCL集团每年的投资规模都比较高。2011年，投资活动的现金流入量为近21亿元，流出量为近187亿元，两者相差约166亿元；2015年与2016年投资净现金流量也分

别达到近195亿元和近186亿元。此外,TCL集团每年投资现金净流出量都高于净利润,比如2011年TCL集团净利润为16亿元,投资现金净流出量达到166亿元,后者约为前者的10倍。由此看出TCL集团的投资规模总量偏高。

表4　2011—2016年TCL集团投资活动现金流量情况　　　单位:千元

| 年份 | 投资现金流入量 | 投资现金流出量 | 投资现金净流量 |
| --- | --- | --- | --- |
| 2011 | 2 060 670 | 18 675 700 | －16 615 030 |
| 2012 | 2 741 130 | 9 252 830 | －6 511 700 |
| 2013 | 9 850 080 | 14 362 540 | －4 512 460 |
| 2014 | 8 310 430 | 19 173 180 | －10 862 750 |
| 2015 | 15 995 229 | 35 492 914 | －19 497 685 |
| 2016 | 18 770 473 | 37 366 241 | －18 595 768 |

## 五、问题讨论

(1) 结合政府补助的相关概念以及TCL集团的概况,试分析TCL集团能够获得政府补助的原因是什么。

(2) 对于我国企业而言,政府补助能否成为除股权及债务融资之外的筹资手段？如果能,企业应当如何运用这一手段？如果不能,请分析原因。

(3) 试从投资的行业、时机、地区、规模等方面分析政府补助对TCL集团的投资活动产生了哪些影响。

(4) 反向思考：政府补助对于企业乃至行业发展是否存在弊端？如果存在,你有什么建议？

(执笔人：王晓泽;指导老师：戴书松)

# "兰花第一股"的艰难上市之路

**适用课程：** 财务会计理论与实务　高级审计理论与实务

**编写目的：** 通过对连城兰花4次IPO上市失败的事件梳理与分析，一方面让学生通过连城兰花致力于4次上市的过程了解企业为什么要上市，以及上市的一些手段，如境外上市、IPO上市的过程及其要求；另一方面让学生通过对连城兰花造假事件的学习，掌握企业在上市或重组时财务造假的动机及常用手段，并思考连城兰花选择虚构销售业务来造假的原因。

**知 识 点：** 股权融资　上市手段　IPO　财务造假动机和手段

**关 键 词：** 股权融资　IPO　财务造假

**案例摘要：** 近年来，为了扩大规模及获取更大的利益，越来越多的企业选择上市，因此也滋生了许多违规行为。本案例系统地分析了连城兰花的上市过程、财务舞弊的动因和手段，进而从中提出一些值得思考的问题，希望呼吁更多的人来关注我国上市公司财务造假的动因和手法，监督我国证券市场的健康发展，为广大投资者重塑一个良好的投资环境。

2016年8月，一纸行政处罚决定书下达给了福建连城兰花股份有限公司（以下称为"连城兰花"）。自2000年9月公司成立以来，连城兰花经历了境外上市、境内IPO、被收购上市及重组上市等诸多曲折后，最终被爆出通过虚构经销业务虚增营业收入和应收账款，4次曲折上市之路终遭折戟。其上市历程及为了上市采取的违规手段也引发了广泛的讨论。

## 一、连城兰花及其扩张历史

连城兰花位于福建省连城县朋口镇,是全国最大的国兰生产基地,公司主要培育春兰、蕙兰、建兰(四季兰)、寒兰、墨兰(报岁兰)、春剑、莲瓣兰等七大类兰花,是规模化、产业化、标准化、品牌化经营的现代化花卉企业。至今为止已拥有24项专利,获得包括全国十佳花木种植企业、省级龙头企业等多项奖项。目前,在上海、北京、南京、天津、厦门、广州、西安、江苏等城市设立了连城兰花专卖店38家,物流配送中心、兰花直销中心各1个。

2008—2014年,连城兰花先后经历了6次股权转让及一次整体改制,企业性质也不断发生改变。连城兰花的前身连城兰花有限公司(以下称为"兰花有限"),系由董事长饶春荣及其两位胞兄于2000年9月18日共同出资设立的有限责任公司。2008年6月2日,兰花有限进行了第一次股权转让,由中国农业控股有限公司(注册地在英属维尔京群岛,以下称为"中国农业")整体收购兰花有限100%的股权,股权并购后企业性质变更为外商投资企业。2008年9月13日,中国农业将持有的兰花有限100%股权,以152万元转让给注册于香港的其全资子公司中富农业科技有限公司(以下称为"中富农业"),转让后,公司类型由有限责任公司(外国法人独资)变更为有限责任公司(台、港、澳法人独资),并由股东中富农业增加投资总额至6 152万元。2010年12月6日,兰花有限进行第三次股权转让,中富农业将所持51%的股权转让给连城神州农业发展有限公司(以下称为"神州农业",法人饶春荣),23.1%的股权转让给Dramatic,11.7%的股权转让给Fortune,6.2%的股权转让给Eagle,8%的股权转让给卓小莉,兰花有限由外商独资企业变更为中外合资企业。2011年1月10日,兰花有限将投资总额、注册资本由6 152万元增至7 065.663 4万元,并进行第四次股权转让,除了饶春荣自己的神州农业持有44.4%的股份之外,其余股份均为PE机构所分享。此后,兰花有限又进行了两次股权变更,均是创投股东间的股权变化,2011年9月,兰花有限也改制为"连城兰花股份有限公司"。2014年连城兰花股权结构如表1所示。

表1 连城兰花股权结构(2014年)

| 序号 | 股东名称 | 持股数量(股) | 出资比例(%) |
| --- | --- | --- | --- |
| 1 | 神州农业 | 66 607 650 | 44.405 1 |
| 2 | Dramatic | 30 169 350 | 20.112 9 |

(续表)

| 序号 | 股东名称 | 持股数量（股） | 出资比例（%） |
|---|---|---|---|
| 3 | 中小企业（天津）创投 | 10 448 250 | 6.965 5 |
| 4 | Fortune | 10 056 450 | 6.704 3 |
| 5 | 德成创富 | 6 214 200 | 4.142 8 |
| 6 | 兴迅集团 | 5 629 500 | 3.753 |
| 7 | 绍兴同禧 | 5 388 000 | 3.592 |
| 8 | 上海慧玉 | 4 710 750 | 3.140 5 |
| 9 | 银河鼎发 | 4 310 325 | 2.873 55 |
| 10 | 吉林生物 | 4 310 325 | 2.873 55 |
| 11 | 天津泰达 | 2 155 200 | 1.436 8 |

## 二、连城兰花的曲折上市之路

（一）兰花有限海外上市

2008年，中国农业整体收购兰花有限100%的股权，年末，兰花有限开始启动在境外上市的计划。据当地媒体的报道，当时连城县政府为此成立了上市工作领导小组，由董事长饶春荣兼任该领导小组的办公室主任，意在助推连城兰花上市。但是，公司在境外谋求首次上市的计划却最终失败，具体原因未透露。

2008年9月13日，兰花有限董事会形成决议，同意中国农业将持有的兰花有限100%股权转让给中富农业，中富农业在2013年连城兰花境外境内上市均失败后迅速解散。

（二）连城兰花 IPO 上市

2008年，兰花有限谋求海外上市失败之后，2010年12月，兰花有限的上市目标改为A股。2011年1月，兰花有限引进绍兴同喜、银河鼎发、吉林生物等多家PE投资机构，开始筹备在创业板上市。兰花有限的11名股东中，除了控股股东为神州农业持股44.4%外，其余10名创投股东分享了剩余股权，占比高达55.6%。创投股东持股比例之高，在拟IPO企业中较为罕见。饶春荣引入多家PE投资机构股东，是为了更好地解决公司资金短缺的问题；而相应的创投机构则看好兰花有限的前景，以期上市后带来更大的收益。

然而,连城兰花的 IPO 上市之路并不成功,2011 年 11 月 10 日连城兰花辅导备案材料被证监会福建监管局正式受理,进入上市辅导备案程序。2012 年 7 月 11 日,连城兰花当时出现在创业板的 IPO 储备企业名单中,其保荐机构为中投证券,审核状态为"初审中"。2012 年 7 月,连城兰花进入证监会公布的 IPO 申报企业队列,若能上市成功,将成为沪深两市兰花第一股。2012 年连城兰花持股比例如图 1 所示。但在 2013 年 5 月 31 日,候审 IPO 企业提交财务自查报告的最后期限里,在财务检查中,公司上市进程被证监会终止。对于当时连城兰花 IPO 的夭折,官方并未透露具体信息。

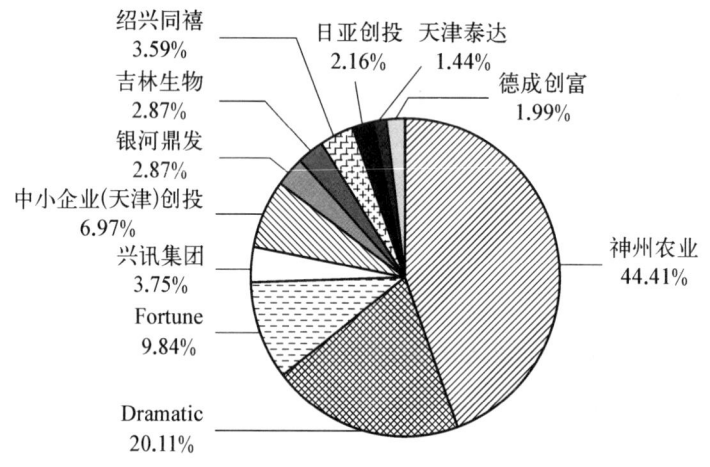

图 1 连城兰花 2012 年持股比例图

资料来源:福建金森.福建金森林业股份有限公司与福建连城兰花股份有限公司及其全体股东之发行股份及支付现金购买资产协议[EB/OL]. http://quotes.money.163.com/f10/ggmx_002679_1503190.html.

(三)连城兰花两次曲线上市

境外上市与境内 IPO 上市均告失败后,连城兰花不得不选择被收购,走曲线上市之路。第一次,它选择了同样从事农林牧渔业的永安林业。2014 年 4 月 3 日,永安林业发布了《关于筹划重组停牌期满申请继续停牌公告》(2014-008),申请继续停牌,并对此次重大资产重组的基本情况进行了公告,宣布本次重大资产重组的交易对手方拟为连城兰花、厦门鹭路兴。2014 年 5 月 23 日,永安林业发布《关于终止筹划重大资产重组事项暨公司证券复牌公告》,宣布终止资产重组,其原因是:自停牌以来,公司会同中介机构与交易对方就资产重组的相关事项进行了多次协商,但由于交易各方对交易方案存在一定分歧,截至本公告出具之日,公司与交易对方在交易对价等方面仍无法达成一致。为了保护本公司及广大投资者利益，经公司董事会慎重考虑，并与交易各方协商一致，决定终止本次重大资产重组①。

第一次联姻失败仅仅过了数日，连城兰花又计划通过收购再次上市。这一次它的买主又选择了福建金森。2014年5月27日，福建金森发布公告，称因进行重大资产重组开始停牌。9月9日，公司对外公布了重组对象的身份，公司将收购福建兰花养殖企业连城兰花。具体方案中，福建金森将以发行股份以及现金支付的方式，向8名连城兰花的股东支付交易对价8.5亿元，购买其持有的连城兰花80%的股份。其中，福建金森以15.46元/股的价格，发行4 123.54万股支付6.38亿元，对应购买连城兰花60%的股权；余下20%的股权以现金方式收购。与此同时，福建金森还将向金鼎卓奥、金鼎万钧两家公司合计发行约1 800万股，以募集资金2.83亿元；其中约2.13亿元用于支付购买资产的现金对价，其余部分用于支付交易费用和补充上市公司营运资金。若股权交易完成，则福建金森将持有连城兰花80%的股份成为第一大股东，其余20%由神州农业、吉林生物和银河鼎发持有。

然而，第四次的冲击上市非但没有得偿所愿，换来的却是一纸冰冷的财务造假处罚决定书。

## 三、连城兰花财务造假事件

### （一）连城兰花财务造假的手段

就在重组方案出台、连城兰花的被收购之旅即将过半之时，2015年2月6日，福建金森却向中国证监会申请撤回相关申报材料，终止本次重大资产重组。公告解释主要原因是交易对方认为盈利补偿条款过于严厉，提出异议，加上近期国内经济增速放缓，也担心难以完成盈利承诺，引发赔偿义务，因此要求减少或取消盈利补偿义务，协商未果，重组失败②。而到了2015年7月21日，福建金森接到证监会的《调查通知书》，因涉嫌违反证券法律法规，证监会决定对公司信息披露事项进行立案调查。至此，连城兰花的财务造假事件正式曝光。

---

① 永安林业.关于终止筹划重大资产重组事项暨公司证券复牌公告[EB/OL].http://data.eastmoney.com/notice/20140523/2Wvl2T2e9HyZvB.html.

② 福建金森.关于向中国证监会申请撤回发行股份及支付现金购买资产并募集配套资金暨重大资产重组相关申报材料并终止本次重大资产重组的公告[EB/OL].http://data.eastmoney.com/notice/20150207/2Wvl2VivdqN2nb.html.

为了吸引收购者,达到上市的目的,连城兰花在上市公司重组过程中提供虚假财务信息,自2012年开始,连城兰花通过虚构经销商业务的方法,虚增超过7 786万余元的利润。

经调查,2012年1月至2014年9月,连城兰花董事长饶春荣授意相关部门配合其完成虚构经销商业务。公司销售人员饶宏在2012年1月至2014年9月期间分次将户名为罗金秀的个人银行账户的资金转入蔡振其、杨彬春、杨椿荣、饶永泽、杨文浩、项运章、傅福妹等7个经销商的个人银行账户,上述经销商每次收到上述款项后,原额或扣除约100元后,作为采购款转回连城兰花银行账户。同时,连城兰花编制虚假的发货单据,并由相关经销商签字确认收货。连城兰花造假如图2、图3所示。

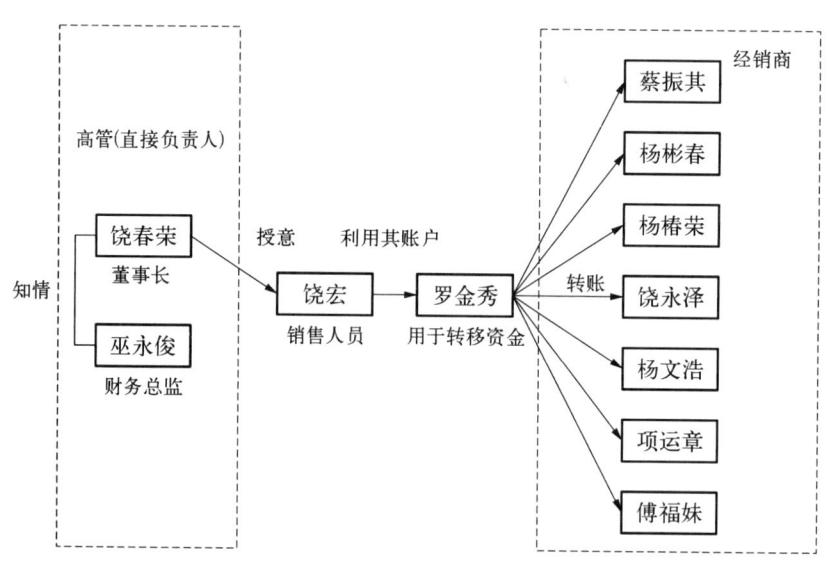

图2 连城兰花造假示意图1

如表2所示,连城兰花财务部门根据上述虚假的单据编制会计凭证,虚增营业收入和应收账款,再根据7个经销商虚假销售回款冲减应收账款。其中:连城兰花2012年度、2013年度、2014年1—9月实际的营业收入分别为149 121 841.72元、158 550 198.61元、136 446 406.80元,各年(期)虚增营业收入分别为28 255 650元、27 463 495元、22 147 080元,而福建金森披露和报送的《重大资产重组方案报告书(草案)》中记载:福建金森拟收购方连城兰花2012年度、2013年度、2014年1—9月营业收入分别为177 377 491.72元、186 013 693.61元、158 593 486.80元,虚增比例分别为15.93%、14.76%、13.96%。对上述行为直接负责的主管人员则是时任连城兰花董事长饶春荣和时任财务总监巫永俊。

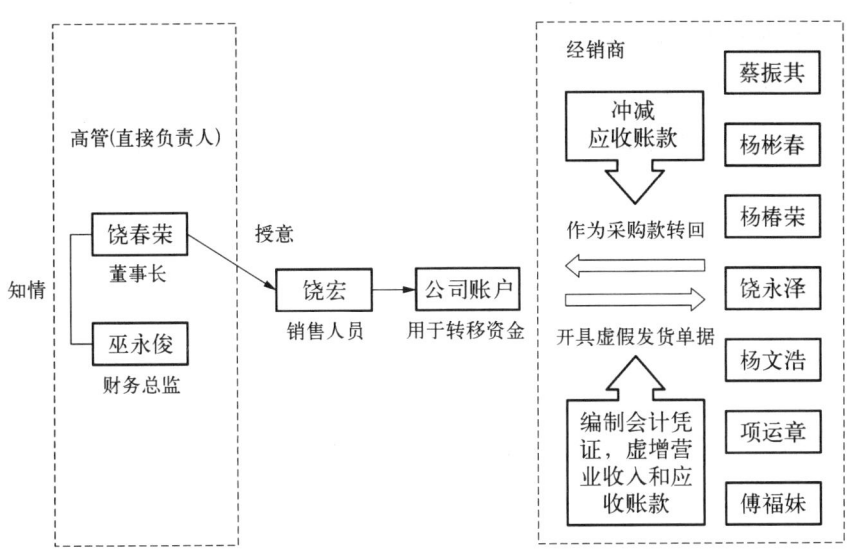

**图 3　连城兰花造假示意图 2**

**表 2　修改财务报表前后对比**

| 项目＼时间 | 2012 年度 | 2013 年度 | 2014 年 1—9 月 |
|---|---|---|---|
| 公布的营业收入(万元) | 17 737.75 | 18 601.37 | 15 859.35 |
| 虚增的营业收入(万元) | 2 825.565 | 2 746.35 | 2 214.708 |
| 实际营业收入(万元) | 14 912.18 | 15 855.02 | 13 644.64 |
| 夸大比例(%) | 15.93 | 14.76 | 13.96 |

（二）连城兰花财务造假的结果

2016 年 8 月 2 日,证监会下达了对连城兰花和福建金森的行政处罚决定书。

其中,连城兰花在上市公司重组过程中提供虚假财务信息的行为违反了《上市公司重大资产重组管理办法》第四条"上市公司实施重大资产重组,有关各方必须及时、公平地披露或者提供信息,保证所披露或者提供信息的真实、准确、完整,不得有虚假记载、误导性陈述或者重大遗漏"的规定,构成《证券法》第一百九十三条第一款所述"发行人、上市公司或者其他信息披露义务人未按照规定披露信息,或者所披露的信息有虚假记载、误导性陈述"的情形。依据《证券法》第一百九十三条第一款的规定,证监会决定：① 对连城兰花给予警告,并处以 60 万元罚款;② 对连城兰花董事长饶春荣和财务总监巫永俊给予警告,并分别处以 30 万元罚款①。

连城兰花董事长饶春荣在高中毕业后就回乡栽种兰花,从小小的兰花园慢慢扩展到现在国内最大的兰花基地,亲手缔造了一个兰花帝国。他不像大多数高管那样有知

---

① 证监会.中国证监会行政处罚决定书(福建连城兰花股份有限公司、饶春荣、巫永俊)〔2016〕94 号[Z].2016－08－02.

识、有学识,但他目的明确,为了达成目的不怕吃苦也舍得付出。为了让连城兰花上市,各种"曲线救国",耗费了近10年的精力。然而,为了上市,连城兰花先后采用境外红筹架构、境内 IPO、重组等或正规或不正规的方法,在上市的道路上不断奔走,甚至为了吸引收购者粉饰财务报表,最终为自己财务造假的违规行为付出了应有的代价。

## 四、问题讨论

(1) 连城兰花进行股权融资时分别采用了什么手段?其中存在什么问题?
(2) 连城兰花在与福建金森重组时采取了什么违规手段?为什么用这种造假方法?
(3) 分析连城兰花财务造假的动因。

## 参考文献

[1] 企业会计准则第 30 号—财务报表列报[EB/OL]. http://kjs.mof.gov.cn/zhuantilanmu/kuaijizhuanzeshishi/200806/t20080618_46218.html.

[2] 永安林业.关于终止筹划重大资产重组事项暨公司证券复牌公告[EB/OL]. http://data.eastmoney.com/notice/20140523/2Wvl2T2e9HyZvB.html.

[3] 福建金森.关于向中国证监会申请撤回发行股份及支付现金购买资产并募集配套资金暨重大资产重组相关申报材料并终止本次重大资产重组的公告[EB/OL]. http://news.163.com/15/0207/06/AHR3R2KC00014AEF.html.

[4] 福建金森.福建金森林业股份有限公司与福建连城兰花股份有限公司及其全体股东之发行股份及支付现金购买资产协议[EB/OL]. http://quotes.money.163.com/f10/ggmx_002679_1503190.html.

[5] 福建金森.北京市中银律师事务所关于公司发行股份及支付现金购买资产并募集配套资金暨重大资产重组的法律意见书[EB/OL]. http://q.stock.sohu.com/cn,gg,002679,1939275603.shtml.

[6] 中国证监会.中国证监会行政处罚决定书(福建连城兰花股份有限公司、饶春荣、巫永俊)〔2016〕94 号[EB/OL]. http://www.csrc.gov.cn/zjhpublic/G00306212/201609/t20160913_303337.htm.

(执笔人:陆佳媛;指导老师:李远勤)

# 聚美优品私有化风波

**适用课程：** 财务管理理论与实务

**编写目的：** 本案例分析了社会热点现象——中概股私有化回归的浪潮，以引发学生对于目前中概股所存在问题的关注；详细梳理了广受诟病的聚美优品私有化风波，剖析企业私有化决策的动因以及带来的经济后果，目的在于以史为鉴，让更多的上市公司明白无论是海外上市还是私有化的决策，都切忌背离股东利益，否则将会对公司产生不可挽回的影响。

**知 识 点：** 企业私有化动机　企业私有化后果

**关 键 词：** 中概股　聚美优品　私有化

**案例摘要：** 2014年5月，风光无限的聚美优品在纽约证券交易所正式挂牌上市，所有人都以为它将在更广阔的舞台上大放异彩，而事情的发展却让人大跌眼镜。2014年7月，沸沸扬扬的"假货风波"使得聚美优品股价一路受挫，并从此一蹶不振。2016年2月，上市不到两年的聚美便提出私有化要约，而要约收购价仅为每股7美元，甚至不到发行价22美元的1/3，这也意味着成千上万的中小股东利益将受到损害。此事一出，对中概股在海外市场的信誉产生了极其恶劣的影响，并引发了中小投资者的集体不满和诉讼。2017年11月，在私有化进程停滞了21个月之后，聚美优品终于以继续为投资人创造价值和回报为由收回要约。那么，聚美优品宣布私有化的动机是什么？带来了怎样的经济后果和影响？在这曲折的21个月中，陈欧为了挽救局势所采取的一系列多元化战略转型是真的"取得初步成效"还是为避免雪上加霜的无奈之举？

2016年，中概股回归的浪潮愈演愈烈，聚美优品也在2月加入了私有化的"队伍",归国心切的它不会料想到,这一切只是噩梦的开始。

当时,聚美优品提出的私有化要约价格仅为7美元,甚至不及发行价的1/3,这意味着如果私有化成功,中小股民的利益将蒙受巨大的损失。低价要约的决策不仅引起了中小股民的集体诉讼,更是引发了海外上市的中概股的集体信誉危机,被媒体所诟病。2017年11月,在私有化暂缓了21个月后,顶着重重压力的聚美优品终于宣布撤回私有化要约,这一场资本市场的闹剧也落下帷幕。

聚美优品决定私有化的动机是什么?私有化进程停滞是受到了哪些阻碍?这一决策又对公司本身以及社会产生了怎样的影响?最终撤回私有化要约是无奈之举还是真如公告中所说的,是由于公司的多元化布局初见成效的战略选择呢?

## 一、聚美优品简介

聚美优品的前身是团美网,是一家主营化妆品限时特卖团购的B2C电子商务网站,由陈欧、戴雨森等3位海归人士于2010年3月创立。聚美优品首创"化妆品团购"营销模式:每天在网站推荐若干款热门化妆品。成立之初,CEO陈欧的个人魅力感染了千千万万胸怀梦想的创业青年,"为自己代言"这一举措不仅为聚美优品节约了巨额的广告费用,也扩大了聚美优品的知名度。此后,陈欧广泛地活跃在媒体面前,聚美优品的成长突飞猛进。

2014年5月16日,聚美优品在纽约证券交易所正式挂牌上市,股票代码为"JMEI",成为中国第一个赴美上市的垂直化妆品电商公司。2014年6月,聚美优品低调上线海淘网站海外购;9月,聚美全面发力海外购,并在首页开通独立频道。2015年4月,聚美优品推出了母婴频道,主推跨境母婴业务。2016年,陈欧宣布聚美优品正式进军影视文化,并放下豪言,将在3年内打造成中国影响力最大的颜值经济公司。2017年4月26日,陈欧宣布将跨界进入空气净化器市场。随着共享经济的火爆,5月,聚美优品又入局共享充电宝,以3亿元现金投资深圳街电科技有限公司。

## 二、聚美优品私有化事件始末

(一)假货风波,股价受挫

聚美优品上市之初的发行价为22美元,开盘当天股价为27.25美元,较发行价上涨23.86%,上市3个月后,股价更是一路冲向40美元大关,市值也达到了57.8亿美元的历史巅峰。显然,这是一个美好的开头,但好景不常在,接下来发生的"假货风波",让聚美狠狠地栽了一个跟头,至今都没有再站起来。

早在2013年,聚美就曾陷入假货危机。此前宣布与众多大牌合作的聚美优品,却接连遭遇打脸,娇兰、兰蔻、DHC等国际化妆品品牌,纷纷表示与其没有任何关系。更为致命的是,2014年7月,媒体曝出一家名为祎鹏恒业的供应商通过伪造品牌授权书和报关单等相关文件,通过电商平台销售假冒名牌服装、手表,聚美优品名列其中。虽然涉及数家平台,但聚美优品无疑是遭受打击最为沉重的。7月29日,美股周一收盘后,中概股多数上涨。然而,受"假货门"重创的电商新贵聚美优品,每股股价暴跌4.18%至30.28美元。聚美优品2014—2018年股价走势如图1所示,从图1可以看到,聚美优品的股价一路下跌,再也没能恢复到上市初期的巅峰状态。

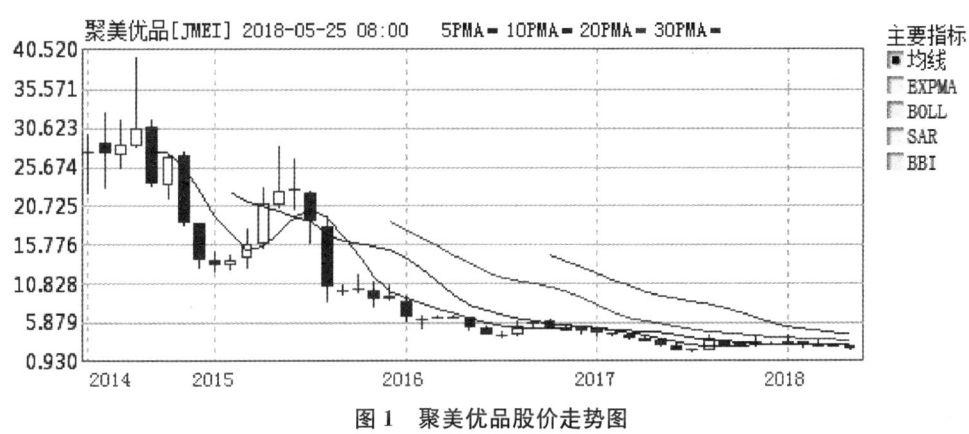

图1 聚美优品股价走势图

(二)壮士断腕,难挽颓势

假货事件带来的打击彻底激怒了陈欧,暴怒之下的他直接宣布"刹掉整个奢侈品部门",并质问下属:"只审资质文件有什么用?"

随后,聚美优品壮士断腕,重构业务模式,将平台近半的第三方业务砍去,转为自营。一方面是漫天飞的负面消息真假难辨,另一方面随着唯品会、网易考拉海购、小红书等迅速崛起,消费者在犹豫徘徊间奔向了其他平台。即便聚美优品高管不惜牺牲利润来挽回,依然阻止不了销量和股价的双双下跌,2015年聚美优品市场份额缩水60%。

(三)心生退念,首现"亏损"

早在2015年5月,陈欧就在公开场合透露过有私有化的打算。聚美优品2015

年8月19日公布第二季度财报,并且给出了第三季度的业绩指引,已经预示第三季度可能不赢利,此后股价开始暴跌,第三季度果然出现了IPO以来首次亏损。亏损的主要原因是毛利率下滑至26.2%,而毛利率下滑的原因是第三季度在防晒、食品、保健品等部分商品进行了降价促销,大大拉低了股价。这是公司管理层的决策,也就是说,第三季度的亏损结果是通过管理层盈余实现的。[①]

(四) 低价要约,引发热议

2016年2月17日,聚美优品正式发出公告,称其收到来自CEO陈欧、产品副总裁戴雨森以及红杉资本组成的收购方递交的每美国存托股(ADS)7美元的价格的私有化申请。自上市到宣布私有化以来的500多个工作日中,聚美优品仅有22个工作日的股价低于7美元,这22个工作日又"恰巧"邻近私有化要约发布的交易日。一般而言,公司私有化回购的价格都是前60个交易日的平均值再溢价15%—30%,而聚美优品宣布退市前60个交易日平均收盘价是每股7.85美元,7美元的回购价还不及前60个交易日的平均值[②]。结合2015年第三季度操纵盈余的前例,不免让人怀疑这7美元的定价有人为操纵的嫌疑。

"白菜价"的私有化回购,意味着成千上万的二级市场股东将蒙受巨大的损失,更严重的是,其他中概股也可能因此集体陷入信誉危机。

(五) 维权风波,史无前例

低价私有化的消息一出,聚美优品和陈欧不但饱受舆论的口诛笔伐,更是遭到了中小股东的集体声讨和维权。2016年2月26日,中小投资者成立维权群,于聚美优品楼下静立。截至2016年2月29日,已有3家机构介入维权行动中,维权人数达268人,股份比例达10%,这在中概股的维权史上,可谓史无前例。股东们的态度强硬,坚称聚美优品有先操纵股价再发出私有化要约的嫌疑,并发动投资者在全球范围内搜集证据。

经历这场维权风波后,聚美优品的信誉再次遭受重挫,不少曾经看好它的投资者也纷纷表示,不会购买聚美优品的股票,哪怕它再登陆A股,也不会轻易投资。

(六) 病急投医,撤回要约

迫于种种压力,2016年9月,聚美优品的私有化要约被搁置,没有人知道聚美优品在打着怎样的算盘,但是它的内部正在悄悄发生变化。2016年,聚美优品的两名联

---

[①] 邵泽祥.中概股私有化退市的问题探究——以聚美优品为例[J].中国市场,2016(20).
[②] 王天末.中概股美国私有化退市的动因及影响研究[D].上海:上海外国语大学,2017.

席 CFO 同时离职,原分别占股 6.1%、3.4% 的徐小平和 K2 已从聚美主要股东名单中消失。2017 年 7 月,联合创始人戴雨森也宣布离职,曾经辉煌的海归"铁三角"仅剩下陈欧孑然一身,曾经给予其无数帮助和关怀的天使投资人徐小平也弃之而去,陈欧一个人的身影,确实显得有些孤独和无助。内忧外患之下,聚美优品为自己谋求了怎样的出路呢?

2016 年聚美优品成立了影视公司,陈欧表示,聚美优品将向"时尚娱乐媒体+电商"方向靠拢,将娱乐与电商业务更紧密地结合在一起。

2017 年 4 月,聚美优品宣布进军智能家居领域并推出了两款空气净化器,在这个市场,聚美优品还是个刚入行的小菜鸟,在上下游产业链资源上并没有任何积累。

2017 年 5 月,聚美优品将目光投向了共享充电宝领域,宣布以总额 3 亿元现金投资移动电源租赁企业深圳街电科技有限公司,陈欧将出任街电科技的董事长,聚美优品将占街电科技约 60% 的股份。

不难看出,聚美优品企图通过业务领域的多元化发展来翻盘。

2017 年 11 月底,聚美优品发布公告称决定撤回此前的私有化要约,理由是电商业务稳步发展,多元化转型取得初步成效,将继续为股东创造价值。持续了 21 个月之久的私有化闹剧才终于收场。

## 三、聚美优品私有化案例分析

(一)私有化动因分析

1. 战略调整需要

企业上市后将具有公众属性,必须依照相关监管条例对企业的运行情况进行披露。当企业面临战略转型、资源整合、企业构架调整等问题时,可能会出现短期的业绩波动,更有甚者还会因关联交易引起股东的不满与监管层、媒体等的调查。[①]

2015 年 12 月 21 日,聚美优品决定从"化妆品特卖网站"全面转型成为"跨境电商"。在电商市场竞争日趋激烈、市场上的电视广告效应和地推效应都在逐步下降的背景下,聚美优品开始谋划新战略——"颜值经济战略",即打造"时尚娱乐媒体+电商"的新业务模式,并对未来的布局有了新规划,电商仅仅作为聚美优品的一小块,要

---

① 王宇平.中资概念股私有化浪潮动因分析及借鉴意义[J].理论与改革,2013(6).

开辟更多的新业务,整合影视、明星、网红、内容各种资源去创造影响力,从而为用户提供更多的服务[1]。假货危机后,聚美优品的股价持续走低,外界的质疑声也越来越多,由于一举一动都在公众的监督下进行,任何一个反对的声音都有可能影响战略重整的进行,因此,私有化成了摆脱公众压力和束缚的一个重要的手段。

2. PPP 策略的利益驱使

金融危机爆发以后,中概股股价持续走低,一些营利性较好的企业却不能得到较为合理的估值,还会频繁遭到做空机构的狙击,中概股在海外的日子并不好过,加上国内资本市场上令人羡慕的市盈率,越来越多的中概股企业选择回归本土。公司的价值主要取决于其拥有资产的长期获利的能力,即未来的现金流量,而不能仅局限于公司短期的盈利情况。由于外部投资者与大股东和管理层的信息不对称,以及外部投资者更注重公司的短期收益,因此外部投资者容易忽略公司的长期盈利能力和投资值。

企业上市的目的是为了获得更好的融资和打造公司影响力,在市场条件完全不乐观的情况下,企业既无法再获得融资,也不利于对管理团队的激励,退市无疑是一种必然的选择。而聚美优品自假货危机以来,遭受的质疑声不断,市值也严重萎缩,因此,聚美优品想到了 PPP(Public-Private-Public)策略,即通过在美国私有化退市、再从中国上市的策略让聚美优品实现应有的市场估值[2]。有不少实行 PPP 战略并获得成功的案例,如七喜控股、分众传媒等,它们都在回国后尝到了 A 股的甜头,因此,重整后再次回归 A 股,聚美优品恢复声誉可能指日可待。

3. 高昂的维护成本

企业上市高昂的维护成本包括以下几个方面:第一,为了达到融资的目的,企业每年必须支付昂贵的费用给交易所;第二,为了保持企业上市的状态,每年的审计费、律师费、监管费等也是必不可少的经济负担,经常有一些企业因承受不了每年高昂的成本而选择私有化;第三,每年召开股东大会需要支付的费用、企业所承担的公开的义务费用、信息披露所产生的上下游沟通费用等也给企业造成了不小的负担[3]。表1反映了不同资本市场上维护费用的差异,纽交所高昂的维护成本对企业来说是个不小的考验。

---

[1] 尹玉.聚美优品私有化退市动因及影响研究[D].马鞍山:安徽工业大学,2017.
[2] 王天末.中概股美国私有化退市的动因及影响研究[D].上海:上海外国语大学,2017.
[3] 卢轶.中概股私有化原因及风险分析[J].会计师,2016(4).

表1 中外资本市场上市费用及后期维护费用比较

| 可预测费用 | 国内A股 | 香港主板 | 香港创业板 | 纽交所 | 纳斯达克 |
|---|---|---|---|---|---|
| 上市费用占融资额比例(%) | 4—5 | 15—20 | 10—15 | 15—25 | 9—16 |
| 每年投资者关系维护费(万元) | 5—10 | 25 | 25 | 630 | 630 |
| 每年上市年费(万元) | 0.6—3 | 8—90 | 6—18 | 24—315 | 17—63 |
| 每年法律顾问费用(万元) | 10 | 60—100 | 40—100 | 160 | 160 |
| 每年审计费用(万元) | 30—40 | 100 | 60—100 | 160 | 160 |
| 每年信息披露费用(万元) | 12 | 30—50 | 30—50 | 50—100 | 50—100 |

资料来源：国泰安数据库

### (二) 私有化停滞原因分析

#### 1. 私有化价格过低

7美元的私有化价格，对于IPO时22美元的发行价，溢价率是−69%。也就是说，上市不到两年，聚美给投资者的回报是−69%，这显然是难以令人接受的。私有化要约的定价对于收购能否成功起着决定性的作用，过高的收购价需要大量的现金流来支撑，这对企业来说无疑是个巨大的考验；而私有化价格过低，又难以服众，不仅直接损害中小投资者的利益，也会严重损害企业形象。

聚美优品的注册地在开曼群岛，根据规定私有化只需66%的投票权通过即可，且私有化买方无须回避。不仅如此，包括陈欧、戴雨森和红杉资本组成的买方财团占了90.1%的投票权，因此聚美优品私有化方案将会在公司董事会上畅通无阻[1]。虽然注册地是开曼群岛，但它实际上还是一家在美国上市的公司，在美国证券法律体系中，只要存在与私有化方案有关的诉讼，该私有化是不可能成功的。由于聚美优品私有化策略不当，i美股以及超过200名投资者组成维权群，通过集体委托海外律师诉讼、向独立委员会抗辩等活动起诉聚美优品。因此，美国证券制度也为聚美优品的私有化进程设置了阻碍[2]。

#### 2. 国内政策收紧

一般来说，中概股私有化回归之后想重新登陆A股的途径有借壳上市、重新IPO两种，然而壳资源有限，近年来的壳资源炒作现象也一直受到证监会的高度重视，重新IPO又意味着漫长的排队和等待，不论哪种方式，时间成本和所付出的代价都是巨

---

[1] 刘斯会.聚美优品三折私有化再起波澜 维权人数突破268人 股份占比达10%[N].证券日报,2016-02-29.
[2] 尹玉.聚美优品私有化退市动因及影响研究[D].马鞍山：安徽工业大学,2017.

大的。

2015年,国务院提出了"战略新兴板"的概念,被认为是鼓励中概股回归的重要信号,很大程度上刺激了中概股回归的热潮。然而,2016年3月,距离聚美优品私有化决策不到一个月的时间,"战略性新兴板"就被两会宣布从"十三五"规划中正式删除。2016年5月6日,证监会注意到境内外市场的明显价差和壳资源炒作等问题,称将对这类问题进行深入分析研究。这些都表明中概股回归A股的政策将会暂缓,中概股回归借壳、重组、IPO均可能遭受限制。这无疑对聚美优品的私有化进程造成更大的打击。

(三)私有化决策经济后果分析

1. 公司形象及发展受损

"巨没有品""陈七块""吃相难看"都是这些日子以来外界对于聚美优品的调侃和戏谑。企业保持一个良好的形象才能为投资者带来信心,为股东创造价值,才能不辜负最初的信任,聚美优品的私有化事件无疑是个彻头彻尾的错误,给自身和投资者甚至其他的中概股都带来了极其巨大的打击。自宣布私有化后,聚美优品的股价和成交量一路下跌,至今仍在每股3美元左右徘徊。

此外,聚美的高管也开始纷纷撤离,从CFO同时离职,到天使投资人徐小平从股东名单上撤离,再到最初的合伙人戴雨森宣布离职,以及股东公开信炮轰聚美优品不兑现诺言,聚美优品的"顶梁柱们"在一根根撤离,它仿佛成了一只令人唾弃的过街老鼠。这样的陈欧还能否得到天使投资人的垂青?这样的聚美优品如果再次回国还能否得到国内股民的信任?尽管陈欧还在一个人奋力挣扎,但任何希望都变得渺茫。

2. 其他中概股信誉危机

聚美优品给股东们带来的巨额亏损,严重破坏了投资者对中概股的信任,降低了投资的积极性。这些企业日后想继续在美国发展,也必将面临更为严苛的考核。那些继续留在美股市场的企业,有更大的可能会被做空机构恶意狙击,那些想赴美上市的企业,可能得不到公正合理的估值。这一系列的经济后果,都将会使其他中概股企业背上沉重的十字架。

(四)撤回私有化动因分析

聚美优品对外宣称,撤回私有化的原因是电商业务稳定发展以及多元化转型取得初步成效。一个不容忽视的事实是,私有化已经拖了2年,始终没有再进行下去。如今聚美的股价已不足3美元,用7美元的价格去收购3美元的标的,显然是不合算的。与此同时,近年来一系列的多元化战略也大大消耗了聚美优品账上的现金,对于聚美优品是否有实力完成收购,还是存在一定的疑问。

此外,一直以来媒体的负面报道和中小股东的质疑与申诉严重阻碍着私有化进程,与其与投资者硬碰硬,不如退而求其次,以一句"持续为投资者创造价值和回报"平息这场对抗,挽救企业的形象。

对于聚美优品的一系列多元化战略举措,一直以来也是质疑声不断。无论是许久未有动静的影视业,还是闹出"吃翔赌约"的共享充电宝,以及最近的充满未知风险和挑战的空气净化器,一切的决策好像都在偏离业务的主线。是陈欧的一意孤行导致了众叛亲离,还是他的深谋远虑我们未曾看清,一切的答案终将会由时间揭晓。但不可否认的是,作为上市公司,在一系列决策中,聚美优品没有做好与股东的沟通、为股东的利益着想,才会遭受这么多的质疑,承受如此多的后果。其他上市公司也该引以为戒。

## 四、尾声

聚美优品带来的私有化闹剧不仅让投资者失望,更让所有关注和支持过它的人寒心。可以说,私有化要约的撤回是一个必然的结局。显然,陈欧在最初做决策的时候并没有那么深谋远虑,所以也不会想到一石激起千层浪,带来如此恶劣的影响。自己种下的苦果最终还是要由自己消化,聚美优品得到了应有的教训,可是它未来的出路在哪里,怎样才能让投资者重新拾起信心,能否重回盛时巅峰,一切都是未知数。痛定思痛,聚美优品的教训给所有想私有化的中概股敲响了警钟,也给了上市公司一个教训,为股东创造财富和回报才是获得融资的必要条件,失去投资者信任的公司,自身的价值也会大打折扣。

(执笔人:葛玉涵;指导老师:娄祝坤)

# 影视行业业绩承诺困惑

**适用课程：** 财务管理理论与实务

**编写目的：** 本案例通过介绍曾经的影视行业标杆华谊兄弟上市后以资本化运作模式获利，随后失守主业，又通过资本化运作试图重夺行业第一的过程，分析影视行业的上市公司转型的动因、方式以及转型失败后的补救方式，业绩承诺协议签订的条款，业绩承诺协议的签订对于并购方以及被并购方有何种优势和劣势，业绩承诺的影响，业绩承诺协议是否合理等问题，引导学生学习相关知识。

**知 识 点：** 业绩承诺定义　业绩承诺风险　业绩承诺优劣势　业绩承诺合理性

**关 键 词：** 业绩承诺　并购　高溢价

**案例摘要：** 曾经的"电视剧老大"华谊兄弟不满足于影视行业的发展，积极开展转型，涉足各行业，拓展多元化经营模式。然而在华谊兄弟实施"去电影化"战略，转型其他领域失败后，又意图回归主业。随后华谊兄弟为了重夺影视行业的巅峰地位，收购多家影视公司且双方签订了业绩承诺协议。但高溢价的收购存在一定的疑问：业绩承诺的设定和条款是否合理？签订了业绩承诺以后，被并购方业绩承诺完成情况是否尽如人意？业绩承诺的签订是否为华谊兄弟的发展起到了积极的推动作用？业绩承诺的条款是否合理，不合理之处可以如何改进？业绩承诺对于并购方以及被并购有什么积极的和消极的影响？本案例旨在通过案例分析的过程，引导学生挖掘上市公司并购过程中签订业绩承诺协议的疑点并引发思考和讨论。

## 一、引言

华谊兄弟的两位掌门人王中军和王中磊眉头紧锁。他们在公司转型失败、利润下滑、主营收入不容乐观的情况下,重新思考着自己兄弟俩一手建立起来的公司未来该何去何从。他们思忖着:究竟什么样的方式可以让公司重夺电视剧第一的位置?当下影视行业什么才是最主要的驱动力,是明星驱动力吗?如何吸引到当红明星并与其保持长期的合作关系?可以通过签订业绩承诺的方式来实现吗?业绩承诺协议的签订后期对我们公司会产生何种影响?让我们一起来看看这个曾经的"电视剧大哥"转型失败后的自救之路如何走吧,先从华谊兄弟的发展开始说起。

## 二、华谊兄弟重夺影视业宝座原因

### (一)华谊兄弟简介及影视行业概况

华谊兄弟是国内文化传媒行业的代表性企业,1994年以10万元自有资本做广告起家,1998年因投资影片正式进入电影行业,随后投资及运营的领域涉及电影、电视剧、艺人经纪等行业。通过收购7家演艺公司及战国音乐、天音传媒等,在电影中植入广告,出资1 500万元与雅虎中国合作等方式筹集大量资金,注册资本不断增加,公司于2009年在深交所成功上市。公司经过在影视行业多年磨炼,形成电影策划、投资拍摄、后期制作等一系列电影运营模式,采用大制作影片盈利模式,打造高质量影片获得高票房。2011年华谊兄弟推出"H计划",标志着华谊兄弟正式开始打造多元化的国产影片,掀起华语电影新热潮。2015年实现总票房43亿元,占领国内市场票房的高份额。

影视行业在近几年备受关注。2009—2016年关于文化体制改革的政策逐步出台,文化传媒行业体制不断改革,表明文化传媒行业正受到国家关注,逐渐发展成为国家战略性产业。十八届三中全会指出,深化改革的首要任务是加速文化传媒行业的体制改革,突出文化传媒行业的重要地位。以百度、阿里、腾讯为代表的互联网行业频繁与文化传媒上市公司合作。在经济全球化下,国内文化传媒公司青睐海外市场,例如万达收购美国传奇影业,乐视影业与加拿大狮门影业联合出品电影作品等。在经济全球化、互联网+传媒的浪潮的推动下,影视行业的许多公司在思考着如何转型,在未来如何发展。

### (二)失守电影市场及回归主业

华谊兄弟在影视行业获得一席之地后,也曾转型至游戏行业,然而在游戏行业的转型并未获得令人满意的成绩,仅仅是依靠抛售股票进行套现,而且在转型过程中忽视了电影主业的发展。2014年,内地"票房神话制造者"华谊兄弟第一次让出了票房冠军的桂冠,光线传媒以31亿元票房成为国产片年度票房冠军,而王中军口中"不拍电影就不是华谊兄弟,但只拍电影也不是华谊兄弟"的华谊兄弟,电影票房收入出现断崖式下滑,票房收入由 2013 年约 30 亿元下降至 2014 年约 20 亿元,排在光线传媒、博纳影业、乐视影业、万达影业之后。

渐渐地,这个曾经的民营影视老大的总市值被光线传媒超过。除了市值被超越,华谊兄弟 2016 年的电影票房表现更是被光线传媒远远甩在身后。2016 年华谊兄弟参与投资发行的电影共 10 部,总计实现票房 31 亿元,光线传媒 2016 年共出品 13 部电影,总票房达到 64.2 亿元。虽然在游戏行业的某些表现给华谊兄弟带来了高额投资收益,然而华谊兄弟的财报数据却越来越暴露出其主业危机。例如:公司 2016 年财报显示,尽管公司 2016 年归属于上市公司股东净利润同比下降了 17.21%,但该数据仍然为较为可观的 8.08 亿元,但是,华谊兄弟 2016 年的扣除非经常性损益净利润为 -4 018 万元,即扣除与主营业务无关的特殊收益后公司为亏损状态。转型失败后,华谊兄弟开始了它的并购之路,与多家公司签订了业绩承诺协议。

### 三、签订业绩承诺概况

华谊兄弟在转型失败,没有在除了主营外的其他领域获得理想的成绩后,似产生了回归主业的意图,此后就展开了一系列的并购,并购了 3 家标的公司:浙江常升、东阳浩瀚、东阳美拉。被并购方的简介以及相应的并购情况如表 1 所示。

表 1 华谊兄弟并购标的公司简介

| | 浙江常升 | 东阳浩瀚 | 东阳美拉 |
| --- | --- | --- | --- |
| 主要业务 | 电影、电视剧、栏目剧的策划、制作、发行,艺人经纪业务、广告业务、主题公园、游戏以及相关衍生业务等 | 影视剧项目的投资、制作和发行,艺人衍生品业务的开发和经营 | 影视剧的投资、制作,以及剧本创作等 |
| 成立日期 | 2013 年 5 月 23 日 | 2015 年 10 月 21 日 | 2015 年 9 月 2 日 |
| 并购比例 | 华谊兄弟以 2.52 亿元并购弘立星恒和嘉木文化合计持有的浙江常升 70%股权 | 华谊兄弟以 7.56 亿元为对价向明星股东收购东阳浩瀚 70%股权 | 华谊兄弟以 10.5 亿元收购冯小刚和陆国强合计持有的东阳美拉 70%股权 |
| 财务情况 | 截至并购公告日,浙江常升的财务情况:总资产 1 000.3 万元,总负债为零,没有任何运营收入 | 截至并购公告日,东阳浩瀚的财务情况:总资产 1 000 万元,负债为零,所有者权益为 1 000 万元,没有任何运营收入,注册资本 1 000 万元 | 截至并购公告日,东阳美拉的财务情况:总资产 1.36 万元,总负债 1.91 万元,净资产 -0.55 万元,没有任何运营收入,注册资本 500 万元 |
| 并购估值 | 3.6 亿元 | 10.8 亿元 | 15 亿元 |

由表1可见,华谊兄弟在电影板块并购动作频繁,其动机很明显。根据公司公告,华谊兄弟并购这3家标的公司,都有一个共同的目的:加强电影、电视剧主营业务发展的需要,加强公司储备项目的能力,对公司在电影、电视剧业务发展方面产生积极的作用和影响。公司希望通过并购一系列影视公司,加强电影、电视剧业务,以期能够有效地提高公司的收益,提高公司的核心竞争力。下面将分别介绍华谊兄弟与标的公司业绩承诺签订的具体情况。

(一)与浙江常升业绩承诺

2013年9月2日,华谊兄弟发布公告并购浙江常升,这是为了获得张国立的号召力以及明星资源,因为浙江常升原来是由弘立星恒持有90%股权,嘉木文化持有10%股权,而弘立星恒为张国立的独立公司。华谊兄弟以2.52亿元并购弘立星恒和嘉木文化合计持有的浙江常升70%股权,全都现金支付,对价中的1.52亿元用于定向购买华谊兄弟股票,定向购买的股票在锁定期的3年内平均解锁。张国立基于浙江常升的业绩承诺期限为5年,以净利润3 000万元为首年承诺值,后续4年需以首年承诺业绩为基础每年保持不低于预定15%的增幅。若浙江常升某年度未完成业绩承诺,张国立以现金对并购方进行补偿。

(二)与东阳美拉业绩承诺

东阳美拉持股情况为:冯小刚持有99%股权,陆国强持有1%股权。华谊兄弟在2015年11月19日发布并购公告,将以10.5亿元并购冯小刚和陆国强合计持有的东阳美拉70%股权。此外,东阳美拉2016年预计税后净利润为1亿元,华谊兄弟以该利润规模的15倍确定估值。冯小刚和陆国强的业绩承诺期限为5年:自标的股权转让完成之日起至2020年12月31日止,其中2016年度是指标的股权转让完成之日起至2016年12月31日止。2016年度承诺的业绩目标为目标公司当年经审计的税后净利润不低于1亿元,自2017年度起,每个年度的业绩目标为在上一个年度承诺的净利润目标基础上增加15%。若东阳美拉某年度未完成业绩承诺,冯小刚同意以现金方式(或东阳美拉认可的其他方式)向华谊兄弟进行补偿,全现金支付对价。

(三)与东阳浩瀚业绩承诺

2015年10月23日,华谊兄弟宣布以7.56亿元收购仅成立两天的东阳浩瀚70%股权,所涉及的明星股东包括李晨、冯绍峰、Angelababy、郑恺、杜淳、陈赫共6人。

所有明星股东承诺,业绩承诺期限为5年,自标的股权转让完成之日起至2019年12月31日止,其中2015年度是指标的股权转让完成之日起至2015年12月31日止。2015年度承诺的业绩目标为明星股东为目标公司实现的当年经审计的税后净利润不低于9 000万元,自2016年度起,明星股东承诺每个年度的业绩目标为在上一个年度承诺的净利润目标基础上增长15%。上述业绩目标对应的税后净利润包括所有明星股东为目标公司提供或带来的、以目标公司名义取得的影视剧项目投资业务、衍生品开发业务等产生的利润。为了避免歧义,该利润不包括明星股东履行《独家演艺经纪合同》给公司下属关联公司带来的利润。若明星股东未能完成某个年度的业绩目标,则明星股东同意于该年度的审计报告出具之日起30个工作日内,以现金的方式(或目标公司认可的其他方式)补足目标公司未完成的该年度业绩目标之差额部分。

此外,在明星股东的代言、广告、演艺服务等每个项目所得收入中,华谊兄弟下属关联经纪公司作为其经纪代理人有权从该等收入中先行收取经纪服务费,剩下的收入为明星股东个人所得收入,属于明星股东个人财产,其有权自由支配。根据合同约定,明星股东贡献给东阳浩瀚的利润不包括明星股东履行《独家演艺经纪合同》给公司下属关联经纪公司带来的属于下属关联经纪公司的经纪收入(即经纪服务费),贡献给东阳浩瀚的利润均为艺人个人所得收入,并且明星股东同意将其所有可以自由支配的收入贡献给东阳浩瀚作为其业绩的一部分,考虑到有利于公司和投资者利益的情况下,华谊兄弟同意接受明星股东的个人收入作为其履行业绩的一部分。

### 四、业绩承诺完成情况

2016年,华谊兄弟的两个标的公司东阳浩瀚、常升影视亦未达到业绩承诺,完成率分别为97.98%和66.15%,共需根据协议补偿1 487.85万元。根据华谊兄弟在2017年4月底披露的2016年年报、2017年一季报,其2016年营收35.03亿元,净利润8.08亿元,下滑17%;所收购的5个标的中的3个——银汉科技、东阳浩瀚、常升影视业绩承诺均不达标;在2017年第一季度,更出现上市以来首次亏损,净利润亏损6 841.51万元。

(一)东阳浩瀚业绩承诺完成情况

华谊兄弟发布公告称东阳浩瀚在被华谊兄弟并购后,参与多档综艺节目《我去上学啦》《奔跑吧兄弟》《约吧!大明星》《喜剧总动员》《撕人订制》《王牌对王牌》《年味有fun》等,取得较高的收益。参与投资的电视剧《幻城》在2016年7月播映,其中主演为公司签约艺人冯绍峰。计入东阳浩瀚2015年度业绩承诺的收入均来源于直接客户，主要包括艺人参加综艺节目、晚会、广告代言、商业活动等取得的收入，如参加浙江卫视跨年演唱会、雪津啤酒代言推广、"英雄联盟明星直播赛"活动、泰禾广场开业盛典活动等。华谊兄弟在2015年年报称，董事会认定东阳浩瀚2015年度完成了净利润承诺，包括该公司在成立期间已经完成的净利润4 115.57万元（该部分净利润依据会计准则计入资本公积），以及公司成立之后完成的净利润5 111.82万元，合计9 227.39万元。

但是，东阳浩瀚看似表现良好，在业绩上却并不十分理想。2015年东阳浩瀚的业绩承诺完成度，也仅是刚过9 000万元的"业绩红线"。而自协议签署后才第二个年头，东阳浩瀚就已经显出疲态，增长乏力。2016年度东阳浩瀚承诺的业绩目标不低于10 350万元，但实际上2016年实现净利润为10 141.52万元，没有完成业绩承诺，2016年的业绩承诺完成率为97.98%。

（二）浙江常升业绩承诺完成情况

浙江常升2016年业绩目标为不低于2015年经审计的税后净利润3 779.50万元。实际经审计税后净利润为2 500.13万元，未完成业绩承诺，将根据协议补偿达1 279.37万元。

当初签署业绩承诺协议后，张国立曾表示，业绩承诺使他没有以前从容了，过去活动、广告不好，多少钱都不接，但后来这一切变得都没有门槛了。近年张国立为完成业绩一直疲于奔命。签约华谊后，张国立共拍了2部电影、5部电视剧，还跨界参演多个综艺节目，即使在如此努力的情况下，2016年的业绩承诺仍然没有达成，完成率仅有66.15%，可见在签订业绩承诺协议后，对明星来说是一种鞭策也是一种压力。

（三）东阳美拉业绩承诺完成情况

由于华谊兄弟取得东阳美拉股权的时点为2015年12月9日，因此华谊兄弟认定首年承诺区间为2015年12月9日—2016年12月31日。2016年度东阳美拉承诺的业绩目标为经审计的税后净利润不低于1亿元。经审计后，在该期间内，其税后净利润为10 152.84万元，华谊兄弟认定东阳美拉完成业绩承诺。

## 五、华谊兄弟财务数据

2015年，华谊兄弟并购了东阳浩瀚以及东阳美拉后，营业总收入有所提升，2015年，华谊兄弟实现营业收入 387 356.51 万元,比上年同期增长 62.14%;利润总额为 149 642.96 万元,比上年同期增长 16.99%;净利润为 121 823.49 万元,比上年同期增长 17.78%;归属于公司普通股股东的净利润为 97 614.37 万元,比上年同期增长 8.86%。

为了更清楚地观测并购标的公司对华谊兄弟的营业收入的影响,将相关数据汇总成表格,如表 2、表 3 所示。

表 2 2014、2015 年华谊兄弟营业收入构成

|  | 2015 年 | | 2014 年 | | 同比增减(%) |
| --- | --- | --- | --- | --- | --- |
|  | 金额(元) | 占营业收入比重(%) | 金额(元) | 占营业收入比重(%) |  |
| 营业收入合计 | 3 873 565 085 | 100 | 2 389 022 826 | 100 | 62.14 |
| 根据产品分类 | | | | | |
| 影视娱乐 | 2 832 413 236 | 73.12 | 1 201 181 142 | 50.28 | 135.80 |
| 品牌授权及实景娱乐 | 55 566 037 | 1.43 | 233 972 222 | 9.79 | −76.25 |
| 互联网娱乐 | 861 007 364 | 22.23 | 778 114 955 | 32.57 | 10.65 |
| 合并抵消 | −23 651 939 | −0.61 | −32 944 649 | −1.38 | −28.21 |
| 其他业务收入 | 148 230 385 | 3.83 | 208 699 155 | 8.74 | −28.97 |

表 3 2015、2016 年华谊兄弟营业收入构成

|  | 2016 年 | | 2015 年 | | 同比增减(%) |
| --- | --- | --- | --- | --- | --- |
|  | 金额(元) | 占营业收入比重(%) | 金额(元) | 占营业收入比重(%) |  |
| 营业收入合计 | 3 503 457 272 | 100 | 3 873 565 085 | 100 | −9.55 |
| 根据产品分类 | | | | | |
| 影视娱乐 | 2 561 739 186 | 73.12 | 2 832 413 236 | 73.12 | −9.56 |
| 品牌授权及实景娱乐 | 256 905 113 | 7.33 | 55 566 037 | 1.43 | 362.34 |
| 互联网娱乐 | 676 114 398 | 19.30 | 861 007 364 | 22.23 | −21.47 |
| 合并抵消 | −19 688 249 | −0.56 | −23 651 939 | −0.61 | −16.76 |
| 其他业务收入 | 28 386 823 | 0.81 | 148 230 385 | 3.83 | −80.85 |

# 六、尾声

华谊兄弟的两位掌门人王中军、王中磊曾对华谊兄弟的资本操作充满信心,也一

心希望通过资本运作进行扩张,涉足各个领域从而完成全产业链的转型。然而转型的结果似乎不容乐观,而后回归主业并购道路似乎也并不平坦。华谊兄弟希望通过并购签订业绩承诺从而获得高额利润的蓝图是否可以实现呢?

(执笔人:吴小艺;指导老师:方宗)

# 雷士照明"争位之战":"文明人"与"野蛮人"的较量

**适用课程:** 财务管理理论与实务

**编写目的:** 本案例旨在让学生通过阅读案例资料,结合文末的问题讨论,了解雷士照明控制权争夺的始末,深入分析吴长江为何会3次被资本驱逐、股权资本与社会资本在这场控制权争夺战中发挥怎样的作用,对创始股东之间、创始股东与第三方投资者之间的利益关系问题加以思考并加深理解。

**知 识 点:** 控制权　股权　创始股东　第三方投资者

**关 键 词:** 雷士照明　控制权　股权

**案例摘要:** 创建于1998年的雷士照明发展至今,已由原来一家名不见经传的小公司发展成为在香港联交所主板上市的知名公司,并逐步成为中国照明行业的领头羊。然而,谁也不曾想到,雷士照明的创始人吴长江,在借助于资本的力量完美地解决了创始股东之间的纠纷后,又陷入了一场资本的"局中局",前后历经了几个阶段的控制权之争。吴长江在商场征战多年,一手打造雷士照明,却在10余年间2次重返,3次离开,如今,吴长江已被判刑,但留给我们的问题仍在:股权真是一把杀人不见血的刀吗?创始股东和第三方投资者应该保持怎样的距离?当双方出现对抗时,企业又该何去何从?

吴长江的微博停留在2014年12月22日。这一天,他见到了几个华东经销商兄弟,心里很温暖:"特别是你们那句无论我干什么都愿誓死相随的话,让我感动落泪,感谢大家的信任和支持,我不会放弃的!明天一定会更好!"但吴长江终究没有等来更好的明天。2016年12月22日晚间,在距离深圳不到100公里的惠州市,当地中级人民法院对外公告称,该院已对雷士照明(中国)有限公司原法定代表人、董事长吴长江挪用资金、职务侵占案件作出一审判决。因挪用资金罪、职务侵占罪,吴长江被判处有期徒刑14年,并没收财产50万元,他还被法院责令向重庆雷士照明有限公司退赔370万元。2017年2月13日,吴长江持有的股权被法院闲鱼平台拍卖,合计7.8亿元。是什么让一个知名企业家从先前的振臂一呼万人紧随,到如今的身陷囹圄?在这场没有硝烟的战争中吴长江经历了怎样的短兵相接?

## 一、公司背景

### (一)公司概况

雷士照明控股有限公司(以下称为"雷士照明")于1998年底成立,于2010年5月20日在香港联交所主板上市,股票的代号为02222.HK。雷士照明始终秉承着"争创世界品牌,争当行业第一"的经营理念,在行业内导入品牌专卖模式和运营中心模式,领导了中国照明行业的"品牌革命"和"渠道革命"。雷士照明是中国领先的照明产品供应商,主要产品涉及商业、建筑、办公、户外、光源电器、家居等领域,在全国的运营中心共有36家,品牌专卖店共计3000多家,在世界范围内的30多个国家和地区先后建立起了经营机构,这些都构成了雷士照明完备的客户服务网络体系。与此同时,雷士照明还拥有广东、重庆、山东、浙江四大制造基地,并在上海、广东建立了两个大型研发中心。

### (二)公司发展

1999年,雷士照明进行了首次战略转型。2005年,雷士照明进行了第二次战略转型,成立了产品运营中心。第三次战略转型是从2014年至今,所部署执行的双转型战略即"互联网转型+LED转型"。随着现代科技的不断发展,"互联网思维"悄然改变着世界,"互联网+"已成为当下的热门话题,亦是产业发展的趋势,而雷士照明经历了多次控制权争夺之后,更是需要跟上时代发展的脚步,利用信息通信技术以及互联网平台,让互联网与照明行业进行深度融合。因此,雷士照明亟须进行战略转型,此次战略转型的成败也将决定雷士照明的未来发展方向和行业地位。其发展历程如表1所示。

**表1 雷士照明发展历程**

| 阶段 | 时间 | 事件 |
|---|---|---|
| 起步阶段<br>(1998—2002年) | 1998年11月 | 注册成立,提出"创世纪品牌,争行第一"的经营目标 |
| | 1999年1月 | 在中国照明行业率先提出了"商业照明"概念 |
| | 2000年7月 | 第一家品牌专卖店开业,开创中国照明行品牌专卖模式 |
| | 2001年6月 | 全面通过ISO9002质量体系认证 |
| | 2002年8月 | 通过ISO9001:2000质量体系认证 |
| | 2002年9月 | 国际品质认证委员会IQAC评定雷士产品为"高品质产品" |
| 扩张阶段<br>(2003—2009年) | 2003年6月 | 提出并塑造"光环境专家"形象 |
| | 2005年4月 | 在全国成立35个运营中心,掀起了雷士渠道变革的序幕 |
| | 2006年8月 | 获软银注资2 200万美元 |
| | 2007年3月 | 重庆万州生产基地竣工投产 |
| | 2007年5月 | 在英国成立合资企业,在欧洲销售和推广雷士的产品 |
| | 2007年10月 | 在马来西吉隆坡开设首家海外旗舰店 |
| | 2008年3月 | "雷士"商标被国家工商行政总局认定为中国驰名商标 |
| | 2008年7月 | 上海研发中心成立 |
| | 2008年8月 | 获高盛注资3 655万美元,软银追加注资1 000万美元 |
| | 2008年8月 | 全资收购世通及其全资子公司 |
| | 2009年2月 | 收购专业生产照明电子的上海阿卡得 |
| 转型阶段一<br>(2010—2013年) | 2010年5月 | 在香港主板成功上市,股份代号:02222 |
| | 2010年6月 | 以25.18亿元的品牌价值入围"中国500最具价值品牌",列行业第一 |
| | 2011年7月 | 成为国家发改委首批"中国绿色照明教育示范基地" |
| | 2011年7月 | 引进施耐德电气为策略股东,展开广泛的市场合作 |
| | 2011年9月 | 荣获"2011消费者最喜爱的绿色商标"称号 |
| | 2011年10月 | 荣获"2011年十大照明品牌"称号 |
| | 2011年12月 | 获国际权威认证机构SGS授牌,产品可直通全球市场 |
| | 2012年12月 | 联手德豪润达电气股份有限公司,在LED领域战略转型 |
| | 2013年11月 | 获"中国上市企业最具国际竞争力"殊荣 |
| 转型阶段二<br>(2014年至今) | 2014年至今 | "互联网转型+LED转型" |

资料来源:根据公司网站披露、年报整理

## 二、控制权争夺过程

### (一)雷士初争控制权,恐陷资金链危机

1998年,吴长江和另两位创始人胡永宏、杜刚共同创立了雷士照明,按照3位创始股东出资程度的不同,公司股权结构划分为:吴长江占有45%,胡永宏、杜刚分别占有27.5%。2002年,雷士照明进行了一次均等的股权调整,3位创始股东各持有33.3%的股份。2005年,由于在企业发展战略上意见不同,吴长江以1.6亿元现金对价换取胡永宏和杜刚两人全部66.6%的股份,从而获得了雷士照明100%股权,如表2所示。虽然此举让吴长江获得了雷士照明的绝对控制权,但也在一定程度上导致雷士照明的现金流短缺,为此后连年不断的融资动作埋下伏笔。

表2 2005年底雷士照明股权结构表

| 时 间 | 股东名称 | 股权比例(%) | 职 位 | 备 注 |
|---|---|---|---|---|
| 2005年底 | 吴长江 | 100 | 董事长、总经理 | 两股东各自以8 000万元退股,公司陷入现金流困境 |
| 总 计 | | 100 | | |

资料来源:根据公司网站披露、年报整理

### (二)利益相关者介入争夺,机构投资者控制失效

2012年5月,吴长江与公司资本方软银赛富意见不合,在投资决策、公司治理等多个方面发生冲突,吴长江被迫辞去董事长、首席执行官等公司的一切职务。在此期间,雷士照明的员工层、管理层、经销商和供应商各方面代表与公司资本方进行谈判,强烈要求吴长江重回雷士照明。2012年12月,雷士照明引入了第三方投资者德豪润达的资本,吴长江再次回归雷士照明并担任首席执行官,重新掌握雷士照明大权。2012年雷士照明控制权争夺战可分为如下4个阶段。

阶段一:吴长江控制权遭削减,大股东地位丢失。2008年,雷士照明通过"现金+股票"的方式收购了世通投资有限公司。本次融资后,软银赛富一跃成为第一大股东,而吴长江丢失了大股东地位。2011年7月21日,吴长江联合雷士照明另外六大股东将2.88亿股转让给施耐德电气,施耐德电气获得9.22%的股权。2011年底,吴长江、软银赛富、施耐德电气和高盛的持股比例分别为15.33%、18.48%、9.22%和5.65%,这样不相上下的股权比例为之后吴长江与第三方投资者之间的控制权争

夺战埋下了隐患。

表3 2011年雷士照明六大股东转股前后股权变化表　　　　单位：%

| 时间 | 股东名称 | 转让前 | 转让量 | 转让后 | 备注 |
|---|---|---|---|---|---|
| 2011年<br>7月21日 | 吴长江 | 18.42 | 3.09 | 15.33 | 吴长江联合雷士照明六大股东转让给施耐德电气共9.22%股权，施耐德成为雷士第三大股东 |
| | 软银赛富 | 21.75 | 3.27 | 18.48 | |
| | 世纪集团 | 10.64 | 1.60 | 9.04 | |
| | 高盛 | 6.65 | 1.00 | 5.65 | |
| | 阎焱① | 0.42 | 0.13 | 0.29 | |
| | 林和平② | 0.42 | 0.13 | 0.29 | |
| 总计 | | 58.30 | 9.22 | 49.08 | |

资料来源：根据公司网站披露、年报整理。

阶段二：控制权争夺战爆发，吴长江被"驱逐"。吴长江于2012年5月25日辞职，离开雷士照明，软银赛富的阎焱接任雷士照明董事长，施耐德电气的张开鹏接任雷士照明的首席执行官。吴长江的离开引发外界猜想，并有传闻称吴长江离开的原因是：抛售公司股票，掏空公司利益被调查。吴长江否认外界猜想，但承认是被迫离开。此时公司董事会的矛盾浮出水面，阎焱曾表示吴长江要回到雷士照明，必须满足"3个条件"：配合公司把事情调查清楚；不允许再做关联交易；严格按照董事会意思办事。但是吴长江拒绝接受这些条件。雷士照明基层的员工、供应商、经销商与股东方谈判并提出让吴长江尽快回归雷士照明、改组董事以及施耐德电气退出等要求。各地雷士照明的经销商、员工全员为支持吴长江，皆进行罢工。从2012年5月13号到5月27号，雷士照明的36个经销商停止销售其设备，重庆、惠州和万州等地工人罢工，并且伴有大批员工辞职，离开雷士照明。工厂的生产进度和业务发展深受雷士照明内部控制权争夺的影响，导致3名雷士照明董事会成员及高管纷纷辞职。雷士照明董事会为公司业务的正常发展、公司日常管理的稳定，针对公司员工的罢工行为采取了一系列的应急措施。2012年8月14日，吴长江回归申请被雷士照明董事会驳回，并针对雷士照明员工、经销商、供应商等的复工条件进行了答复。但是另一边，吴长江则向外界给出了不同的答案，其表示会尽快回归雷士照明，负责雷士照明的日常经营管理。

---

① 阎焱为软银亚洲投资基金首席合伙人、软银亚洲信息基础投资基金总裁。
② 林和平为软银赛富的合伙人，于2001年加入软银亚洲投资基金。

阶段三：控制权矛盾暂时平息，吴长江重回雷士照明。2012年8月底，吴长江与阎焱进行谈判，重新定位角色回归雷士照明。同时吴长江召开供应链大会，召回雷士照明部分管理层人员。之后，雷士照明的董事会称委员会成立，吴长江以临时委员会负责人的身份回归，管理公司日常运营。雷士照明公告称，吴长江已向董事会表明同意阎焱提出的"3个条件"。至此，雷士照明各地（尤其是惠州和万州）的工厂完全复产，进入正常的工作轨道。

阶段四：吴长江重回雷士照明董事会，对雷士照明的控制权得到稳固。2012年11月25日，雷士照明宣布临时委员会解散，首席执行官张开鹏辞职，另外独立非执行董事由李港衡和戎子江担任。2012年12月，吴长江6.33亿股普通股被德豪润达累计以13.4亿元收购，而德豪润达持有20.05%的股权，成为雷士第一大股东，此时雷士照明股权结构如表4所示。此时的吴长江仅持有6.79%的股权，落后于第三方投资者。2013年4月3日，雷士照明开始修复董事会构成。阎焱辞去雷士照明的一切职务，董事长由王冬雷担任。2013年6月21日，吴长江回归雷士照明董事会，股东大会选举吴长江和王冬明为雷士照明执行董事，吴玲为雷士照明独立非执行董事。此时雷士照明董事会的成员中，与软银赛富、施耐德电气等资本方利益相关一方纷纷离开，创始股东的一致行动人掌控董事会，吴长江重新夺回雷士照明控制权。

表4　2012年12月雷士照明股权结构表

| 时间 | 股东名称 | 股权比例(%) | 备注 |
|---|---|---|---|
| 2012年12月 | 德豪润达 | 20.05 | 德豪润达通过全资子公司香港德豪润达再次收购雷士照明股票 |
| | 软银赛富 | 18.50 | |
| | 施耐德 | 9.22 | |
| | 吴长江 | 6.79 | |
| | 高盛 | 5.67 | |
| | The Goldman Sachs Group, Inc | 5.99 | |
| | 其他股东 | 33.78 | |
| 总计 | | 100 | |

资料来源：根据公司网站披露、年报整理

（三）第三方投资者全面胜利，控制权争夺战终落帷幕

2014年8月8日，雷士照明发布公告，解除了吴长江首席执行官的职务，由雷士照明董事长兼德豪润达董事长王冬雷担任临时首席执行官。而吴长江则认为公司的

罢免程序不合规,并向香港联交所提起申诉。事件发展态势愈演愈烈,直至吴长江被批捕,雷士照明进入王冬雷时代,几经波折的控制权争夺大战终于落下帷幕。2014年的雷士照明控制权争夺战可分为如下3个阶段。

阶段一:第三方投资者大比例持股,拥有绝对控制权。先前吴长江为了争夺控制权,引入第三方投资者德豪润达,故德豪润达成为雷士照明的第一大股东。2014年4月20日,吴长江再次转让2.15亿股给德豪润达,约占6.86%股权。股份转让完成后,吴长江持有的雷士照明股权仅为2.54%,而德豪润达持有雷士照明股权的27.1%,成为雷士照明最大的单一股东,此时雷士照明股权结构如表5所示。

表5 2014年4月雷士照明股权结构表

| 时间 | 股东名称 | 股权比例(%) | 备注 |
|---|---|---|---|
| 2014年4月 | 德豪润达 | 27.10 | 德豪润达再次斥资5亿元从吴长江及NVC Inc.手中受让其持有的雷士照明股份 |
| | 软银赛富 | 18.50 | |
| | 施耐德 | 9.22 | |
| | 高盛 | 5.67 | |
| | The Goldman Sachs Group, Inc | 5.99 | |
| | 其他股东 | 33.52 | |
| 总计 | | 100 | |

资料来源:根据公司网站披露、年报整理

阶段二:雷士照明董事会成员被清理,第三方投资者掌控股东大会决策权。其实德豪润达这一次控制权争夺早有预谋。早在2014年5月,雷士照明及雷士照明子公司董事会先后分两次被德豪润达管理层接管。其一,执行董事不再由穆宇担任,新的董事会成员构成为:执行董事由吴长江、王冬明担任,非执行董事由林和平、朱海、王冬雷、肖宇、李伟担任。此时的董事会构成中,仅吴长江一人为雷士照明初始的管理层成员。其二,变动的还有雷士照明下属的11家子公司的董事、法人及雷士系的管理层,第三方投资者的管理者正逐渐替代原雷士照明的管理者吴长江、吴长勇、穆宇、裴金华、杨文彪等人的职位。

2014年8月8日,雷士照明发布公告称,经董事会多数成员投票表决,同意罢免吴长江雷士照明首席执行官职务,由王冬雷接替。8月29日,雷士照明在香港召开临时股东大会,就罢免吴长江的董事职务及其在任何董事会下属委员会职务等问题再次投票审议,超95%股东投赞成票。同时在此次董事会决议中被罢免的还有雷士照明原始管理者副总裁吴长勇、穆宇以及王明华。另一方面吴长江先后以惠州雷士光电、重庆雷士照明（中国）法定代表人和重庆雷士照明（万州生产基地）法定代表人的名义起诉王冬雷，请求返还营业执照、公章等。但"这已没有意义了，因为吴长江已经不是公司法定代表人"。在 2014 年 9 月 30 日，雷士照明（中国）有限公司的法人已由吴长江变更为王冬雷。

阶段三：第三方投资者获供销商支持，吴长江社会资本被削减，雷士照明控制权争夺战终落下帷幕。在吴长江一切职务被罢免之后，王冬雷宣布其在雷士照明已获得 36 家省级经销商中 33 家的支持。同时指出暂停运营万州工厂的原因是：吴长江及其支持者无理拒绝董事会决议并拒绝向董事会交出万州工厂的控制权。雷士照明建立紧急事务处理委员会，并向外界说明企业的任何行动都是为了保证公司有效持续运转，维护股东、员工、经销商和供应商利益。2014 年 10 月 20 日，雷士照明董事会派员接管雷士重庆总部，重新夺回重庆办公室的实际控制，并恢复其正常产业运作。此后，在万州政府的协助下接管万州基地。而其间陷入内斗中的吴长江与王冬雷双方更是打得不可开交。王冬雷一方指责吴长江违规进行担保，可能使雷士照明遭受 1.73 亿元的巨额损失，但遭到吴长江的否认。2014 年 10 月 22 日，惠州市公安局正式对吴长江等人挪用资金立案。2015 年 1 月 5 日下午，吴长江因涉嫌挪用资金罪，正式被广东省惠州市公安局移送至惠州市人民检察院提请批准逮捕。随着吴长江被捕，雷士照明 10 余年间的种种控制权纷争终于落下帷幕。

## 三、尾声

2016 年 12 月 21 日，广东省惠州市中级人民法院作出一审判决，以挪用资金、职务侵占罪判处雷士照明（中国）有限公司原董事长吴长江有期徒刑 14 年。

在这场争斗中，吴长江终于失去了他的江湖。兵败如山倒，随着吴长江的锒铛入狱，雷士照明的"吴长江时代"彻底落下帷幕。谁能想到，昔日中国照明界的大佬最后竟落得如此结局。诚然，雷士照明的灯光能射向未来，却无法照清吴长江脚下的路。企业家遭遇"逼宫"并不新鲜，特别是近 10 年来随着投资人力量崛起，创始人与资本的博弈常有发生，但吴长江的劫数仍是典型样本：他与联合创始人割袍断义，他与投资者反目成仇，他与曾经一拍即合的兄弟对簿公堂，一直力挺他的经销商也在利益抉择中摇摆。吴长江的每次发狠都意在扼住雷士照明，可雷士照明却仍如流沙逝于掌心，最终都化作虚无。

## 四、问题讨论

(1) 雷士照明控股有限公司创始人吴长江在商场征战多年,一手打造雷士照明,2次重返,3次离开,是什么让吴长江最终栽在了昔日盟友的手上?

(2) 在这场"文明人"与"野蛮人"的较量中,股权资本起到了怎样的作用?

(3) "吴王之争"胜负已分,而雷士照明又将何去何从呢?

(4) 一个初创公司在迅速成长的过程中,资本的推动力在很大程度上可能跟不上公司扩张发展的速度,这时引入资本是公司的必经之路。但只要融资,就必然会稀释企业创始人对企业的控制权,这是企业创始人必须付出的代价,也是必须接受的事实。雷士照明的控制权之争,折射出公司创始人引入资本后的一系列问题。创始人究竟应该怎样处理其与资本的关系呢?

(5) 创始人在公司发展的每一个阶段应该扮演怎样的角色?尤其是公司发展到成长期或者成熟期,创始人是否还应该继续扮演唯一决策者和掌控者的角色呢?

## 参考文献

[1] 梁上坤,金叶子,王宁,何泽稷.企业社会资本的断裂与重构——基于雷士照明控制权争夺案例的研究[J].中国工业经济,2015(4).

[2] 徐细雄,刘星.创始人权威、控制权配置与家族企业治理转型——基于国美电器"控制权之争"的案例研究[J].中国工业经济,2012(2).

[3] 易阳,宋顺林,谢新敏,谭劲松.创始人专用性资产、堑壕效应与公司控制权配置——基于雷士照明的案例分析[J].会计研究,2016(1).

[4] 赵晶,关鑫,高闯.社会资本控制链替代了股权控制链吗?——上市公司终极股东双重隐形控制链的构建与动因[J].管理世界,2010(3).

[5] 赵晶,张书博,祝丽敏,王明.个人社会资本与组织社会资本契合度对企业实际控制权的影响——基于国美电器和雷士照明的对比[J].中国工业经济,2014(3).

[6] 祝继高,王春飞.大股东能有效控制管理层吗?——基于国美电器控制权争夺的案例研究[J].管理世界,2012(4).

## 附录1  雷士照明大事件梳理

第1阶段：

1999年雷士照明成立，吴长江找来两位同学作为合伙人。

吴长江持股45%，另外两人各持股27.5%。

2002年，合伙人发生争执，吴长江希望资金用于发展，合伙人希望多分红，希望得到更多尊重。

吴长江转让股权，使得股权三分天下。

2005年，合伙人纠纷升级，销售渠道改革方案无法推进。

吴长江宣布退出雷士照明，要求以8000万元现金回购所有股份。

员工和代理人对抗合伙人。

吴长江回归雷士照明，两位合伙人出局，雷士照明支付1.6亿元。

第2阶段：

支付大量现金后，雷士照明需要发展，极度缺钱。

寻找融资顾问提供服务，融资顾问自行投资994万美元，占股30%。

融资顾问牵线软银赛富投资2 200万美元，占股35.71%。

2008年，为了增强制造节能灯能力，雷士照明打算收购世通投资有限公司。

继续融资，高盛与软银赛富联合投资4 656万美元，融资结束后，吴长江持股34.4%，软银赛富成为最大股东，持股36.05%。

收购结束，吴长江股权再度被稀释，持股29.33%，软银赛富持股30.73%。

2010年5月20日，雷士照明在香港联交所上市。

第3阶段：

2011年7月，软银赛富建议引入施耐德，原股东出让股权。

吴长江随同出让3.09%股权。

施耐德收购雷士照明9.22%股权。

2011年9月起，施耐德与软银赛富携手控制雷士，吴长江意识到问题。

二级市场上软银赛富持续增持，成为第一大股东，但董事会仍被吴长江控制。

吴长江宣布辞职。

经销商和员工对抗雷士照明新管理层。

2012年9月4日,吴长江重新回归。2012年12月起,德豪润达陆续收购雷士照明股份,成为雷士照明第一大股东,吴长江成为德豪第二大股东,软银赛富宣布退出雷士照明董事会。

第4阶段:

2014年吴长江持续持股降至27.1%,随后,吴长江与德豪润达关系迅速恶化。

2014年8月8日,吴长江被董事会罢免,随后德豪润达带人抢夺公章。

2014年8月29日,38家经销商中33家支持罢免吴长江。

2015年1月5日,吴长江被逮捕。

2016年11月22日,吴长江被判刑14年,其中挪用公款近9亿元,判刑9年,职务侵占370万元,判刑6年,两罪并罚,被判刑14年。

2017年2月13日,吴长江股权被法院闲鱼平台拍卖,合计7.8亿元。

## 附录2 吴长江对雷士照明持股比例变化图

从1998年雷士照明成立以来,创始人吴长江一直影响着雷士照明的发展,雷士照明在发展过程中采用的多种融资方式也直接影响到了其对雷士照明的持股比例。

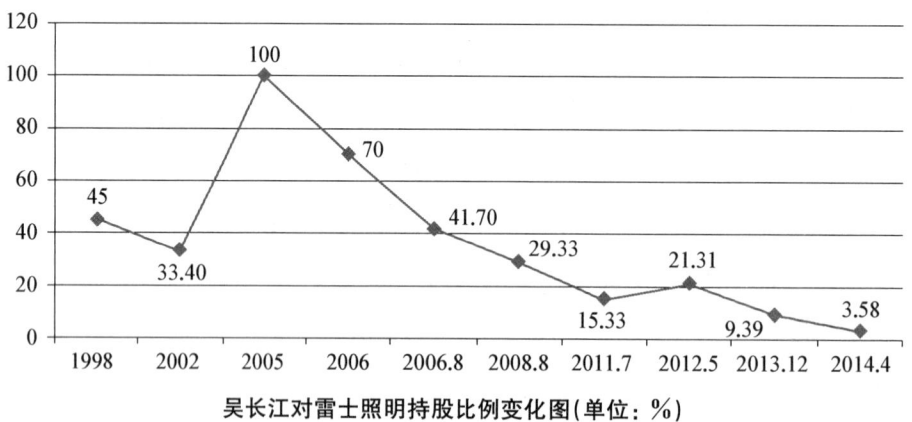

吴长江对雷士照明持股比例变化图(单位:%)

(执笔人:黄伊婧;指导老师:徐宗宇、方宗)

# 企业并购

QIYE BINGGOU

# 与"野蛮人"的对抗
## ——博弈视角下金地集团控制权之争

**适用课程：** 企业并购　财务管理理论与实务　内部控制理论与实务

**编写目的：** 让学生对企业的内部控制问题具有一定的认识并深入思考。

**知　识　点：** 委托代理理论　股权结构

**关　键　词：** 险资投资新政　股权分散　公司治理结构　控制权之争

**案例摘要：** 在保监会对险资放宽投资范围等背景下，保险资金大规模举牌上市公司，险资举牌成为热潮，同时也搅动了我国的资本市场，被外界解读为中国版本的"门口的野蛮人"。险资举牌上市公司，一方面，保险公司雄厚的资金会给公司运营带来保障，但另一方面，随着外界资本的强势入侵，管理层与股东的控制权之争也随之拉开序幕。本案例从股东与管理层的博弈视角出发，分析金地集团的控制权之争问题。

由于我国经济发展速度缓步下降，保监会采取了相应的措施，制定了新政策，降低了对保险资金入市的要求。在这样的背景下，2014年底，保险资金大规模举牌上市公司，险资举牌[①]成为热潮，同时也搅动了我国的资本市场，被外界解读为中国版本的"门口的野蛮人"。险资举牌上市公司，一方面，公司运营有了保险公司雄厚的资金作为保障，变得更有活力，但另一方面，随着外界资本的强势入侵，围绕着公司控制权的管理层与股东的争夺大战，也随之拉开序幕。

---

① 指的是保险公司用其筹集到的资金购买上市公司的股份达到了5%。

保险公司大规模举牌上市公司之时,正值房地产行业的发展处于上升周期的宏观经济背景下,发展前景乐观,所以,很多保险资金纷纷流向房地产行业。金地集团曾是国内股市中表现最活跃最具代表性的 4 家房地产企业"招保万金"之一,它的股票股息分红高且稳定,被人们称作优质蓝筹股,吸引了富德生命人寿保险股份有限公司(以下称为"生命人寿")、安邦保险集团股份有限公司(以下称为"安邦保险")等险资。生命人寿等险资入驻金地后,由于与凌克为代表的管理层在企业经营决策及发展方向上有着分歧,从而产生了控制权争夺。

# 一、公司简介

## (一) 金地集团简介

### 1. 集团发展——最早上市的房地产企业

金地集团(股票代码:600383.SH)的总部位于广东深圳,前身是一家名叫深圳市上步区工业村建设服务公司的企业。随着国家改革开放的不断推进,在国家政策支持和市场牵引的作用下,公司也进行了转型,逐步向着现代企业转变。1993 年,公司开始涉足房地产市场。2001 年,公司在上海证券交易所挂牌上市,上市之后,公司获得了大量的资金注入,公司快速发展。同一年,金地集团设立了一家物业管理公司,同时也开始进入武汉等策略型城市,经营业务集地产开发、策划代理、物业管理、中介服务为一体,公司的组织结构也相应地变得较为复杂。2005 年,公司开始尝试区域化管理,成立山东、东北、西北、西南 4 个区域的办事处,形成了跨区域管理的基本格局。截至 2017 年 12 月,金地集团跨区域管理的格局逐渐扩大,其房地产产业已经形成了华南、华东、华北、华中等 7 大区域的全国化布局,覆盖全国 34 个城市,并将业务扩展到了美国的 5 座城市。

### 2. 集团荣誉——"招保万金"

作为我国最早上市的房地产企业之一,金地集团所获的荣誉不计其数,一度和保利、招商、万科等著名房企并称为"招保万金"。在房地产上市公司中,金地集团综合实力排名名列前茅,连续 14 年挺进 10 强,连续 5 年位列中国责任地产 TOP10 的名单之上,有着较高的顾客认可度和市场认可度。此外,2016 年,公司的销售金额达 1 006 亿元,大步迈进千亿房企的阵营,并获得了"2016 年度价值地产企业"的称号。

3. 子公司构成——业务全方位覆盖

金地集团旗下有多家控股子公司,如图1所示。稳盛投资是在我国处于领先地位的房地产私募基金管理公司,位列行业前十;金地物业排名中国第三;金地商置的前身为香港上市公司星狮地产,已经成为大中华区具有领先地位的地产发展商与运营商。

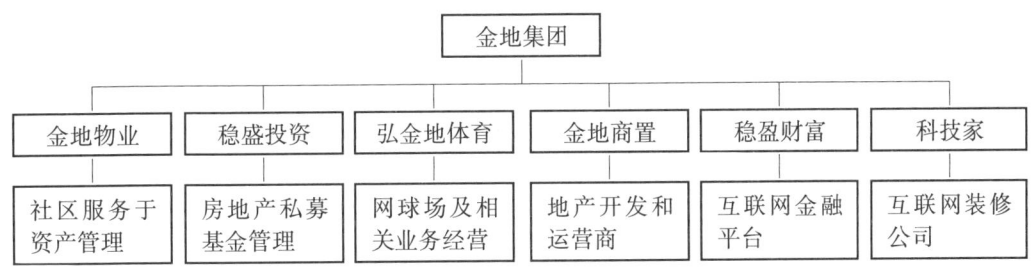

**图1　金地集团旗下子公司结构图**

4. 企业文化——科学筑家

"科学筑家"被金地集团奉为公司使命,金地集团为自己规划的宏伟蓝图,是成为中国最有价值的国家化房企,给全中国的家庭带来标准化、系列化的舒适的住宅与商业房地产。金地集团不断对客户的需求进行研究,推出"格林""风华"等一系列标准的房地产产品来满足不同客户的需求。此外,还对不同客户的生活方式进行了研究,从而推出一系列"优品宅""Life优享家"等创新户型来契合顾客的生活形态。

5. 企业组织结构——架构明晰

如图2所示,金地的股东大会下分别设有监事会和董事会,股东大会是公司的权力机构,董事会是公司的决策机构,监事会则是对董事会和总经理进行监督的内部组织。监事会下面又设有审计法务部,专门负责制定相关内审部门章程,包括制定审计计划、内审工作手册以及内审人员考核标准。在集团总裁下面设有各个中心,中心又管理着各个子公司。

6. 股权变化——3个重要阶段

(1) 刚上市阶段:金地集团在刚刚上市的时候,其股权相对较集中,深圳市福田投资发展公司(以下称为"深圳福田")是公司的第一大股东,拥有24.15%的股权,第二大股东为深业控股有限公司,拥有18.67%的股权,两大股东合计持有金地集团43.82%的股权。2001年1月11日金地集团前十大股东如表1、图3所示。

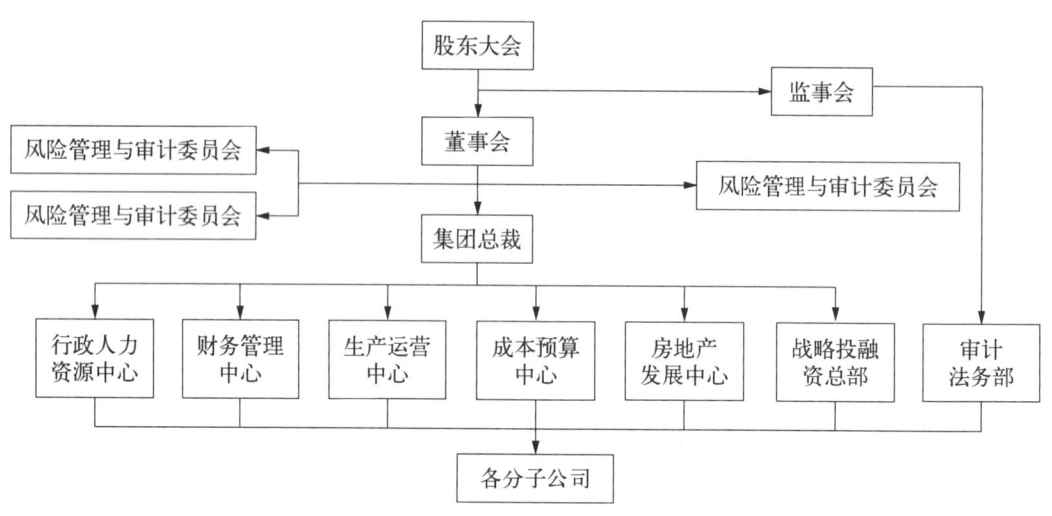

图 2 金地集团的组织结构

表 1  2001 年 1 月 11 日金地集团前十大股东

| 股 东 名 称 | 持股股数(万股) | 持股比例(%) |
| --- | --- | --- |
| 深圳市福田投资发展公司 | 6 520.00 | 24.15 |
| 深业控股有限公司 | 5 040.00 | 18.67 |
| 深圳市中科讯实业有限公司 | 2 240.00 | 8.30 |
| 深圳市深业投资开发有限公司 | 1 120.00 | 4.15 |
| 深圳市投资管理公司 | 1 100.00 | 4.07 |
| 美国 UT 斯达康有限公司 | 1 100.00 | 4.07 |
| 深圳市方兴达建筑工程有限公司 | 880.00 | 3.26 |

(2) 快速发展阶段：随着金地集团的不断发展，集团需要更多的资金和资源以扩大规模。所以金地集团在 2005、2007、2009 年分别增发新股，以吸收更多的资金促使公司壮大。2007 年，在股权增发后金地集团依旧资金紧张，只能依靠发行公司债来缓解银行还款的压力，同时金地集团又遭到了第一、第二大股东的减持。随着股份的不断增发和新进股东的变化，原有的股东的股权不断被稀释，这就会出现股权相对较分散的情况。2010 年 12 月 31 日金地集团前十大股东如表 2、图 4 所示。

表 2  2010 年 12 月 31 日金地集团前十大股东

| 股 东 名 称 | 持股股数(万股) | 持股比例(%) |
|---|---|---|
| 深圳市福田投资发展公司 | 35 106.09 | 7.85 |
| 深圳市福田建设股份有限公司 | 16 570.34 | 3.71 |
| 博时价值增长证券投资基金 | 10 000.00 | 2.24 |
| 长沙先导投资控股有限公司 | 9 000.00 | 2.01 |
| 深圳市通产包装集团有限公司 | 6 712.38 | 1.50 |
| 国联信托股份有限公司 | 6 120.00 | 1.37 |
| 中国平安人寿保险股份有限公司-万能-个险万能 | 5 898.61 | 1.32 |
| 交通银行-易方达 50 指数证券投资基金 | 5 473.26 | 1.22 |
| 中国农业银行-富国天瑞强势地区精选混合型开放 | 5 434.52 | 1.22 |
| 中国银行-大成蓝筹稳健证券投资基金 | 4 200.65 | 0.94 |

（3）控股权争夺阶段：随着集团规模的逐步扩大和市场竞争力的逐渐提高,金地集团的发展进入了稳定期。但随着房地产行业发展前景日益变好,生命人寿和安邦保险开始购买并不断争相增持金地集团的股票,上演了一场控股权之争。2014 年 6 月 30 日金地集团前十大股东如表 3、图 5 所示。

表 3  2014 年 6 月 30 日金地集团前十大股东

| 股 东 名 称 | 持股股数(万股) | 持股比例(%) |
|---|---|---|
| 富德生命人寿保险股份有限公司-万能 H | 89 631.49 | 20.05 |
| 安邦人寿保险股份有限公司-稳健型投资组合 | 51 308.82 | 11.47 |
| 深圳市福田投资发展公司 | 35 177.76 | 7.87 |
| 安邦财产保险股份有限公司-传统产品 | 22 357.55 | 5.00 |
| 华夏人寿保险股份有限公司-万能保险产品 | 17 699.85 | 3.96 |
| 富德生命人寿保险股份有限公司-分红 | 16 988.94 | 3.80 |
| 富德生命人寿保险股份有限公司-万能 G | 16 909.54 | 3.78 |
| 深圳市福田建设股份有限公司 | 16 570.34 | 3.71 |
| 天安财产保险股份有限公司-保赢 1 号 | 10 405.87 | 2.33 |
| 长沙先导投资控股有限公司 | 8 785.44 | 1.96 |

（二）利益相关者——生命人寿简介

生命人寿于 2002 年在上海成立,2008 年将总部迁至深圳。公司的主营业务包括100多种寿险。2008年起,张峻接棒公司的董事长之位,在他的带领下,生命人寿经历了一系列高速发展,所获荣誉不断。表4为生命人寿的股东持股情况。

表4 富德生命人寿股东持股情况

| 股 东 | 持股比例(%) |
| --- | --- |
| 富德金融投资控股有限公司 | 20 |
| 富德保险控股股份有限公司 | 10.57 |
| 深圳厚德金融控股有限公司 | 17.93 |
| 深圳国民投资发展有限公司 | 16.77 |
| 深圳盈德置地有限公司 | 15.27 |
| 深圳洲际通商投资有限公司 | 11.70 |
| 大连实德集团和大连东鹏房地产开发有限公司 | 7.76 |

(三)利益相关者——安邦保险简介

安邦保险成立于2004年,资产规模庞大,业务遍布全球,共有3万多名员工和3 500万客户,在我国保险行业处于领先地位。其主营业务为养老险、财产险、意外险、寿险以及资产管理。旗下有安邦财险、安邦人寿、和谐健康、安邦资产、成都农商银行、邦银金租等10家一级子公司,这些子公司在2013—2015年也多次获得各项荣誉。

## 二、案例概况

(一)事件发生背景

1. 宏观背景——险资投资新政策

近年来,我国保险行业不断发展,繁荣发展背后,出现了许多不容忽视的问题,投资结构不合理便是其中之一。保险资金投资于债券及银行存款的比例过高、总资产收益率不理想等状况严重制约了其发展。为了改善保险业的投资状况,保监会陆续推出了13项险资投资新政策。新政策的投资范围中几乎涵盖了所有投资品种,当然,这是在监管部门批准的范围内的,并且新政策也相应放宽了这些投资品种的投资比例,并取消了部分限制和规定。在直接投资领域方面,新增了办公物业、养老地产和海外办公物业等,投资标的指向符合国家产业政策、具有稳定经济效益的蓝筹股。此外,在参与投资的保险资金形式方面,自有资金、责任准备金以及其他资金也纳入范畴,不再只局限于资本金。在种种政策条款的"松绑"下,保险公司不断加大对上市 A

股以及不动产的投资,安邦保险和生命人寿作为两家保险企业,则是盯上了在房地产领域发展势态良好、股价不高、市值被低估的金地集团这块肥肉,多次对金地集团举牌。

2. 中观背景——行业特征优势

2011年6月起,我国房地产市场开始逐渐回暖并不断向好发展。2012年,一系列政策、举措出台实施,比如说,一是政府实施了积极的财政政策和货币政策,二是金融机构放宽了对自用性住房的信贷支持,三是央行两次下调存款准备金率和降息,这些对房地产市场都是十分利好的。2013年,一、二线城市开始去库存,房地产行业继续高歌猛进,商品房的销售规模再创新高。

当然,房地产行业被险资看好,不仅是因为良好的发展态势,更深的原因在于行业本身的特征所带来的优势。第一,由于房地产的投资回报率比较稳定,受二级市场影响较小,所以,保险公司的总资产收益率也会相应地提高;第二,房地产行业不仅规模庞大,而且由于市值常常被低估,介入的成本也相对较低,对于保险公司来说,是一个良好的资金蓄水池;第三,房地产行业股权分散,很容易通过增持股票的方式成为大股东。经历了2013年楼市的高峰期后,2014年的房地产行业进入调整期,此时以低价收购股票进入行业,被认为是最佳的投资时期。由此可见,与其说险资介入房地产这一举动是主动入侵,对于生命人寿和安邦保险这样的保险公司来说是想借此机会扩大规模,倒不如说是历史发展的必然选择。

3. 微观背景——会计政策变更和企业业绩优良

2013年末,为了更加客观地反映投资性房地产的真实价值,金地集团决定开始采取统一的会计政策,一律用公允价值的计量方法。这一举动,无论是对金地的所有者权益还是利润,都带来了不可忽视的影响。具体影响如下:会计政策的变更将使金地集团当时持有的投资性房地产的账面价值增加20.31亿元;2012年末的所有者权益增加25.04亿元,净利润增加3.32亿元;2013年末的所有者权益增加38.04亿元,净利润增加13.00亿元。这一变化可谓"露富之举",且恰好又是在生命人寿近期大幅增持后持股逼近二次举牌的关键时刻。

此外,金地集团的业绩日益变好。据2013年年报显示,金地集团全年销售面积同比增长了25%,并且有继续增长的趋势,公司的发展日益变好,发展前景十分令人期待。由此可见,金地集团业绩良好和所谓的"露富之举"都是安邦保险和生命人寿多次举牌金地集团的原因。

(二) 事件始末

1. 收购股份,入驻金地

2013年1月25日,生命人寿首次在二级市场举牌金地集团,斥资16.61亿元收购金地集团的股份,所占比例为金地总股本的5.41%。随后,生命人寿向金地集团发出通知,称其持有公司股份比例已超过5%,首次亮明了自己举牌者的身份。当时,金地集团对于险资的到来表示过欢迎的态度,他们认为公司和保险公司之间的合作空间很广泛,双方可以共赢。但随后,生命人寿以高歌猛进的姿态持续收购金地集团的股份,一度引起了舆论的热议。截至2013年11月,生命人寿合计持有金地集团7.852%的股份,而当时金地集团原第一大股东深圳福田持有的股份为7.851%,生命人寿以微弱的优势取代了深圳福田的位置。深圳福田主营经营性国有资产的投资运作和产权管理,是一家国有控股企业,眼看着第一大股东的位置被取代,深圳福田显然不甘心拱手相让大股东的宝座,立马做出了抵抗。11月5日,深圳福田与自然人股东何大江结成一致行动人关系,合计持有8.023%的股份,超过了生命人寿7.852%的股份,保住了第一大股东的位置[①]。

2. 以退为进,步步为营

持续的收购已经引发了业界对于生命人寿想要争夺金地控制权的种种猜测。为了缓解局势,面对深圳福田结成一致行动人的抵抗,生命人寿并没有立刻做出反击,而是出人意料地选择了退让。生命人寿于2013年11月18日将占总股本4.81%的股票表决权让渡给了深圳福田,并且表明自己的态度,说自己对金地的持股仅仅只是财务投资,并没有争夺公司控制权的意图,这一表决权将在2014年6月30日收回[②]。

生命人寿让渡表决权的举动可谓缓兵之计,一方面表明了自己并无争夺控制权和参与公司经营管理的意愿,以此缓解收购过程中股东与管理层之间剑拔弩张的局势,另一方面以一副谦逊的姿态对外界的舆论进行了有力反击。到底"财务投资"这一说法是否可信,从生命人寿日后的持股表现来看,确实值得深思和怀疑。

3. 反转增持,稳坐大股东之位

"让渡表决权事件"过去了仅仅10天,生命人寿又开始闪电增持金地集团的股份。截至2014年2月11日,仅仅几个月的时间,生命人寿总共持有金地集团的股份表决权达到了10%。一波未平,一波又起,另一家保险公司——安邦保险也盯上了金地集

---

[①] 潘玉蓉.富德生命人寿与金地旧事[N].证券时报,2016-08-03.
[②] 蒙湘林.生命人寿无意控股金地,无偿让渡2 150万股表决权[EB/OL].(2013-11-19).http://finance.sina.com.cn/money/insurance/bxyx/20131119/015417359816.shtml.

团这块大肥肉,2013年12月3日,安邦财险也通过二级市场收购的方式增持金地集团的股份,累计5%。在被险资双重夹击的境地下,金地集团的管理层显得有些无力,更确切地说,有些不作为①。

原第一大股东深圳福田与自然人形成的一致行动人关系,几乎是深圳福田对险资的唯一一次抵抗。如图6所示,2014年4月10日,通过不断地增持,生命人寿持有的金地集团股份表决权已达12.865%,再次坐稳大股东的位置,并且让渡表决权的收回期限在即,届时其大股东地位将更加稳固。

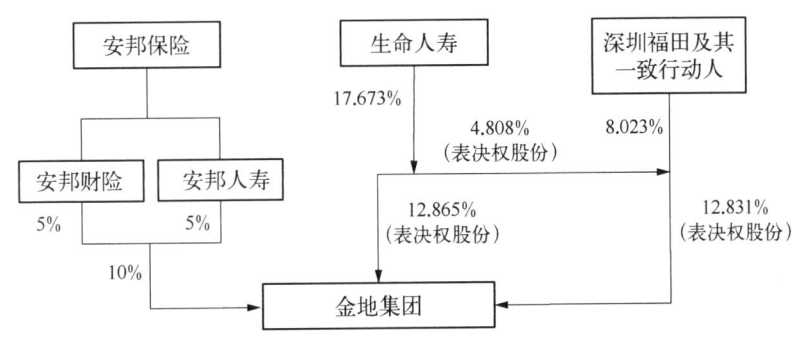

**图6  生命人寿重新坐稳大股东之位**

资料来源:东方财富网

安邦保险作为半路杀出来的一匹黑马,对一步步吞噬金地集团控制权的生命人寿来说是一个强有力的对手,此后,险资间控制权的争夺更是高潮迭起。2014年4月23日,安邦人寿通过二级市场累计交易持有金地集团10%的股份,结合前述安邦财险所持有的5%的股份,安邦保险的合计持股数已达总股本的15%。与此同时,为与安邦保险争夺大股东之位,生命人寿也不甘示弱,继续增持股份,截至4月26日,合计持有金地集团总股本的24.82%,远远超过了安邦保险15%的股份,并且直逼30%的增持上线。而随着股权的增加,险资也开始觊觎管理层之位。恰逢三年一届的董事会换届选举,两大险资借此机会,各派一名代表入驻金地的董事会,此后,金地的董事会人数增加2人,变为14人②。

4. 分歧产生,矛盾加剧

险资自从入驻董事会后,不断与管理层产生矛盾。金地集团的管理层一直坚持发展多元化,希望未来的发展以商业地产为主,并快速通过投资做大市值,而险资投

---

① 胡嘉莉.两大保险巨头上演股权争夺战[N].中国工商时报,2014-04-28.
② 现代快报.两"野蛮人"进驻金地[EB/OL].(2014-04-26).http://money.163.com/14/0426/03/9QNPL4G600253B0H.html.

资的主要目的是想要补充资本金,会从自身利益出发去考虑金地集团的发展思路①,因此,险资希望金地转型做回报率稳定、投资周期长的养老地产,这显然与金地集团的发展战略相悖,遭到了金地集团管理层的强烈反对。

5. 势均力敌,发展受阻

在险资入主之前,金地集团的管理层对于公司的决策是有绝对的话语权的,险资入主之后,这种话语权似乎减弱了。公司董事长兼创始人凌克认为金地集团不仅仅要以住宅业务作为核心来发展商业地产,同时还要大力发展房地产金融相关业务。与此同时,凌克还希望金地集团能够涉足其他行业,比如他曾经去澳大利亚考察能源行业的情况,意图让金地集团进入能源行业。但是凌克的这些构想都因为大股东的不赞同而无法实现。市场是瞬息万变的,公司需要不断调整自己的战略,但是在金地集团股东与管理层的较量下,金地集团只能采用既有的策略进行发展,这导致公司不能很好地进行战略调整,发展速度一再放缓②。与此同时,险资股东与管理层的博弈也在不断地升级,渐渐进入白热化阶段。双方都十分强势,也十分不满于彼此拥有的权利,这导致了金地集团的管理受到不小影响,一些改革和转型无法顺利进行。

6. 寸步不让,管理层巧用计

管理层与险资股东之间的矛盾爆发于2015年2月12日金地管理层计划推出的一次核心员工项目跟投决议上。员工项目跟投③是房地产行业发展所趋,金地集团也紧跟步伐,该计划将员工利益与公司风险相挂钩,有利于控制公司风险,但是遭到了险资股东的强烈反对。险资股东认为,该计划会摊薄股东利润,使他们的利润受损。于是,在4月的股东大会上,两大险资股东联合反对,反对票比重达86.44%,最终该议案只能无奈地被搁浅。

为了使核心员工项目跟投议案顺利推行,金地管理层另辟蹊径,改掉了该计划与"长期激励"有关的字眼,巧妙地利用董事会会议案通过了这个议案。时隔一年后的董事大会上,金地集团14名董事悉数出席董事会,并且对上述核心员工项目跟投议案进行了表决,其中12名董事投了赞成票,最终议案得以通过。持反对票的显然是险资股东无疑。看来金地管理层与两大险资股东在公司发展方向上的分歧逐渐加剧,关系处于比较紧张的状态。

---

① 蔡燕兰.生命人寿的隐秘布局[J].中国房地产金融,2014(5).
② 赵思茵.金地罕见高额分红,管理层与险资大股东分歧依旧[N].中国经营报,2016-05-02.
③ 员工项目跟投指的是集团在对某项目进行投资时,员工需要以自有资金跟随集团进行投资。

**7. 缓和局势,高额分红**

为缓和与险资股东的关系,使两者不至于达到水火不容的状态,2016 年 7 月 20 日,金地集团发布了 2015 年度利润分配实施公告,利润分配方案为:以公司最新总股本 45 亿股作为基数,每股派发现金股利 0.42 元(含税)。这样可以得出,此次共计派发股利 18.9 亿元。金地集团前两年的现金分红比例分别为 14.61% 和 19.82%,此次现金分红总金额高达 18.9 亿元,所占比例为当年净利润的 59.07%,相比较公司自身而言,现金分红比例大幅度增长。此外,与行业龙头企业万科比较,万科当年的现金分红比例为 43.87%,金地集团 59.07% 的比例也超出了万科的分红比例,此次利润分配方案实为罕见[①]。

并且,从公司股东持股比例上看,当时生命人寿与安邦保险分别持有金地集团 29.94% 和 20.49% 的股份,位于第一和第二股东的位置(2015 年 12 月 31 日金地前十大股东如表 5 所示),并且,通过计算可得,生命人寿与安邦保险在此次分红中分别可获得 5.65 亿元和 3.87 亿元的股利,可谓是受益匪浅。因此,此次高额分红一方面可以看作是金地为缓和与险资股东关系的举措,对生命人寿和安邦保险因为核心员工项目跟投计划利益有所受损而进行的补偿,另一方面,金地集团也可以借此高额现金分红措施来拉拢中小股东,给他们一定的甜头,以争取他们站在金地集团管理层这一边,支持金地集团推行相应的转型措施。

表5 2015 年 12 月 31 日金地前十大股东

| 股 东 名 称 | 持股股数(万股) | 持股比例(%) |
| --- | --- | --- |
| 富德生命人寿保险股份有限公司-万能 H | 97 941.92 | 21.77 |
| 安邦人寿保险股份有限公司-稳健型投资组合 | 65 711.15 | 14.60 |
| 深圳市福田投资发展公司 | 35 177.76 | 7.82 |
| 安邦财产保险股份有限公司-传统产品 | 26 522.74 | 5.89 |
| 天安财产保险股份有限公司-保赢1号 | 20 680.72 | 4.60 |
| 北京悦海阳光资产管理有限公司 | 20 268.98 | 4.50 |
| 富德生命人寿保险股份有限公司-万能 G | 19 768.13 | 4.39 |
| 华夏人寿保险股份有限公司-万能保险产品 | 17 059.77 | 3.79 |
| 富德生命人寿保险股份有限公司-分红 | 16 988.94 | 3.78 |
| 北京硅谷兴业投资有限公司 | 13 313.28 | 2.96 |

---

① 黄博文.金地与险资共舞:一边调整布局,一边高额分红[N].每日经济新闻,2016-08-05.

8. 对抗险资,留足筹码

据金地集团 2017 年第一季度报告显示,金地集团当时的股权结构,已被安邦保险和生命人寿占据了半壁江山。因此,金地管理层为对抗险资股东留足了筹码,其控股的子公司金地商置在慢慢地长大。为了应对日后可能出现的被险资大股东替换管理层地位的危机,以凌克为首的管理层可谓是不遗余力,对金地商置十分偏爱,倾心培育着金地商置。

从 2013 年 1 月金地商置实施期权认购计划以来,金地商置的 11 亿份多期权已向管理层授出,其中凌克、黄俊灿等 4 名执行董事持有的期权占比已超过 50%,具体数量为 5.5 亿份,这些期权若全部行权,管理层的持股比例将超过 10%,这表明集团持股量不断被稀释,而管理层持股量逐步增加。

除了实施大规模期权计划外,采取集团注资的方式来壮大金地商置也是管理层的一个措施。2013 年,金地集团将近 150 万平方米的土地注入了金地商置,这些土地位于北京、天津等一、二线核心城市中,评估报告中这些土地当时的净现值高达 44.3 亿元,而金地集团仅仅作价 10 亿元就将其投入了金地商置,由此可见金地集团对金地商置有多偏爱了。

此外,优化金地商置的股权结构也是金地集团所采取的一个策略。在优化股权结构方面,金地管理层采取了引入一些不干涉具体公司业务的战略股东的措施。比如,在 2014 年年底引入了外资华联力宝与国开投资这两个战略股东,这样金地集团的持股比例由 72% 下降至 52%,金地商置的股权结构也因此得到了优化。

金地商置在经历了金地集团管理层多年的培育后,其控制权牢牢掌握在金地集团管理层的手中,也并没有受到险资股东的牵掣。并且,在金地集团管理层多年的呵护下,金地商置也正在慢慢长大,迎来了收获期,这个新平台成为金地集团管理层对抗险资股东的一个筹码①。

9. 张峻失联,金地领先

在金地商置慢慢发展壮大的同时,生命人寿却陷入了麻烦,2016 年 2 月 5 日,董事长张峻失联了。当时生命人寿针对张峻失联做出的回应是说张峻正在协助有关部门进行调查,是他的个人事务。截至 2017 年 12 月底,张峻也未在生命人寿主持工作,虽然张峻失联事件不直接与金地集团控制权之争问题有关,但张峻失联事

---

① 杨依依.股权事件后,金地的这家子公司低调崛起了[EB/OL].(2016-10-28).https://www.sohu.com/a/117527613_429924.

件对于生命人寿自身的发展有着较大影响,市场对生命人寿的发展历程及走向产生了疑虑,可能使得生命人寿无暇顾及与金地集团管理层的博弈,金地集团也借此在与以生命人寿为代表的险资股东之间的博弈过程中暂时取得领先的地位。即使张峻回来,金地集团又将如何呢? 从种种迹象来看,在此次博弈中,金地集团管理层暂时处于领先地位,可谓是先下一城,这与其董事长凌克始终坚持公司的经营方针与理念是分不开的。2017 年 3 月 31 日金地集团前十大股东如表 6 所示。

表 6　2017 年 3 月 31 日金地集团前十大股东

| 股 东 名 称 | 持股股数(万股) | 持股比例(%) |
| --- | --- | --- |
| 富德生命人寿保险股份有限公司-万能 H | 97 941.92 | 21.70 |
| 安邦人寿保险股份有限公司-稳健型投资组合 | 65 711.15 | 14.56 |
| 深圳市福田投资发展公司 | 35 177.76 | 7.79 |
| 安邦财产保险股份有限公司-传统产品 | 26 522.74 | 5.88 |
| 富德生命人寿保险股份有限公司-万能 G | 19 768.13 | 4.38 |
| 富德生命人寿保险股份有限公司-分红 | 16 988.94 | 3.76 |
| 北京坤藤投资有限责任公司 | 7 801.48 | 1.73 |
| 华夏人寿保险股份有限公司-万能保险产品 | 7 226.50 | 1.60 |
| 北京凤山投资有限责任公司 | 6 501.23 | 1.44 |
| 天安财产保险股份有限公司-保赢 1 号 | 5 268.84 | 1.17 |

## 三、尾声

在此次金地集团控制权之争中,险资股东与金地集团管理层最主要的矛盾就是在公司的经营决策及发展方向上存在着分歧,两者的利益诉求不同且缺乏互相信任,关系十分微妙。因此,我们认为金地管理层亟待解决的问题就是要协调好与险资股东的关系,毕竟险资股东的强大资本支持会给公司的运营带来更好的活力,有利于公司未来的发展及公司规模的扩大。若两者关系彻底破裂,则有朝一日,"一山不容二虎"的经典桥段必定上演。金地集团管理层与险资股东的博弈还在继续,未来双方的关系能否缓和? 金地集团管理层能否摆脱险资股东的掣肘? 险资股东又会采取怎样的应对措施? 这些问题都还是个谜,金地集团的发展仍面临着许多未知的挑战,公司的发展何去何从,让我们拭目以待吧!

## 参考文献

[1] 潘玉蓉.富德生命人寿与金地旧事[N].证券时报,2016-08-03.

[2] 蒙湘林.生命人寿无意控股金地,无偿让渡2150万股表决权[EB/OL].(2013-11-19).http://finance.sina.com.cn/money/insurance/bxyx/20131119/015417359816.shtml.

[3] 胡嘉莉.两大保险巨头上演股权争夺战[N].中国工商时报,2014-04-28.

[4] 现代快报.两"野蛮人"进驻金地[EB/OL].(2014-04-26).http://money.163.com/14/0426/03/9QNPL4G600253B0H.html.

[5] 蔡燕兰.生命人寿的隐秘布局[J].中国房地产金融,2014(5).

[6] 赵思茵.金地罕见高额分红,管理层与险资大股东分歧依旧[N].中国经营报,2016-05-02.

[7] 黄博文.金地与险资共舞:一边调整布局,一边高额分红[N].每日经济新闻,2016-08-05.

[8] 杨依依.股权事件后,金地的这家子公司低调崛起了[EB/OL].(2016-10-28).https://www.sohu.com/a/117527613_429924.

[9] 赵国平.上海家化控制权争夺案例分析与启示[J].财会月刊,2014(14).

[10] 余吉安,樊舒雅,赵红燕.金融资本接管实业资本控制权的动因及影响因素研究:以上海家化为例[J].中国科技论坛,2016(6).

(执笔人:丁晨;指导老师:任永平)

# 十字路口的天天快递

**适用课程：** 企业并购　公司战略

**编写目的：** 本案例旨在使学生学会全方位解读企业并购的背景与决策的优势、劣势，学会系统思考现象背后的逻辑关系。

**知 识 点：** 企业外部发展优势论　功能型并购　协议并购　纵向并购

**关 键 词：** 快递　收购　天天　苏宁　阿里巴巴

**案例摘要：** 随着网络购物的不断发展，快递成了与人们生活密切相关的行业。如何在快递行业中布局，占据优势地位，也成了各电商平台与快递公司决策的主要依据。原本计划与其他快递公司一样上市的天天快递，在宣布获得 A 轮融资且已成立上市筹备小组后，选择出售给苏宁物流，这一做法，究竟是"背靠大树好乘凉"还是"不得已而为之"？

2017 年 1 月 2 日晚苏宁云商（股票代码：002024.SZ）发布公告称，计划以 42.5 亿元收购国内第八大快递——天天快递 100% 的股权。本次收购活动本质上是传统零售向网购零售的让渡，反映了电商消费时代下产业链发展的新趋势，即从传统的零售驱动物流向物流体验驱动零售的转变。42.5 亿元并不单单只是天天快递的估值，这一价格，也是并购双方对于未来商业物流业态发展的期权。

## 一、老战略注定无法适应新市场

1993 年，天天快递创始人詹际盛与聂腾飞一起创立了申通，开始做起跑腿和快递生意,利润颇高。第二年,因为内部原因,詹际盛离开申通回到杭州,兄弟 4 人成立了天天快递。

刚起步的时候,天天每天只有一两单,而到了 2003 年底,天天快递已经开通了 102 家公司,全年派送的快递数量超过 400 万份。2007 年底,天天快递已覆盖超过 600 个城市,日均业务量超过 25 万份。这对天天快递来说当然是一个非常不错的成绩。

作为天天快递的创始人,詹际盛抓住了机遇,实现了从 0 到 1 的突破。但是在做大做强时,即从 1 到 10,甚至到 100 的时候,管理层出现了误判。

第一,坚持走低价路线,主打中低端市场。天天快递掌门人始终认为"总有人愿意接受价格相对便宜一点的服务"。而这一战略,在消费者日益注重消费体验的今天,显然不是十分适用。

第二,坚持加盟模式为主。不同于申通、圆通等扩大直营比例的战略,詹际盛明确表示不扩大直营比例,认为加盟更适合中国发展。而这一点,明显有碍于企业整体管理水平的提升及服务质量的提高。

在詹际盛担任天天快递董事长期间,除了在南京、上海、杭州等地设立有直营公司外,天天快递的大部分网点都是加盟商,总部并不参与网点的运营,而是直接在全国建立众多集散分包中心,通过分包中心与加盟商对接。

随着快递创业公司的大量建立,挑战也随之而来。快递行业的市场准入门槛变低,天天快递在价格上并不具有很强的竞争力。此外,随着电商行业的迅猛发展,消费者的购物体验与快递的服务质量和速度直接挂钩。这对于不以服务质量见长的天天快递来说,开拓市场变得更为艰难。

2004 年,淘宝的交易额只有 10 亿元,但到了 2005 年,这一数字飙升至 80 亿元,增长了 700%。到了 2006 年更是达到了 169 亿元,随后连续几年也都是在翻倍增长。但天天快递的发展并没有随着电商的发展而呈指数型增长,它并没有抓住这一机遇从而晋升至快递市场一线行列。陈旧的商业模式阻碍了天天快递的发展,快递速度慢、服务态度差、投诉率高成为阻碍其发展的三大症结。

到了 2010 年,眼看着对手们迅速崛起,缺乏资金且管理明显不足的天天快递遇到了经营危机。天天快递的创始人曾经希望通过设立红筹公司,引入战略投资者,在德国资本市场上市。但当时的市场环境并不具备快递公司上市的条件,这一计划并未成功。上市无果,负债累累,竞争对手越来越多。短短几年时间,曾经形势大好的天天快递情况急转直下。迫于无奈,詹氏兄弟开始主动寻求外部资金接盘。

## 二、"走不进"的海航,"攀不上"的申通

2010年5月,海航集团北方总部以8 000万元的价格收购了天天快递60%的股份。签约仪式在海口的一家五星级酒店举行,海航集团董事长陈峰、天天快递创始人詹氏四兄弟悉数到场。

海航集团财大气粗,表面上看是非常适合的"接盘侠",而詹氏四兄弟从白手起家到发展至今,辛苦的打拼也总算得以变现。但签约之后的一系列不如意的发展,再一次表明了创始人对于创业公司的重要性。此外,仓促中选择的这一合作对象,并没有充分考虑是否适合天天快递的企业文化,也影响了天天快递的未来发展之路。

天天快递和海航的这一合作仅仅只持续了两年,海航集团便决定放弃这家公司。至于为什么无法继续,双方各执一词。天天快递当时给媒体的理由是,双方企业文化难以融合,且海航集团投入有限,给天天快递帮助不大,两年时间不但没有帮助天天更进一步,反而相较之前更为落后了。而时任大新华物流集团副总裁的文江在接受《21世纪经济报道》采访时表示,大新华物流对天天快递为期两年的重组并不顺利,一开始双方就存在理念分歧,对发展目标、经营思路和工作规划认识迥异。

这些认知的分歧,源于双方当时沟通不足的仓促签约。而且,作为创始人的詹氏四兄弟,自己内部就存在经营策略的分歧,对市场未来的发展判断不同,以至于内部沟通无法顺利进行,更别提与外部的沟通了。这一点我们从天天快递的股权分配上就可以得知:四兄弟在对各个地区公司的股权分配上,基本上是均衡形式,这也就导致了公司的话语权分散,分歧无法得到很好的解决。

海航宣布出售天天快递60%股权后,刚刚卸任申通快递总裁职位的奚春阳出手了。

奚春阳算是申通快递的老人,其夫人陈小英是现任申通董事长陈德军的妹妹。陈小英前夫聂腾飞则是申通最初的创始人,后来聂因车祸早逝,陈小英改嫁给了奚春阳。媒体报道显示,申通的掌控权曾一度在奚春阳手中。在他离开后,申通就由陈德军、陈小英兄妹联合执掌。奚春阳接盘天天快递大有自立门户的意思。

对于奚春阳以1.6亿元收购天天快递60%股份,外界一直有误读,认为是申通收购。其实,当年的收购仅仅是奚春阳的个人行为,而且冒了不小风险。

天天快递在海航手中的两年,陷入外部债务多、内部管理差、信息化不足、网点不足的窘境,必须要有大笔的资金投入才能解决这些困难,而若是想进一步发展,跻身一线行列更是难上加难。

在夫人陈小英和桐庐老乡的帮助下,奚春阳才凑齐了1.6亿元收购款。动用杠杆去收购一家二线快递公司,奚春阳所冒的风险不可谓不大,若是遇到与海航一样的整合难题,这一收购很可能就砸在自己手里。

而申通并没有任何收购天天快递的动机。其一,申通本身就面临着诸多挑战,同质化收购会使得挑战难度进一步升级;其二,奚春阳与申通的关系特殊,申通并不适合进行这种交易。

奚春阳在全面接手天天快递后,主要做了如下几件事对公司进行改革:一是在快递的软硬件、信息化、网点、后勤基地等方面加大投入;二是与申通进行全面战略合作,借力申通的人才、管理、网点来帮助天天快递;三是启动并完成了A轮融资,由中金前海发展基金领投,融资金额超过6亿元;四是制定借壳上市计划,并在2016年3月成立上市小组,计划2016年底在主板借壳上市或者创新板、新三板上市。

总体上,奚春阳作为操盘手,抓住了解决问题的关键点。奈何天天快递的问题数量多且都由来已久,并非短期内就能予以解决的。2016年底,天天快递在借壳上市基本无望的情况下,土豪苏宁及时出现,让大家都得到了解脱。

问题是,苏宁会否再走海航的老路呢?

## 三、放弃上市,选择苏宁

早在2016年6月17日,天天快递就曾在其官方微信公众号发消息称:已于3月成立了上市筹备小组,将在8月中下旬选择上市方式,并于12月中旬左右进行上市挂牌或者借壳上市,甚至透露过不排除挂牌新三板的可能。

但最后,天天快递并没有像"通达系"一样扎堆资本市场,选择上市,用天天快递自己的话说,是因为"竞争很激烈"。天天快递表示:"上市就意味着重走'通达系'的老路,竞争会很激烈。但是天天的体量没有那么大,很难与这几家大的快递企业正面竞争。"

中国快递增速大部分依靠的是网购业务量的增长,而随着网购的增速趋缓,快递的增长也有很大可能放缓。此外,快递行业的竞争格局已基本成型:除顺丰具备定价权并且主要以商务件为主以外,行业内的第一梯队为"三通一达",即圆通、中通、申通、韵达,而天天则处于第二梯队,同为第二梯队的还有百世快递。鉴于"三通一达"都已完成借壳,中通更是已经在美股完成IPO并顺利拿到100亿元的融资,天天快递无论是企业规模还是盈利能力都明显落后于这些对手,而同为第二梯队的百世,也已经在2015年底拿到了新一轮的融资。行业竞争局面对于天天快递来说,并不有利。

行业的竞争不再仅仅局限于实体市场,资本市场的竞争也日益激烈。借助资本市场的融资功能,加盟制快递纷纷加快需要大量资金投入的基建建设,包括航空、干线陆运、分拣仓储、自动化设备、快递系统升级等方面,目的是为了全面提升快递网络服务质量与工作效率。与此同时,像阿里的菜鸟网络、京东物流之类的电商系物流也纷纷加快布局和向社会第三方开放。在这种格局下,行业服务标准将会不断提高,对于欠缺资本的中小快递来说,经营压力也会不断加大,2016年中青旅收购全峰就是很好的佐证。

就天天快递当前的体量及快递业竞争格局的演变来说,最为明智的选择就是快速上市从而获得大量资金,或是找到一个能帮助企业更好发展的合作伙伴。但需求的迫切性并不一定能等到天天快递上市,而苏宁收购的价格也能够帮助天天快递暂时缓解困难,天天快递很可能就是出于这样的一些考虑而选择了苏宁,而且是100%出让股权,用时间换取未来发展的空间。

天天快递作为在行业内还是有一定地位的快递公司,能够对其进行收购的,肯定是具有一定协同效应的企业,那目标企业无非就是快递公司、想要扩大产业链的电商平台或者电商物流领域相关的其他公司。那么,我们来分析一下,能够以42.5亿元收购天天快递的都是哪些公司。

(一)快递公司

行业内有能力收购天天快递的无非就是处于第一梯队的"三通一达"以及顺丰。"三通一达"本就与天天快递是竞争对手的关系,这类规模与体量较小的快递公司若是消失,其市场份额肯定会落到"三通一达"手中,所以这些企业并没有收购天天快递的利好,而且若是能够产生协同效应,申通早就下手,也不会等到这时候了。

而顺丰素以服务闻名,若是接受服务处于劣势的天天快递,不但会对自己的品牌造成一定影响,改革所需的精力与财力也是巨大的。而且天天快递的"桐庐系"背景也可能是阻碍这一收购进行的原因。

(二)电商平台

可能收购天天快递的电商平台也就是阿里和京东。阿里布局快递行业是为了把控快递的服务质量,且其已经持有圆通、百世、全峰的股权,全资或控股收购天天快递明显会影响其在快递市场里的中立性,同其战略背道而驰。但苏宁背后也有阿里的参股,所以本次交易某种意义上也可以理解为阿里对于全网物流的又一战略布局。

而京东发展的核心就是自建物流,其当前的发展模式是将自建物流开放给第三方,若是收购天天快递,无疑会影响自建物流的发展。

(三)电商物流领域相关的其他公司

这个领域主要包括德邦这样的龙头或者是日日顺、苏宁这样大举布局电商仓配领域的公司,而德邦目前尚未完成IPO,不宜进行重大并购。综合来看,天天快递最终花落苏宁有其必然性,双方在多方面具备协同效应:帮助苏宁从大件仓配向综合物流转型;抢在快递布局仓配和大件物流之前,先发制人;与苏宁诉求的时间节奏相一致。

## 四、加入菜鸟物流体系的天天快递,能否焕发新的生机

2016年下半年,顺丰借壳鼎泰新材、申通借壳艾迪西、韵达借壳新海股份、圆通借壳大杨创世纷纷实现重组,中通也成功在美国上市。在苏宁成功收购天天快递之后,天天快递将成为在A股上市的第五家快递企业。

对天天快递来说,苏宁的加入也为其拓展新业务提供了更为可靠的资金保障。清晖智库统计数据显示,我国快递的业务量和收入增速自2015年以来呈下滑趋势。这就要求快递行业的目标要转变为提升服务质量,而这也就要求快递公司在快递网络布局上加大投入。

值得注意的是,阿里巴巴也是苏宁的股东之一。加入苏宁的天天快递,也相当于加入了阿里巴巴的电商大阵营,可以获得阿里巴巴这个庞大生态系统的各种资金、技术、渠道支持。

此外,除了国内的物流配送、快件收派业务,天天快递也在探索跨境物流配送,目前已经在8个国家建立国际仓,在国内拥有3家跨境仓。加入苏宁的天天快递,也有望在跨境电商领域分一杯羹。

## 五、42亿元,"值"或"不值"

苏宁收购天天快递的原因不难理解。正如其公告所称的那样,苏宁希望通过收

购天天快递,强化其在最后一公里的配送能力,在相对短的时间内整合双方在仓储干线和末端等方面的快递网络资源,提高配送效率,降低运营成本,进而提高整张物流网络的规模效应和灵活性。

此外,苏宁物流目前主要是为自家公司的业务提供服务支持,其社会化服务能力较弱,而收购了天天快递后,能明显提高苏宁物流的社会化业务占比,社会化服务的利润收入也能帮助苏宁物流提高自身综合利润水平。

苏宁若是想通过物流数据提升消费者的服务体验,单依靠自己目前的能力是无法达到的。而通过并购一家已成型的快递公司,能够为苏宁提供大量的物流数据,苏宁进而可以通过数据分析,精准地把握消费需求,从而改变其前端采购模式。

截至 2016 年 6 月底,天天快递的总资产达到 16.73 亿元。其 2015 年公司营业收入为 17.63 亿元,净利润为 1 037.34 万元。2016 年税后净利润预计不低于 8 400 万元,2017 年税后净利润预测不低于 1.8 亿元,即其 2016 年预测市盈率为 50.6 倍,2017 年预测市盈率为 23.6 倍,此次收购价格合理。

但问题的关键是,天天快递是否能帮助苏宁提高物流服务体验。

国家邮政局 2016 年 2 月的统计数据显示,快递行业中,天天快递的申诉率为每百万件 54.45,在同行业中居首位,相较于上年同期 31.11 的申诉率,这一数值反而上升了。其中延误申诉率 21.06,丢失损毁申诉率 14.38,投递服务申诉率 17.71。而同月,圆通的相关数据则分别是 30.16、9.55、8.65、11.04,但在 2015 年同期,圆通的申诉率甚至高于天天,为 31.86。

这些数据都意味着苏宁必须大力修整天天快递的整个网络,必须要对天天快递现有的网络及软硬件进行升级,对现有的管理模式进行改革,从而提高服务体验。否则,不仅无法提升天天快递的市场评价,还可能影响到苏宁自己的服务体验。而这些行动,都需要大量的资金投入及一段时间的调整与适应。

苏宁的此次收购为 100% 股权收购,那是否意味着,天天的管理层可以借由这次机会全面脱手,苏宁要全面接受这个"烂摊子"呢?

显然苏宁也意识到了这种风险。

根据苏宁云商的公告显示,在 70% 股权交割完成后的 12 个月内,再以股权方式购买届时部分转让方及届时的天天快递全部或部分 A 轮投资者拥有的剩余 30% 股份,对应的转让价款为 12.75 亿元(含股权转让税)。30% 的股权转让完成后,江苏苏宁物流及其运营公司合计持有天天快递 100% 的股权。天天快递股权结构如表 1 所示。

表 1  天天快递股权结构

| 工 商 股 东 | 股比(%) | 认缴金额(万元) |
|---|---|---|
| 江苏苏宁物流有限公司 | 70 | 10 550.850 5 |
| 张鸿涛 | 27.51 | 4 146.145 2 |
| 何文孝 | 1.28 | 193.096 7 |
| 贵州盘江资产管理有限公司 | 0.59 | 88.906 7 |
| 徐建国 | 0.41 | 62.429 7 |
| 陈东 | 0.21 | 31.214 8 |

苏宁之所以选择分两次实施股权收购，其中一个原因可能就是为了控制风险。全面 100%的股权收购要在所有条件都满足的情况下才能实现，一旦有条件无法满足，全面收购都会被中止。

不仅如此，对于 70%股份的转让价款，苏宁也并非一次付清，而是分成了 5 期支付，2018 年 6 月 30 日才是第五期价款的支付截止日期。

同时，公告中也明确要求：天天快递股东连带承诺并保证在本次转股交割之日起两年内，非经江苏苏宁物流同意，在维持天天快递既有经营方针和政策的前提下，天天快递的加盟商不发生重大不利变化，天天快递高管人员不发生重大变化。

这也就是说，不仅是经营方针和战略布局，天天快递的加盟商和高管团队在天天快递整体并入苏宁后，两年内都不得随意发生变化，这也就在一定程度上限制了天天快递的持股高管们想要套现走人的想法。

而苏宁也不太可能让天天快递的灵魂人物奚春阳套现跑路，不单单是因为奚春阳的能力在业界有口皆碑，更是因为奚春阳在接手后的几年内给天天快递带来的变化得到了天天快递内部的认可，倘若奚春阳跑路，对苏宁来说也是一大损失。天天快递股东及持股比例变化如表 2 所示。

表 2  天天快递股东及持股比例变化

| 股 东 名 称 | 转让方转让股权比例(%) | 交割后股权比例(%) | 股权调整后股权比例(%) |
|---|---|---|---|
| 江苏苏宁物流有限公司 | — | 70 | 70 |
| 何文孝 | 44.185 9 | 1.281 1 | 1.281 1 |
| 张鸿涛 | 19.454 4 | 14.609 6 | 27.507 7 |
| 陈燕平 | 5.653 8 | | |

(续表)

| 股 东 名 称 | 转让方转让股权比例(%) | 交割后股权比例(%) | 股权调整后股权比例(%) |
|---|---|---|---|
| 徐建国 | 0.470 6 | 0.414 2 | 0.414 2 |
| 陈东 | 0.235 3 | 0.207 1 | 0.207 1 |
| 深圳前海金桥肆号基金中心(有限合伙) | — | 7.864 7 | — |
| 杭州太安投资管理合伙企业(有限合伙) | — | 0.983 1 | |
| 青岛海尔创业投资有限责任公司 | — | 0.983 1 | |
| 浙江承象投资管理有限公司 | — | 0.983 1 | |
| 杭州轶启投资合伙企业(有限合伙) | — | 0.983 1 | |
| 上海恒栎投资合伙企业(有限合伙) | — | 0.707 8 | |
| 贵州盘江资产管理有限公司 | — | 0.589 9 | 0.589 9 |
| 大连柚子供应链管理中心(有限合伙) | — | 0.393 2 | — |
| 合计 | 70 | 100.00 | 100.00 |

此外,对于奚春阳来说,虽然天天快递的估值4年间翻了16倍,但天天快递的整体估值仍然严重偏低。海通证券的研究报告显示:天天快递2015年实现净利润1 037万元,预计2016、2017年分别有望达8 400万元和1.8亿元。这些数值对应42.5亿元的收购对价,两年的预测PE各约50.6倍和23.6倍,远低于可比公司49.8倍和41.3倍的平均值。而以2016年预测企业价值比票件量计算,本次收购对应的数值仅为3.7倍,远低于可比公司的平均值14.6倍。天天快递与可比公司数值比较如表3所示。

表3 天天快递与可比公司数值比较

| 可比公司 | 2016年PE(倍) | 2017年PE(倍) | 2016年预测企业价值比票件量(倍) |
|---|---|---|---|
| 圆通快递 | 65.3 | 53.7 | 15 |
| 申通快递 | 38.9 | 32.5 | 12.8 |
| 韵达快递 | 45.2 | 37.6 | 15.9 |
| 平均值 | 49.8 | 41.3 | 14.6 |
| 天天快递估值 | 50.6 | 23.6 | 3.7 |

若是奚春阳真的有计划套现跑路,也不大可能以如此低的价格出售天天快递,这也就意味着,在未来天天快递的发展中,奚春阳仍会发挥重要作用。奚春阳出让控股权,以较低的价格引入苏宁,看重的应该是并购后苏宁能够带给天天快递的资源。从

这个意义上来讲,未来天天快递的发展仍可期待。

现在看来,这是一个皆大欢喜的选择。尽管有冒险,但或许苏宁真的是天天快递的良好归宿呢?

## 六、收购背后的阿里巴巴

在2017年1月2日晚苏宁宣布收购天天快递后两周,京东对外表示,其大件物流体系覆盖了中国大陆地区所有2 854个行政区县和全国65万个行政村中的53万个。而根据公开数据,京东以中小件为主的自建物流网络也已覆盖中国大陆地区93%的行政区县,211限时达及次日达订单占比已经达到了85%,冷链物流网则通过7地生鲜仓在全国不断扩张。

与京东不同,在电商领域,阿里巴巴一直追求的是轻资产模式,只搭建平台,避免在电商平台上通过销售自营产品与入驻平台的商户争利。在下游物流领域,阿里巴巴虽也投资了汇通、百世汇通,收购了海尔旗下的家电物流企业日日顺,组建物流信息与基础设施平台菜鸟网络,与中国邮政达成战略同盟,但仍主要依靠与众多快递企业合作。阿里巴巴在国内物流业的布局如表4所示。

表4 阿里巴巴在国内物流业的布局

| | | |
|---|---|---|
| 百世汇通 | 2009年,百世物流首批获得了阿里巴巴和富士康1 500万美元融资;2016年阿里巴巴持股27.43%为第一大股东 | 2010年11月,百世网络正式收购汇通快运 |
| 日日顺 | 2013年,收购海尔旗下的家电物流企业日日顺,但未向商务部申报接受反垄断审查 | 青岛日日顺物流有限公司收购福建盛丰物流集团有限公司股权,2015年3月12日获得商务部批准 |
| 圆通 | 2015年,入股圆通20% | 2016年10月20日,圆通在A股上市 |
| 菜鸟网络 | 2013年,阿里巴巴(占股43%)与银泰集团(占股32%)联合复星集团、富春控股、顺丰集团、"三通一达"等共同组建的物流信息与基础设施平台——菜鸟网络 | 中国邮政亦加入菜鸟网络,并与阿里巴巴达成战略合作 |

而与苏宁的合作,虽然阿里巴巴的持股数量低于张近东及其创始人团队,但两者通过交叉参股后,你中有我,我中有你,从电商到物流都开展了水乳交融的合作。很难再说这原本存在竞争关系的行业老大和老三,如此一来仍能继续开展你死我活的激烈竞争。这一交叉参股,并不是为了获得投资收益,而是为了强强结合,并客观上

使苏宁从张近东及其创始团队的单一控制,变为被其与阿里巴巴团队共同控制的格局。

那么,苏宁收购天天快递,对已有强大物流网络的股东阿里巴巴会产生什么影响呢?

天天快递的竞争优势就是价格低廉,这也在一定程度上制约了行业内其他公司的价格,而苏宁收购天天快递后,首要任务就是提升天天快递的服务质量,优化快递网络,虽然可能要面临入不敷出的局面,但为了企业的长远发展,天天快递的价格很可能会有一定程度的提升,从而确保服务的质量。天天快递价格的提升,对行业其他公司来说无疑是一个好消息,可以从被天天快递压得喘不过气的价格战中稍稍缓一口气,而阿里巴巴也可以获得其在快递布局的红利。

据了解,天天快递被收购后,苏宁将与阿里巴巴、天天快递组建新公司,将苏宁的物流板块整合进新公司,未来作为独立公司上市。

## 七、结束语

快递行业的大体布局已经尘埃落定,之后新的快递大战必将卷土重来,不过和之前相比,这次的竞争会更有科技含量。

在2018年立春之日,天天快递召开全国网络大会,宣布了一系列数据和最新进展。数据层面,截至2017年底,天天快递已经占据了菜鸟裹裹项目60%以上业务量的揽收。而苏宁物流常务副总裁、天天快递总裁姚凯又定下3年新目标:日均单量突破2 000万份,其中快递业务达到1 200万份,仓配服务达到500万份,同城等新业务冲刺300万份。苏宁和天天快递协调发展后似乎各自都取得了长足进步。

苏宁和天天快递这一次牵手是否能帮助天天快递进行价值升级,天天快递是否能把握住机会成功逆袭,成为行业翘楚,让我们拭目以待。

(执笔人:吴晓寒;指导老师:任永平)

# 赢了官司,黄了补偿
## ——山东地矿业绩对赌案始末

**适用课程:** 企业并购　财务会计理论与实务　财务管理理论与实务

**编写目的:** 本案例探究山东地矿业绩协议补偿难以实现的原因,旨在使学生了解业绩补偿协议的内涵,以及企业并购重组时的业绩补偿方案对后续经营业绩的影响。

**知 识 点:** 业绩补偿　并购重组

**关 键 词:** 山东地矿　借壳上市　减持

**案例摘要:** 2012年,山东地矿前身泰复实业置入山东省地矿局矿业资产,完成借壳重组,希冀涅槃重生。然而,标的资产业绩频频违诺,且部分原股东一再拒绝履行偿付条款,甚至不惜"失联""拍卖",并与山东地矿展开了旷日持久的拉锯诉讼。最终,在多方斡旋之下,事件出现转机,但仍未得到实质性解决。近年来上市公司屡现空有重组对赌协议,临到业绩补偿时纷纷背信弃义的案例,山东地矿这起因借壳而引发的业绩对赌案例也成了上市公司这类重组的典型缩影。

在经过一年半时间的种种纠缠之后,有关山东地矿借壳上市却业绩对赌失败的事件终于尘埃落定,可谓是"赢了官司,黄了补偿"。

## 一、从满怀希冀到对赌失败

泰复实业的上市时间是1996年,在被山东地矿借壳之前一路的发展几经波澜,发生过数次被交易所警示的情形,既有过退市风险警示,也有过其他风险警示,但它的命运在2012年发生了转折。

ST泰富在2012年9月发布了最新的借壳计划,除了打算剥离原有的生物化工等主营业务之外,同时向鲁地投资的股东鲁地控股、山东省国投、北京正润、山东地利、宝德瑞发行股份购买股权,实现持有100%鲁地投资的股权;通过发行股份的方式向山东华源、宝德瑞购买其所拥有的49%的徐楼矿业的股权;同样,通过发行股份的方式向地矿测绘院、褚志邦购买其所拥有的40%娄烦矿业的股权。

经测算,借壳方案中的标的资产总价18.05亿元,共计产生105.62%的增值率。借壳方案实施之后,鲁地控股及其一致行动人地矿测绘院在经过此番重组之后拥有的ST泰复的股份占比达到27.12%,ST泰复直接能够持有鲁地投资全部的股权,并且通过鲁地投资间接持有100%的徐楼矿业股权和娄烦矿业股权,上市公司的实际控股人因此从丰原集团变为山东省地矿局。

到了2013年1月,被山东地矿借壳的ST泰复已是一家矿业公司,3个月之后成功"摘帽",同年年底,改名为"山东地矿",一切都发展得异常顺利。但是谁都没有想到,此次重组会成为山东地矿难以脱身的泥沼,纠纷不断。

依据当初借壳方案中所制定的对赌方案,鲁地控股、北京正润等8位标的资产原来的股东(以下称为"发行对象")需要就业绩目标做出承诺,在2013—2015年期间标的资产的净利润需要达到1.29亿元、1.57亿元和2.14亿元,如未实现业绩目标,则将启动补偿协议程序。

2013年是重组完成后的第一年,当年山东地矿全年实现净利润1.29亿元,压线完成业绩目标,让原股东们松了一口气;但没想到第二年的业绩情况突然大变,不仅没有利润,反而亏损1249万元,与第一年相比存在着天壤之别。面对这样的局面,8位山东地矿的原股东不得不接受执行业绩补偿协议的条款,补偿程序就此启动。

于是在2015年5月,根据当初重组方案中约定的业绩补偿协议,山东地矿方面拟定了补偿条款,里面就包含借壳方案中事先制定的补偿协议的内容,全额赠予股份的补偿方式是以公司名义于对手处回购补偿所需的股份进行注销,股份的回购价格为1元/股;若股东大会不批准该方案,被回购的股份则会被赠予其他股东。

但是,此方案会减少山东地矿的注册资本,这就成了有关债权人和股东反感的关键点。正因为存在这样致命的弊端,此方案如果最终没有被股东大会批准,那么在股东大会决议后的两个月内,发行对象要向其他股东无偿赠送股份,数量与回购股份的数量相同。

全额赠与股份的补偿方式中所提到的"其他股东"是指除开发行对象以外的其他所有股份持有者,在具体实施中,需根据持股比例获得赠送股份。根据补偿协议计算,全部发行对象本次需要进行补偿的股份一共有1.01亿股。

然而,事情的发展让各方都始料未及。在山东地矿借壳后的短短一年之内,屡次减持致使个别发行对象所拥有的股份已经少于补偿所需了,无法正常执行补偿协议。

当初签字盖章定下的承诺到了兑现之时,出现了种种未曾料想到的难题:最初的交易对手总共8位,其中山东地利、宝德瑞、山东华源这3位皆在山东地矿完成重组之后大规模减持手中的股份,尚存的只有25%的股份,属于还未解除限售的部分,所拥有的股份远远少于实现补偿协议的数量要求,无法履行全额补偿义务。剩余的5位交易对手地矿集团(原鲁地控股)、地矿测绘院、山东省国投、北京正润、褚志邦的股份尚可满足补偿协议的规定。

根据规定,持有股份数量不足的山东地利、宝德瑞、山东华源这3家公司为了各自的全额补偿义务,需要在二级市场上进行回购。然而在现实中事情的发展却不是如此简单。

拟定条款的山东地矿方面也在衡量各种利弊,如果诉诸法律途径,存在执行难等现实问题;若是继续等待下去,上述3家的回购可能性较低,白白浪费时间,妨碍推进该补偿方案的实施。于是,山东地矿向各方建议用组合注销股份的形式和组合赠与股份的形式进行补偿的新思路。

新的业绩补偿方案中,需要山东地矿从发行对象处回购并注销当时拥有的25%股份(共计7 533.38万股),其他股东具有受偿权,山东地矿可以通过资本公积金转增股本的方式将差额部分补足;回购并组合注销是先用发行对象持有的25%股份直接补偿给其他股东,之后再用资本公积金转增股本将差额部分补足。

补偿方案与股东们的利益息息相关,即使部分业内人士肯定了山东地矿新的方案,但仍有不少中小股东对大股东之前的减持行为不满,毕竟大股东减持是原定方案不能实现的罪魁祸首。因此在2015年5月28日举行的股东大会上,只有第一种全额赠与股份的业绩补偿方案获得通过,回购并全额注销股份、回购并组合注销以及组合赠与股份的方案都被股东们投票否决了。

依据最终通过的业绩补偿方案,山东地利、宝德瑞、山东华源需要购买补偿协议条款规定的股份数额用于补偿,时间期限是补偿义务发生之日起的10日之内。

## 二、拒不履约带来多次剧情反转

事情的后续发展一波三折,超出了所有人的预料,山东地矿业绩补偿方案的当事方最终也是法庭相见,其中复杂纠葛的关系值得我们仔细探究。

在过了10日之期之后,山东地利、宝德瑞、山东华源这3家公司还是迟迟不履约,于是在2015年6月10日,它们被山东地矿告上了山东省高院。经过核算,山东地利需要补偿股份209.42万股,宝德瑞需要补偿851.24万股,山东华源需要补偿614.21万股。

前文已经提到,这3家公司之所以一直拖着不履行补偿义务,是由于它们在重组完成之后都大肆减持,使得持有股份已经无法满足补偿所需了。

举例来说,通过山东地矿借壳交易,山东华源拥有15.06%的股份,共计7 121.25万股。之后,从2014年3月3日到11月13日短短半个月之内,山东华源将持股比例骤降至9.27%,共计减持山东地矿2 740万股。在随后的两个月内,从2014年12月17日到2015年1月29日,山东华源再次大肆减持,最终持股不足5%。

在被山东地矿告上法庭不久,山东华源主动出击,向山东地矿的控股股东地矿集团和借壳方案中的另一名发行对象北京正润提出诉讼,同时将山东地矿列为此案的第三人。

山东华源方面认为,在制定借壳方案时,山东华源就与被告方地矿集团和北京正润私下签订了"抽屉协议"。在这份盈利预测补偿事宜之补充协议中共同约定:地矿集团和北京正润将通过多种手段来保证完成标的资产的盈利预测目标,确保山东华源不因参与此次借壳事件而承担业绩补偿义务。据此,山东华源认为地矿集团和北京正润才是承担实际补偿义务方与连带责任方,请求山东省济南市历下区法院确认补充协议的效力。

令人没想到的是,山东地矿在2015年7月28日第二次发布诉讼公告,公告中称,在山东华源提起的诉讼中,山东地矿由第三人变为了被告方之一。

山东华源方面称,在董事会及股东大会在表决有关补偿方案时,山东地矿董事会及股东大会允许有特别利害关系的董事或股东参与;在表决通过之后,履行业绩补偿方案过程中为了特别利害关系方利益所运用的手段意图明显,对其他股东的合法权益是一种侵害。山东华源因此向法院请求,全额赠与股份的方案无效。

就在双方的互诉案进行之时,山东地矿股份赠与的补偿事务也在同步进行之中,分步实施计划中首批赠与股份的数量总计 6 507.46 万股,剩余 3 624.93 万股还需要"追缴"。在还需要"追缴"的这部分股份中,宝德瑞和山东地利双双"失联",难追其股份踪迹,而山东华源拒绝承认业绩补偿协议,褚志邦总共拥有 201.94 万股,但其中有 200 万股处于质押状态,由于质押未解除也无法使用。

2014 年的业绩纠纷尚未厘清,各方仍在互相牵扯,又一年的时间过去了。在 2015 年度披露的企业年报中,山东地矿标的资产净利润 1.54 亿元,这一年,山东地矿的业绩指标依旧没有完成。在新一轮的业绩补偿中,原股东需要提供 3 822.18 万股的应补偿股份。

根据当时的多方资料显示,2014 年度只有地矿集团、地矿测绘院、山东省国投、北京正润这 4 家完成补偿义务,这其中又只有前 3 家无须回购,持股数量在完成补偿之后还能满足新一轮的补偿协议要求,而北京正润已不再持有该股份,也没有再从二级市场购买来补足差额。其他的发行对象既没有履行 2014 年度补偿义务,又因股份数额不足无法完成 2015 年的补偿义务。

局势的发展因各方博弈一度僵持不下,就在此时,转机悄然而至。

丰原集团原来是山东地矿的控股股东,在 2016 年 5 月 26 日向股东大会提出临时提案,内容为 2015 年度的股份补偿提议使用资本公积金转增股本的形式。按照此次提案,2015 年度山东地矿需要定向转增 3 822.18 万股,其他股东可以按持股比例获赠股份。丰原集团解释提出此方案是为了业绩补偿协议早日完成,有效维护股东的合法权益,最大程度减轻因法律诉讼的不确定性带来的影响。

这份提案最终获得了山东地矿股东大会的表决通过。

## 三、旧主调停使进程重回起点

2014 年山东地矿股份补偿的诉讼案在 2015 年度补偿方案确定前夕也有了新进展。山东省高院的判决在 2016 年 3 月 29 日公布,被告方山东地利、宝德瑞、山东华源以及褚志邦需要依法履行股份补偿义务。

2016 年 7 月 19 日,山东华源因不服判决向最高人民法院提出上诉。

同年 8 月 30 日,山东华源的其他负债发生了意外,由于陷入民间借贷纠纷,山东华源所持有的山东地矿 1 780.31 万股将被一分为三进行司法拍卖,该司法拍卖公告刊登在山东产权交易中心网站,对于山东华源来说局面更是雪上加霜。

这些将被司法拍卖的股份在2015年11月20日就已经被山东省宁阳县法院司法冻结。而在更早之前的2015年4月27日,山东华源将该股份质押给了昌吉市大北运输有限公司,也正是这一天的晚上,山东地矿向外界公布了2014年度财务报告并出具了2014年度利润承诺实施情况说明,这一连串事件的发生实在是太巧合了。

山东地矿曾书面向山东省宁阳县法院就拍卖事宜提出异议,在经过听证会听证后,法院驳回了山东地矿的异议。山东地矿随后又向泰安市中院提出复议。

2016年10月,原山东华源的1 780.31万股被成功拍卖,池州市东方辰天贸易有限公司(以下称为"东方辰天")拥有1 180.31万股,自然人齐兵获得600万股股份,两者持股比例分别为2.46%和1.26%。

山东地矿提起的诉讼历时一年半之后终于在2017年1月11日迎来了结局。

最高人民法院最终驳回了山东华源的再审请求,终审判决维持原判。

之后,泰安市中院对山东华源的股份司法拍卖异议也下了终审裁定。泰安市中院认为,最高人民法院对山东地矿一案的终审判决中虽然明确了山东华源的股份补偿义务,但基于股票属于种类物,且被拍卖的1 780.31万股股票也并未特指或者指定,所以山东地矿虽主张对涉案股票享有优先受偿权,但不能据此对抗法院的拍卖行为。

换句话讲,尽管在诉讼上山东地矿获得了胜利,但山东华源的股份被拍卖的事实已是定局,拍卖过后山东华源不再持有股票,需要承担的2014年度补偿股份的义务可能就此没有下文了。

这边山东地矿2014年度的业绩补偿刚刚完成,那边2015年度的业绩补偿又遇到了问题。2017年3月1日,山东地矿收到了丰原集团的来函,丰原集团要求山东地矿尽快按照股东大会通过的方案完成资本公积金转增股本业绩补偿。

山东地矿在回函中解释了具体情况:中登公司在办理时需要山东地矿提供承诺函,要求2012年重大资产重组时的发行对象承诺放弃资本公积转增股本的权利。但山东华源无法提供,致使后续工作都无法正常开展下去,拖延了业绩补偿的进度。

后来由于山东华源所持有的山东地矿的股份被拍卖给了东方辰天和自然人齐兵,如果山东地矿不向这两者转增股份,中登公司同样要求提供放弃权利的承诺函。但是经过数次沟通,东方辰天和齐兵还是拒绝出具承诺函,成为完成补偿协议的又一大障碍。

面对这重重的困难,丰原集团就此向山东地矿方面建议放弃该方案,召开股东大会,2015年度的利润补偿可以根据2012年重组时约定的补偿方式重新进行。山东地矿重组时约定的方式是回购并注销股份或赠与其他股东股份,但这对于刚刚获得股份不久的东方辰天和齐兵来说,到手的股份就这样被拿回岂会甘心。

人们一度以为事情会被搁置许久,但很快迎来了转机。2017年3月14日,深交所向山东地矿发出关注函。3月15日,丰原集团又一次向山东地矿发函建议股东大会取消召开。因为当时2015年业绩补偿协议实施面临的最大障碍——东方辰天和齐兵,双双愿意放弃权利,余下的补偿事宜得以顺利开展。

这一系列的偿付纠纷终于可以暂告一段落。

### 四、业绩旧伤牵连二次重组

第二轮的资产注入重组开启,但此时,山东地矿第一次重组时在业绩承诺和补偿方面还残留着许多的问题。

2017年6月19日,证监会第二次向山东地矿下达行政许可项目审查反馈意见通知书。一而再地问询,证监会始终都在关注山东地矿2012年的首次重组,在监管指引4号文件中新重组的合规性被看作是重点。对于证监会的相关问询,山东地矿方面回应称,交易对手方及其一致行动人地矿集团、地矿测绘院在第一次重组后按承诺履行业绩补偿义务,第二次重组满足监管指引4号中的承诺履行。

不过6月30日,山东地矿在公告中宣布即日起停牌,证监会将重新审核山东地矿发行股份购买资产等事项。

系列纠纷,仍未完结……

(执笔人:钟雪韵;指导老师:任永平)

# 格力电器并购珠海银隆风波

**适用课程：** 财务管理与实务　企业并购

**编写目的：** 本案例旨在使学生理解并购理论知识，能对与案例相关的并购类型、并购动机、并购监管、定向增发等概念有所掌握和理解，能使用行业分析、公司经营情况分析、财务分析等方式进行案例分析，建立分析框架，掌握对行业、公司经营与财务情况的分析方法和培养得出结论的能力。

**知 识 点：** 并购理论　行业与财务分析

**关 键 词：** 格力电器　公司并购　战略分析

**案例摘要：** 在白色家电龙头企业的竞争中，格力电器一直受到业务类型单一的困扰，为此，格力寻求多元化的机会，而珠海银隆是一家具有核心技术的成长型企业，满足格力的发展需求。本案例以格力电器2016年并购新能源公司珠海银隆受阻的事件为主线，通过将格力电器与其主要竞争对手美的的战略、财务进行对比分析，同时考虑各方的利益来呈现本次事件的面貌，从而引导学生对收购的目的以及在收购过程中财务分析的关键应用进行思考。

## 一、引言

2016年10月28日，格力电器召开2016年第一次临时股东大会，格力电器董事长董明珠出席并主持了会议。董明珠在股东大会上当场发火，直言这场格力股东大会是至今为止唯一一次她进场没有听到掌声的。董明珠就何为投资者和投机者进行了一次"教育说明"："给你们越多，你们话越多，格力从1个亿、从1%利润都没有甚至亏损的企业做到今天，达到13%的利润，是靠你们来吗？是靠我们的心。"董明珠一通脾气发下来,现场鸦雀无声。

董明珠为何会在股东大会上大发雷霆?"冲冠一怒"与其之前提出的珠海银隆并购议案受阻是否有关?对珠海银隆的并购为何受到董明珠如此的青睐,以至于在议案被否后,董明珠又以个人名义连同万达集团、中集集团向珠海银隆增资30亿元而成为其股东?

这些问题引得人们纷纷关注,不由得顺着公司此次风波的发展过程,探求该事件的前因后果。

## 二、导火之索

回首进入格力电器的20余年,对董明珠而言,既有奋斗所带来的辛酸和成果,也有因体制束缚而产生的无奈和努力尝试。面对着激烈的行业竞争和日新月异的科技革命,作为格力电器的总舵手,董明珠更需要对格力未来的发展战略进行深度的思考。

(一)格力电器的发展与问题

格力电器的前身为1985年珠海经济特区工业发展总公司,总公司设立了珠海经济特区冠雄塑胶有限公司以及珠海海利空调器厂两家子公司。1996年11月,格力电器于深交所上市,股票代码为000651。如表1所示,格力电器是一家国有控股的公司。

表1 格力电器2016年12月31日前十大股东持股情况

| 排名 | 股东名称 | 股东性质 | 持股数(股) | 占总股本比例(%) |
|---|---|---|---|---|
| 1 | 珠海格力集团有限公司 | 国有法人 | 1 096 255 624 | 18.22 |
| 2 | 河北京海担保投资有限公司 | 境内非国有法人 | 535 762 033 | 8.91 |
| 3 | 前海人寿保险股份有限公司 | 境内非国有法人 | 247 905 586 | 4.12 |
| 4 | 香港中央结算有限公司 | 境外法人 | 143 055 489 | 2.38 |
| 5 | 中国证券金融股份有限公司 | 国有法人 | 125 224 256 | 2.08 |
| 6 | 中央汇金资产管理有限责任公司 | 国有法人 | 84 483 000 | 1.40 |
| 7 | UBSAG | 境外法人 | 77 157 409 | 1.28 |
| 8 | 高瓴资本管理有限公司 | 境内非国有法人 | 50 457 100 | 0.84 |
| 9 | 全国社保基金一零八组合 | 社会保险 | 49 855 164 | 0.83 |
| 10 | 董明珠 | 境内自然人 | 44 318 492 | 0.74 |
| 合计 | | | 2 454 474 153 | 40.80 |

格力电器经过30余年的发展,逐步成为中国白色家电的龙头企业之一。目前其主要业务是家用空调以及中央空调的生产制造,包括挂机、柜机、天井机等众多型号。

如图1、表2所示,除2017年半年报外,空调业务一直占格力电器总营收80%以上。

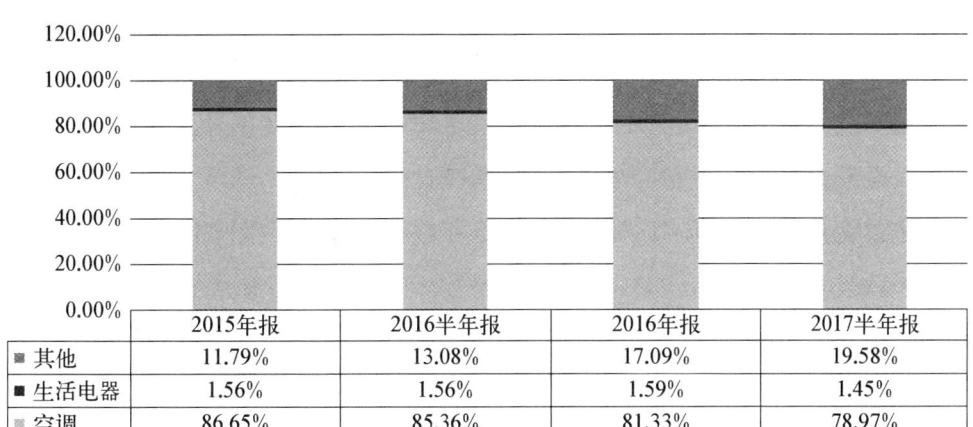

图1　格力电器业务收入占比柱状图

表2　格力电器收入构成分析　　　　　　　　　　(单位:%)

| 报告期 | 空调 | 其他 | 生活电器 | 智能装备 |
|---|---|---|---|---|
| 2017-06 | 78.97 | 18.19 | 1.45 | 1.39 |
| 2016-12 | 81.33 | 17.09 | 1.59 | — |
| 2016-06 | 85.36 | 13.08 | 1.56 | — |
| 2015-12 | 86.65 | 11.79 | 1.56 | — |

此外,格力电器进行了相关产品多元化战略,产品线除了"三大件"空调、冰箱、洗衣机以外,还有热水器、电压力锅、油烟机等生活家电。格力也进行了非相关多元化战略,于2015年3月发布了格力手机,正式进军智能手机行业。

空调属于耐用品,在市场达到饱和的情况下,市场需求很难有巨大的增长。此外,格力虽然有除空调产品之外的多元化产品,如热水器、手机等,但占比都不大,截至2017年三季报数据,空调销售额仍然占比销售总额80%左右,面对当前空调行业整体遇冷和市场日趋饱和的形势,公司很难有进一步的发展空间。而昔日一同竞争的老对手美的,却在多元化的道路上做得风生水起。格力应该何去何从,是安于现状还是谋求转型?

(二)并购珠海银隆引关注

格力电器于2016年10月28日召开了第一次临时股东大会,会议上要对25项需要特别决议的议案进行投票。议案主要内容为,向不特定股东发行130亿元股票来并购珠海银隆,以及以15.57元/股的价格向8名特定对象非公开发行股份募集不超过 100 亿元配套资金。其中,向不特定股东发行 130 亿元股票来并购珠海银隆获得了股东的投票通过,而向特定股东发行股票募集资金的议案遭到了否决。

董明珠在临时股东大会上发飙,说明对此议案的投票结果不满意,而此次股东大会的话题围绕着两个重点:标的公司珠海银隆,以及配套资金的非公开发行方案。那么珠海银隆究竟为何方神圣?为何让董明珠如此着迷?

珠海银隆成立于 2009 年。公司于 2010 年战略控股美国奥钛纳米技术有限公司,掌握全球钛酸锂材料最先进的生产技术。2012—2013 年间,银隆新能源先后成功收购珠海广通汽车、石家庄中博汽车等汽车制造企业。珠海银隆主要经营锂电池、电动汽车动力总成、整车制造以及智能电网储能系统的研发、生产、销售,目前珠海银隆形成了新能源闭合循环的产业链。

对于珠海银隆的董事长魏银仓,董明珠很是了解,他原来主要投资房地产,后来借着政策东风,造起了新能源汽车。政府部门期待新能源可以解决传统能源短缺和环境污染的问题,希望能在新能源汽车的发展中把握战略机遇,加快中国汽车产业转型升级,培育新的经济增长点和国际竞争优势,推出了一系列鼓励政策,包括私人购车补贴、新能源汽车发展规划、新能源汽车相关标准制定等。

董明珠与魏银仓两人在珠海人大会议上交流后,董明珠回到公司召开了临时会议。在会议上,技术总监刘永春、副总经理杨晓维表达了对新能源行业与钛酸锂技术的肯定和担忧。珠海银隆生产的钛酸锂电池技术受到了认可,但是由于贵金属成本较高且在新能源领域应用并不广泛,珠海银隆的业务与格力目前相关性较小,只有车载空调领域能够产生协同。而整车制造、格力电器的车载空调业务仅仅是各自业务中的一部分,能否产生足够的化学反应,还不能轻率下结论,收购珠海银隆也存在巨大的风险。

经过几个不眠之夜,董明珠做出决策,决定开启收购银隆的谈判,各项工作也随着这个决定陆续展开。2016 年 2 月 23 日,格力发布公告,宣布公司正在筹划重大资产收购事项。3 月 6 日,再次发布公告,宣布公司正在筹划发行股份购买资产事项,交易的标的正是珠海银隆。至此,格力正式踏上收购之路。

## 三、并购之路

(一)并购方案初成

在获悉格力电器将收购珠海银隆这一消息后,仅魏银仓和少数股东赞同收购,多数股东并不同意这一收购。2016年5月,珠海银隆的股东们被请到了格力的生产基地进行调研。在调研过程中,董明珠一再强调:"电动汽车的核心部件除了电池之外,格力电器都能够生产,而且格力电器质量控制系统的可靠性和质量保证都走在世界前列,收购会产生协同效应。"股东们认可了格力电器的售后、模具、智能制造等方面能够与珠海银隆形成协同效应,加之魏银仓继续做股东们的工作,最终他们同意了收购。

接下来双方对收购价格进行了磋商谈判,格力电器聘请的评估机构对银隆评估结果为132.8亿元,而珠海银隆股东的目标价在150亿元以上。经过多轮博弈,格力电器最终与珠海银隆的全部股东方签署了投资协议,确定收购价格为130亿元。

(二)非公开增发方案

8月18日,格力电器方面对外公布收购珠海银隆及配套募集资金的相关方案:向格力集团等8名特定投资者非公开发行股份募集不超过100亿元,募集配套资金总额不超过拟购买资产交易价格的100%。交易完成后,格力电器将持有珠海银隆100%股权。格力电器在第一次临时股东大会上提出了以15.57元/股的价格向8名特定对象非公开发行股份募集不超过100亿元配套资金的议案,股价的确定基准如下:

(1)本次发行的定价基准日为格力电器审议本次重大资产重组相关议案的首次董事会(即第十届董事会第七次会议)决议公告日,即2016年8月18日,距第一次临时股东大会召开间隔51个交易日;

(2)本次交易中,拟发行股份的发行价格为定价基准日前20个交易日均价的90.00%,即17.07元/股。同时根据公司2015年度利润分配方案,公司向全体股东每10股派发现金15.00元(含税),相应调整后的发行价格为15.57元/股。

此项议案的增发价格遭到了部分股东的质疑,认为定价过低并不合理,那么,我们来看一看此项定价是否真的定价过低。

从格力电器2016年9月2日复牌以后,截至第一次临时股东大会召开时间10月28日,格力电器的股价一直在每股21.50—23元之间波动,以21.50元为基准,此价格的90%为19.35元/股,高于此次议案定向增发价格3.78元/股,比定增价格高出24.28%。这样看来,中小股东的质疑并非没有道理。

(三)内部分歧

除了深交所对格力电器并购的"29问"以外(详见后文),中小股东对这次增发方案也是质疑不断。中小股东普遍认为,这次定向增发规模大、价格低,采用股权收购摊薄了他们的权益,必须重新调整增发价格。有消息称,中小股东正在私下接触,打算在股东大会上否决收购方案。

10月28日,格力电器临时股东大会如期召开,当天通过现场和网络投票的股东共5 141人,代表股份32.59亿股,占上市公司总股份的54.17%,其中中小股东5 139人,代表股份16.26亿股,占上市公司总股份的27.04%。130亿元收购珠海银隆的议案获66.96%的赞成票比例,刚好达到通过标准;另外,与97亿元配套融资议案相关的9项议案则全部遭到否决。

### 四、前虎后狼——收购珠海银隆的急迫

格力电器在家电行业牢牢占据三巨头的位置,为何要如此急切地收购与自己业务关联并不大的珠海银隆呢?我们通过格力电器与其主要竞争对手美的进行对比,来找到其中的秘密。

(一)格力电器产品结构分析

格力电器的主要产品,除白色家电的空调、冰箱、洗衣机以外,也有中小型生活电器如热水器、电压力锅、油烟机;此外,格力也开发了手机业务,力图在手机市场上抢占一份蛋糕。既然格力电器有如此多的产品线,那么各个产品的销售情况如何呢?

根据表1,我们可以看到,虽然空调业务收入占比不断下降,空调业务仍然是格力电器的主要收入来源。格力电器在2016年半年报中以及2016年报中,空调业务的收入占比分别达到了85.36%与81.33%,说明格力对空调业务有极高的依赖性。

空调属于耐用品,购买者并不会在短期内更换新的产品;另外,国家出台了一些刺激消费的相关政策,透支了空调市场的部分需求;面对竞争对手美的,格力又推出了大幅度的让利于民的促销政策,空调产品价格普遍下调10%—20%。空调市场已经达到饱和,竞争激烈,无法为格力电器带来新的增长。

对于其他中小家电业务,格力的产品线并不多,市场也被一些老牌厂家牢牢把控,很难有进一步的增长。而对于手机业务来讲,外有苹果、三星,内有华为、小米、OPPO等品牌,想要在市场打开局面非常困难。格力手机销量的惨淡也证明了想通过手机业务来获取公司的增长是不现实之举。

那么,既然收购珠海银隆是为了实现格力电器的多元化战略,寻找新的增长点来弥补业务单一的不足,那么作为格力的老对手,同样是国内白色家电巨头之一的美的

又是如何实现自己的战略规划的呢?

(二)美的的多元化发展战略

我们先来对比一下格力电器与美的的多元化情况:在家用电器行业内,格力电器的业务目前以空调为主,除此之外,也有冰箱、洗衣机、热水器、电压力锅、油烟机等生活家电,家用电器的产品线集中在一些用户需求大的常用电器中。

美的的相关多元化起步很早,从2000年以后,美的开始逐步进军冰箱、洗衣机、微波炉、压缩机、微电机等领域。自2011年提出"加快推进集团战略转型"以来,美的主动进行"互联网+"变革,将大数据、云计算、物联网等新技术融入企业全流程,推动自身经营模式、商业模式的变革创新,从实践精益化生产到搭建智能家居平台建设,再到产业链条多方协作发展。

对于整车制造业务,美的可谓先行一步:美的于2004—2006年初先后收购中国西南第一家客车制造企业"云南客车厂""云南航天神州汽车有限公司"和"湖南省三湘客车集团有限公司"3家企业,使得美的拥有客车整车制造能力。

此外,美的于2016年下半年收购了德国机器人公司库卡(KUKA)。同时,库卡也位于汽车整车行业产业链的顶端,美的收购库卡,让美的成为众多车企的上游供应商,进一步加深了对汽车行业的涉足。

对于美的来说,其家用电器产品几乎包括了所有的常用电器,除了空调、冰箱、洗衣机以外,还拥有从热水器到扫地机器人、电饼铛等产品。美的利用自己的渠道优势,构建了一个庞大的家用电器生态环境。

如表3所示,在收入结构上,除了暖通空调业务占比40.20%以外,消费电器、机器人自动化系统业务分别为美的提供了41.64%与10.95%的业务收入,可见,美的集团在业务多元化上做得更加优秀。

表3 美的集团收入构成分析

| 报告期 | 暖通空调 | 消费电器 | 机器人与自动化 | 其他 |
| --- | --- | --- | --- | --- |
| 2017-06 | 40.20% | 41.64% | 10.95% | 1.39% |
| 2016-12 | 38.95% | 17.09% | — | — |
| 2016-06 | 85.36% | 13.08% | — | — |
| 2015-12 | 38.84% | 11.79% | — | — |

格力电器海外业务的营收占总收入的17.75%,而美的集团海外业务的营收占总

收入的 44.57%,格力电器在海外市场上跟美的相比,还有很大的差距。

(三)珠海银隆——能否成为格力电器新增长的未来

在竞争对手的智能制造与整车业务风生水起之时,格力电器收购一个拥有先进钛酸锂电池技术并拥有整车制造能力的企业——珠海银隆,为公司未来的发展带来新的增长,也不失为一个好的选择。

## 五、陡然生变

(一)深交所关注函

格力电器 2016 年第一次临时股东大会通过了向股东发行股票购买资产的议案,但是否决了向特定股东发行股票募集配套资金的议案。就在董明珠为内部分歧焦头烂额之际,两封深交所关注函不期而至。第一封是要求披露临时股东大会结果,说明相关议案整体上是否认定为通过,并说明交易事项的后续安排。第二封要求格力电器针对珠海银隆与中信阳光签订 1 000 辆新能源车订单一事,进一步说明合同生效条件及违约责任;结合中信阳光信用状况及支付能力说明其履约能力;说明中信阳光与珠海银隆及格力电器是否存在关联关系,中信阳光与公司拟收购珠海银隆 100% 股权的所有交易对手方及其关联方是否存在关联关系;该合同对珠海银隆本年度以及未来各会计年度财务状况、经营成果的影响;结合珠海银隆本年实际经营情况和在手订单情况,说明认为珠海银隆"预计承诺业绩实现的概率较高"的依据。

第二封关注函要求 11 月 7 日前回复。而格力电器声明,由于涉及的核查对象及核查内容较多,核查程序较为复杂,无法在 11 月 7 日完成关注函的回复工作,预计不晚于 11 月 16 日向深交所提交回复。

内忧外患,使得董明珠以及格力电器的多元化战略进退维谷。放弃收购?格力电器的转型将回到原点,这么久的努力将付诸东流,而且这也不像董明珠的作风。继续收购?深交所的关注函是绕不过去的坎,要过中小股东那一关更是困难重重。

(二)方案终结

2016 年 11 月 16 日,格力电器收到珠海银隆书面告知函,被告知调整后的方案未能获得珠海银隆股东会审议通过,珠海银隆基于表决结果决定终止本次交易。

调整后的交易方案的具体内容,主要有两点:其一,维持珠海银隆的估值 130 亿元不变;其二,调整了发行股份购买资产的发行价格,从此前方案中的 15.57 元/股调整为接近 18 元/股。

当晚,格力电器发布公告,决定终止筹划发行股票购买资产事宜,承诺自公告之日起至少 1 个月内不再筹划重大资产重组事项。

同日,格力也发布公告回复深交所关注函,披露了中信阳光未按合同约定在 2016 年 11 月 1 日之前向珠海银隆支付 1 000 万元合同定金,并就此作出了相应的风险提示。

此次格力电器公司层面的并购行为就此告一段落,但是格力电器与珠海银隆的缘分并没有到此为止。

## 六、合作继续

(一) 董明珠个人投资珠海银隆

2016 年 12 月 15 日,中集集团下属企业、北京燕赵汇金国际投资有限责任公司、大连万达集团股份有限公司、江苏京东邦能投资管理有限公司和董明珠个人,与珠海银隆签署增资协议,五方共同增资 30 亿元,获得珠海银隆 22.388% 的股权。

如表 4 所示,北京燕赵汇金国际投资有限责任公司持股 7.462 7%,万达集团持股 3.731 3%,京东集团通过宿迁涵邦投资管理有限公司持股 2.238 8%,董明珠持股 7.462 7%,中集集团下属企业宁波梅山保税港区创智联诚投资管理合伙企业(有限合伙)持股 1.492 5%。

表 4 珠海银隆 30 亿元增资股东明细

| 排名 | 股 东 名 称 | 股权占比(%) |
| --- | --- | --- |
| 1 | 北京燕赵汇金国际投资有限责任公司 | 7.462 7 |
| 2 | 董明珠 | 7.462 7 |
| 3 | 万达集团 | 3.731 3 |
| 4 | 京东集团 | 2.238 8 |
| 5 | 宁波梅山保税港区创智联诚投资管理 | 1.492 5 |
| 合计 | | 22.388 |

董明珠此次个人入股珠海银隆,明确地表达了董明珠看好珠海银隆的业务与发展。2017 年 3 月 31 日,珠海银隆新能源有限公司更新了股东名单:截至 2017 年 3

月 31 日，珠海银隆共有 24 家股东，其中，广东银通投资控股集团有限公司持股比例为 25.98%，为第一大股东，董明珠个人持股比例为 17.46%，为第二大股东。这不仅表明董明珠对珠海银隆的信心，也为格力电器与珠海银隆合作提供了更多的便利与可能性。

（二）格力电器与银隆战略合作

格力电器于 2017 年 3 月 8 日召开了 2017 年第一次临时股东大会，会议表决通过《关于公司与珠海银隆新能源有限公司签订〈合作协议〉暨关联交易的议案》，议案主要内容如下：

为了切入新能源汽车产业链、储能以及电池制造装备领域，打造公司新的产业增长点，公司拟与珠海银隆新能源有限公司签订《合作协议》，双方及其子、分公司利用各自产业优势，在智能装备、模具、铸造、汽车空调、电机电控、新能源汽车、储能等领域进行合作。在同等条件下，一方优先采购对方产品，购买对方服务。以一个年度为一个周期，甲乙双方相互的优先采购和总金额不超过 200 亿元。

此次合作协议的达成，完成了格力电器和董明珠的"曲线救国"战略，使得格力电器与珠海银隆再次走在了一起。董明珠的新增长点战略，通过另一种温和的方式得以实现。

## 七、尾声

格力电器的新能源之梦并未就此结束。接下来，格力电器与珠海银隆的合作也会是人们关注的焦点。日后两者的合作发展方向，将会印证当时投资者对议案的表决是否明智，也决定着格力能否在激烈的竞争中迎来更大的发展。

（执笔人：陈冠男；指导老师：毛丽娟）

# 三联商社并购德景电子

**适用课程：** 企业并购　财务报表分析　投资学

**编写目的：** 本案例旨在让学生思考企业进行并购的动机和必要性，掌握企业并购的基本理论和方法，能够运用企业并购的基本理论解决企业战略管理的实际问题。

**知 识 点：** 企业并购的动因　企业并购的支付方式　财务报表分析

**关 键 词：** 三联商社　德景电子　并购　支付方式

**案例摘要：** 本案例以2016年5月三联商社并购德景电子的事件为主线：三联商社第一次并购德景电子被否决后，三联商社针对同一标的资产修改并购方案，展开再一次的并购，上交所随即对三联商社发出问询函，其中标的公司的盈利能力和经营状况成为监管部门的关注重点；三联商社对上交所的问询进行了回复，最终圆满完成并购。三联商社与德景电子的"联姻"可谓一波三折，充满戏剧性。对本案例的学习，一是引发学生探讨公司并购的目的及战略决策，二是使学生了解企业并购支付方式的选择，三是使学生了解公司并购成败对市场的影响，尤其是对中小投资者利益的影响。

2016年5月18日，中国证监会上市公司并购重组审核委员会对三联商社股份有限公司（以下称为"三联商社"）收购浙江德景电子科技有限公司（以下称为"德景电子"）100%股权交易事项予以否决。证监会给出的审核意见为：本次交易的标的公司盈利能力具有较大不确定性，上述情形与《上市公司重大资产重组管理办法》第四十三条的规定不符。在并购被否决后，三联商社对德景电子"痴心不改"，于2016年9月5日，三联商社调整了方案再度展开针对同一标的资产的并购。就在当月20日，三联商社收到上交所下发的《关于对三联商社股份有限公司重大资产购买报告书（草案）的信息披露问询函》，上交所对于三联商社对德景电子的"一往情深"表示不放心，发出22条追问,其中标的公司的盈利能力和经营状况成为监管部门的关注重点。三联商社对上交所的22条追问进行了详细的回复,最终并购得以圆满完成。

三联商社与德景电子的"联姻"可谓一波三折,充满戏剧性。我们将回顾整个事件的发展过程,从中看到三联商社在该并购中的战略目标、遇阻后的战术调整以及并购结果对于各方利益相关者尤其是中小投资者的影响。

## 一、公司简介

### (一)三联商社简介

三联商社位于济南市,注册资本2.5亿元,是国内最早最大的家电连锁零售企业,于1996年在上交所上市,股票代码为600898。三联商社在全国共布建连锁店面254家,200多家维修站,总营业面积超过19万平方米。作为国内家电连锁行业的重要品牌之一,三联商社积聚了雄厚的人才资本和商誉资本,并形成了独具特色的连锁店运营模式与优质的服务体系,建立起集信息流、资金流、物流于一体的新型家电供需链体系。

作为国美系三驾马车之一的三联商社,2003年开始经营家电,2016年宣布剥离家电零售业务,主营业务转向智能手机。经营了10多年家电的三联商社为何会在这个时间点选择转型呢?其一,为了解决同国美电器多年的同业竞争问题;其二,中国的互联网最近几年飞速发展,涌现了一大批网上购物网站,对实体经营的冲击很大,众多消费者会因为便捷而选择网购,致使实体店的销售额在不断下降。

### (二)德景电子简介

于2009年6月成立,注册资本7 000万元,主要从事以手机为主的移动通信终端的设计、研发、总装、贴片、品牌运营,生产双模、多模、3G等各种制式的手机,并为手机终端开发提供PCBA及全套解决方案,同时开展无线增值业务。德景电子作为安全手机行业标杆,在上海和深圳拥有自己的研发中心,研发实力雄厚,拥有多项核心技术及专利,在手机语音加密、数据加密、智能安全双操作系统、生物识别技术等方面经验丰富;同时在嘉兴、惠州有自己的生产基地,是一家具有研发、生产能力的一体化的科技型公司。

## 二、交易方案概述

依托本次收购,三联商社将积极构建并不断扩大全新的移动信息安全产业生态圈,以产权为纽带携手上游供应商渠道、下游销售渠道,实现德景电子的技术升级及战略转型,提升产业创新能力,引领网络时代移动信息安全生产行业标准的制定。此外,本次交易也是三联商社整合手机配件供应商、整机制造商、渠道销售商等产业链上下游资源,积极布局国产安全手机、构建移动信息安全产业生态圈的重要举措。

(一)交易方式

三联商社拟通过发行股份以及支付现金的方式购买沙翔、于正刚、嘉兴久禄鑫持有的德景电子100%股权。本次交易德景电子100%股权的评估值为93 261万元,交易双方协商确定德景电子100%股权交易价格为90 000万元,其中现金对价为10 000万元。德景电子各交易对方选择对价方式的具体情况如表1所示。

表1 德景电子各交易对方选择对价方式的具体情况　　　单位:万元

| 交 易 对 方 | 应取得的交易对价 | 股份对价金额 | 支付现金数 |
| --- | --- | --- | --- |
| 沙翔 | 48 600 | 43 200 | 5 400 |
| 于正刚 | 23 400 | 20 800 | 2 600 |
| 嘉兴久禄鑫 | 18 000 | 16 000 | 2 000 |
| 合计 | 90 000 | 80 000 | 10 000 |

资料来源:三联商社重大资产购买报告书

另外,三联商社拟向国美控股、紫光展锐及三边贸易3名特定投资者发行股份募集配套资金,募集配套资金总额不超过90 000万元。国美控股和三边贸易的实际控制人是黄光裕,而三联商社的实际控制人也是黄光裕,本次交易构成关联交易。

(二)利润承诺及业绩补偿方案

根据三联商社与交易对方签订的《利润补偿协议》,德景电子全体股东与三联商社约定:标的资产2016、2017和2018年实现的经审计的净利润(扣除非经常性损益后,且不含募集配套资金收益,以下同)不低于6 000万元、8 000万元及10 000万元。如果标的资产在承诺年度实现的实际净利润未达到该年度净利润承诺数,德景电子全体股东应按照其各自现所持有的德景电子的股权比例,就实际净利润未达到该年度净利润承诺数的部分对三联商社进行补偿。

利润补偿原则为:

(1) 德景电子全体股东首先以通过本次交易获得的三联商社股份进行补偿,对于每年各方需补偿的股份数将由三联商社以1元总价回购并予以注销(即三联商社有权以总价1元的价格回购补偿股份)。

(2) 如德景电子全体股东通过本次交易获得股份的数量不足,应当以现金或三联商社认可的其他方式向三联商社进行补偿。

## 三、第一次交易被否原因

### (一) 标的公司盈利能力具有较大不确定性

证监会对于此次交易给出的否定意见为:标的公司盈利能力具有较大不确定性,不符合《上市公司重大资产重组管理办法》第四十三条的相关规定。

德景电子报告期以及预测期的净利润水平如表2所示。

表2 德景电子报告期以及预测期的净利润水平

| 项目类别 | 2014年 | 2015年 | 2016年预测 | 2017年预测 | 2018年预测 |
| --- | --- | --- | --- | --- | --- |
| 净利润(万元) | 4 421.32 | 4 491.7 | 6 000 | 8 000 | 10 000 |
| 增长率(%) | — | 1.59 | 33.58 | 33.33 | 25.00 |

资料来源:三联商社关于上交所问询函的回复报告

从表2中可以看出,德景电子2014、2015年公司实际净利润基本保持稳定,维持在4 500万元左右,2016—2018年预计达到6 000万元、8 000万元、10 000万元,年增长率由原先的1.59%突飞猛进到30%,德景电子预测期的净利润和报告期相比无论是数量上还是速度上都有大幅提升,而报告书中并未给出有力证据以证明公司净利润水平在未来年度的可实现性。

证监会对于标的公司德景电子盈利能力具有较大不确定性的结论可能源于以下两点质疑:第一,公司未来利润增量主要来源于业务手机收入,但其收入预测无数据支持;第二,公司报告期内经营现金净流量为负值,存在现金回收较慢的情况,未来盈利能力存在不确定性。

1. 收入预测无数据支持

德景电子2014年和2015年的营业收入情况如表3所示。

表3 德景电子2014年和2015年的营业收入情况

| 产品类别 | | 2014年 | | | | 2015年 | | | |
|---|---|---|---|---|---|---|---|---|---|
| | | 营业收入（万元） | 占比（%） | 营业成本（万元） | 占比（%） | 营业收入（万元） | 占比（%） | 营业成本（万元） | 占比（%） |
| ODM | 整机 | 90 006.11 | 69.30 | 80 647.16 | 69.85 | 76 713.01 | 57.01 | 68 227.38 | 57.49 |
| | 主板 | 29 257.73 | 22.53 | 25 352.91 | 21.96 | 41 192.14 | 30.61 | 35 243.67 | 29.70 |
| OEM | | 6 760.49 | 5.21 | 5 916.25 | 5.12 | 8 427.7 | 6.26 | 7 672.43 | 6.46 |
| 其他 | | 3 847.04 | 2.96 | 3 540.35 | 3.07 | 8 239.49 | 6.12 | 7 538.19 | 6.35 |
| 合计 | | 129 871.37 | 100.00 | 115 456.67 | 100.00 | 134 572.34 | 100.00 | 118 681.7 | 100.00 |

数据来源：根据德景电子审计报告整理得出

从表3中我们可以清晰地看出德景电子2014、2015年主营业务基本保持稳定，营业收入小幅度上涨，整机收入有所下降，主板收入增加。不难看出德景电子的主要营业收入来源于ODM业务中整机与主板的收入，但是ODM业务收入占公司主营业务收入比重有所下降，由2014年的91.83%下降至2015年的87.62%，主要原因系客户合作模式进行变更，进而造成整机产品销售收入下降，主板产品收入上升。相比之下，OEM收入和其他业务收入则有所上升，其中其他业务收入增加较快，由2014年3 847.04万元上升至2015年8 239.49万元，增长率高达114.18%，由于报告书中未披露其他业务收入的主要内容及增加原因，我们无法判断其未来可持续性。

关于德景电子行业手机的相关数据在报告书中表现为：

（1）2015年11月底，航天科工定制的1 000台行业安全手机已交付客户。

（2）行业安全智能手机方面，德景电子在已有产品（已实现销售，分步交付中）的基础上新增立项2款行业安全手机，高端和低端各1款，新机型预计在2016年内实现销售，预计未来几年的总需求约为110万台。2017年将继续规划多款产品，并预计于当年实现销售。因此，2017年预计德景电子的行业智能手机销量将出现大幅增长。

（3）截至2016年3月底，德景电子已经签订的安全智能手机行业订单金额约8 000万元，此款机型预计总销售规模约30 000万元。另外，德景电子已经参与行业手机项目的定制研发工作，该批项目预计在2016年下半年及2017年陆续量产交付，并在今后几年有稳定的需求。据此，德景电子行业手机合同的签订及执行正在按德景电子的规划进行，实现未来预测收入可期。

仅在2015年末实现销售量为1 000台的情况下，基于以上的论述很难推断出未来几年可实现110万台销量。手机的普及程度已经很高,要想在手机销量上实现一个质的飞跃,那就有点痴人说梦的味道了,毕竟1 000台和110万台不是在同一个数量级别上。报告书中并未明确给予数据支持,以证明德景电子来源于行业手机的收入可保持稳定持续增长。

2. 公司现金流情况

如表4所示,2014年公司报告期内经营现金净流量为负值,现金回收较慢也可能是证监会质疑本次收购标的德景电子盈利能力的另一重要原因。2015年其现金流量转负为正,相比2014年增加了近2亿,如果说在报告期内现金流量为负是公司历史年度的普遍现象,那么2015年的现金流量给人焕然一新的感觉,不免让人有粉饰财务数据的遐想。公司的盈利能力令人怀疑,存在过高估计未来销售和采购的可能性,或许正是基于上述原因,证监会对标的公司的盈利能力提出了质疑。

表4 德景电子报告期内经营现金净流量　　　　　　　单位:万元

| 项 目 类 别 | 2014年 | 2015年 |
| --- | --- | --- |
| 经营活动现金流入小计 | 110 606.93 | 159 286.16 |
| 经营活动现金流出小计 | 117 504.68 | 144 702.98 |
| 经营活动产生的现金流量净额 | -6 897.75 | 14 583.18 |

资料来源:根据德景电子的现金流量表整理得出。

## 四、三联商社调整交易方案

在第一次交易方案被否决后,三联商社对德景电子还是一如既往地偏爱,推出了新版收购方案,主要在收购方式、交易作价、交易方式等方面做出了修改。以下是本次重组方案内容的主要调整情况。

(一)收购方式

由原先的发行股份加支付现金的交易方式调整为以支付现金的方式购买对方持有的德景电子100%的股权。然而相对于改变交易方式这一表象,监管部门更加关注本次交易的实质性问题。

(二)交易作价

原先经交易各方友好协商,德景电子100%股权交易价格为90 000万元,在调整方案中,双方将标的资产的交易价格确定为 80 000 万元。

(三) 交易方式

由原先的股份支付对价 80 000 万元、现金支付对价 10 000 万元调整为分 3 期支付,且 3 期支付总额为 80 000 万元。

第一期股权转让价款:自交割日起 5 个工作日内,上市公司向交易对方支付 40 000 万元;

第二期股权转让价款:自交割日起 12 个月内,上市公司向交易对方支付 10 000 万元;

第三期股权转让价款:自交割日起 36 个月内,但最晚不迟于《购买资产协议》约定的利润承诺期限届满且交易对方的业绩补偿义务全部履行完毕后 10 个工作日,上市公司向交易对方支付 30 000 万元。

(四) 是否构成关联交易

原方案交易的募集配套资金认购对象包括国美控股、紫光展锐及三边贸易,国美控股和三边贸易为上市公司关联方。前次交易构成关联交易。

调整后的方案的交易对方以及标的公司与上市公司及上市公司的控股股东、实际控制人及其关联人保持独立,不存在关联关系,本次交易不构成关联交易。

## 五、上交所连发 22 条追问

在第一次方案被否决后,三联商社对德景电子的"痴心不改",上交所表示有些不放心,对三联商社发出问询函,连发 22 条追问。在上交所向三联商社下发的问询函中,其向公司抛出的第一个问题即"切中要害",由于标的资产并未发生改变(交易价格下调了 1 亿元),那么在前次重组方案被否决的前提下,上交所要求三联商社说明标的公司盈利能力具有不确定性的问题在短期内是否已解决,其盈利能力是否已有实质改变。上交所同时指出,在标的公司盈利能力存在较大不确定性的情况下,本次重组是否符合《上市公司重大资产重组管理办法》第十一条第(五)项的规定;且在前期重组方案被重组委否决后,公司短时间内仍继续推进重组方案又是否审慎,是否存在损害中小投资者利益的情形。

德景电子截至 2016 年 6 月 30 日的应收账款金额为 4.34 亿元,比 2015 年期末增长近 1.38 亿元。而德景电子 2016 年 1—6 月期间的营业收入仅为 7.84 亿元,应收账款余额占营业收入的比重达到55%。上交所对此表象表示不解,对应收账款的回收情况是否存在风险,要求三联商社给出合理的解释。

标的资产2016年1—6月经营活动产生的现金流为负,相比2015年度产生大幅下降,与同期营业利润和营业收入偏离较大。就经营活动产生的现金流为负,以及主营业务收入与经营性活动现金流产生重大背离的原因,上交所希望三联商社给出合理的解释。另外,标的公司目前主营OEM和ODM业务主要为依赖客户业务,主要为依赖客户订单、以销定产的经营模式,行业竞争较为充分,对上下游的议价能力有限,根据公司报告期内的市场占有率说明ODM和OEM业务的长期盈利能力不足。

## 六、三联商社回应质疑

三联商社针对上交所的问询进行了详细的回答,主要包括以下几个方面。

(一)关于标的公司的盈利能力

自并购重组委否决公司前次重组至今,德景电子已逐步展现出较强的持续盈利能力,具体如下:

1. 德景电子收入实现情况

德景电子的主营业务为智能移动通信终端的研发和制造,在稳定发展原有ODM、OEM等业务的同时,逐步增加并加强了行业手机的研发、制造和销售的业务。

在中国证监会并购重组委于2016年5月18日就公司前次发行股份及支付现金购买德景电子100%的股权事宜进行审核时,公司向中国证监会申报了德景电子经审计的截至2015年12月31日的财务数据以及未经审计的2016年1—3月的相关财务数据。

德景电子在原有的智能移动通信终端业务持续平稳发展的同时,未来业务的主要增长点在行业手机方面。但前次申请时,2015年德景电子的行业手机业务仅实现收入137.73万元,2016年1—3月德景电子OEM业务仅实现收入1 638.14万元(未经审计),行业手机业务仅实现收入486.04万元(未经审计)。前次申请时,上述财务数据较低的原因主要是:① 德景电子自2014年起布局行业手机的研制工作,并于2015年末开始投入行业手机的小批量生产;② 2016年1—3月期间恰逢中国农历春节期间,造成德景电子2016年第一季度的生产量相较于全年其他各季度偏少。上述因素导致德景电子未能在前次并购重组委员会审核时较好地体现公司的持续盈利能力,特别是在行业手机方面的持续盈利能力。2016年4月起,德景电子的行业手机业务布局逐渐起步,相关订单逐步增加,在原有的ODM、OEM等业务量平稳发展的基础上,行业手机的营业收入也稳步增加。2016年1—6月,德景电子行业手机实现的营业收入为4 508.30万元(经审计),占当期营业收入的比例为5.75%;2016年1—8月,德景电子行业手机实现的营业收入为8 270.69万元(未经审计),占当期营业收入的比例为7.10%,行业手机实现收入及占比持续增长。2014—2016年德景电子营业收入的明细情况如表5所示。

表5 2014—2016年德景电子营业收入的明细情况

| 产品类别 | 2014年 | 2015年 | 2016年 |
| --- | --- | --- | --- |
| ODM(万元) | 123 110.88 | 126 006.91 | 119 706.6 |
| OEM(万元) | 6 760.49 | 8 327.7 | 10 852.56 |
| 行业手机(万元) | — | 137.73 | 27 832.48 |
| 其他(万元) | 17.96 | 238.61 | |
| 合计(万元) | 129 889.33 | 134 810.95 | 158 391.6 |
| 行业手机收入占营业收入比例(%) | — | 0.10 | 17.57 |

资料来源:根据德景电子的利润表整理得出

2. 德景电子的行业手机在手订单情况

2016年1—6月,德景电子行业手机实现的收入为4 508.30万元(经审计),2016年1—8月德景电子行业手机已实现收入8 270.69万元(未经审计)。根据德景电子提供的业务合同,截至德景电子回复签署日,2016年德景电子已经收到的行业手机订单合计金额2.67亿元,其中截至本回复签署日已完成订单金额为9 677.76万元(未经审计),未完成订单金额为17 057.09万元。上述订单保证了德景电子在2016年能够通过行业手机实现预期营业收入。同时,针对具有特殊信息安全需求的行业和部门(如政府、军队、公安系统、铁路公司、航天行业、金融行业等),德景电子联合产业联盟内的成员正在共同开发为不同客户定制的多款产品,这些产品将在2016、2017年为公司提供稳定的订单,保障业务的增长。

3. 德景电子收入实现的其他影响因素

(1) 行业趋势有利于促进手机产业的发展。

(2) 稳定的客户关系及合作模式为德景电子的手机产业发展奠定了基础。

(3) 在供应商整合方面,德景电子具有优秀的供应商整合能力,能够使得德景电子的采购与生产形成无缝对接,由此大大降低德景电子产品的原材料成本和时间成本,形成销售—采购的良性循环。

(4) 在产业联盟方面,德景电子与中国领先的自主知识产权的芯片公司展讯通信、国产虹膜技术供应商中科虹霸、国产移动操作系统元心科技签订了战略合作协议,并通过较强的整合能力,迅速量产了国产自主可控的行业安全手机,实现德景电子行业安全手机产品销售的快速增长。

综上,上述各方面的因素保证了德景电子在未来可预见的期限内业务经营和盈利能力的正常发展和稳定提升,在短期内,德景电子盈利能力具有不确定性的问题已经解决,其盈利能力已经有实质改变,德景电子的持续盈利能力不存在较大不确定性。

(二) 关于标的公司的现金流情况

德景电子 2016 年 1—6 月经营活动产生的现金流量净额为负数,2016 年 1—6 月及 2015 年主要现金流量表补充资料情况如表 6 所示。

表 6　2016 年 1—6 月及 2015 年主要现金流量表补充资料情况　　单位:万元

| 项　目　类　别 | 2015 年 | 2016 年 1—6 月 |
| --- | --- | --- |
| 净利润 | 4 484.91 | 3 147.64 |
| 存货的减少 | −2 709.53 | 2 530.32 |
| 经营性应收项目的减少 | 17 616.38 | −10 671.88 |
| 经营性应付项目的增加 | −7 315.4 | −2 579.76 |
| 经营活动产生的现金流量净额 | 14 583.18 | −5 961.98 |

资料来源:三联商社关于上交所问询函的回复报告

从表 6 来看,德景电子 2016 年 1—6 月现金流金额变动主要原因为经营性应收项目的增加,2016 年 6 月 30 日应收账款余额比 2015 年末增加 14 126.08 万元,应收账款增加原因为:

(1) 德景电子 2015 年 4—6 月并没有开始行业手机的销售,因此 2016 年 4—6 月德景电子行业手机销售收入比 2015 年同期增加 4 000 多万元;

(2) 2014 年 12 月 31 日、2015 年 12 月 31 日和 2016 年 6 月 30 日,德景电子应收账款净额分别为 43 548.63 万元、29 563.09 万元和 43 441.87 万元。2016 年 6 月 30 日的应收账款净额与 2014 年 12 月 31 日相当,主要是由于德景电子在 2015 年回款情况较好,导致 2015 年 12 月 31 日应收账款余额低于历史平均水平。

(三)关于标的公司的长期盈利能力

根据中国信息通研究院发布的 2014 年手机市场运行分析报告,2014 年我国手机总出货量约为 4.52 亿部,其中 ODM 出货量约为 1.55 亿部。因此,德景电子 2014 年度整机和主板销售数量占全国 ODM 手机出货量比约为 7.45%。

根据中国信息通研究院发布的 2015 年 12 月和 2016 年 6 月手机市场运行分析报告,2015 年我国手机总出货量为 5.18 亿部,2016 年上半年我国手机总出货量为 2.54 亿部。由于从公开渠道难以获取 2015 年我国 ODM 手机出货量相关数据,因此假设我国 ODM 手机出货量占我国手机总出货量比例与 2014 年保持不变,据此推算 2015 年我国 ODM 手机出货量约为 1.78 亿部,2016 年上半年我国 ODM 手机出货量约为 0.87 亿部。因此德景电子 2015 年度及 2016 年 1—6 月整机和主板销售数量占全国 ODM 手机出货量比约为 4.92%、4.53%。

德景电子在技术、人员、订单获取、采购等方面形成了有效的竞争壁垒,且德景电子具备一定的市场占有率,因此德景电子凭借其核心技术、与客户及供应商的长期良好合作关系和优秀的产品质量等竞争优势使得 ODM 和 OEM 业务具有长期盈利能力。

## 七、并购案最终得以通过

三联商社现金并购德景电子交易议案最终获得公司股东大会通过,通过率高达 99% 以上。2016 年 10 月 27 日,三联商社发布公告宣布德景电子变更为三联商社股份有限公司的全资子公司。三联商社与德景电子的"联姻"画上了完美的句号。此次并购有助于提高三联商社的资产质量和可持续发展能力,有利于公司的长远发展,符合公司及中小股东的利益。本次交易不属于《上市公司重大资产重组管理办法》第十三条规定的借壳上市,本次交易不构成三联商社的关联交易。

## 八、市场对本次并购的反应

(一)第一次并购被否决后市场的反应

2016 年 5 月 18 日,三联商社对德景电子的并购被否决,股票市场随即产生反应,三联商社的股价由13.51元/股一路下跌,跌到12.31元/股,跌幅达到8.88%,如图1所示。

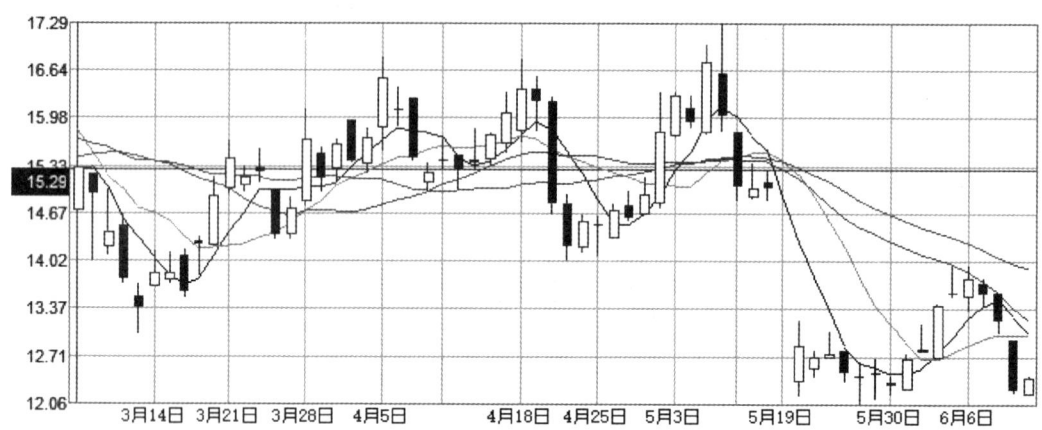

**图1 三联商社第一次并购被否决后股价行情**

资料来源:东方财富网

### (二)并购成功后市场的反应

三联商社在第一次并购被否决后,修改了并购方案,最终成功并购德景电子,标志着安全手机加密行业第一股的诞生,势必在市场上会掀起一阵巨浪。2016年9月29日三联商社发布公告称已经成功收购德景电子,并于次日复牌,这一利好消息马上对三联商社的股价有了回馈作用,如图2所示,三联商社的股价一路高歌猛进,由15.43元/股一路上涨到19.73元/股,增长率达到27.87%,各大证券对于三联商社股票的购买评级提升到强烈购买级别。

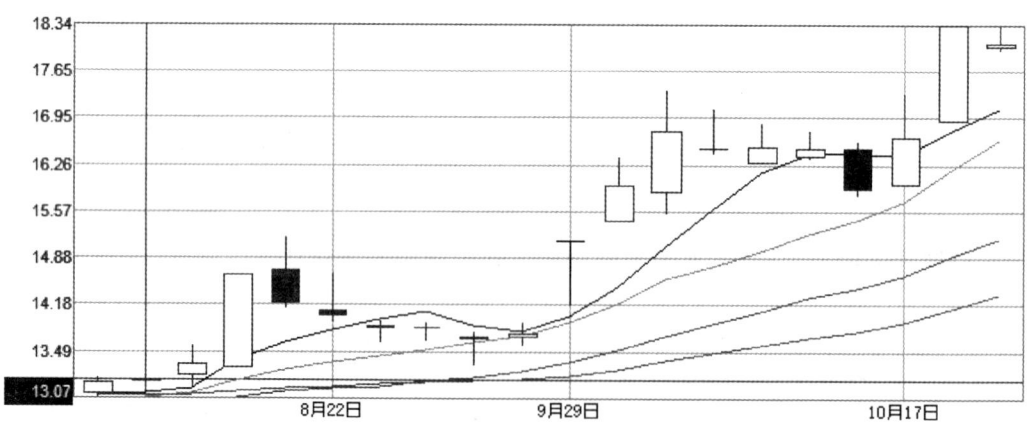

**图2 三联商社成功并购德景电子后股价行情**

资料来源:东方财富网

## 九、结尾

在经历了一波三折之后,三联商社如愿以偿地并购了德景电子,这次事件在资本市场卷起的风浪已经平息,但给我们对于并购行为的思考却远没有结束。企业并购行为之后出于怎样的战略思考?并购过程中如何选择不同的支付方式?并购结果对资本市场会产生怎样的影响?我们可以带着这些问题进行深一步的学习。

(执笔人:黄凯泉;指导老师:毛丽娟)

# 万达集团收购传奇影业：构建全球化全产业链的影视帝国

**适用课程**：企业并购　财务管理理论与实务

**编写目的**：本案例旨在以中国电影产业的典型海外并购案例——2016年万达集团收购美国传奇影业为切入点，引导学生了解并掌握企业并购的理论基础、并购战略、并购动因以及并购手段，同时利用财务数据分析并购的效果。

**知识点**：并购理论基础　并购手段　并购动因　财务数据分析

**关 键 词**：企业并购　并购战略　并购效果　电影产业

**案例摘要**：2016年1月万达集团收购美国传奇影业公司是迄今为止中国企业海外最大的一桩文化并购。本案例主要分析了两家企业的背景、海外并购的理论基础、万达集团的并购战略、并购的动因和并购手段等问题，并进行了必要的财务数据分析，探讨了本次并购的效果。

近年来中国电影市场迅速崛起，自2010年迈入百亿票房时代以来，已连续5年保持30%的增幅，2016年虽然增速放缓，但全国电影总票房还是达到了457.12亿元。同时2016年中国已超越美国成为世界上电影银幕最多的国家，达到41 179块。中国电影市场的巨大潜力使得中国与好莱坞的合作日益密切，中国企业开始大举进行海外收购。来自Dealogic的数据显示，2016年中国影视产业的海外收购总额达到了63.9亿美元，相较2015年同期的4.13亿美元增长近15倍。

在此大背景下，作为行业龙头的大连万达集团股份有限公司（以下称为"万达集团"）于2016年1月12日通过在美国的全资子公司WAE（Wanda American

Entertainment，Inc)以不超过 35 亿美元收购美国传奇影业公司(以下称为"传奇影业")，在构建全球化全产业链的影视帝国的道路上迈出了重要的一步。

## 一、万达集团介绍

(一)主营业务演变

万达集团创立于 1988 年，主要包括商业、文化、网络科技、金融四大产业集团，2016 年企业资产达到 7 962 亿元，营业收入为 2 550 亿元。万达集团旗下的万达商业作为我国地产行业的龙头老大一直是其收入核心。

但从 2014 年起万达集团开始逐渐剥离地产业，转而进入服务业，致力于从地产为主的企业转向服务业为主的企业。万达集团的服务业务包含两个层次：一是旗下以地产为主业的万达商业，盈利点从地产销售转向商场租金；二是整个万达集团，盈利点从地产转向文化娱乐行业。至此，万达文化集团在整个集团内的作用日益凸显。

万达集团自转型以来服务业比例逐渐提高，整个集团的产业布局发生了巨大的改变。2016 年是万达发展的转折之年，据万达集团的报告显示，2016 年万达服务业收入占比 55%，历史上首次超越地产，净利润也大于地产，可见万达集团转型基本成功。

(二)影视产业链布局

万达文化集团 2016 年收入 641 亿元，占万达集团整体收入比重超过 1/4，可见文化产业已经真正成为万达的支柱产业。

万达文化集团主要包括影视控股、旅游控股、体育控股、字画收藏 4 部分。2016 年影视控股收入 391.9 亿元，完成计划的 105.8%，同比增长 31.4%，占整个文化集团收入的 61.1%，可见影视产业是当之无愧的核心产业，发展前景巨大。万达影视控股公司(以下称为"万达影视")拥有影视制作、发行、放映、影视产业园区、电影节等，构建了一个全产业链的影视帝国，旗下的主要子公司情况如图 1 所示。

我国的电影产业链主要包括电影制片、电影发行、院线影院 3 个环节，万达影视、五洲电影发行以及万达院线[①]分别对应这 3 个环节，万达集团影视产业链布局如图 2 所示。

---

① 2017 年 5 月 19 日起，公司名称由"万达电影院线股份有限公司"变更为"万达电影股份有限公司"，证券简称由"万达院线"变更为"万达电影"，公司证券代码不变。

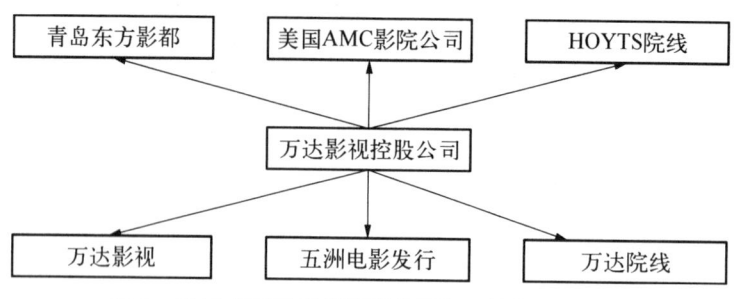

图 1　2016 年万达影视控股公司旗下的主要子公司

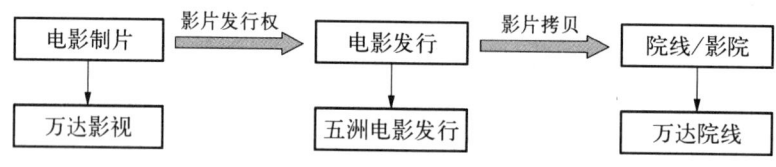

图 2　万达集团影视产业链布局

（三）股权结构变化

万达影视 2015 年投资影片票房总计 61.5 亿元，约占国产片票房份额的 23%，每年拍摄制作 10 部以上的影片，这其中不乏《鬼吹灯之寻龙诀》《滚蛋吧！肿瘤君》《催眠大师》《夏洛特烦恼》《唐人街探案》等高口碑影片。

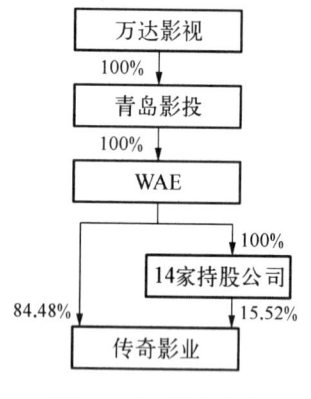

图 3　万达影视与传奇影业股权关系图

万达影视是以自身为主体，由青岛万达影视投资有限公司（以下称为"青岛影投"）等核心子公司整合而来。其中青岛影投是为收购传奇影业于 2015 年 11 月设立的公司，同时青岛影投在美国成立了全资子公司 WAE，WAE 于 2016 年 3 月 8 日完成对传奇影业的全部股份的收购，因此青岛影投通过 WAE 拥有传奇影业 100% 的股权。2016 年 5 月 9 日起万达影视变更为青岛影投的唯一股东。因此传奇影业是万达影视的全资子公司，具体股权结构如图 3 所示。

## 二、传奇影业介绍

（一）传奇影业产品结构

传奇影业由 Thomas Tull 创建于 2004 年，是美国独立的电影制片公司，主营电影开发、制作及共同投资,同时兼有电视剧开发、制作和发行业务及少量其他业务(数字网络及数据分析业务、真人秀节目制作、动漫产品制作等)。公司的基本信息如表1所示。

表1 传奇影业公司基本信息

| 公司名称 | Legend Pictures, LLC |
|---|---|
| 注册号 | 3 832 474 |
| 公司性质 | 有限公司 |
| 已发行股份数 | 1 376 674.18 份 |
| 成立日期 | 2004 年 7 月 22 日 |
| 注册地址 | Corporation Trust Center, 1209 Orange Street, in the City of Wilmington 19801 |

传奇影业的主要盈利点来自电影的开发、制作及共同投资;根据传奇影业2015年的财务报表数据,电影业务收入占比约为81.63%,具体收入构成如表2所示。

表2 2014、2015年传奇影业收入构成 单位:%

| 产　品 | 2014 年 | 2015 年 |
|---|---|---|
| 电　影 | 93.87 | 81.63 |
| 电视剧 | 5.19 | 15.76 |
| 其　他 | 0.94 | 2.61 |

(二)传奇影业经营优势及模式

传奇影业自身拥有丰富的电影制作和投资经验,在与华纳兄弟、环球影业的合作过程中,积累了丰富的好莱坞资源。传奇影业致力于开发基于所拥有的知识产权(IP)的许可计划,不断收购和建立新的IP,为后续电影的系列开发奠定基础。同时与许多一流的合作伙伴展开合作。

传奇影业制作投资的电影曾多次请来好莱坞著名导演执导,优质的导演资源为电影的品质提供了强有力的保证。最重要的是传奇影业拥有强大的创作团队、运营团队和营销团队,为其电影的筹备特别是剧本创作及购买、电影的立项拍摄和制作以及电影的宣传营销提供了强有力的保障。其中,传奇影业为做出正确的内部投资决策制定了"绿灯程序",通过"绿灯程序"特别会议决策哪部电影可以通过立项进入融资和拍摄程序。该会议通常由传奇影业的首席执行官Thomas Tull、全球制片副会长Mary Parent、总顾问Martin Whillhite、首席财务官Marlin Prager及一到两名部门员工参加。此外,传奇影业在好莱坞主力大片的运作上积累了宝贵的经验,其所参与的影片已有多部跻身当年全球票房前列及获得奥斯卡金像奖。截至2016年传奇影业在全球的票房总收入超过120亿美元,可见传奇影业在电影制作投资方面的盈利空间十分可观。

传奇影业主要包含两种经营模式:一是通过与其他电影制片商对电影产品进行联合投资,主导或少量参与电影产品的开发及制作,作为共同投资方分享投资收益实现收入,即"主投"或"参投"模式。二是作为独立制片商,独立完成电影产品的开发、制作和融资,并通过与发行商的合作,最终完成电影发行并实现收入,即"独家投资"模式。

(三)传奇影业子公司情况

传奇影业拥有7家直接持股的一级下属公司,具体情况如表3所示。

表3 传奇影业下属子公司情况

| 子公司名称 | 主营业务 |
| --- | --- |
| LP Finance LLC | 现无经营活动 |
| Legendary Pictures Funding, LLC | 传奇影业的电影电视制作、数字网络及数据分析业务 |
| Legendary Pictures Films, LLC | 作为一家电影发展子公司进行运营 |
| Legendary Pictures Productions, LLC | 作为一家电影发展子公司进行运营 |
| Five 33 Limited | 用于经营传奇影业在英国的业务 |
| Stratbridge Analytics, LLC | 现无经营活动 |
| LPSCO, LLC | 经营传奇影业在特定方面的电视业务、动漫部门及与数字网络相关的档案资产 |

2015年9月1日CI US Blocker(LPL)Corp.认购传奇影业新发的23 500股股份,在该交易中传奇影业的估值为31.31亿美元。本次万达集团收购传奇影业对传奇影业的估值为不超过35亿美元,估值趋于合理。

## 三、并购战略分析

(一)万达集团并购战略

万达集团制定了非常明确的海外并购战略规划,即万达要建设全球最大的电影生活生态圈,一个集电影制作、发行、放映于一体的全产业链影视帝国。

根据企业并购的目的分类,主要可以分为企业战略并购和企业财务并购。战略并购主要的依据是企业的战略布局,利用并购双方的优势实现并购的资源整合和资源优化,进而提升企业核心竞争力,逐步实现企业的战略目标。

万达集团坚持内生式成长和外延式扩张并举的发展策略。对此万达集团首先提出集团转型的整体方向,判断出影视文化领域是朝阳产业,是未来集团发展的方向。确定方向后万达集团开始谋求掌控全球最优资源,提出建设全产业链影视集团的整体规划,然而仅凭国内的影视资源是无法满足万达逐步扩张的全球影视帝国梦的。除此之外,中国电影资本市场的迅速崛起以及与好莱坞的合作日益密切等原因,使得海外并购成为万达集团构建影视帝国的不可或缺的一步。并购传奇影业明显属于战略并购的范畴。

(二)并购战略实施

万达集团在选择被并购对象之前,会对被并购对象的发展前景与潜力进行判断和分析,分析其在构建全产业链影视帝国中发挥的作用,在综合考虑各方面影响因素之后,确定被并购的对象。

万达集团基于自身战略布局已打通了全球主要市场的电影播放渠道,除了拥有中国最大院线——万达院线外,还于 2012 年 9 月收购了美国第二大院线 AMC;于 2015 年 6 月收购了澳大利亚第二大连锁院线 Hoyts;于 2016 年 3 月收购了美国第四大院线卡麦克;于 2016 年 7 月收购了欧洲最大院线 Odeon & UCI 院线。

成功收购上述这些海外公司的背后是万达清晰的全产业链逻辑,依据集团的全产业链战略布局成功整合了海外的优质资源,为实现全球影视帝国梦打下了坚实基础。

## 四、万达集团并购动因分析

万达集团为何要进行海外并购?面对众多的海外公司,万达集团为何选择传奇影业作为被并购对象?这其中的原因值得深入探究。

(一)海外并购动因分析

1. 中国电影市场的超高速成长激励着万达的战略并购

随着人们生活水平的提高,中国的消费者对于电影的需求日益膨胀,中国的电影消费市场成长迅速。中国电影市场的巨大消费潜力,刺激了大量资本涌入中国电影市场,从而带来了中国电影资本市场的"全球资本热恋",进而吸引了好莱坞的目光,进一步推动了中国电影市场的发展。为了紧跟中国电影市场成长的脚步,海外并购就成了满足国内电影市场需求的一条捷径。

2. 开拓境外电影业务,积极响应国家政策"走出去"的号召

我国的境外电影业务起步较晚,发展相对较慢。2014年3月,国务院出台了《关于加快发展对外文化贸易的意见》,对全国发展对外文化贸易特别是推动文化出口工作做出了全局性部署。为了响应国家政策"走出去"的号召,万达作为行业龙头率先开拓境外电影业务,通过收购传奇影业,学习好莱坞的电影制作、发行、投资经验,同时充分发挥境内外电影投资、制作、发行的联动协同效应,以此为切入点不断开拓境外电影业务。

3. 构建全产业链影视帝国发展战略

构建集电影制作、发行、放映于一体的全球影视帝国,通过吸收海外的优质资源,加强与好莱坞的合作,增强企业的核心竞争力,从而达成其战略目标。

(二)选择传奇影业作为并购标的动因

万达集团选择传奇影业作为其构建影视帝国的重要一环的原因在于传奇影业强大的核心竞争力,具体包括以下3个方面。

1. 在与好莱坞顶级公司的合作中,积累了丰富的影片制作经验

与好莱坞顶级影视公司进行合作,是传奇影业的重要发展战略之一,传奇影业也因此得以参加多部好莱坞优秀影片的拍摄,从而积累了丰富的影片制作经验。传奇影业成立伊始,即与华纳兄弟展开了长达8年的合作。2013年12月起,传奇影业开始与环球影业合作,合作拍摄了多部优秀电影作品。

2. 具备开发和制作面向全球发行的主力大片的能力

区别于其他美国独立电影制片公司往往专注于小规模投资电影的发展战略,传奇影业以开发、制作和共同投资面向全球发行的好莱坞主力大片为主要战略。在与好莱坞顶级公司的合作和自身探索的过程中,传奇影业积累了丰富的主力大片运作经验。

3. 积累了丰富的优质电影资源,为电影产品的系列开发奠定了基础

传奇影业通过与好莱坞顶级公司的合作积累了丰富的优秀电影资源,为其在此基础上进行电影产品的系列开发奠定了基础,比如"蝙蝠侠"系列、"超人"系列、"宿醉"系列、"诸神"系列等都是传奇影业在不断创作和积累优质IP的基础上成形的系列

电影。其他如《环太平洋》《哥斯拉》《侏罗纪世界》《魔兽》等影片均属于具备系列开发潜力的优质电影资源。

## 五、万达并购传奇影业的并购过程分析

(一)融资过程

出于青岛影投收购传奇影业的资金需求,2016年初,万达投资对其旗下的影视类资产开展私募融资工作,通过青岛影投原始股东增资以及20家私募投资基金在内的27名投资人对青岛影投增资等方式完成资金募集(融资)。

(1) 2016年3月2日,经青岛影投股东会决议,全体股东一致同意将青岛影投的注册资本增至65 798.800 1万元。本次增资由宿迁清远影视传媒合伙企业(有限合伙)以货币8 733.052 1万元增加出资,并由张铎以货币7 065.748万元增加出资,共增加注册资本15 798.800 1万元。宿迁清远影视传媒合伙企业和张铎都为青岛影投原始股东。

(2) 2016年4月8日,经青岛影投股东会决议,全体股东一致同意由浙江华策影视股份有限公司等27名投资人对青岛影投进行增资,注册资本增至127 050.528 6万元,并修改了公司章程。本次增资后,青岛影投的主要股权结构(前十大股东)如表4所示:

表4 增资后青岛影投主要股权结构及出资额

| 股 东 名 称 | 出资额(万元) | 股权比例(%) |
| --- | --- | --- |
| 北京万达投资有限公司 | 47 466.000 000 | 37.359 9 |
| 宿迁清远影视传媒合伙企业(有限合伙) | 10 133.052 100 | 7.975 6 |
| 泛海股权投资管理有限公司 | 9 642.904 370 | 7.589 8 |
| 北京弘创投资管理中心(有限合伙) | 9 642.904 370 | 7.589 8 |
| 张铎 | 8 199.748 000 | 6.453 9 |
| 克拉玛依恒盈股权投资有限合伙企业 | 3 857.161 744 | 3.035 9 |
| 天津鼎石一号资产管理合伙企业(有限合伙) | 3 857.161 744 | 3.035 9 |
| 梦元(天津)影视资产管理中心 | 3 857.161 744 | 3.035 9 |
| 深圳瑞铂一期股权管理合伙企业(有限合伙) | 2 700.013 222 | 2.125 1 |
| 新华联控股有限公司 | 2 314.297 046 | 1.821 6 |

## (二)并购过程

并购融资完成后,万达集团通过其在美国的全资子公司 WAE 取得传奇影业 100%的股权,具体的并购交易过程如表 5 所示。

表 5　WAE 取得传奇影业 100%股权交易情况

| 序号 | 交　　易 | 对价(美元) |
|---|---|---|
| 1 | 收购 Waddell & Reed 持有的传奇影业股份 | 411 000 000.00 |
| 2 | 管理层股票收购(第一笔) | 669 913 273.00 |
| 3 | 管理层股票收购(第二笔) | 400 000 000.00 |
| 4 | 收购 14 家持股公司 | 383 313 361.76 |
| 5 | 收购其他投资者股票 | 688 954 657.57 |
| 6 | WAE 收购 Wanda America Glory Investment Holding Co.持有的传奇影业股份 | 110 400 000.00 |
| | 总额 | 2 663 581 292.33 |

上述交易所使用的并购支付手段主要包括支付现金、发行无担保票据以及支付现金并发行无担保票据 3 种形式。以下按这 3 种形式对上述交易进行分析。

## 六、并购支付手段分析

### (一)通过支付现金购买股份

通过支付现金来收购传奇影业股份,具体包括以下几种形式的交易。

(1) WAE 收购 Waddell & Reed 持有的传奇影业的股份。2015 年 12 月 29 日,WAE 自 Waddell & Reed 收购了其所持有的传奇影业股份,以现金支付对价,收购总价为 411 000 000 美元。

(2) 收购 14 家持股公司的股份。2016 年 3 月 8 日,WAE 收购了 CONT LP Holdings LLC、FAIG LP Holdings LLC 等 14 家公司的股权,并间接获得该 14 家投资人持有的传奇影业股份,以现金支付对价,收购对价总和为 383 313 361.76 美元。

(3) 收购其他投资者股份。2016 年 3 月 8 日,WAE 收购了其他投资者所持有的传奇影业股份,以现金支付对价,收购对价为 688 954 657.57 美元。

(4) WAE 收购 Wanda America Glory Investment Holding Co.持有的传奇影业

的股份。2016 年 3 月 8 日，WAE 收购了 Wanda America Glory Investment Holding Co.所持有的传奇影业股份，以现金支付对价，收购总价为 110 400 000 美元。

使用现金购买股份的原因可能包括：万达集团现金资产较为充足；对方美国公司出于保险考虑，而且对中国公司的诚信度持保留态度。

### （二）通过发行无担保票据购买股份

万达集团通过发行无担保票据来收购传奇影业股份。具体的交易形式为 WAE 收购管理层股票（第一笔）。2016 年 2 月 25 日，WAE 自 Accarb，LLC 收购了其所持有的传奇影业股份，收购对价为 WAE 向 Accarb，LLC 发行本金总计 400 000 000 美元的无担保票据，年息为 0.364 5%。

### （三）通过支付现金，同时发行无担保票据购买股份

通过支付现金并发行无担保票据来收购传奇影业股份，具体交易形式为 WAE 收购管理层股票（第二笔）。2016 年 3 月 8 日，WAE 自 Accarb，LLC 和 Thomas Tull Capital，LLC 以及 Tull Family Trust 与 Bracca，LLC 收购了其所持有的传奇影业股份，收购对价为由 WAE 向各卖方发行本金总计 650 000 000 美元的无担保票据，年息为 0.364 5%。同时，WAE 以 19 913 273 美元现金为对价获得了管理层余下的普通股。

## 七、并购效果分析

### （一）传奇影业并购效果

传奇影业资产负债表主要数据见表 6，从表中可以看出 2014、2015 年的股东权益都为负数，表明传奇影业的净资产状况不容乐观。

表 6　2014、2015 年传奇影业资产负债表主要数据　　　　单位：万元

| 项 目 类 别 | 2014 年 | 2015 年 |
| --- | --- | --- |
| 资产总额 | 770 125.11 | 575 408.34 |
| 负债总额 | 899 505.87 | 935 328.89 |
| 股东权益合计 | −129 380.76 | −359 920.55 |

利润表主要数据见表 7，2014、2015 年传奇影业的净利润都为负数，且 2015 年相较 2014 年亏损得更为严重。

表7  2014、2015年传奇影业利润表主要数据　　　　　　单位：万元

| 项目类别 | 2014年 | 2015年 |
| --- | --- | --- |
| 营业总收入 | 263 457.07 | 302 274.78 |
| 利润总额 | -224 310.38 | -362 828.79 |
| 净利润 | -224 304.52 | -362 842.58 |

现金流量表主要数据见表8,传奇影业连续两年的经营活动现金流量以及投资活动的现金流量都为负数,可见传奇影业的现金流量存在严重资金短缺问题。

表8  2014、2015年传奇影业现金流量表主要数据　　　　单位：万元

| 项目类别 | 2014年 | 2015年 |
| --- | --- | --- |
| 经营活动产生的现金流量净额 | -160 334.24 | -49 500.20 |
| 投资活动产生的现金流量净额 | -16 426.15 | -734.34 |
| 筹资活动产生的现金流量净额 | 222 131.97 | -26 223.59 |

传奇影业2014、2015年亏损严重的主要原因包括:因传奇影业被收购,管理层加速行使期权导致非现金股权激励费用大幅增加;当年广告宣发成本较高;对部分资产计提减值。

1. 股权激励费用

2015年由于WAE收购传奇影业,根据传奇影业为公司高管人员制定的股份期权激励方案中第3.4条"因公司被收购导致的加速行权"相关内容,当出现传奇影业被收购或类似情况时,参与该股份期权方案的员工可以就全部已授予但未行权的部分予以行权,从而导致股权激励费用大幅增加,影响金额高达4.28亿元。与此同时管理层期权已于2015年全部行使完毕,对传奇影业未来业绩不会再产生影响。

2. 广告宣发成本

2014年和2015年传奇影业广告宣发成本支出较多的主要原因在于按照与传奇影业电影发行商环球影业的合作安排,对于由传奇影业100%投资制作的影片,传奇影业将承担全部的广告宣发成本。而2014年和2015年,由传奇影业100%投资制作的影片数量明显高于过往年度。根据传奇影业2016—2018年的电影投拍计划,为适当降低投资风险,传奇影业拟控制传奇影业发起并主导投资的影片数量,预计广告宣发成本将得到有效控制。

3. 资产减值损失

2014年和2015年传奇影业资产减值损失主要系影片《骇客交锋》《幽灵》《猩红山峰》等市场表现明显低于预期水平所致。传奇影业未来年度的影片集中为基于优秀IP开发的电影或前期票房表现优秀的电影续集,如《魔兽》《木乃伊》《环太平洋》《哥斯拉》《侏罗纪世界》等,从而保证积极的市场反应态势。按照传奇影业当前票房预测数据模型,传奇影业于业绩承诺期内并无重大资产减值损失影响因素。

在排除了上述影响因素的基础上,传奇影业拟在未来适度加大其在电视剧、数字网络及数据分析等业务上的布局,有效对冲电影制片业务的业绩波动,并形成新的收入和盈利贡献点。预计传奇影业2016—2018年间将合计实现净利润约31亿元。

(二)万达集团(万达影视)并购效果

万达影视在并购传奇影业之前财务数据还是很有亮点的,具体见表9。2014年万达影视的净利润为6 116万元,2015年的净利润达到了1.3亿元。

表9　2014、2015年万达影视合并前利润表主要数据　　　　　单位:万元

| 项目类别 | 2014年 | 2015年 |
| --- | --- | --- |
| 营业总收入 | 38 175.86 | 56 916.29 |
| 利润总额 | 6 116.23 | 14 067.22 |
| 净利润 | 6 116.23 | 13 019.70 |

正是受到传奇影业巨亏的影响,整合后的万达影视[①],2014年的净利润为-26.9亿元,2015年的净利润为-39.7亿元,亏损严重,具体见表10。

表10　2014、2015年万达影视合并后利润表主要数据　　　　　单位:万元

| 项目类别 | 2014年 | 2015年 |
| --- | --- | --- |
| 营业总收入 | 344 260.05 | 392 636.01 |
| 利润总额 | -214 931.90 | -341 195.46 |
| 净利润 | -269 149.66 | -397 022.70 |

由于影响利润的不利因素在2016年均已不存在,加之万达影视自身亮眼的财务业绩,整合后的万达影视预计将实现较大盈利。为了进一步加快万达集团影视帝国

---

① 系假设青岛影投对传奇影业的收购、万达影视对青岛影投的合并等交易均在2014年1月1日即已完成,青岛影投自该日期起即已成为万达影视之子公司,在此基础上编制万达影视合并财务报表数据。

的构建,上市成为高效利用万达影视这一优质资源的捷径。

对此,万达集团启动电影制作发行板块的资本化 IPO 动作,万达院线(股票代码:002739)拟发行股份购买万达集团影视类资产,于 2016 年 4 月 22 日发布了《关于重大资产重组的停牌进展公告》,披露了公司本次拟发行股份购买的标的主要包括万达影视和传奇影业。随后由于万达影视、青岛影投(含传奇影业)等标的资产因经营需要启动内部整合以及证券市场环境发生了较大变化,2016 年 8 月 2 日万达院线宣布中止重大资产重组事项。直至 2017 年 7 月 4 日公司发布了《重大事项停牌公告》(2017 - 035 号)称,经公司确认,本次筹划的重大事项为拟发行股份购买万达影视传媒有限公司股权,涉及重大资产重组,因此截至目前重大资产重组仍在进行中。根据万达院线发布的《盈利预测补偿协议》及《盈利预测补偿协议之补充协议》,万达投资承诺万达影视 2016、2017、2018 年合并报表中扣除非经常性损益后归属于母公司所有者的净利润分别不低于 13 亿元、16.6 亿元、21.38 亿元。否则,万达投资将按照《盈利预测补偿协议》中约定的方式,对万达院线进行补偿。

因此,合并传奇影业后虽然在 2014 年以及 2015 年给万达集团造成了巨大亏损,但由于万达集团本身资质较好,短期的亏损并不会对集团产生太大影响。加之万达影视自身未来的盈利水平趋于良好,同时随着传奇影业未来经营业绩的好转,传奇影业作为万达影视旗下的主要资产,对其有主导性影响,从长远来看,万达影视(万达集团)收购传奇影业对双方来说都存在积极的影响。同时,本次收购进一步扩大了万达集团在全球的影响力,符合其全球化影视帝国的战略目标,是一次相对成功的海外并购案例。

但万达集团收购传奇影业也存在着一些挑战,比如传奇影业的核心人物 Thomas Tull 于 2017 年 1 月宣布辞职,这对于万达集团来说并不是一件好事。在传奇影业这样的美国企业里团队精神是不可或缺的,"领头羊"的离开或将给传奇影业整个团队带来不小的打击,传奇影业能否在万达集团的带领下继续保持往日的辉煌,让我们拭目以待。

## 八、问题讨论

(1) 企业并购的理论都包括哪些?你认为与本案例相关的并购理论是什么?

(2) 万达集团的并购战略是什么?请简要概括。

（3）本次万达集团收购传奇影业的动机是什么？请从宏观层面和微观层面分别说明。

（4）本次并购过程中所使用的并购手段包括哪些？每一种并购手段具体包括哪些交易？交易过程中的融资情况如何？

（5）本次并购的效果如何？分别从并购双方的角度阐明。

（6）你对本次并购的评价如何？

## 参考文献

[1] 方璐.争夺全球电影市场话语权,万达投230亿收购美国传奇影业[N].21世纪经济报道,2016-01-13.

[2] 刘惠兰.万达230亿元收购美国传奇影业公司[J].经济,2016(4).

[3] 梁倩.万达230亿元并购美国传奇影业[N].经济参考报,2016-01-13.

[4] 任艳艳.跨国并购理论的多视角研究[D].杭州：浙江工业大学,2013.

[5] 史燕君,扶黄思宇.万达院线整合影视资产布局全产业[N].国际金融报,2016-06-13.

[6] 万达电影院线股份有限公司.万达电影院线股份有限公司发行股份购买资产并募集配套资金暨关联交易预案（修订稿）[EB/OL].(2016-06-13).http://sc.stock.cnfol.com/jysgg/20160613/22878791.shtml.

[7] 王莉莉.中美电影忙"联姻"影业投资或猛增[J].中国对外贸易,2016(3).

[8] 魏涛.中国企业海外并购动因分析及整合研究[D].成都：西南财经大学,2012.

（执笔人：史璇；指导老师：陈溪）

# 并购大王的"收购经"
## ——中国化工收购先正达

**适用课程：** 企业并购　财务管理理论与实务

**编写目的：** 本案例编写目的在于使学生对企业海外收购的动因、收购成功关键因素以及中国企业实现做大做强和"走出去"的发展经验等问题具有感性的认识和深入的思考，从双方企业本身和所处环境等角度分析问题，并提出解决方案。

**知 识 点：** 并购整合

**关 键 词：** 中国化工　收购　杠杆　波折

**案例摘要：** 本案例以中国化工集团公司为主角，描述了其收购瑞士先正达公司的曲折过程，在此基础上结合其以往的收购经历分析，进一步找出中国化工集团公司通过不断并购使企业做大做强的收购经验，希望可以对我国更多的企业通过海外并购而成功发展壮大有所裨益。

中国化工集团公司（以下称为"中国化工"）2017年6月8日宣布，已完成收购瑞士先正达公司（以下称为"先正达"）的第二次股份交割。目前中国化工拥有先正达94.7%的股份，相关法律法规准许后，先正达股票将从瑞交所退市、美国存托凭证（ADS）将从纽交所退市。这项总交易金额430亿美元的项目，是迄今为止中国所实施的最大规模的一单海外企业并购。

早在先正达之前，中国化工出海觅食，寻求收购目标的脚步从未停歇。自2006年开始国际化经营以来，中国化工先后收购了法、英、德、意、以等国9家行业领先的企业，且并购后的表现均相当出色。这家中国企业，也被认为是最有可能打破世界现有化工格局的力量。

目前,全球农化和种子行业的市场价值达1 000亿美元,而中国化工收购先正达是影响农业及化工行业竞争格局的3笔关键交易之一。凭借此次并购,中国企业将正式进入全球农化企业第一梯队,能更好地服务于中国国内的农业供给侧结构性改革,并彻底改写全球化工领域的市场竞争格局。

那么,此次收购先正达,中国化工经历了哪些波折?进行全球收购的背后,中国化工又有着怎样的成长路径与雄心壮志?

## 一、公司简介

### (一) 中国化工

中国化工是经国务院批准,在中国蓝星(集团)总公司(以下称为"蓝星公司")、中国昊华化工(集团)总公司(以下称为"昊华公司")等原化工部直属企业重组基础上新设的国有大型中央企业,于2004年5月9日正式挂牌运营,隶属国务院国资委管理。中国化工是中国最大的基础化学的制造企业,在2017年7月20日全球同步发布的《财富》"世界500强"排行榜中,中国化工排名211位,这已经是它连续7年跻身"世界500强"榜单。

中国化工主业为化工新材料及特种化学品、基础化学品、石油加工、农用化学品、轮胎橡胶和化工装备6个业务板块。中国化工在全球150个国家和地区拥有生产、研发基地,并有完善的营销网络体系。有6家专业公司、4家直管单位、92家生产经营企业,控股7家A股上市公司[安迪苏(股票代码:600299)、沈阳化工(股票代码:000698)、天科股份(股票代码:600378)、风神股份(股票代码:600469)、沧州大化(股票代码:600230)、沙隆达(股票代码:000553)、天华院(股票代码:600579)]、10家海外企业,有26个科研、设计院所,是国家创新型企业,进出口贸易、经济技术合作业务遍及全世界,拥有外贸进出口经营权、特殊化学品专营权和外事审批权。

### (二) 先正达

2000年11月13日,阿斯特拉捷利康的农用化学品业务与诺华公司的作物保护和种子业务分别从原公司中独立出来,合并组建为全球最具实力的专注于农业科技的企业——先正达。新公司总部设在瑞士巴塞尔,在瑞士、伦敦、纽约和斯德哥尔摩的证券交易所上市。

先正达公司是全球第一大植保公司,在高价值种子领域名列第三。先正达 2016 财年收入 127.9 亿美元,净利润 11.8 亿美元。其中,农药和种子分别占全球市场份额的 20% 和 8%。先正达公司在中国的发展史可以追溯到 100 多年前。自从在上海开设办事处及第一间工厂开始,公司在中国的业务就同国家的发展同步。从中国实行改革开放政策以来,公司一直致力于在华业务的发展。

## 二、案例概况

(一) 中国化工收购先正达的 3 个阶段

2017 年 6 月 27 日,新当选的先正达董事会主席、中国化工董事长任建新与先正达公司董事会副主席米歇尔·德马尔在先正达总部所在地瑞士巴塞尔宣布,中国化工集团完成了对先正达的收购。

至此,这项中国创纪录的海外并购基本画上了句号。据美国证券交易委员会(SEC)披露的最新文件,这项交易总价已接近 440 亿美元。这一费用包括收购先正达普通股和 ADS 的对价,以及相关交易费用等。这笔巨额的收购金额远远超过了 2012 年中海油收购尼克森的 151 亿美元,并使这项交易成为中国史上最大的海外收购项目。

由于控制权变动,先正达部分债务需提前偿还。中国化工通过汇丰银行贷款 50 亿美元用于承接先正达的债务,也就是说中国化工为这项收购实际花费 490 亿美元。

1. 第一个阶段——谈判阶段

2015 年 5 月 8 日,在先正达拒绝孟山都现金+股票报价的同一天,中国化工董事长任建新就联系了先正达 CEO,表达了收购意向。在之后的 9 个月里,中国化工一直与孟山都进行竞争,谈判过程也非一帆风顺,先正达多次拒绝中国化工的报价。

2015 年 5 月 10 日,先正达 CEO 通知任建新,先正达对和中国化工的交易不感兴趣。2015 年 6 月 1 日,任建新再次联系先正达 CEO 进行非正式报价,表示将用接近孟山都现金+股票报价价值的全现金来收购先正达。2015 年 6 月 4 日,先正达 CEO 再次通知任建新,先正达不卖,并且对和中国化工做交易没兴趣。

2015 年 6 月 6 日,孟山都再次向先正达公司提交了现金+股票报价(449 瑞士法郎/股),先正达认为该报价和上次报价并没有什么提升(仅仅增加了和政府审批挂钩的反向分手费)。同日,任建新联系了先正达的财务顾问瑞银(UBS),通过中间人再次递话给先正达董事长,继续表示愿意和先正达做一个战略性交易。

2015年6月25日,先正达CEO邀请任建新于7月7日到苏黎世和其会面聊聊,并让其参观了其位于斯坦因的研发中心。

2015年7月7日,在任建新与先正达董事长和CEO的会面中,任建新再次提出了全现金收购的提议,但该报价比孟山都的现金+股票报价有一定的折让。

在2015年7月20日和21日的先正达董事会上,董事会成员和其财务顾问高盛、JP摩根讨论了公司的前景、行业的发展、行业整合的现状以及股东的情绪等诸多话题,决定应当继续寻求包括和中国化工交易在内的多种选项。

2015年7月26日,任建新再次联系先正达董事长,继续表示做交易的意愿与愿意保持先正达核心价值和身份的承诺。

2015年8月10日,先正达收到中国化工的意向报价,其中有两个选项:第一,以每股现金449瑞士法郎收购66.7%的股权,保持先正达的上市地位,交易完成3年后其他股东有卖权;第二,以每股449瑞士法郎现金报价收购100%的股权。

2015年8月17日,任建新再次联系先正达董事长,重新确认了8月10日的非约束性报价,同时表达了该交易能给先正达带来的好处。

2015年8月18日,孟山都提供修改后的报价,将对先正达每股报价提升为245瑞士法郎现金以及合并后公司2.229股,并承诺反向分手费为30亿美元,修改后的报价估值为每股451.83瑞士法郎。

2015年8月24日,先正达董事会召开电话会讨论各种报价方案和公司下一步的计划,考虑到监管风险、可能的种子业务的剥离和税务倒置等问题,先正达董事会认为在进一步和孟山都澄清之前,将不会寻求与孟山都之间的交易;而对于中国化工的报价,先正达董事会决定拒绝。

2015年8月26日,孟山都宣布放弃收购先正达后,情况逐渐明朗。

在这之后,对于中国化工的报价,先正达董事会还拒绝过多次。但在经过多次谈判和中国化工不懈的追求下,2015年12月11日,任建新向先正达董事长表示,他可以再度考虑提升两个选项:第一,购买66.7%的股份,维持先正达公司上市地位,每股报价465瑞士法郎;第二,全现金每股460瑞士法郎100%收购先正达公司。

2015年12月12日,先正达董事长书面回复任建新,表示先正达愿意在每股475瑞士法郎的价格下,让中国化工进行尽职调查,并展开交易细节谈判。

2016年2月2日晚,任建新携中国化工管理层与先正达董事会在苏黎世会面,签署了收购协议。

2. 第二个阶段——审批阶段

中国化工与先正达均在全球拥有业务,达成收购协议后,还需通过相关国家政府监管机构审批。资料显示,这项交易最终通过美国外国投资委员会(CFIUS)等11个国家的安全审查机构与美国、欧盟等20个国家和地区反垄断机构的审查。

在审批阶段,最受瞩目的是欧盟和美国的反垄断审查。这项交易先是在2016年8月通过了美国外国投资委员会的审查。2017年4月5日,中国化工和先正达以剥离三类杀虫剂的条件,通过了美国联邦贸易委员会的反垄断审查。一天之后,在中国化工同意剥离子公司安道麦在欧洲的部分农药资产后,这项交易也通过了欧盟委员会的反垄断审查。

2017年4月10日,最后一个国外政府审查机构墨西哥联邦经济竞争委员会通过了对这项交易的反垄断审查;4月12日,这项交易获得中国商务部的批准。至此,历时一年两个月,中国化工收购先正达完成了各国政府监管机构的审批。

3. 第三个阶段——交割阶段

根据并购协议,中国化工向持有先正达股票的公众股东及ADS持有人发起收购要约,至2017年5月4日主要约期结束,接受要约的股票占82.2%;至5月24日附加要约期结束,共有94.7%的股票接受中国化工提出的要约。

(二)中国化工收购先正达相关情况介绍

中国化工分两次进行交割,对应两个要约期股东及ADS持有人,至2017年6月7日第二次交割完成后,中国化工持有先正达股份94.7%。先正达2015—2017年股价走势如图1所示。

图1 2015—2017年先正达公司股价走势

资料来源:东方财富网

交割完成后,根据相关法律法规,先正达股票将从瑞交所退市、美国存托凭证(ADS)将从纽交所退市。据报道,中国化工计划5年内实现先正达部分股票重新上市,并将保持先正达运营的独立性,先正达总部仍将留在瑞士。

中国化工与先正达具有很强的互补性:中国化工集团自有的农药资产多为原药生产厂,在2016年完成了对世界最大的仿制药生产商安道麦公司(原名马克西姆-阿甘)100%股权的收购后,此次收购的先正达是全球最具实力的专利药生产商,通过收购先正达,中国化工拥有了一条完整的农药产业链;此外,先正达的种子业务可以弥补中国化工的空白,也符合世界农化与种子结合的潮流。此次交易拥有重大的战略意义,通过收购先正达,可以推动中国农化、种子产业的升级换代,并确保中国的粮食安全。

收购能够成功也得益于中国化工系列海外收购建立的良好口碑。中国化工海外收购的都是业内最优秀的公司,中国化工也最大限度尊重被收购方运营的独立性,并利用被收购方的管理经验来提升自己原有资产的运营效率,这种并购风格获得了被收购方的认可。

(三)成功并购相关经验分析

1. 尊重被收购方

中国化工承诺,计划在5年内实现先正达部分股票重新上市,完全支持先正达运营、管理层及员工的完整性,先正达总部保留在瑞士巴塞尔,先正达董事长继续担任副董事长和独立董事负责人,还为先正达保留4个董事席位。这给予了先正达最大的自由和尊重,也是触动先正达高层的最后一颗定心丸。

而孟山都在并购上的一贯风格是更换管理层,强势植入自己的理念。孟山都主要看中的是先正达的农化业务,收购之后势必将拆分其种子产业,直接影响先正达管理层的利益。

先正达董事长表示:"通过该要约,中国化工承认先正达业务的质量与潜力,这包括行业领先的研发、制造能力以及我们全球员工的高素质。这项交易把对运营的中断和执行的风险降到了最低水平;专注全球特别是中国及其他新兴市场的增长,并有助于对创新进行长期投资,这对全球粮食安全至关重要。先正达仍将是先正达,并继续保留在瑞士的总部,充分体现瑞士作为企业地的吸引力。"他认为假如选择了孟山都合并的话,先正达的品牌将会在未来消失,而跟中国化工合作,中国化工将会保留先正达的价值和先正达的文化以及可持续性,因此先正达能够继续发展。① 先正达首席执行官则认为:"先正达是全球农化行业的领头企业,并在过去10年大幅度扩大了其在全球市场的份额。这项交易将帮助我们维持并扩展市场地位,同时大幅度提高我们种子业务的潜力。交易将最有效地确保我们继续为种植者提供不同选项,以及进行不同科技和作物平台的研发投资。我们对成本和资本效益的承诺不变。"

### 2. 并购获得协同效应

任建新已经确立了先正达的新目标:5—10年内在中国和新兴市场国家再造一个先正达,销售额翻一番。

先正达在农药和种子技术上有领先优势,中国则有广阔的市场空间,双方具有很强的互补性,业务重合极小,并购不会引起市场份额的大变,欧美反垄断审查并非大问题。而孟山都一直以来都是先正达的竞争对手,而且两家业务重复度高。先正达董事会拒绝孟山都的理由是,孟山都收购要约没有考虑监管机构否决交易的风险。

### 3. 找准自身需要和趋势选择并购对象

2008年金融危机期间,农化行业低迷,并购整合盛行。中国化工当时就考虑收购先进的农化公司,和孟山都、先正达都有过接触,可惜并没有谈成。

先正达的农化、种子业务与粮食行业密切相关。随着人口的增长以及人们肉食消费比例的提高,未来粮食增长缺口将越来越大,粮食未来的增长压力决定了农化、种子行业未来的增长空间。另外,在世界农业领域,降低农药使用量是大势所趋,同时国家管理部门对食品最大农药残留量的要求越来越严厉。这些决定了高效农药成为未来农化行业的发展趋势。而中国是世界第一农药消费大国,每年农药使用量占世界使用量的1/3,为遏制滥用农药的状况,2015年农业部发布《2015年种植业工作要点》,要求控制农药使用量,2020年农作物农药使用总量实现零增长,推进高效低毒低残留农药替代高毒高残留农药。而这正是先正达的优势所在,先正达农药业务主要集中在高端的专利药领域,具有高效、低毒的特性,这正契合世界、中国农化产业的发展趋势。

### 4. 并购后的整合

先正达并入中国化工的协同效益的重头戏将是整合重组。中国化工在这方面已

---

① 陈国兴.430亿! 直挂云帆济沧海——中国化工收购先正达的前前后后[J].中国石油和化工,2017(7).

经轻车熟路。中国化工整合倍耐力、马克西姆-阿甘,都采用了同样的整合模板。

整合的第一步,是进行业务重组,合并同类型业务。比如收购倍耐力后,倍耐力剥离旗下的工业轮胎业务,并入中国化工旗下的轮胎板块上市公司风神股份;收购马克西姆-阿甘后,将马克西姆-阿甘的制剂业务与中国化工原制剂业务统一到一个销售平台。

业务整合完成后,海外资产一般会装入中国化工旗下的A股上市平台。比如,倍耐力并入风神股份,安道麦并入沙隆达。

先正达与中国化工原有的农化资产重叠较小。中国化工原来的沙隆达、收购的安道麦都是主做非专利药,而先正达农化业务集中在高端的专利药。先正达和安道麦都会保持运营的独立性,未来中国化工将有安道麦和先正达两个农化板块。

先正达并入中国化工后,可以加强与中国化工原农化资产的合作。比如可以采购中国化工生产的原药,降低成本;中国化工的原药资产,也可以扩大收入,整体的运营效率也会提高。[①]

### (四)尾声

坚持走国际化道路,才能保持创新与变革。任建新认为:"学习、尊重(收购)企业所在国的文化是企业文化融合的关键。每个民族在浩瀚的历史长河中都形成了自己独特的优秀文化,因此,与海外企业交流和融合是(中国化工)管理的起点,学习和补充是双赢的基础。"

从中国化工近几年海外投资的发展历程可以看出,其海外业务正在逐步由小到大、由点到面,越来越显示出良好的发展前景。中国化工不仅境外投资的区域不断扩大,业务量不断增长,境外合作的形式也在不断变化,但是也应时刻警惕并购中可能出现的问题,在新的发展机遇期为国家和民族创造更大的价值。

**附录1 中国化工集团、先正达财务数据对比(2016年底)**

|  | 总资产(亿元) | 资产负债率(%) | 营业收入(亿元) | 净利润(亿元) |
|---|---|---|---|---|
| 中国化工集团 | 3 776.4 | 81.0 | 3 001.3 | 25.4 |
| 先正达 | 1 334.2 | 58.2 | 895.3 | 84 |

数据来源:2016年年报

---

① 杨益军.中国化工收购先正达,机遇大于挑战[J].农药市场信息,2016(4).

**附录 2　中国化工业对外交易额超 10 亿美元交易**

| 中　　方 | 目 标 企 业 | 所在国家 | 交易金额(亿元) | 年份 | 产品细分 |
|---|---|---|---|---|---|
| 中国化工集团 | 先正达 | 瑞士 | 2 983 | 2017 | 农用化学品 |
| 中国化工集团 | 倍耐力 | 意大利 | 505 | 2015 | 橡胶及轮胎 |
| 中国化工集团 | 安道麦(40%) | 以色列 | 241 | 2016 | 农用化学品 |
| 中国化工集团 | 马克西姆-阿甘(60%) | 以色列 | 153 | 2011 | 农用化学品 |
| 中国化工集团 | 埃肯 | 挪威 | 142 | 2011 | 硅化学品 |
| 万华集团 | 博苏化学 | 匈牙利 | 101 | 2011 | 石油化工 |

数据来源：中国石油石化联合会

**附录 3　全球农化巨头并购洗牌**

| | 陶氏化学与杜邦合并 | 中国化工收购先正达 | 拜耳收购孟山都 |
|---|---|---|---|
| 交易规模 | 合并市值约 1 300 亿美元 | 430 亿美元收购 100%股权，全现金 | 660 亿美元收购 100%股权，全现金，并购后公司规模 850 亿美元 |
| 交易方案 | 对等合并,各持股 50% | 465 美元/股,加 5 美元特别分红,19.28 倍 EBITDA | 128 美元/股,比 2016 年 5 月 9 日提交交易意向时溢价 44%,20.57 倍 EBITDA |
| 交易过程 | 2015 年 12 月 11 日宣布合并 | 见正文 | 5 月 10 日,拜耳首次向孟山都提交书面收购要约,价格为 122 美元/股；7 月 14 日,125 美元/股；9 月 5 日,127.5 美元/股；9 月 14 日,128 美元/股 |
| 融资安排 | 换股 | 250 亿美元股权融资,254 亿美元债权融资 | 发行 190 亿美元强制性可转债,加 570 亿美元过桥贷款 |
| 分手费 | 双方均为 19 亿美元 | 中国化工反响分手费 30 亿美元,先正达分手费 8.48 亿美元 | 拜耳的反向分手费为 20 亿美元 |
| 合并后农化和种子业务销售规模(2015) | 162 亿美元,其中 51%是种业,市场份额 18%；49%是农药,市场份额 15% | 165 亿美元,其中农药约 82%,市场份额 25%；种业约 18%,市场份额 6% | 258 亿美元,其中约 55%是农药,市场份额 26%；约 45%是种业,市场份额 22% |

资料来源：农财网种业宝典

**附录 4　中国化工董事长任建新的并购发展史**

任建新 1958 年出生于甘肃兰州,毕业于兰州大学,随后进入了位于兰州的化工部化工机械研究院。

1984 年,26 岁的任建新发现一组奇怪的数据：我国每年因锅炉结垢多消耗 800 万吨原煤,相当于当时煤炭增产量的一半,根本原因在于清洁技术落后。了解这组数据后,任建新想起,化机院此前有一项名为"Lan-5"——硝酸酸洗缓蚀剂的技术,这项创新曾获过奖,理论上可以解决锅炉结垢的问题。但该创新在获奖后,却在保险柜里锁了5年。在当时的中国,这种清洗技术的市场完全空白,化机院此项专利的对外标价是250元。任建新就想买下这项技术去创业,但是没钱,他把自己的家产作抵押,跟化工部借了1万元。还立了军令状:如果失败,将家产变卖作为补偿,另外自愿将职务降一级,工资降一级。

就这样,1984年9月,在化机院的破旧防空洞里,任建新带着7个共青团员下海,创立了中国蓝星。他没什么公司的概念,就是想着给化机院增加些收入。他虽然签了军令状才拿到钱,是这份事业的创始人,但还是将蓝星视为化机院的"财产"。

小团队没什么分工,任建新得负责所有事情。有了技术,他却找不到销路,最后没办法,任建新便响应时代的号召,学习雷锋做好事,先从免费干起。在西宁郊区的一处煤矿,蓝星团队开始免费给矿工清洗家中的茶壶水垢。他们将一些旧茶壶清洗得光洁如新,一位老太太看这些小伙子吃苦耐劳,便给了2毛钱,这笔钱成了蓝星的第一笔收入。

任建新们的事迹很快在周围传开。没多久,附近的煤矿领导找到任建新:矿上有台接近报废的重垢锅炉,你们试着清洗,成了有报酬,失败了就当报废。得到指示后,蓝星团队连夜开工,让"废锅炉"起死回生,这一单后,任建新拿到了1 900元的报酬。

有了成功的案例,任建新在煤炭业出了名,生意是一个接一个来,第一年下来,这个新成立的蓝星公司赚了24万元。此后几年里,蓝星迅速扩张,几乎承包了整个行业的清洗,为此,《人民日报》还在头版头条报道了任建新和蓝星集团。

1995年,蓝星清洗顺利上市,总部搬迁至北京。任建新将随行1 800名员工的住房、配偶工作以及孩子上学等问题悉数解决。10年的时间里,蓝星先后并购了超过100家国有企业,从蓝星清洗逐渐转变成了蓝星化工。

并购国有企业有一个很显著的特点:并购对象基本上都是资不抵债、应该破产的。接手这类企业,实际上是接过一个"烂摊子"。并购很简单,但并购后的"妙手回春"非常难。任建新要做的就是让这些快要倒闭的企业起死回生,让国家掌握核心技术、多赚钱。在前后100多次的"转危为机"中,蓝星成功进入化工新材料领域并发展成为行业老大,企业资产突破了200亿元大关。

2004年,化工部撤销后,国资委以蓝星集团和昊华集团为主体组建成立中国化工集团,任建新成了新集团的总经理。彼时,中国正成为大宗化学品和特种化学品全球最具潜力的市场,任建新为中国化工确立的发展战略是"老化工,新材料"。从一个1万元起家的小公司到数十亿元资产的大型国有企业,任建新和他的蓝星走出了一个中国企业的奇迹,但他并未就此驻足,而是把目光投向世界市场,走上了海外并购之路。

2006年,任建新连续完成了3项大规模的海外收购,创造了中国企业在海外收购的最高频率。当年1月,蓝星集团耗资4亿欧元收购了全球第二大蛋氨酸生产企业法国安迪苏集团100%的股权。

2006年4月3日,中国化工收购澳大利亚最大的乙烯生产商和唯一的聚乙烯生产商凯诺斯公司100%的股权。通过这次并购,蓝星集团以最短的时间、较低的成本获得了国外乙烯及相关资源,为发展化工新材料奠定了原料基础。2006年10月26日,中国化工旗下企业中国蓝星(集团)总公司又与法国罗地亚集团在北京签署了全资收购后者有机硅及硫化物业务项目的协议。凭借此次收购,蓝星集团将有机硅单体的生产能力提升至每年42万吨,跃居世界第三大有机硅单体制造商。

此后,中国化工又收购了全球第七大农药生产商、以色列的马克西姆-阿甘公司和欧洲最大光能板生产商REC,以及全球第五大轮胎生产商、意大利的倍耐力公司。

对于海外收购,任建新除了保持惯有的冷静和低调外,还有他自己的一套整合战略:"买得来,管得了,干得好,拿得进,退得出,卖得高"。任建新对并购过来的企业在管理上绝不手软,但同时很重视与并购国间的文化融合,他的理念是:"我们去收购它,不是征服它,不能以一种占领军的心态去收购和管理。"

从国内到国外,每次成功的并购都为任建新的企业创造了一个又一个的业绩奇迹,也使他拥有了"并购大王"的头衔。在成功并购海外企业的同时,任建新还带领中国化工积极引进国际战略投资者。

2007年9月,黑石集团以6亿美元入股中国蓝星集团20%的股权,这一运作的完成,不仅标志着世界最大的私募股权投资基金黑石集团完成了中国布局的第一步棋,同时也标志着作为中国化工产业领跑者的蓝星集团吹响了向世界级跨国企业进军的号角。由任建新主导的此次合作是中央企业采取非上市方式引进战略投资者的首例,受到有关部门的高度重视,成为国际资本与中国央企结合的典范。至此,任建新10年来低调展开的资源布局战略浮出水面。

2016年1月,任建新在4天时间内敲定了两笔投资:一是9.25亿欧元收购德国橡塑化机制造商克劳斯玛菲集团,二是对瑞士摩科瑞能源进行战略投资。

如今,在收购了全球最大的农药公司先正达后,中国化工已是全球四大化工超级巨头之一。如今的中国化工无论是资产市值还是技术专利,都已经走在了世界前列。

(执笔人:姬琦;指导老师:宋彬)

# 财务会计理论与实务

CAIWU KUAIJI LILUN YU SHIWU

# 康达尔反并购京基始末

**适用课程：** 企业并购　财务会计理论与实践

**编写目的：** 本案例旨在引导学生关注收购中的敌意收购和反收购，了解其具体含义，并进一步引导学生思考如何在具有相对控股优势的情况下有效地抵御敌意并购。

**知 识 点：** 企业合并　敌意并购　反并购

**关 键 词：** 反并购　相对控制权　反并购策略　股权争夺

**案例摘要：** 近几年A股市场出现了越来越多的敌意并购案例，2016年万宝之争就将敌意并购推向了舆论的巅峰，同样发生在深圳的康达尔与京基的股权拉锯战十分引人关注。本案例分别介绍了这一拉锯战中并购方的并购之路与被并购方的反并购战术，侧重于引导学生进一步关心敌意并购和其带来的影响，以及引导学生提出反并购的防御性措施。

深圳市京基集团有限公司（以下称为"京基集团"）策划并购深圳市康达尔（集团）股份有限公司（以下称为"康达尔"）的行动是一场从2013年至2016年底持续了4年多的股权围剿战，在这一过程中，京基集团为了夺取康达尔的实际控制权步步为营。与此前闹得不可开交的"万宝之争"股权分散不同，此次康达尔的第一大股东华超投资控股集团（以下称为"华超控股"）本身的持股比例已经高达26.87%，当其发现并购威胁之后又进一步紧急增持至29.85%，但最后依然反并购失败，没能保住对康达尔的唯一控制权。目前，京基集团已经成功反超华超控股，成为康达尔第一大股东，控股比例达到31.65%，双方持股比例差距较小，针对公司治理也处于针锋相对的状态。

# 一、并购双方背景介绍

(一)并购方:京基集团

本案例并购方京基集团于 1994 年成立,是深圳一家本土房地产公司。公司于 2004 年开始战略转型,业务规模逐渐扩大,涉及住宅、商业、酒店管理等领域;业务涉及的范围也实现了由区域性向跨区域性的转变,业务范围已经不再局限于深圳,而是向北京、天津和湛江 3 个城市扩展,但是在全国业务覆盖范围并不大。

京基集团 2015 年公布的财务数据显示,其在房地产方面的收入已经达到 104 亿元,进入百亿房地产公司花名册。京基集团发展的主要目标是通过打造高附加值的高档住宅,并借由旗下高档的商业项目,来完成集团的资本积累和实现其品牌的推广。

京基集团在其品牌宣传与推广时,主打"大型多元化集团公司",但从其公开资料不难发现,房地产开发仍然是京基集团核心业务。其公开资料显示,2015 年京基集团房地产开发收入占集团总收入的 90%,所以京基集团在本质上仍然是一家房地产开发公司,利润来源较为单一。

京基集团在深圳的发展主要是"旧城改造",例如其代表项目"京基 100 建筑群",特别是最近几年,随着深圳的不断发展,房价不断攀升,这也使得京基集团的业绩实现了飞速提升,但是业务的单一也使得京基集团的发展陷入瓶颈期。目前京基集团的业务发展还是依赖于原先拥有的近 600 万平方米的"旧城改造"储备土地,该项目的开发周期较长且成本很高,因此京基集团如果想要改变这一窘迫的现状,就必须尽快获得能够立即开发且成本较低的优良土地储备。

2012—2015 年连续 4 年,京基集团经营活动产生的现金流为负,资产负债率也在不断升高,截至 2015 年底,其资产负债率已经接近 60%。由于融资渠道单一,京基集团过度依赖债权融资,所以其迫切希望可以开拓新的融资渠道,通过股权融资的方式来减少融资成本,缓解财务危机,其管理层也提出了在 5 年内进入 A 股市场的战略目标。京基集团 2013—2015 年财务状况如表 1 所示。

表 1  京基集团 2013—2015 年财务状况

| 项目类别 | 2015-12-31 | 2014-12-31 | 2013-12-31 |
| --- | --- | --- | --- |
| 总资产(万元) | 4 947 736.79 | 4 647 536.09 | 4 063 449.30 |
| 总负债(万元) | 2 966 902.24 | 2 875 774.25 | 2 377 495.98 |
| 归属于母公司所有者权益(万元) | 1 587 345.99 | 14 222 339.00 | 1 358 530.01 |
| 资产负债率(%) | 59.96 | 61.88 | 58.51 |
| 营业收入(万元) | 956 945.61 | 562 070.69 | 451 722.31 |
| 归属于母公司所有者净利润(万元) | 151 396.76 | 73 853.38 | 75 470.83 |
| 加权平均净资产收益率(%) | 10.11 | 5.30 | 6.32 |

资料来源：康达尔 2016 年收购报告

## （二）反并购方：康达尔

康达尔创立于 1979 年，其前身是深圳市养鸡公司。1994 年康达尔在深圳证券交易所挂牌上市（股票代码：000048），是中国大陆第一家主营农牧业的上市公司。2006 年康达尔股权分置改革成功，截至 2016 年 6 月，康达尔的实际控制人是华超控股，其持股比例一直保持在 25% 以上，具有绝对的持股优势。根据公开数据显示，截至 2016 年底，康达尔总市值约 130 亿元。

康达尔的年报显示，近几年虽然其饲料加工业务收入占总收入的比重依然很大，但其毛利率却逐年降低。反观其房地产开发业务，虽然是新兴业务，却为公司提供了可观的经营利润，例如其房地产业务在 2015 年的毛利率为 68.2%，是整个公司最赚钱的业务。

为了满足公司发展的需要，康达尔的业务范围在不断拓展，不仅包括深圳市的公共交通运输、城市供水系统等公共事业板块，也包括在房地产项目上的开发和金融投资业务。康达尔在 2015 年年报中就曾披露，为了充分开发其手中持有的深圳市优质土地资源，其与通用地产公司签订了全面的战略合作协议，力图借力通用地产公司在房地产开发领域的经验，双方进行充分的合作。

由此可见，康达尔已经不再是一家单纯的农牧业 A 股上市公司，而是一家多元化发展的集团公司。康达尔 2014—2016 年财务状况如表 2 所示。

表 2  康达尔 2014—2016 年财务状况

| 项目类别 | 2016-12-31 | 2015-12-31 | 2014-12-31 |
| --- | --- | --- | --- |
| 总资产(亿元) | 19.60 | 19.41 | 19.83 |
| 总负债(亿元) | 11.34 | 11.38 | 13.78 |

(续表)

| 项目类别 | 2016-12-31 | 2015-12-31 | 2014-12-31 |
|---|---|---|---|
| 资产负债率(%) | 57.85 | 58.66 | 69.49 |
| 营业收入(亿元) | 15.61 | 23.02 | 21.44 |
| 净利润(亿元) | 0.06 | 2.04 | 1.14 |
| 净资产收益率(%) | 0.83 | 33.05 | 24.74 |

## 二、京基集团与康达尔的股权争夺战

(一)京基集团的并购

2013年9月,自然人林志通过其在深交所的13个股票账户,在二级市场大量购入康达尔股票,短短3个月后持股比例就达到了15.08%。2015年9月,京基集团与自然人林志、王东河签署协议,宣布成为"一致行动人",三者合计持股康达尔比例高达24.74%,与此同时康达尔第一大股东华超控股的持股比例也只有29.85%,双方仅仅相差了5.11%。

2016年初,京基集团发表声明,与自然人林志、王东河解除"一致行动人"关系,但随即迅速通过签署协议等方式买入林志和王东河手中全部康达尔股份,这样京基集团独自的持股比例就达到了24.74%。

2015年并购者身份被公开之后,京基集团仍继续在二级市场买进康达尔股票。整理康达尔的公告发现,到2016年9月30日,京基集团的持股比例达到了31.65%,反超华超控股(29.85%),成为康达尔第一大股东。

自然人林志的账户组从2013年10月开始,在不到3个月的时间内,在10月10日、10月29日、12月11日分别增持康达尔股份至5.12%、10.39%和15.08%。我国对于增持比例有规定,超过5%就需要对相关监管部门进行信息披露,但是林志账户却没有按规定履行公告义务。2014年11月,深圳市证监局对自然人林志发出《行政处罚决定书》,并处以60万元罚款。然而,在证监局对林志作出处罚之前,康达尔的管理层对于京基集团的并购行为毫无察觉。

如表3所示,京基集团在获得相对控股权之后,便开始对康达尔的公司治理进行干涉,甚至提出了罢免康达尔全体董事的议案,充分显示了其敌意并购的意图。

**表 3　京基集团向康达尔发起的提案情况**

| | |
|---|---|
| 2016-06-12 | ①《关于要求公司终止履行与中国建筑（一局）集团有限公司就康达尔山海上园二、三、四期工程签署的〈深圳市建设工程施工（单价）合同〉和就康达尔沙井工业园城市更新项目所签署的〈深圳市建设工程施工（单价）合同〉并对相关责任人予以追责的议案》；②《关于修改〈股东大会议事规则〉的议案》；③《关于责成董事会修改〈董事长工作细则〉的议案》 |
| 2016-06-17 | ① 提请免去公司现任全体董事及股东代表监事；② 提议重新选举公司第八届董事及股东代表监事；③ 责成董事会撤销《深圳市康达尔（集团）股份有限公司第八届董事会2015年第六次临时会议决议》以及要求公司撤回相关案件起诉 |
| 2016-06-29 | 提请召开康达尔临时股东大会审议18项议案，免去多名董事职务及重新选举董事 |
| 2016-07-13 | 向康达尔2015年度股东大会提交21项临时提案 |
| 2016-07-18 | 提请召开康达尔临时股东大会审议18项议案 |
| 2016-08-10 | 京基集团拟于2016年8月26日自行召集和主持康达尔2016年第一次临时股东大会 |
| 2016-12-09 | 提请自行召开康达尔临时股东大会 |
| 2017-02-17 | 京基集团向康达尔2017年第一次临时股东大会提交两项议案：①《关于修改〈股东大会议事规则〉的议案》；②《关于要求公司立即根据人民法院生效判决书调整公司2015年年度股东大会以及公司2016年第一次临时股东大会表决结果的议案》 |
| 2017-03-06 | 要求在2017年第一次临时股东大会增加3项临时提案：①《关于请求股东大会对股东临时提案合法性进行表决的议案》；②《关于修改〈股东大会议事规则〉的议案》；③《关于要求公司立即根据人民法院生效判决书调整公司2015年年度股东大会以及公司2016年第一次临时股东大会表决结果的议案》 |
| 2017-06-16 | 要求在2016年年度股东大会增加3项临时提案：①《关于责成董事会罢免季圣智总裁职务的议案》；②《关于要求公司立即根据人民法院生效判决书调整公司2015年年度股东大会、公司2016年第一次临时股东大会以及公司2017年第一次临时股东大会表决结果的议案》；③《关于修改〈股东大会议事规则〉的议案》 |

资料来源：康达尔公告

**（二）康达尔的反并购**

在这场并购中，康达尔一直处于十分被动的地位，不仅仅是京基集团的持股方式十分隐秘，还因为康达尔本身并没有对恶意并购有充分的了解，进而没有事先采取反并购措施来对自己的控制权做出保护。实际上，康达尔的原第一大股东华超控股本身的持股比例就已经达到了26.87%，具有绝对的优势，但因为没有很好的反并购措施，虽然在京基集团的野心曝光之后，华超控股试图通过在二级市场的紧急增持将持股比例增加至29.85%，但依然失去了第一大股东的地位。

面对"野蛮人敲门"，康达尔的策略主要包括：

1. 举报策略

2015年9月,京基集团与自然人林志、王东河的"一致行动人"关系被曝光后,康达尔随即向外表态称,通过查阅中国证券登记结算有限责任公司深圳分公司的股东名册后发现,京基集团、林志、王东河的实际持股比例分别为4.84%、5.33%、0.09%,合计为10.27%,与京基集团的公告数据不相符。

通过比较很容易发现,康达尔并没有将自然人林志另外12个账户的持股比例包含在内,不承认也不否认京基集团、林志和王东河的三方协议,但明确表示,林志并未履行信息披露业务,且所谓的一致行动人行为实际上是不合法的,并表示已经向有关部门举报。

如表4所示,自2015年9月以来,康达尔多次实名举报京基集团,甚至提起法律诉讼。

表4 康达尔向有关部门的举报及起诉汇总

| 2015年9月 | 向证监会、深圳证监局举报"林志等人在买卖上市公司股票过程中存在严重违法行为" |
|---|---|
| 2015年11月 | 向深圳证监局举报"林志、京基集团在买卖上市公司股票过程中存在严重违法行为" |
| 2015年12月 | 向深圳证监局举报"京基集团在买卖上市公司股票过程中存在内部交易行为",并向广东省高等法院提起对京基集团等的三方诉讼,获得法院受理 |
| 2016年1月 | 再次向深圳证监局举报林志等10名自然人股东与京基集团在协议转让上市公司股份过程中存在违法违规行为 |
| 2016年6月 | 再次请求深圳证监局对林志等12人的信息披露是否存在虚假陈述做进一步调查 |
| 2016年6月 | 康达尔继续向深圳证监局提交举报补充材料 |
| 2016年9月 | 对京基集团及其实际控制人陈华进行公开问询,要求其对相关关联关系作出交代 |

由表4可知,康达尔曾多次围绕"一致行动人"协议和信息披露义务向有关部门实名举报。深交所分别于2015年12月28日和2016年6月7日两次对京基集团及自然人林志发出关注函,要求解释其具体关系。但京基集团和自然人方都极力否认彼此的关系,表示股票买卖的行为并不受对方控制。

2. 诉讼策略

举报之后随之而来的就是法律诉讼,对于京基集团的恶意并购,康达尔与京基集团不得不展开"诉讼拉锯战"。

其一,康达尔对自然人林志的股票交易行为提出了质疑,在第七届董事会第九次临时会议上,要求林志等13人上缴短线操作所得收益,但是没有得到林志等人的回应,因此康达尔向深圳市福田区法院提起了诉讼。

其二,康达尔对于京基集团等三方通过"一致行动人"方式来获得股权的行为是否合法也提出了质疑,康达尔认为这一行为违反了证券交易法规,并于2015年12月9日向广东省高院提起诉讼,要求林志等上缴短线收益并将持股比例减至5%以下,同时确认京基集团等三方不具备收购上市公司的主体资格。该诉讼获得法院受理。

京基集团方面也强力回应,并于2015年12月向深圳市福田区法院反诉康达尔,认为其损害了自己的合法权益。

一年多的诉讼拉锯战之后,2016年6月17日,福田区法院最终裁决,支持京基集团的大部分诉讼请求,要求康达尔接受京基集团的合法股东身份,并依法享有相关股东权益。

### 3. 降低收购收益——焦土战术

2015年9月8日,康达尔发布公告称其计划进行重大资产重组,宣布停牌。公告称,公司有意与原第一大股东华超控股进行资产置换。康达尔将其名下价值3.9亿元的公共事业板块出售给华超控股,同时通过发行股份加现金的方式,买入华超控股位于深圳市罗湖区东门约1万平方米的商业物业和位于深圳市龙岗区布吉约3万平方米的物流用地,两项资产估值在5亿元左右。很明显,康达尔希望将公司最为赚钱的资产出售,同时增加大量与经营无关的资产,使京基集团方面的收购意图难以实现。

如表5所示,从康达尔2015年年报的信息可知,其2015年公共事业板块营业收入为3.22亿元,占公司全年营业收入的14.01%,相比饲料生产44.40%、房地产开发33.91%的营业收入占比,差距非常明显。

表5 康达尔2015年年报部分板块营业收入

| 项 目 | 金额(亿元) | 占营业收入比重(%) |
| --- | --- | --- |
| 营业收入合计 | 23.02 | 100 |
| 饲料生产 | 10.22 | 44.40 |
| 房地产开发 | 7.81 | 33.91 |
| 自来水供应 | 2.39 | 10.40 |
| 交通运输 | 0.83 | 3.61 |

资料来源:康达尔2015年年报

如表6所示,自来水供应业务的毛利率水平是24.91%,而饲料生产仅有不到9%

的毛利率,可见自来水业务收入占比虽然不高,却是集团第二大赚钱的业务。

**表 6　康达尔 2015 年年度报告营业利润**

| 项目类别 | 营业收入(亿元) | 营业成本(亿元) | 毛利率(%) |
| --- | --- | --- | --- |
| 饲料生产 | 10.22 | 9.32 | 8.77 |
| 自来水供应 | 2.39 | 1.80 | 24.91 |
| 房地产开发 | 7.81 | 2.48 | 68.19 |

资料来源:康达尔 2015 年年报

虽然康达尔计划采取资产置换的方式,削弱京基集团对于并购的兴趣,但实际上,康达尔对于该资产置换计划并未进行充分的准备,例如:华超控股在东门的商业用地和布吉的物流用地的权属证书没有及时办理,导致无法转卖;康达尔旗下的自来水公司涉及国有股东的利益也没有及时得到妥善处理。最关键的是康达尔和华超控股在双方资产的估值上存在较大分歧。因此,2015 年 12 月 8 日康达尔又发布公告称此次资产置换计划终止。

**4. 提高收购成本——白衣骑士**

2017 年 3 月 1 日,康达尔发布公告称将发起一项海外并购。因为康达尔的核心业务为农业,所以其拟以不超过 10 亿元的价格收购澳大利亚一个家族企业 Delroy,该家族主要生产鳄梨,并购的资产包括相关土地、果园、相关经营合同以及 Primary Growth Pty Ltd.管理公司的股权等。标的资产 2015、2016 年主要财务数据如表 7 所示。

**表 7　标的资产 2015、2016 年主要财务数据**　　　　单位:千澳元

| 项目类别 | 2015 年 | 2016 年 |
| --- | --- | --- |
| 总资产 | 24 210 | 23 050 |
| 总负债 | 1 940 | 2 310 |
| 净资产 | 22 270 | 20 740 |
| 营业收入 | 19 500 | 32 320 |
| EBITDA | 15 580 | 27 700 |
| 净利润(模拟) | 9 810 | 18 250 |

资料来源:2017 年 3 月 26 日康达尔《关于终止重大资产重组事项的公告》
注:以上财务数据未经审计,且净利润为模拟预估,以审计后的数据为准

但由于康达尔与京基集团的法律纠纷,使得股票市场对于这一海外并购计划并不看好,康达尔股票随即大跌,加上康达尔与对方对于该海外并购计划的核心条款没

有达成一致,对赌协议条款分歧较大,3月21日,康达尔发布公告称此次的海外并购计划终止。

无论是通过何种方式获得股权,京基集团都已获得了康达尔的相对控股权,事后无论康达尔作出何种反抗措施,都会遭遇到来自第一大股东京基集团的阻挠。事实也证明,经过多次博弈,面对京基集团的恶意进攻,康达尔已深陷泥潭,加上法律法规的诸多限制,康达尔要想抵制"野蛮行径",还需从长计议。

## 三、问题讨论

(1) 你认为京基集团收购康达尔存在敌意吗?为什么?

(2) 具有相对控股优势的康达尔为什么反并购会失败?

(3) 康达尔采取诉讼手段能否成功抵御京基集团?

(4) 相对控股下康达尔所采取的反并购策略是否可行?你是如何评价的?

(5) 你认为康达尔还可以采取怎样的预防性措施来反并购?

(执笔人:周雯;指导老师:任永平)

# 匹凸匹"掏空记"

**适用课程：** 财务管理理论与实务　财务会计理论与实务

**编写目的：** 本案例旨在让学生了解掏空、市场操纵、内幕交易、资本运作等概念，学会辨别上市公司实际控制人资本运作及违规事件的手段，得到一些推动我国证券市场和上市公司良性发展的启示。

**知 识 点：** 掏空　资本运作

**关 键 词：** 掏空　市场操纵　内幕交易　资本运作

**案例摘要：** 自证券市场产生以来，市场操纵以及内幕交易一直是各国证券监管当局、投资者、上市公司关注的焦点。本案例主要分析了匹凸匹新旧实际控制人将公司作为资本运作平台，利用发布虚假信息操纵股价、频繁转移优质资产掏空公司、建立私募信托幕后坐庄、炒题材贴热点等一系列违规手段，本案例重点探讨了这些问题的解决对策。

2015年5月10日，多伦股份发布公告要改名匹凸匹金融信息服务（上海）股份有限公司（以下称为"匹凸匹"），但是回顾多伦股份多年在A股中上下腾挪的历史，便会发现这次只不过是历史的重演。多伦股份原名福建豪盛，1993年经国家外经贸部正式批准股份制改制，15年间它4次变化实际控制人，多次变更主营业务，而在资本市场长袖善舞的资本家们更是通过它赚得盆满钵满。

## 一、匹凸匹的前世今生

### (一)匹凸匹公司更名变迁

2001年3月,主营房地产的利嘉实业(福建)集团收购福建豪盛43%的股权,后经一系列的资本重组,福建豪盛被改名为利嘉股份。2005年底,利嘉股份以6.5亿元的高价将上海市黄金地段——多伦路二期1号地块收入囊中,由于该地块被寄予厚望,利嘉股份后来被以该地名命名为多伦股份。2015年5月10日晚间,公司发布公告要改名匹凸匹金融信息服务(上海)股份有限公司,其更名变迁如图1所示。

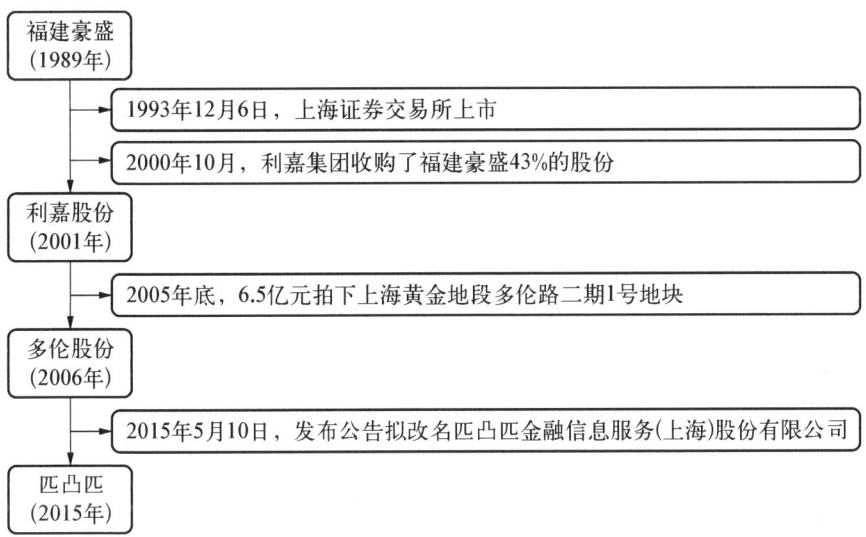

图1 匹凸匹公司更名变迁

### (二)匹凸匹实际控制人及股权变迁

公司自1993年上市以来,直接控股股东一直未发生变化,为多伦投资(香港)有限公司[原名豪盛(香港)有限公司]。间接控股股东及实际控制人变化情况如图2所示。

2000年11月,公司实际控制人变为陈隆基,中侨集团有限公司和劲嘉有限公司成为公司的间接控股股东,持股比例分别为60%、40%。2004年12月,中侨集团将其持有的60%股份全部转让给东诚国际企业有限公司。由于中侨集团有限公司的股东为陈隆基(持股70%)、王华玉(持股30%),东诚国际企业有限公司的股东为陈隆基(持股51%)、王华玉(持股49%),且陈隆基与王华玉为配偶关系,因此,公司

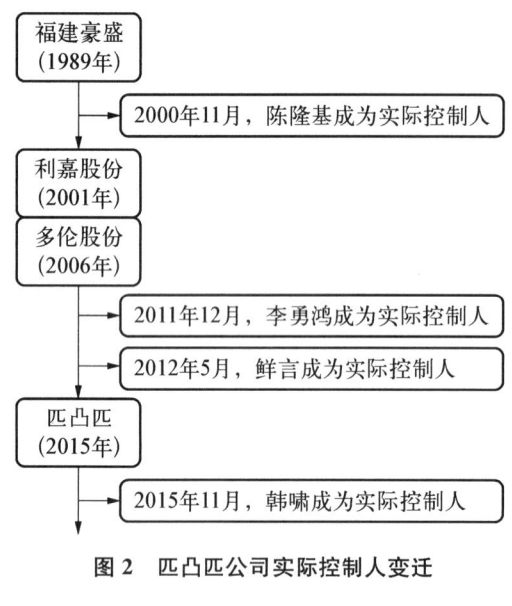

图 2 匹凸匹公司实际控制人变迁

的控股股东、实际控制人均未发生变化,控股股东仍为豪盛(香港)有限公司,公司实际控制人仍为陈隆基。

2011年12月,东诚国际企业有限公司、劲嘉有限公司各自将其持有的全部股份转让给李勇鸿,李勇鸿成为公司实际控制人,公司无间接控股股东。

2012年5月,公司实际控制人变更为鲜言,李勇鸿将其持有的股份51%、49%分别转让给 HILLTOP GLOBAL LIMITED、ON EVER,HILLTOP GLOBAL GROUP LIMITED 为间接控股股东。

公司股东五牛基金及其一致行动人五牛御勉于2012年10月26日至11月25日期间,通过二级市场增持公司股票1 696.39万股,占公司总股本的4.981%。增持后五牛基金及其一致行动人合计持股比例增至9.981%,已超过原公司第一大股东匹凸匹(中国)有限公司持股比例(5.87%),成为公司第一大股东。上海五牛股权投资基金管理有限公司与控股子公司上海五牛亥尊投资中心(有限合伙)、参股子公司上海五牛御勉投资中心(有限合伙)为一致行动人。

## 二、匹凸匹高管介绍

(一)"地产大佬"陈隆基

陈隆基(2000年11月—2011年11月为公司实际控制人),利嘉实业(福建)集团有限公司董事局主席,2013年以41.5亿元位列福布斯中国400富豪榜第325位。利嘉集团成立于1992年,系香港利嘉国际有限公司的独资子公司。利嘉集团拥有资产逾百亿,在福建福州开发建设大利嘉城等20多个项目。利嘉集团参股与控股了多家上市公司,其中最主要的是多伦股份与正和股份。作为中国50名内的地产富豪,陈隆基在企业投资与资本运作方面有深厚理论造诣与丰富实践经验。作为福州地产界举足轻重的人物,他是沪市上市公司多伦股份、正和股份的控股股东。其妻子王华玉位列2014胡润中国女富豪排行榜单第30位。

## (二)"神秘买家"李勇鸿

李勇鸿(2011年12月—2012年5月为公司实际控制人)于1994—1997年间任香港安顺企业有限公司董事兼总经理；1997—2005年，任重庆爱普科技有限公司董事兼总经理；2016年8月，出任AC米兰足球俱乐部新主席。2011年12月，李勇鸿收购多伦股份并称收购目的是看好公司发展前景，希望通过收购实现"个人财富增值的最大化"。

李秉峰，海南国华实业有限公司(以下称为"海南国华")总经理、海南首力房地产开发有限公司(以下称为"海南首力")董事长、海南日出集团总裁。2002年5月—2007年5月间担任北京大河之洲集团有限公司总裁。工商资料显示，海南国华和海南首力20世纪90年代初注册于海南海口，目前已经吊销。另外，在海南首力的查询中，找不到李秉峰的踪迹，倒是一位名为李勇鸿的人在该公司担任重要职务。

《海南省1993年年鉴》显示，海南首力是香港利事集团独家投资，总经理为李勇鸿。2000年光大银行与海南首力借款合同纠纷案显示，海南首力副董事长兼总经理为李勇鸿。多伦股份披露，李勇鸿1994年移民香港，祖籍广东茂名，1969年出生；李秉峰也是广东茂名人，同样1969年出生。而且，在海南首力，李勇鸿和李秉峰又联系在一起。多伦股份的李勇鸿与大河之洲集团的李秉峰存在关系，李勇鸿涉嫌存在双重身份。而这可能是上交所、多伦股份找不到李勇鸿的真正原因。①

## (三)"资本玩家"鲜言

工商资料显示，上海宾利公司2004年1月成立，注册地址是上海市金山区亭林镇寺平南路16号209室，注册资本50万元，主营投资咨询、企业管理服务等。目前，该公司已吊销。根据多伦股份的披露，鲜言2003年7月起在上海宾利公司担任董事一职。但对比该公司的工商资料不难发现，当时的上海宾利公司还未成立。这让人不免生疑。

与此同时，鲜言的第二段履历也同样让人费解。根据多伦股份的披露，FINE NINE ASSETS MANAGEMENT LIMITED注册于英属维尔京群岛，鲜言2011年7月起在该公司担任董事一职。然而，2012年7月25日《详式权益变动报告书》显示，"FINE NINE ASSETS MANAGEMENT LIMITED于2011年11月15日成立"。从时间上来看，鲜言履历中的两段主要工作经历都存在明显不合情理的地方。作为上

---

① 李小平.多伦股份幕后玩家指向大河系　李勇鸿涉嫌双身份[EB/OL].(2013-07-30). http://finance.sina.com.cn/stock/s/20130730/045016279929.shtml.

市公司的实际控制人、法定代表人兼董事长,鲜言有义务将自己的履历进行真实完整的披露。这不仅关系到鲜言是否有资格担任多伦股份的一家之主,更关系到股民对上市公司关联交易性质的判断。①

## 三、匹凸匹被"掏空"过程分析

### (一) 控制人转让优质资产

多伦股份的前身——利嘉股份本是一家福州本地地产商。2005年11月,为"实现跨地域发展战略",利嘉股份参与了多伦路1号使用权的竞买,最终以6.5亿元拍下。

2006年,多伦股份花了一年时间,取得了多伦路1号的《房地产权证》《建设用地规划许可证》《建设用地批准书》,办妥拆迁基地"现状冻结"公告,但是要完成这样一个大项目,多伦股份的资金实力却有些不济。2007年9月,多伦股份已为负责开发多伦路的子公司多伦建设累计投入2.25亿元,母公司现金流趋紧。为缓解资金压力,多伦股份将多伦建设39%的股权转让给北京富成源投资有限公司(以下称为"北京富成源"),作价3900万元。转让后,多伦股份持有多伦建设51%的股权,北京富成源持有48%。多伦股份决定将已投入多伦建设的2.25亿元继续作为项目流动资金,北京富成源也向多伦建设提供2.52亿元作为项目流动资金的补充。并且北京富成源承诺,根据项目开发进度和资金需求安排,再向多伦建设提供或融资不低于10亿元。

2011年9月6日,多伦股份公告称,"由于多伦路二期1号是以毛地竞拍,拆迁量大,近几年,因市场房价不断攀升及国家拆迁政策变化,直接影响了拆迁成本和项目开发,目前项目尚未进行实质性开发"。最终多伦股份以5 500万元的价格将所持多伦建设51%的股权转让给北京富成源,如图3所示。

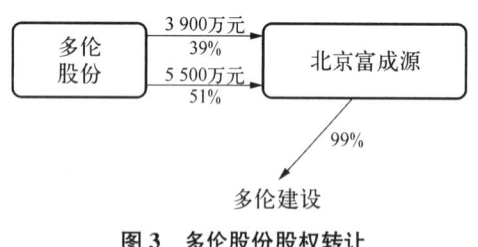

图3 多伦股份股权转让

苦心经营6年,多伦股份对多伦建设的资金投入还有1.55亿元没有收回。而多伦股份自身财务状况已相当窘迫——截至2011年第二季度末,公司账面货币资金仅

---

① 李小平.多伦股份现任董事长鲜言履历涉嫌造假[EB/OL].(2013-07-29). http://finance.sina.com.cn/stock/s/20130729/023916267114.shtml.

剩763万元。多伦股份吃不下多伦路这块"肥肉",那么接手的北京富成源在拿到这块地后,又将作何处理?调查发现,这是一家异常神秘的公司。北京富成源的注册地北京市门头沟区中门寺大街35号,网上几乎没有关于这家公司的任何信息。北京富成源的注册资本仅为1000万元,此外,前后两次交易总共9400万元的价格甚至低于多伦建设1亿元的注册资本。苦心经营6年,仅拿地就花了6.5亿元的多伦股份最终以不到1亿元的价格将该项目转至北京富成源名下。

如图4所示,北京富成源与陈隆基之间关系密切。在交易公告中,北京富成源的法定代表人为吴风,吴风同时还是北京东樽房地产有限公司(以下称为"北京东樽")的法定代表人,而北京东樽是正和股份的控股子公司,而正和股份的实际控制人正是陈隆基。

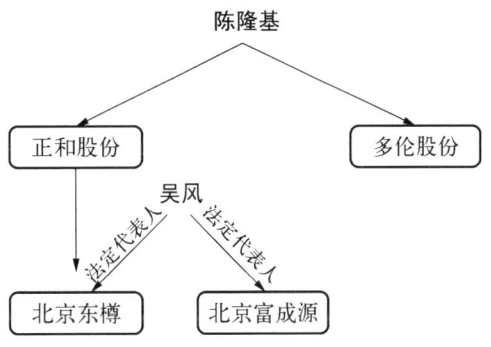

图4 北京富成源与陈隆基关系

多伦建设被卖出后,失去"灵魂"的多轮股份遭到大股东疯狂减持。陈隆基通过"涉矿"、重组等概念拉抬公司股价,2011年6—8月间,多伦股份股价一度由6元/股飙升至14.6元/股,而陈隆基借机减持套现,从2011年4月至11月24日,多伦投资共减持多伦股份8000余万股,套现高达7.7亿元。

2011年12月,被陈隆基"榨干"的多伦股份被卖给了李勇鸿。李勇鸿以21600万元和14400万元分别收购多伦投资60%与40%股权,最后持有多伦股份4000万股股份,占多伦股份总股本的11.75%,成为多伦股份的控股股东。①

(二)新旧实际控制人坐庄黑幕

从2012年11月27日正式成立,至2013年2月21日宣布终止,天津信托发行的沐雪巴菲特一号存活于资本市场仅仅87天,从而拥有了"最短命阳光私募产品"的称呼。

随着天津信托"天信沐雪巴菲特一号证券投资集合资金信托计划"的提前清盘,投资顾问江苏沐雪、受益人深圳凯雷及背后的湖北精九和广东鸿远、发行中介天津信托三方的口水战最终暴露了多伦股份实际控制人鲜言操纵自家股票的事实。一场谋划已久的资本局也浮现在投资者面前。

---

① 张艳.陈隆基再演腾挪、套现、卖壳资本术[N].民营经济报,2013-09-30.

2012年11月27日,规模为6亿元的沐雪巴菲特一号正式成立,认购方主要有两方:中国银行上海分行认购39 980万元,成为优先级受益人;深圳凯雷股权投资基金合伙企业(有限合伙)认购20 000万元,成为次级受益人,投资顾问为江苏沐雪信息科技有限公司。沐雪巴菲特一号的认购结构中,中行上海分行是优先级,没有投资决策权,而深圳凯雷认购的2亿元则并非以其本身的投资结构按比例出资。这种出资结构就必然导致沐雪巴菲特一号不稳定,真正掌握着6亿元信托的实为湖北精九和广东鸿远,如图5所示。

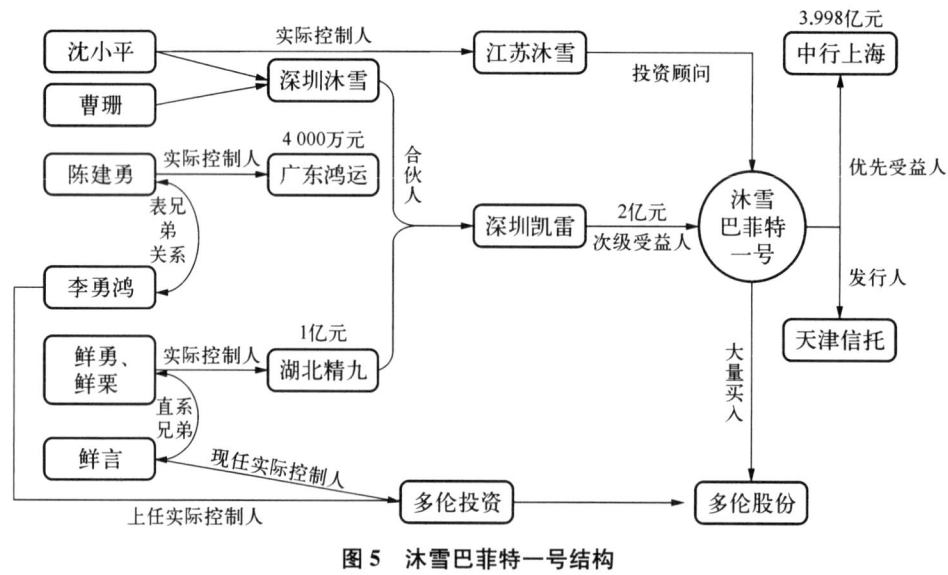

**图5 沐雪巴菲特一号结构**

沐雪巴菲特一号成立的当天,湖北精九方面指示的交易子单元,开始大举买入多伦股份。此后除了大笔买入,还有大笔卖出。从变更项中发现鲜言曾是湖北精九90%股权的持有人。湖北精九的执行董事鲜勇、鲜栗为鲜言的直系兄弟。江苏沐雪方面也表示,在信托产品设计及后续管理过程中,鲜言一直作为台前人与各方联系。也就是说,鲜言通过湖北精九大量买入自己实际控股的公司。

李勇鸿与广东鸿远法人代表陈建勇为表兄弟,"名义上法人是陈建勇,但实际控制人是李勇鸿"。李勇鸿与鲜言的交集并不仅仅停留在同为深圳凯雷的合伙人这一层上,2011年12月6日,李勇鸿接盘后,承诺12个月内不转让股权,但仅仅过去不足半年,多伦股份再次发生了股权转让。

鲜言与李勇鸿通过湖北精九和广东鸿远合伙出资设立投资公司,利用信托私募产品的投资顾问分级机制隐身;采用次级受益人模式杠杆融资,再大量买入自身控股的上市公司股票抬高股价,其间策划资本故事,再将股权反复质押融资,最终通过坐庄实现收益。多伦股份惊现一系列眼花缭乱的资本运作。

(三) 匹凸匹改名风波

2015年5月10日,多伦股份公告称拟将名称变更为匹凸匹金融信息服务(上海)股份有限公司,英文名称 P2P Financial Information Service Co., Ltd.。多伦股份称,为使公司互联网金融业务能够更加快速地开展,公司控股股东多伦投资(香港)有限公司承诺:将其持有的互联网金融行业顶级域名 www.p2p.com 特别授权给公司使用。但访问 www.p2p.com 后没有发现任何与互联网金融相关的内容,仅显示"这是一个价值一亿美金的域名"。

改名消息一出,多伦股份股票在一片吐槽声中连续两个交易日收获一字涨停板,股价累计涨幅达21.08%。多伦股份的更名行为,从一开始就遭到交易所的关注。在发布更名信息之后,第二天多伦股份就收到了上交所的问询函件,要求对更名和转型事项进行更详细的信息披露。

当日,多伦股份"闪电回复"。针对问询,它承认此番转型并无正式业务,也无人员配备和可行性论证,甚至连经营范围变更都尚未获得工商部门审批,只处于设想之中。因此此次更名被外界戏称为"三无"更名。

5月12日,多伦股份再度收到上交所的问询函件。这一次,上交所明确提出多项条款,要求多伦股份要核查大股东信息披露、6个月内董监高的股票交易以及对公司现金股价估值是否过高做出说明;同时,交易所"勒令"公司在13日后停牌自查。根据《中华人民共和国证券法》第67条及75条的相关规定,经营范围变更属于内幕信息。多伦股份已经开始自查,这也意味着其如意算盘似乎就要落空。①

(四) 信托计划操纵关系

多伦股份于2014年10月设立了全资子公司深圳柯塞威基金管理有限公司(以下称为"柯塞威"),主营业务为互联网金融服务。深圳柯塞威的法人代表为李艳,多伦股份现任董事兼财务总监也为李艳。

工商登记资料显示,四川蓉记鸿丰投资有限公司(以下称为"蓉记鸿丰")成立于2009年,法人代表为胡友斌,注册资本为2 000万元,经营范围包括项目投资、房地产开发等。

---

① 马强.多伦股份拟更名匹凸匹[N].深圳商报,2015-05-11.

据公告,柯塞威成立之初,多伦股份认缴注册资本为10亿元,实际出资为1.15亿元。此举让公司曾遭外界质疑为夸大投资能力,涉嫌误导投资者。此后,柯塞威收到上海多伦转入的投资款,并在2014年末与蓉记鸿丰达成了业务合作协议。为了能够尽快展开业务,经管理层的批准,柯塞威先期向蓉记鸿丰支付保证金1.96亿元。双方合作开展之后,保证金已退回。多伦股份2014年年报显示,公司1年以内的其他应收款为2.2亿元,其中应收四川蓉记鸿丰1.96亿元。

上述信息显示,蓉记鸿丰很可能是多伦股份的关联企业,且有从多伦股份导出资金的嫌疑。

2015年4月29日,多伦股份董事会审议通过,决定将柯塞威以1.15亿元价格转让给鲜言。

资料显示,上海鸿禧股权投资基金管理有限公司(以下称为"上海鸿禧")成立于2005年,总部位于上海,隶属于鸿丰国际集团,是集团立足于中国市场,面向高端客户的对冲基金公司。

同时,2015年4月,多伦股份的子公司柯塞威推出互联网+投资平台"KCV·红马甲",不仅与上海鸿禧的"KCV"撞名,两者的咨询电话也均为400-610-555,诸多巧合不免让人产生联想。不过,在全国工商信息系统中,却没有查到关于上海鸿禧的相关信息。上海鸿禧的母公司鸿丰国际集团与多伦股份则颇有渊源。

2012年5月,由鲜言全资控股的鸿丰国际集团有限公司(HILLTOP GLOBAL GROUP LIMITED)曾与多伦股份时任实际控制人李勇鸿签订股权转让协议,后者将多伦股份第一大股东多伦投资51%的股权转让给鸿丰国际集团有限公司,作价2亿元。

由此看来,上海鸿禧与多伦股份的实际控制人均指向了鲜言。倘若上述关联关系属实,鲜言涉嫌利用内幕消息交易自家股票,并存在操纵股价的嫌疑。

蓉记鸿丰、柯塞威、上海鸿禧这3家公司并未直接持有多伦股份股票,而是发起设立多款信托计划,并作为劣后受益人,直接控制、指挥账户操作,买卖多伦股份。2014年四季度以来,多伦股份前十大股东频频更迭,多份神秘信托计划、个人账户同步进场。

截至2015年3月底,多伦股份前十大股东中,新进股东为4家;而截至2014年12月底,公司的新进股东有7家。2015年一季报十大股东中,竟有7家为集合资金信托计划(查询信托产品),背后的实际持股人处于"隐身"状态。多伦股份信托计划操作关系如图6所示。

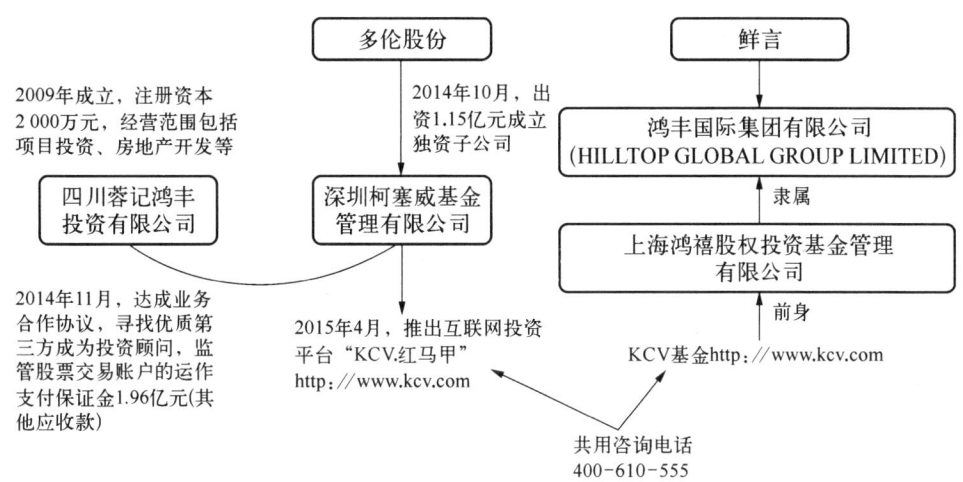

**图 6　信托计划操纵关系**

从历史上看,多伦股份历经陈隆基、李勇鸿、鲜言 3 任实际控制人,后两人均因违规而遭交易所公开谴责,其间公司主业毫无起色,经营性资产不断流失,"空壳化"迹象明显。究竟有何魅力能让大量信托产品扎堆潜伏？

（五）通过关联公司掏空核心资产

截至 2015 年底,匹凸匹实现营业收入 2 105 万元,利润 －1.68 亿元。其收入全部来自房地产业务,并且全部是由其持股 42％的荆门汉通置业有限公司贡献。其高调拓展的互联网金融服务业务对公司营收毫无贡献。显然,汉通置业是匹凸匹手中仅剩的有价值的资产。对于这块资产,鲜言通过两步转移控制权。

其一,对汉通置业进行增资扩股。由鲜言控制的柯塞威金服出资 1 亿元,获得汉通置业 40％的股权。这起增资的时点是在 2015 年末,也就是鲜言即将失去匹凸匹实际控制人身份之时。在增资的同时,柯塞威金服承诺将新获得 40％的股权对应的表决权委托给匹凸匹。

其二,对荆门汉通置业进行资产重组。汉通置业名下持有位于荆门市的两块土地 1 号地和 2 号地,地价成本分别为 1.84 亿元、0.69 亿元,但均面临因开发延期而被政府收回的风险。为了"盘活"土地,汉通置业分别以 1 号地、2 号地出资设立了荆门汉达实业、湖北汉佳置业。接着在 2016 年 6 月,柯塞威金服的子公司深圳柯赛威大数据向荆门汉达实业增资 6 000 万元,取得其 75％的股权;柯塞威金服的另一家子公司深圳柯塞威网络科技向湖北汉佳置业增资 3 000 万元,取得其 75％的股权。

也就是说,鲜言在失去匹凸匹实际控制人地位后,总计用 1.9 亿元就取得了匹凸匹最核心、唯一收入来源资产 75% 的股权,仅相当于土地成本价。因此,尽管在汉通置业层面,鲜言非常慷慨地委托了表决权,但实际上此举已经把汉通置业架空了,所谓的表决权一文不值。

在上述增资完成工商变更后,匹凸匹才回过味来,在 7 月发布诉讼公告称,荆门汉通等与柯塞威数据、柯塞威网络达成的交易,严重损害了公司利益;整个增资事项没有请评估机构评估,没有履行上市公司审批程序,因此向法院起诉要求撤销荆门汉达、湖北汉佳的增资事项。由于匹凸匹的股权较为分散,鲜言仅通过 3.4 亿元的成本,就控制了市值 25 亿元的 A 股主板上市公司。不过由于两个月之后才对外披露该事项,因此也受到上海证监局的立案稽查。

## 四、会计师事务所审计失败及其后果

（一）各年审计机构及注册会计师简介

多伦股份各年审计机构及注册会计师简介如表 1、表 2 所示。

表 1 各年审计机构

| 年份 | 审计事务所 | 费用(万元) | 审计意见 | 注册会计师 |
|---|---|---|---|---|
| 2001 | 福建华兴有限责任会计师事务所 | 28 | 无保留意见 | 刘延东 郑丽蕙 |
| 2002 | 福建华兴有限责任会计师事务所 | 30 | 无保留意见 | 刘延东 郑丽蕙 |
| 2003 | 福建华兴有限责任会计师事务所 | 30 | 无保留意见 | 刘延东 郑丽蕙 |
| 2004 | 福建华兴有限责任会计师事务所 | 35 | 无保留意见 | 刘延东 卢淑燕 |
| 2005 | 福建华兴有限责任会计师事务所 | 40 | 无保留意见 | 刘延东 陈漩 |
| 2006 | 福建华兴有限责任会计师事务所 | 40 | 无保留意见 | 刘久芳 陈漩 |
| 2007 | 福建华兴有限责任会计师事务所 | 40 | 无保留意见 | 刘久芳 陈漩 |
| 2008 | 福建华兴有限责任会计师事务所 | 50 | 无保留意见 | 刘久芳 陈漩 |
| 2009 | 福建华兴有限责任会计师事务所 | 50 | 无保留意见 | 刘久芳 陈漩 |
| 2010 | 福建华兴有限责任会计师事务所 | 60 | 无保留意见 | 陈航晖 林希敏 |
| 2011 | 中喜会计师事务所有限责任公司 | 60 | 无保留意见 | 李力 马燕 |
| 2012 | 中喜会计师事务所有限责任公司 | 60 | 无保留意见 | 李力 马燕 |
| 2013 | 中喜会计师事务所有限责任公司 | 60 | 无保留意见 | 李力 马燕 |
| 2014 | 中喜会计师事务所有限责任公司 | 60 | 保留意见 | 李力 马燕 |
| 2015 | 中喜会计师事务所有限责任公司 | 60 | 无保留意见 | 李力 陈翔 |

**表 2　各年注册会计师简介**

| 注册会计师 | 性别 | 所内职务 | 毕业学校 | 专业 | 学历 | 是否合伙人（股东） |
|---|---|---|---|---|---|---|
| 刘延东 | 男 | 副主任会计师 | 厦门大学 | 审计 | 本科 | 是 |
| 卢淑燕 | 女 | 信息咨询部总经理 | 厦门大学 | 会计 | 本科 | 否 |
| 刘久芳 | 女 | 高级顾问 | 厦门大学 | 会计 | 本科 | 否 |
| 陈漩 | 女 | 项目经理 | 福州大学 | 贸易经济 | 本科 | 是 |
| 陈航晖 | 男 | 副主任会计师 | 集美财专 | 投资经济管理 | 大专 | 是 |
| 林希敏 | 男 | 部门经理 | 福州大学 | 审计 | 本科 | 是 |
| 李力 | 男 | 未注明 | 河北经贸大学 | 会计 | 本科 | 是 |
| 马燕 | 女 | 未注明 | 河北轻化工学院 | 未注明 | 本科 | 是 |
| 陈翔 | 男 | 未注明 | 四川绵阳农业专科学校 | 农业经济 | 大专 | 否 |

（二）审计失败的特征及其原因探讨

审计师高质量的审计能够保证财务信息的可靠性和股东投资决策的有效性，降低利益相关者可能的损失。然而，公司中委托代理问题的存在，会导致管理层可能为了自身利益进行盈余操纵，这样就违反了会计信息质量要求的谨慎性，即会计并不稳健。2002年美国颁布的《萨班斯-奥克斯法案》要求强制轮换会计师事务所，而2003年我国财政部和证监会联合发布了《关于证券期货审计业务签字注册会计师定期轮换的规定》，规定注册会计师连续为某一机构提供审计服务最长年限为5年。如今，会计师事务所行业的快速发展，使得上市公司对审计机构有更多的选择。一旦上市公司变换管理当局或者需要融资时，就可能导致现任审计师竞争力变弱，它们就会更换现任审计师进而选择与自身意见一致的审计师，审计师变更成为会计稳健性的主要驱动动因。①

福建华兴有限责任会计师事务所到2010年为止累计为多伦股份提供了18年的审计服务，在公司频繁资本运作和违规的年份，依旧出具无保留审计意见。从这个方面来说这样的审计是缺少独立性的，审计质量也会受到影响。多伦股份缺少能够对公司生产经营做出独立判断的董事，公司内部控制的制衡作用严重缺失，子公司频繁被出售及关联交易错综复杂，都大大增加了审计的难度。公司董秘长期缺位，实际控

---

① 张建勇.审计师变更与会计稳健性关系的实证研究[N].审计研究，2014(5).

制人、董事长鲜言自 2012 年 9 月以来代行董秘职责至今。公司董事会受大股东的控制,增强了大股东违规舞弊操作和侵占中小投资者利益的动机,使得中小投资者利益得不得到保障,公司问题频出,经营状况恶化。

## 五、结束语

近年来,我国资本市场的市场监管不断加强。虽然法律法规日趋全面完善,市场监督机制也在不断提升,但针对大股东掏空上市公司的违规行为的处罚力度过轻,上市公司及其控股股东的违规成本低廉,相比起掏空上市公司能够获得的巨额收益,违规受到的处罚不值一提。

匹凸匹历任控制人对证监会的立案调查置若罔闻,肆无忌惮地进行掏空。市场监管无力,外部监督作用失效,违法成本过低,外部治理机制存在缺陷,导致外部治理无力遏制大股东掏空,不能为中小投资者提供强有力的保护。

## 六、问题讨论

(1) 什么是掏空、市场操纵、内幕交易、资本运作?
(2) 福建华兴会计师事务所审计失败有哪些原因?
(3) 请补充其他上市公司被"掏空"的手段。
(4) 匹凸匹历任实际控制人之间有无关系?
(5) 针对本案例中的分析结论,请提出对应的建议。

(执笔人:张寒忆;指导老师:何任)

# 网宿科技:"高送转+减持"后的"跌跌不休"

**适用课程:** 财务会计理论与实务 财务会计

**编写目的:** 本案例旨在从网宿科技自上市以来的股利分配方案入手,在2016年末的"高送转"方案引起的市场反应与往年截然不同的基本情况下,从送转能力方面讨论网宿科技基本面是否能够支撑该公司的高比例送转方案,从而剖析该公司进行"高送转"的内在动因。

**知 识 点:** 送转动机分析 送转能力计算 股利分配

**关 键 词:** 高送转 送转能力 动机

**案例摘要:** 往年公司发布"高送转"方案往往能带来几个涨停,而2017年多家"高送转+减持"套餐却没能带来企业预期的结果,股价不涨反跌。本案例通过网宿科技和创业板所有公司送转能力的对比,以及网宿科技自上市以来送转能力的纵向对比,揭示该公司在"高送转"背后隐藏的问题。本案例还对公司的送转动机进行了分析,希望提醒投资者,尤其是中小投资者,任何概念的炒作都不能达到提高企业市值的目的,公司的业绩在任何时候都是股价最根本的支持。

## 一、"高送转"的概念

所谓"高送转",是指上市公司大比例送红股或大比例以资本公积金转增股票,如每10股送10股,每10股转增10股,每10股送5股转增5股等。其实质是股东权益的内部结构调整,不涉及资金的流入和流出,理论上不会对公司的盈利能力产生实质性影响,也不会对投资者持有股票的总价值产生影响。同时,在公司经营情况未发生实质性变化,净利润不变的情况下,由于股本扩大,资本公积金转增资本与送红股每股收益反而会被摊薄。

"高送转"受到了我国资本市场的偏爱,对于中国股票市场上的送转行为动机,我国学者进行了深入研究。何涛等(2003)对"信号传递假设"和"流动性假设"在我国的解释能力进行了检验,研究发现,这些假设并不能很好地解释我国的送转行为,同时提出了"价格幻觉假设",并用 Logit 模型证明了上市公司送转股的主要动机是降低股价,通过市场的"价格幻觉"现象间接地提高市值,从而支持了价格幻觉假设。冯科等(2012)通过对 578 家上交所 A 股上市公司"高送转"对盈利信号效应进行研究,发现现金股利不变和现金股利减少的高送转并没有传递上市公司管理层关于未来业绩会变好的私人信息,这与股票股利的"信号效应假说"不一致。李心丹等(2014)通过采用 Logit 方法和 Probit 方法,验证了投资者对低股价股票非理性偏好程度越高,上市公司越可能通过"高送转"行为来迎合投资者需求的假说,同时通过相应的指标构架排除了"信号传递假设"和"流动性假设"。

一般认为,实行"高送转"的公司以较强的送转能力和较好的业绩作为支撑,但是随着"高送转"行情在我国资本市场愈演愈热,"高送转"的质量参差不齐,一些没有"高送转"能力的公司也纷纷披露"高送转"预案。"高送转"如今已变成许多公司进行内幕交易、操纵股价、掩饰大股东减持的手段。为了加强对"高送转"的监管,沪深交易所就"高送转"方案公告格式进行了修改,要求披露"高送转"时必须披露业绩预告,说明利润分配方案与公司业绩增长的匹配情况,同时披露重要股东及董、监、高在"高送转"方案披露前 6 个月的持股变动情况和未来 6 个月内的减持计划。

## 二、网宿科技基本情况

网宿科技于 2000 年 1 月 1 日在上海正式注册成立,主要提供互联网内容分发与加速(CDN)、云计算、云安全、全球分布式数据中心(IDC)等,是中国专业的云计算服务提供商。2009 年 10 月 30 日,网宿科技成功在深圳证券交易所创业板上市,成为首家登陆创业板的 28 家企业之一。2010 年开始进入海外市场,并于 2015 年 10 月 28 日启动了海外 CDN、云安全、社区云三大战略。在国内 CDN 领域,2015 年其市场份额为 42.7%,位居行业第一。

网宿科技自2009年起进行了多次的分红,表1是其历年的分红情况。

表1 网宿科技上市以来利润分配方案　　　　　　　　　　单位:元

| 预案公告日 | 除权除息日 | 方案进度 | 是否分红 | 分红对象 | 每股股利(税前) | 每股股利(税后) | 每股红股 | 每股转增 |
|---|---|---|---|---|---|---|---|---|
| 2017-03-14 | — | 董事会预案 | 是 | 普通股股东 | 0.25 | — | — | 2 |
| 2016-03-22 | 2016-04-29 | 实施 | 是 | 普通股股东 | 0.2 | 0.2 | — | — |
| 2015-03-14 | 2015-04-22 | 实施 | 是 | 普通股股东 | 0.15 | 0.14 | — | 1.2 |
| 2014-03-15 | 2014-05-19 | 实施 | 是 | 普通股股东 | 0.2 | 0.19 | — | 1 |
| 2013-03-20 | 2013-05-31 | 实施 | 是 | 普通股股东 | 0.2 | 0.19 | — | — |
| 2012-03-20 | 2012-05-31 | 实施 | 是 | 普通股股东 | 0.15 | 0.14 | — | — |
| 2011-03-28 | 2011-06-30 | 实施 | 是 | 普通股股东 | 0.1 | 0.09 | — | — |
| 2010-03-24 | 2010-05-05 | 实施 | 是 | 普通股股东 | 0.1 | 0.09 | — | 0.7 |

由表1可以看出,网宿科技在2009年10月上市,共4次发布了包含送转股的利润分配方案,其中3次的送转比例达到了高比例送转的标准。

4次股利分配预案公布后,网宿科技开盘后第一天的股价分别呈现不同走势。2010年3月24日收盘价比前一个收盘价上涨10%,2014年3月17日股价也直接涨停,2015年3月16日收盘价比前一个交易日上涨3.63%;而2017年3月14日收盘价不仅没有提升,反而比前一日降低9.91%几近跌停,以3月13日收盘价为基准股价已下跌,截至2017年3月31日收盘,股价已下跌24.44%,收盘价为40.5元/股。网宿科技历年股价变化如图1所示。

与往年不同的是,在公布2017年3月14日"高送转"预案同时,网宿科技同时发布了《2016年年度报告》《2017年第一季度业绩预告》以及《关于控股股东、实际控制人股份减持计划的提示性公告》。年报显示公司2016年营业收入44.47亿元,同比增长51.67%,归属上市公司股东的净利润12.5亿元,同比增长50.41%。第一季度预告显示,预计1—3月净利润16 919.97万—24 171.39万元(上年同期24 171.39万元),同比变动-30%—0%。年报同时披露,公司控股股东、实际控制人陈宝珍、董事储敏健分别计划未来6个月内减持不超过500万股、225万股。

这种"高送转+减持"的套餐在资本市场已经不是第一次出现,对此投资者屡屡用脚投票。在网宿科技之前,已经有不少公司在披露"高送转+减持"预案后股价下跌。如赢时胜2017年1月12日推出"高送转+减持"方案时,遭到了市场的抵制,1

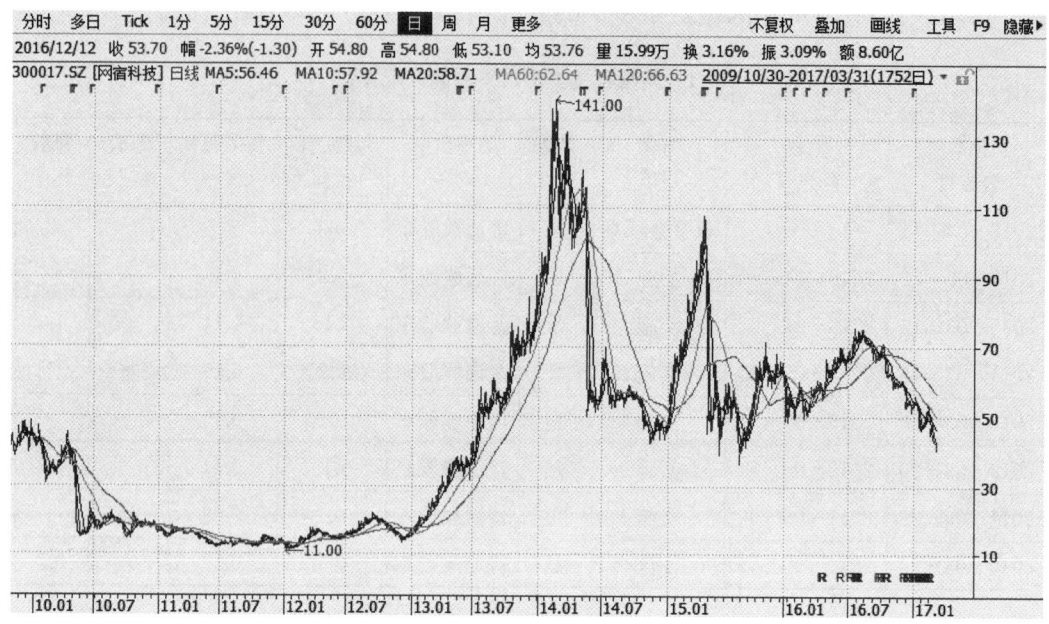

图 1　网宿科技历年股价变化图

月 13 日、14 日连续两个交易日几近跌停。新易盛、中文在线、凯撒文化、利欧股份等公司预案披露后跌幅均在 15% 以上。

在我国的证券市场上,"高送转"历来常被看作利好消息,甚至有一个专门的板块叫做"高送转",市场每年会定期炒作此类股票。而股东减持股票的行为则历来被当作利空,这两种行为的同时进行,必然加剧市场波动,且波动方向很不确定。

## 三、网宿科技的送转能力分析

上市公司如果承诺实施送转股票的分配政策,首先应该具备足够的送转能力。送转能力越高的公司越倾向于进行送转,否则该公司发布送转的动机就值得怀疑了。

对于送转能力的评价可以通过计算得到。送转能力公式为:

$$送转股能力 = \{资本公积 + [\max(0, 盈余公积 - 0.25 \times 总股本) + 未分配利润]\} / 总股本$$

结合 2016 年年报披露的信息,经计算网宿科技的送转能力为 7.86。

为了说明其送转能力的高低,下面同时计算了创业板上市公司的综合送转能力,如表 2 所示(截至 2017 年 3 月 31 日,尚有多家企业未披露 2016 年公司年报,这里仅对已披露公司报表的公司数据进行了整理),将网宿科技的送转能力与之进行比较。

表2 2016年创业板公司送转能力计算表

| 项目类别 | 公司数(家) | 已披露年报公司数(家) | 均值 | 最小值 | 25%分位数 | 50%分位数 | 75%分位数 | 最大值 |
|---|---|---|---|---|---|---|---|---|
| 送转能力A | 570 | 230 | 3.63 | 0.10 | 1.89 | 2.90 | 4.52 | 11.63 |
| 送转能力S | 90 | 67 | 5.24 | 0.96 | 2.86 | 4.48 | 7.31 | 11.63 |

注:A表示创业板2016年年末全部上市公司,S表示创业板2016年年末披露送转信息的公司;表中数据是根据2017年3月31日前各公司公布的数据得到的

与2016年创业板所有上市公司的送转能力A相比,网宿科技处于75%分位数之上,且远高于75%水平;与2016年已披露送转方案的创业板上市公司送转能力S相比,网宿科技也处于75%分位数之上,且比75%水平略高,总体来看网宿科技的送转能力较好。经过对网宿科技与创业板公司之间的送转能力进行对比后发现,网宿科技在所有创业板公司中的送转能力较好。

除了将网宿科技的送转股能力与整个创业板的公司的送转能力进行了比较,下面也将对网宿科技自上市以来的送转能力进行纵向对比。为了理解方便,汇总了与计算网宿科技送转能力的相关指标和实际送转情况(或披露的送转情况),并计算了历年的实际送转股能力,如表3所示。

表3 2009—2016年网宿科技历年送转能力指标

| 年份 | 总股本(万元) | 资本公积(万元) | 盈余公积(万元) | 未分配利润(万元) | 送转能力 | 实际送转 |
|---|---|---|---|---|---|---|
| 2016 | 80 154.36 | 374 662.51 | 30 750.64 | 244 787.73 | 7.86 | 2 |
| 2015 | 70 797.89 | 12 675.68 | 18 230.70 | 148 055.70 | 2.28 | — |
| 2014 | 31 729.97 | 44 012.20 | 9 840.36 | 78 070.73 | 3.91 | 1.2 |
| 2013 | 15 675.89 | 55 530.71 | 5 069.69 | 37 606.55 | 6.01 | 1 |
| 2012 | 15 421.43 | 49 601.67 | 2 719.06 | 19 330.28 | 4.47 | — |
| 2011 | 15 421.43 | 48 556.67 | 1 752.54 | 12 235.44 | 3.94 | |
| 2010 | 15 421.43 | 48 283.71 | 1 180.39 | 8 877.56 | 3.71 | |
| 2009 | 9 071.43 | 54 633.71 | 751.03 | 6 386.61 | 6.73 | 0.7 |

首先,将网宿科技的送转能力和公司实际送转情况进行了对比,如图2左图所示,可以发现该公司的送转能力与实际送转情况并不完全正相关,当送转能力降低时公司实施的送转比例并不会因此降低,且计算给出的送转能力变化幅度较大。这让我

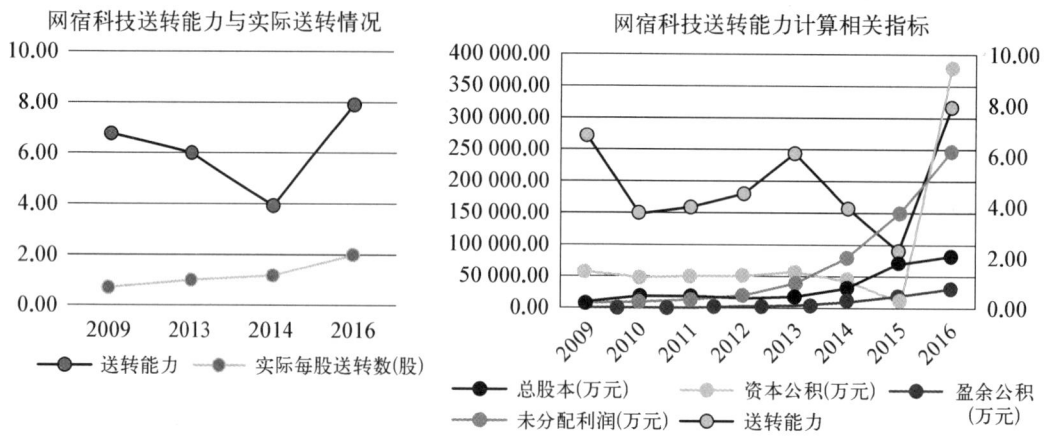

图 2 网宿科技送转能力相关指标

们不得不对计算送转能力的各项指标进行具体分析。

图 2 右图是网宿科技自上市以来与送转能力相关的各项指标的变化图,图中显示公司送转能力波动非常大,总股本、盈余公积和未分配利润的变化比较平滑,且三者的变化趋势保持一致。而资本公积的变化比较突出,特别是 2016 年公司的资本公积剧增,因此,需要对公司 2016 年的资本公积进行深入的了解。

报表显示,2016 年 3 月 14 日公司非公开发行的股票新增股份上市,这次非公开发行的股票共计 81 218 421 股,股票面值 1 元,发行价格为 43.95 元/股,扣除相关费用后,计入资本公积的金额为 34.66 亿元,这项操作使公司的资本公积达到 37.47 亿元。

根据送转能力的计算公式,资本公积/(资本公积+盈余公积-0.25×总股本+未分配利润)=59.45%,显然非公开股票的增发是网宿科技 2016 年送转能力提高的根本原因。

剔除新股发行,网宿科技的送转能力大致位于所有创业板公司的送转能力的 25%—50%分位数之间,位于创业板发布送转信息公司的 25%分位数以下,那么,网宿科技的实际送转能力确实不高。网宿科技在非公开发行新股刚上市不久,便发布"每 10 股送转 20 股"这样的公司史上最高的送转方案,背后的动机有待进一步分析。

## 四、送转动机分析

公司如果计划实施"高送转"大规模扩张股本,除具备未分配利润或资本公积充足的条件外,还需要具备一定的高成长性,否则将面临下一年度因净利润增长与股本扩大不同步而降低每股收益的风险。为了对网宿科技"高送转"的真实目的进行分析,这里从公司的成长能力入手,了解"高送转"背后是否有较好的业绩和财务状况作为支撑。

表示成长能力最基本的指标是营业收入增长率和净利润增长率,由图3左图可以看出,2012—2016年公司的营业收入和净利润都呈增长的趋势,但是净利润的增长速度明显比不上营业收入的增长速度。结合图3右图营收增长率和净利润增长率的情况,发现网宿科技的营业收入增长率基本保持稳定,但是净利润增长率呈现显著下降的趋势。

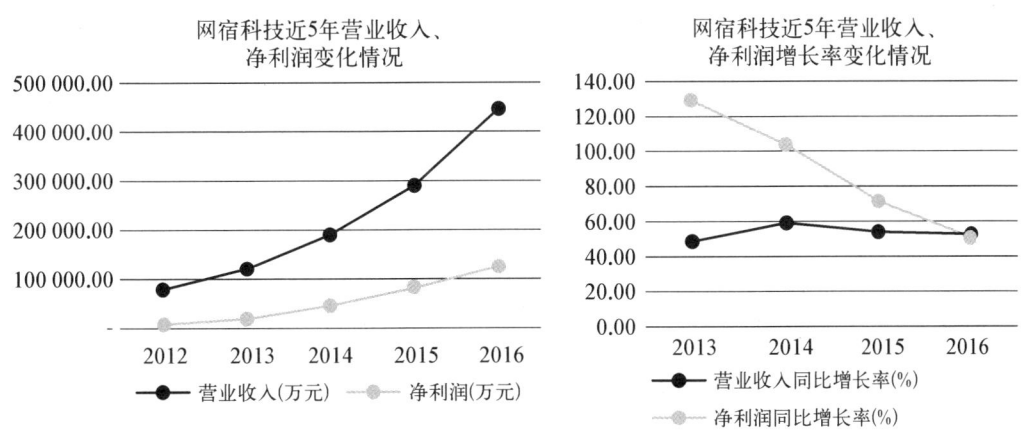

图3 网宿科技近5年营业收入和净利润变化情况

2016年网宿科技CDN收入占公司营业收入的90.82%,且近年来CDN收入的占比逐年上升。同时,2017年第一季度业绩预报表明:第一季度股东的净利润下降的原因是国内CDN市场竞争激烈,市场价格明显下降,从而导致公司毛利率下降。另一方面,阿里巴巴集团2016年年报显示,一年里阿里云曾17次下调价格,由此表明网宿科技的主营业务产品价格存在压力。网宿科技2016年归属上市公司股东的净利润同比增长率为50.41%,2017年归属上市公司股东的净利润同比降低33.59%,且公司主营业务产品面临价格下行压力,在此情况下,结合前文对公司送转能力的分析,再次印证网宿科技并不具备每10股送转20股的能力。

网宿科技2014年3月和2015年3月都公布了"高送转"的预案,从图1公司股票价格变化图可以看出,公司股价在2014年年初、2015年年初都出现了大幅上涨,这符合"价格幻觉假设"和"股利迎合理论"。2016年半年报公布后,网宿科技的股价开始走下坡路,网宿科技在这样的情况下公布"高送转"方案很可能是为了借助众多投资者的非理性,又一次拉升股价,从而提高公司市值。如今,"高送转"已受到证监会的严格监管,当下已不是炒作"高送转"概念的最好时机。网宿科技是一家高成长、高估值的企业,公司本来又一次寄希望于"高送转"方案使股价上涨,但在面临公司成长性下降和证监会的监管趋严的宏观背景下,反而带来了股价"跌跌不休"的惨淡结果。

## 五、问题讨论

(1) 企业进行"高送转"的目的有哪些?网宿科技几次进行高比例的送转方案的目的分别是什么?

(2) 面对网宿科技自上市以来几次"高送转"行为,你对每次实施送转股后的不同的市场反应(有时股价上涨,有时下跌)有何看法?

(3) 近年来监管机构针对"高送转"行为采取了相应措施,你如何看待?

## 参考文献

[1] 李心丹,俞红海,陆蓉,徐龙炳.中国股票市场"高送转"现象研究[J].管理研究,2014(11).

[2] 姜英兵.高送转与大股东减持:以海润光伏为例[J].会计之友,2017(6).

[3] 朱铭铮.中国股票"高送转"现象的分析研究[J].金融视线,2017(1).

[4] 何涛,陈小悦.中国上市公司送股、转增行为动机初探[J].金融研究,2003(9).

[5] 冯科,刘宏,何理.我国上市公司高送转对盈利的信号效应研究[J].中南财经政法大学学报,2012(3).

[6] 深圳证券交易所投资者教育中心.理解"高送转"实质 避免跟风炒作造成亏损[EB/OL].(2015-12-18).http://www.szse.cn/main/investor/fxjy/39758059.shtml.

(执笔人:刘惠;指导老师:陈溪)

# 激励还是福利？
## ——泸州老窖股权激励案例分析

**适用课程：** 财务会计理论与实务 财务管理理论与实务

**编写目的：** 本案例描述了泸州老窖两次股权激励的背景、历程和方案内容，并结合国有企业薪酬管制，对其方案内容和激励效果进行了详细分析。一方面，学生可以了解到上市公司股权激励的动机、方案重点内容和激励效果；另一方面，学生也可以对国有企业薪酬管制背景下股权激励定位困境扩充一定的认识，以此引发对于股权激励实践的多方面思考。

**知 识 点：** 股权激励 薪酬管制

**关 键 词：** 泸州老窖 股权激励 激励 福利

**案例摘要：** 本案例首先介绍了泸州老窖公司和其制定实施股权激励的背景；其次在此基础上描述了2006年6月股权激励草案和2010年1月股权激励修订案的历程，并对具体条款内容，尤其是引起争议的行权价格，以及激励效果进行了比较分析；最后对薪酬管制背景下国有企业股权激励定位困境进行了思考。2005年12月31日《上市公司股权激励管理办法（试行）》的公布，拉开了我国上市公司股权激励的序幕，泸州老窖赶着第一波潮流，制定了2006年股权激励方案，却因新政策的出台而未能实施。直到2010年，新方案以修订稿的形式再次被提上议程，因明显偏低的行权价格引起市场中的争议。以激励之名出台的股权激励方案，却因缩短的有效期和偏低的行权价格而具有福利的嫌疑。在国企薪酬管制的背景下，泸州老窖的股权激励计划陷入定位困境，它似乎什么都是，但又似乎什么都不是。

2006年6月6日,泸州老窖股份有限公司(以下称为"泸州老窖")首次公布《泸州老窖股份有限公司2006年股票期权激励计划(草案)》,但在顺利获得了泸州市国资委和临时股东大会的通过之后,尚未来得及实施,就因证监会、国资委、财政部陆续出台的许多新的监管法规和监管措施而被搁置。直到2010年1月23日,泸州老窖新一轮的股权激励方案才重新被提上议程。出人意料的是,虽然与最初的股权激励方案相比,泸州老窖管理层对第二次股权激励方案做了16项修订,但行权价格依然参照12.78元/股进行,这一关键问题引发了市场中的争议。

## 一、公司简介

泸州老窖前身为泸州老窖酒厂,始建于1950年3月,1993年9月20日经四川省经济体制改革委员会川体改〔1993〕105号文批准,由泸州老窖酒厂以其经营性资产独家发起以募集方式设立股份有限公司。1993年10月25日经四川省人民政府川府函〔1993〕673号文和中国证券监督管理委员会发审字〔1993〕108号文批准公开发行股票,于1994年5月9日在深交所挂牌上市,股票代码000568。

2005年10月27日,公司股东大会审议通过了《泸州老窖股份有限公司股权分置改革方案》,于2005年11月3日办妥股份变更登记手续。变更后,控股股东泸州市国有资产监督管理委员会(以下称为"泸州市国资委")持有股本比例由69.56%下降至60.43%。此后,因定向增发、出售等原因,至2008年5月19日,泸州市国资委持股比例下降为53.52%。

2009年9月3日,经国务院国资委国资产权〔2009〕817号文件批准,泸州市国资委将持有泸州老窖的30 000万股股份和28 000万股股份分别划转给泸州老窖集团有限责任公司(以下称为"老窖集团")与泸州市兴泸投资集团有限公司(以下称为"兴泸集团"),于2009年9月21日办妥股份过户登记,至此,老窖集团、兴泸集团、泸州市国资委分别持有泸州老窖股权30 000万股、28 000万股、16 620.025万股,持股比例分别为21.52%、20.08%、11.92%,老窖集团成为泸州老窖第一大股东。之后,由于股票期权激励计划行权、泸州市国资委无偿划转、增持等原因,老窖集团所持泸州老窖股权比例多次变化,但其泸州老窖第一大股东地位始终未变。截至2016年年末,泸州老窖的控股股东为老窖集团,最终控制人为泸州市国资委,公司与实际控制人之间的产权及控制关系如图1所示。

泸州老窖所属行业为酒、饮料和精制茶制造业,主要经营活动为泸州老窖系列酒的生产和销售,主要产品有国窖1573系列酒、百年泸州老窖窖龄系列酒和泸州老窖特曲、头曲、二曲等系列酒。泸州老窖历经多年发展,从产品生产到产品销售并盈利,多个品牌协同运作,最终拥有了一套较

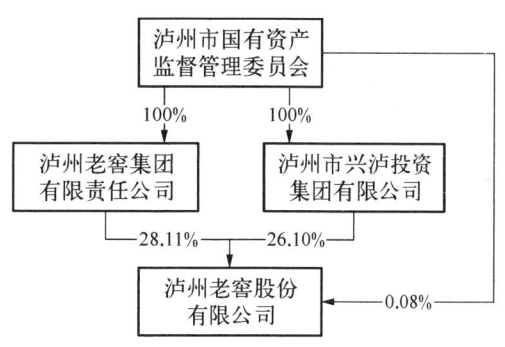

图1 泸州老窖产权及控制关系图

为完整且有效的产品体系,国窖系列在不断改进和完善后,现已成为与茅台齐名的高档白酒品牌。

## 二、泸州老窖股权激励计划实施背景

泸州老窖在经过国有企业改革后,变成了典型的现代公司制企业,拥有股东、董事会和高级经理人组成的组织结构,如图2所示。这样的组织结构就会促使企业形成一种用于企业的管理和控制的制衡机制,即公司治理结构。

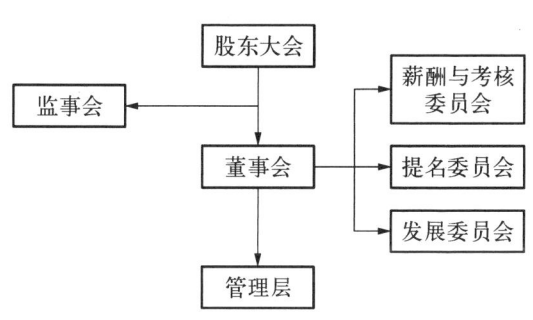

图2 泸州老窖公司治理结构图

由于泸州老窖是典型的国有控股的公司制企业,该企业不可避免地在公司治理结构上存在内部人控制的问题,所以泸州老窖需要在降低代理成本的基础上,保证企业的所有者不干预企业的日常生产经营工作,并要求经营者把股东的利益和企业的利润作为最大的目标。这样就需要一个相当完善的公司治理结构,股权激励的出现恰恰有利于解决因为委托代理出现的利益不一致问题。

如表1所示,2005年《上市公司股权激励管理办法(试行)》的颁布使股权激励在我国有了法律规范,随后2008年证监会又颁布了3份文件对股权激励的设计和实施做了严格规定,宏观环境的改进使得泸州老窖的股权激励计划被重新启动并最终得以顺利施行。

表 1　股权激励政策一览表

| 公布时间 | 法 规 名 称 | 公布部门 |
|---|---|---|
| 2005年12月31日 | 《上市公司股权激励管理办法(试行)》 | 证监会 |
| 2006年1月27日 | 《国有控股上市公司(境外)实施股权激励试行办法》 | 国务院国资委、财政部 |
| 2006年2月15日 | 《企业会计准则第11号——股份支付》 | 财政部 |
| 2006年9月30日 | 《国有控股上市公司(境内)实施股权激励试行办法》 | 国务院国资委、财政部 |
| 2008年3月17日 | 《股权激励有关事项备忘录1号》 | 证监会 |
| 2008年3月17日 | 《股权激励有关事项备忘录2号》 | 证监会 |
| 2008年9月16日 | 《股权激励有关事项备忘录3号》 | 证监会 |
| 2009年1月7日 | 《关于股票增值权所得和限制性股票所得征收个人所得税有关问题的通知》 | 财政部、国家税务局 |
| 2009年5月4日 | 《关于上市公司高管人员股票期权所得缴纳个人所得税有关问题的通知》 | 财政部、国家税务局 |
| 2009年10月21日 | 《关于规范国有控股上市公司实施股权激励制度有关问题的通知》 | 国务院国资委、财政部 |
| 2016年7月13日 | 《上市公司股权激励管理办法》 | 证监会 |

自2001年起,市场上流通的散酒所占份额越来越少,白酒行业的产量出现向规模企业集中的趋势,从而导致规模企业间的竞争越发激烈。2009年以来,白酒行业受到消费税从严征收、整治酒后驾车等因素影响,市场增速放缓。在此宏观背景下,泸州老窖重启2006年的股权激励计划,并于2010年1月正式推出,希望通过对公司高管和骨干人员的激励来提高管理层积极性,留住人才,促进公司业绩的快速增长。

## 三、泸州老窖股权激励历程

2005年12月31日,中国证监会颁布《上市公司股权激励管理办法(试行)》,拉开了上市公司股权激励的序幕,进而激发了巨大的收益想象空间。2006年1月1日,新《公司法》、新《证券法》正式实施。这一年,股权分置改革向纵深推进,实施股权激励的制度障碍得以消除。此后,陆续有上市公司推出其股权激励计划,泸州老窖就是其中之一。

2006年6月6日,泸州老窖发布公司公告《泸州老窖股份有限公司2006年股票期权激励计划(草案)》,首次披露股权激励方案。在该公告中,泸州老窖拟授予激励对象 2 400 万份股票期权,该激励计划的股票来源为泸州老窖向激励对象定向发行的 2 400 万股公司股票。紧跟着的一个月内,泸州老窖不但公布了 3 位独立董事对股权激励方案的意见,又安排四川英捷律师事务所出具了 2006 年股权激励计划的法律意见书,以及华西证券为泸州老窖股权激励计划方案做出的独立财务顾问报告。

同年 7 月,这是泸州老窖高管层为股权激励计划最为忙碌的一个月,泸州老窖集合了包括第一大股东泸州市国资委在内的 14 名股东和股东代理人,开始了 2 400 万股期权激励计划最为关键的一次投票——2006 年第二次临时股东大会。会议表决中,拥有表决权 64.40% 的 14 名投票者,全票通过了相关方案。激励方案行权价格敲定为 12.78 元/股,并计划在 2006 年度公司报告发布之日起,高管层即可开始行权。

泸州老窖股权激励计划从方案出台开始就以极快的速度进行着,但在顺利获得了泸州市国资委和临时股东大会的通过之后,尚未来得及实施,证监会、国资委、财政部就陆续出台了许多新的监管法规和监管措施[①],这使得泸州老窖原有的股权激励方案在用这些新的监管法规和监管措施进行审视时,有很多的不规范之处,从而无法进入正式实施阶段。

对于 2 400 万股期权激励计划未能成功实施的原因,泸州老窖给出的解释是:中国证监会 2007 年 3 月 9 日下发的《关于开展加强上市公司治理专项活动有关事项的通知》打乱了泸州老窖的股权激励计划方案。根据该通知,泸州老窖属于"已向中国证监会申报材料,尚未获得中国证监会无异议意见"的上市公司,应在获得中国证监会无异议之前,完成全部 3 个阶段的公司治理专项活动工作。中国证监会要求的这 3 个阶段分别是:上市公司自查阶段、公众评议阶段和整改提高阶段。

经历了漫长的 8 个月的 3 个阶段公司治理专项活动之后,泸州老窖于 2007 年 11 月 29 日公布了公司治理专项整改报告。在整改报告中,泸州老窖首次公开,该公司 2006 年制定的股权激励方案尚需按照国务院国资委文件《国有控股上市公司(境内)实施股权激励试行办法》要求进行规范。整改报告称,由于情况复杂,泸州老窖股权激励方案的规范工作"目前尚无实质性进展",正在"积极开展工作",争取尽快完成规范工作。

---

① 2005 年 12 月 31 日,《上市公司股权激励管理办法(试行)》由证监会颁布施行,此后,陆续有上市公司推出其股权激励计划,但是在试行过程中暴露出了非常多的问题,如降低行权条件、操纵财务数据和股价、股权激励规模偏高、激励方案设计被高管控制且擅自修改等。这些不规范现象导致上市公司所推出的股权激励方案并不能达到激励高管的目的,反而成为高管替自身谋福利、进行利益输送的特定渠道,典型的例子包括伊利股份、凯迪电力等。为此,相关法规及监管措施开始不断完善。

泸州老窖的股权激励方案，主要是被《国有控股上市公司（境内）实施股权激励试行办法》的第十六条卡住了："在股权激励计划有效期内，高级管理人员个人股权激励预期收益水平，应控制在其薪酬总水平（含预期的期权或股权收益）的30%以内。"另外，上述试行办法同时规定，行使股权激励的前提条件之一是薪酬委员会由外部董事构成。这一点，也导致了泸州老窖股权激励方案不符合相关要求。

但直到2008年2月27日，新的股权激励方案仍未重新提上议程。当日，泸州老窖董事办主任曾颖在接受《经济观察报》记者采访时称，若在目前这个时候再讨论股权激励，有点敏感。他说，新的股权激励方案可能要等到在公司规范相关事项之后才能出来。至于届时股权激励方案是否会变，何时能够得以实施，他"并不知情"。

虽然股权激励计划被搁置，但泸州老窖的股价和经营业绩一直表现良好。2005—2010年，泸州老窖的经营绩效有了大幅度的成长，ROE由3.01%增长为45.16%，从原来排在贵州茅台和五粮液之后且差距明显，到明显超越贵州茅台和五粮液。ROA也有着类似ROE的变化趋势。销售净利率从3.02%增加到42.46%，从原来排在贵州茅台和五粮液之后且差距明显，到基本上与贵州茅台比较接近。总资产周转率也从2005年的0.57次（3家企业中排名第二），增加到2010年的0.77次（排名第一）。

2010年1月23日，泸州老窖新一轮的股权激励方案重新提上议程。同年2月10日，临时股东大会决议公告称审议通过了《关于修订〈泸州老窖股份有限公司股票期权激励计划〉的议案》。

## 四、新旧股权激励方案和股权激励计划股票期权分配内容

泸州老窖新旧股权激励方案和股权激励计划股票期权分配内容分别如表2—表5所示。

表2　泸州老窖2006年股权激励方案内容

| 项　目 | 具　体　内　容 |
| --- | --- |
| 激励方式 | 股票期权 |
| 激励对象 | 12名董事和高级管理人员、若干名骨干员工 |
| 激励来源 | 定向发行股票 |

(续表)

| 项 目 | 具 体 内 容 |
|---|---|
| 授予价格 | 12.78元/股 |
| 授予数量 | 2 400万份,占总股本的2.85% |
| 等待期 | 1年 |
| 有效期 | 10年 |
| 业绩条件 | 2006年,扣除非经常性损益后、以目前总股本841 399 673股计算的每股收益,不低于0.2元/股,且净资产收益率不低于10%。2007—2008年,扣除非经常性损益后的净利润比上年增长不低于30%,且净资产收益率不低于10% |

表3 泸州老窖2006年股权激励计划股票期权分配表

| 姓 名 | 所任职位 | 授予数量(万份) | 占计划比(%) | 占总股本比(%) |
|---|---|---|---|---|
| 谢 明 | 董事长 | 240 | 10.00 | 0.29 |
| 张 良 | 董事、总经理 | 240 | 10.00 | 0.29 |
| 蔡秋全 | 董事、副总经理 | 160 | 6.67 | 0.19 |
| 沈才洪 | 董事、副总经理 | 140 | 5.83 | 0.17 |
| 龙成珍 | 董事 | 140 | 5.83 | 0.17 |
| 江域会 | 董事会主席 | 140 | 5.83 | 0.17 |
| 刘 淼 | 销售公司总经理 | 115 | 4.79 | 0.14 |
| 郭智勇 | 总经理助理 | 90 | 3.75 | 0.11 |
| 张顺泽 | 总经理助理 | 90 | 3.75 | 0.11 |
| 何 诚 | 酿酒公司总经理 | 90 | 3.75 | 0.11 |
| 林 锋 | 营销总监 | 90 | 3.75 | 0.11 |
| 敖治平 | 财务部部长 | 90 | 3.75 | 0.11 |
| 骨干员工 |  | 775 | 32.29 | 0.92 |
| 总 计 |  | 2 400 | 100 | 2.85 |

表4 泸州老窖2010年股权激励方案内容

| 项 目 | 具 体 内 容 |
|---|---|
| 激励方式 | 股票期权 |
| 激励对象 | 11名董事和高级管理人员、132名骨干员工 |
| 激励来源 | 定向发行股票 |
| 授予价格 | 12.78元/股 |

(续表)

| 项 目 | 具 体 内 容 |
|---|---|
| 授予数量 | 1 344万份,占总股本的0.96% |
| 等待期 | 2年 |
| 有效期 | 5年 |
| 业绩条件 | 2011—2013年,扣除非经常性损益后净利润比上年增长不低于12%、净资产收益率不得低于30%且不得低于同行业上市公司75位值 |

表5 泸州老窖2010年股权激励计划股票期权分配表

| 姓 名 | 所任职位 | 授予数量(万份) | 占计划比(%) | 占总股本比(%) |
|---|---|---|---|---|
| 谢 明 | 董事长 | 58 | 4.32 | 0.04 |
| 张 良 | 董事、总经理、党委书记 | 58 | 4.32 | 0.04 |
| 蔡秋全 | 董事、副总经理 | 41 | 3.05 | 0.03 |
| 沈才洪 | 董事、副总经理 | 41 | 3.05 | 0.03 |
| 江域会 | 董事、纪委书记 | 41 | 3.05 | 0.03 |
| 刘 淼 | 副总经理 | 41 | 3.05 | 0.03 |
| 郭智勇 | 副总经理 | 41 | 3.05 | 0.03 |
| 张顺泽 | 副总经理 | 41 | 3.05 | 0.03 |
| 何 诚 | 酿酒公司总经理 | 41 | 3.05 | 0.03 |
| 林 锋 | 销售公司总经理 | 41 | 3.05 | 0.03 |
| 敖治平 | 财务部部长 | 41 | 3.05 | 0.03 |
| 骨干员工 | | 859 | 63.91 | 0.64 |
| 总 计 | | 1 344 | 100 | 0.96 |

2008年股权激励方案修订稿尚未公布之前,有分析人士说:"如果此时再提12.78元/股的股权激励方案,必然引起极大的非议。因为2007年2月间第一大股东泸州市国资委的4 200万股减持抛售,也只有10多亿元。股价高企的今天,再以当初的低价期权进行,恐怕会引起中小股东的不满。"

出人意料的是,虽然与最初的股权激励方案相比,泸州老窖管理层对第二次股权激励方案做了16项修订,但行权价格依然参照12.78元/股进行,这一关键问题,引发了市场中的争议。泸州老窖方面未能解释新修订期权激励方案中行权价格的依据,只在董事会公告中发文表示,行权价格遵照上一次方案中的价格,如遇到公司配股,则会按照配股的数量份额对行权价格作出相应调整。泸州老窖董事会秘书曾颖以在外地出差为由,婉拒了《经济观察报》记者的采访;而董事会办公室则以未接到领导通知为由,表示无法就股权激励相关问题接受采访。

行权价格明显偏低的 2010 年方案能够最终获得通过的原因有各种猜测,其中一种猜测与泸州老窖在制定 2006 年股权激励计划时进行的另外一件事情有关:泸州老窖 2006 年 6 月制定过一项定向增发计划,面向 10 家企业进行,2006 年 11 月,该计划获得了中国证监会的核准。可见,泸州老窖董事及高管的运气确实是差了一些,这使得其在履行 2010 年的股权激励方案修订稿的有关审核及批准手续时,有一些令人同情,具有"加分"效果。

另外,如果将 2010 年 1 月的方案视为一个全新方案的话,根据《国有控股上市公司(境内)实施股权激励试行办法》第十八条的规定,上市公司股权的授予价格应不低于股权激励计划草案摘要公布前 1 个交易日的公司标的股票收盘价或者股权激励计划草案摘要公布前 30 个交易日内的公司标的股票平均收盘价中的较高者,那么每股行权价格就应该在 35—40 元之间,远远高于原方案中的 12.78 元。这也是为什么 2010 年 1 月的方案是以 2006 年 6 月方案的修订稿形式出现,而不是以一个全新方案形式出现的最根本原因[①]。

虽然行权价格惹争议,但泸州老窖能够得到期权奖励资格的一线骨干员工和高管层,对这次新修订的股权激励方案均寄予了厚望,换作通俗的语言来表达就是——"能不能发财就靠它了"。

## 五、2010 年 1 月股权激励方案行权情况

自实施股权激励以来,泸州老窖 2011—2013 年相关业绩情况如表 6 所示。

表 6　泸州老窖 2011—2013 年财务业绩

| 年份 | 扣除非经常性损益后净利润(万元) | 比上年增长百分比(%) | 净资产收益率(%) |
| --- | --- | --- | --- |
| 2011 | 289 585.23 | 31.38 | 40.52 |
| 2012 | 412 299.33 | 42.38 | 45.24 |
| 2013 | 343 238.46 | −16.75 | 32.53 |

---

① 可以设想这样一种情况,即在 2010 年 1 月修订泸州老窖的股权激励方案时,如果其市场价格只有 10 元/股左右的话,此时的行权价格是否会进行修订? 显然,最有可能发生的情况是,制定出一个新的股权激励方案,以适用较低的市价,原来的 12.78 元/股的行权价格不会实施。

泸州老窖第一期、第二期完成了扣除非经常性损益后净利润比上年增长不低于12%、净资产收益率不得低于30%且不得低于同行业上市公司75位值的业绩要求,且满足其他考核要求,达到了股权激励可行权条件,而第三期的扣除非经常性损益后净利润比上年下降了,则不可行权。

## 六、尾声

2005年12月31日《上市公司股权激励管理办法(试行)》的公布,拉开了我国上市公司股权激励的序幕,泸州老窖赶着第一波潮流,制定了2006年股权激励方案,却因新政策的出台而未能实施。直到2010年,新方案以修订稿的形式再次被提上议程,却因明显偏低的行权价格引起市场中的争议。

股权激励方案以激励之名出台,却因缩短的有效期和偏低的行权价格而具有福利的嫌疑,再结合2005—2010年泸州老窖经营业绩大幅增长,高管却因国企薪酬管制错失2006年6月的股权激励计划,以及面向企业的定向增发顺利通过,面向董事及高管的股权激励计划却被搁置,新股权激励方案似乎又带上了奖励和补偿的色彩。那么,泸州老窖的股权激励方案到底是对管理层的激励,还是管理层为自己设定的福利?或是体现着对管理层以往贡献激励不足的奖励和补偿?

国有企业高管的薪酬分配,一直是近年来企业界热议的话题。国资委小心翼翼地引入国有控股企业的股权激励试行办法,又担心国有资产在股权激励方案中流失,于是企业高管利益最大化与其代表的国有控股股东利益最大化随即发生冲突。

在国企薪酬管制的背景下,泸州老窖的股权激励计划陷入定位困境,并被异化,它似乎什么都是,但又似乎什么都不是。

(执笔人:周盼;指导老师:徐宗宇)

# 星辉娱乐文娱产业并购基金的波折之路

**适用课程：** 财务管理理论与实务　财务会计理论与实务

**编写目的：** 本案例描述了星辉娱乐自 2016 年起，成立文娱产业并购基金并借助基金杠杆探索产业整合却最终偃旗息鼓的两个失败案例。本案例分析其纷繁的投资行为背后欲通过"PE＋上市公司"的经典套路进行产业升级和行业转型面临的会计处理挑战，使学生对现行会计准则下如何反映公司在产业并购基金中有限合伙份额，如何披露基金信息及并购行为，以及我国部分上市公司如何借助并购基金开展产业整合有所认识。

**知 识 点：** 产业并购基金　信息披露　非经常性损益　产业链整合

**关 键 词：** 并购　非经常性损益　产业并购　星辉娱乐

**案例摘要：** 从 2016 年开始，中国玩具行业领跑者星辉娱乐继 2015 年涉足体育行业，控股西班牙皇家足球俱乐部，又接连放出了两个大招，开启了文娱产业并购基金的开拓模式，旨在进军社区互联网文化、网络游戏等文化娱乐产业。2016 年的两次产业并购基金，却因为诸多原因于同年解除，其中，有泛娱乐产业整合的诸多困难，更有来自会计准则内部的挑战。本案例生动地还原了这两次并购基金设立的背景和结果，从财务管理理论与实务角度出发，探索其失败可能存在的原因，有助于更深刻地理解"PE＋上市公司"模式下产业整合所面临的风险与挑战。

　　从玩具作坊小老板到上市企业掌门人、足球俱乐部主席，陈雁升走过了属于自己的辉煌的 20 年。然而，在游戏、互联网文化等泛文化产业苏醒的黄金时代，2016 年却是陈雁升的星辉互动娱乐股份有限公司（以下称为"星辉娱乐"）最艰难波折的一年。两次产业并购基金从设立到解除时间之短暂，无异于昙花一现。脚踏实地，仰望"星辉"的诺言还在时刻提醒他,但是星辉娱乐全产业整合的未来将何去何从?在产业并购基金之路上继续放手一搏抑或偃旗息鼓?个中缘由且待我们细细发掘与深思。

## 一、公司简介

### (一)互动娱乐

星辉娱乐是一家致力于车模的研发、生产和销售的公司。2004年,公司取得了ISO9001:2000质量管理体系①认证,并先后通过了欧盟CE(EN71、EN62115、R & TTE)、ROHS、美国FCC、ASTMF-963等国际安全标准认证。2006年成为国内首批获得CCC认证②的企业之一,2008年通过ICTI体系③认证。

公司的主要业务包括玩具、游戏、影视、投资四大板块。在玩具业务方面,公司主要专注于动态车模、静态车模、收藏型车模和婴童产品的生产、研发及销售。公司已经获得宝马、奔驰、奥迪、兰博基尼等21个世界知名汽车品牌的190款车模生产的品牌授权,是国内车模企业中获得授权数量最多的企业之一。根据中国玩具协会资料显示,公司的生产规模、研发技术以及所获得的车模授权均在同行业中名列前茅,是国内车模行业的龙头企业。2009年10月,公司"户外玩具-宝马X6"获得中国玩具协会主办的2009年玩具创"星"大赛金奖。游戏业务是公司增长最快及最具有潜力的业务板块,亦是公司战略转型的主要发力点。目前公司游戏业务主要专注于网页网络游戏、移动网络游戏的研发和运营,通过页游、手游双产品线并行发展的产业布局,已发展成为国内领先的集研发、发行和运营于一体的游戏平台型企业,代表作品包括《倚天》《一刀流》《龙骑士传》《枪林弹雨》《刀锋无双》等。

### (二)珠海乾亨投资管理有限公司

珠海乾亨投资管理有限公司(以下称为"乾亨投资")为本案例中星辉娱乐2016年1月26日进行第一次产业并购基金的合作方。公司成立时间为2015年3月26日,其注册地位于珠海市横琴新区,注册资本为70 000万元,控股股东为广发乾和投

---

① ISO9001是ISO9000族标准所包括的质量管理体系核心标准之一。ISO9000族标准是国际标准化组织(ISO)在1994年提出的概念,是指由ISO/Tc176(国际标准化组织质量管理和质量保证技术委员会)制定的国际标准。

② CCC认证的全称为"中国强制性产品认证制度"(China Compulsory Certification),它是中国政府为保护消费者人身安全和国家安全、加强产品质量管理、依照法律法规实施的一种产品合格评定制度。

③ ICTI是国际玩具业协会的简称。该协会成立于1974年,它包括20个国家和地区的玩具贸易协会。因为中国生产的玩具中有80%销往西方国家,所以成为该协会的重点。ICTI的成员包括澳大利亚、巴西、加拿大、中国、中国台北地区、丹麦、法国、德国、中国香港地区、匈牙利、意大利、俄罗斯、西班牙、瑞典、英国和美国等。

资有限公司①,实际控制人为广发证券股份有限公司②。公司的主要投资领域涉及TMT、消费、医药、环保、先进制造等多个行业;经营范围为投资管理、项目投资、投资咨询(依法须经批准的项目,经相关部门批准后方可开展经营活动)。

乾亨投资与星辉娱乐不存在关联关系或其他可能造成上市公司对其利益倾斜的关系;与星辉娱乐控股股东及实际控制人、全体董事、监事和高级管理人员之间不存在关联关系。截至2016年1月26日公告披露日,乾亨投资未直接或间接持有星辉娱乐股份。

(三)前海德润资本管理有限公司

前海德润资本管理有限公司(以下称为"前海德润")为本案例中星辉娱乐于2016年5月29日进行第二次产业并购基金的合作方。公司成立于2016年1月5日,注册地位于深圳市前海港合作区湾一路,注册资本为1 000万元,法定代表人、控股股东及实际控制人均为姜茂林。公司的经营范围为接受其他股权投资基金委托,从事股权投资管理和咨询业务(以上不含证券、金融项目,法律、行政法规、国务院决定规定在登记前须经批准的项目除外,限制的项目须取得许可后方可经营)。

前海德润已依照《证券投资基金法》③和《私募投资基金监督管理暂行办法》④在中国证券投资基金业协会进行登记(登记编号:P1031307)。前海德润与星辉娱乐不存在关联关系或其他可能造成上市公司对其利益倾斜的关系;与星辉娱乐控股股东及实际控制人、全体董事、监事和高级管理人员之间不存在关联关系。截至2016年1月26日公告披露日,前海德润未直接或间接持有星辉娱乐股份。

## 二、第一次波折——广发互动文娱产业并购基金

根据公司的发展战略规划,为了加快实施公司产业整合的目标,借助专业投资

---

① 广发乾和投资有限公司于2012年5月11日在北京市工商行政管理局登记成立,法定代表人张少华,公司经营范围包括项目投资、投资管理、投资咨询。
② 广发证券股份有限公司成立于1991年9月,是中国首批综合类券商之一,也是一家与中国资本市场一同成长起来的新型投资银行,公司注册资本金59亿元(截至2012年9月17日数据),员工近万人,在全国各地拥有营业部及证券服务部近249家(截至2014年数据),公司总部设在广州市天河北路大都会广场。
③ 《证券投资基金法》是为了规范证券投资基金活动,保护投资人及相关当事人的合法权益,促进证券投资基金和资本市场的健康发展而制定的法律。
④ 《私募投资基金监督管理暂行办法》经2014年6月30日中国证券监督管理委员会第51次主席办公会议审议通过,于2014年8月21日公布,自2014年8月21日起施行。

机构提升公司的投资能力,促进公司整体战略目标的实现,星辉娱乐全资子公司珠海星辉投资管理有限公司(以下称为"珠海星辉")与乾亨投资于 2016 年 1 月 26 日签署《基金合作协议书》,拟使用自有资金与乾亨投资共同投资设立股权投资基金广发互动文娱产业并购基金(有限合伙),并拟共同出资设立珠海广发互动娱乐投资管理有限公司担任该产业基金的普通合伙人。同时星辉娱乐作为有限合伙人首期出资 2 426.50 万元。产业基金主要投向文化娱乐产业,主要包括互联网文化、网络游戏、体育、影视剧行业,以及与上述领域相关的互联网项目。产业基金目标总规模 3 亿元,首期规模为 1.5 亿元。上述事项已经星辉娱乐于 2016 年 1 月 26 日召开的第三届董事会第二十一次会议审议通过。根据《公司章程》等相关规定,该次投资事项属于公司董事会决策权限,无须提交股东大会审议。该次对外投资不属于重大资产重组,也不涉及关联交易。产业并购基金管理人股东投资比例如图 1 所示,产业并购基金如图 2 所示。

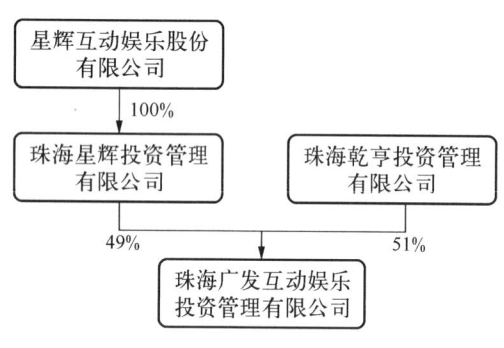

图 1 广发互动文娱产业并购基金管理人股东投资比例图

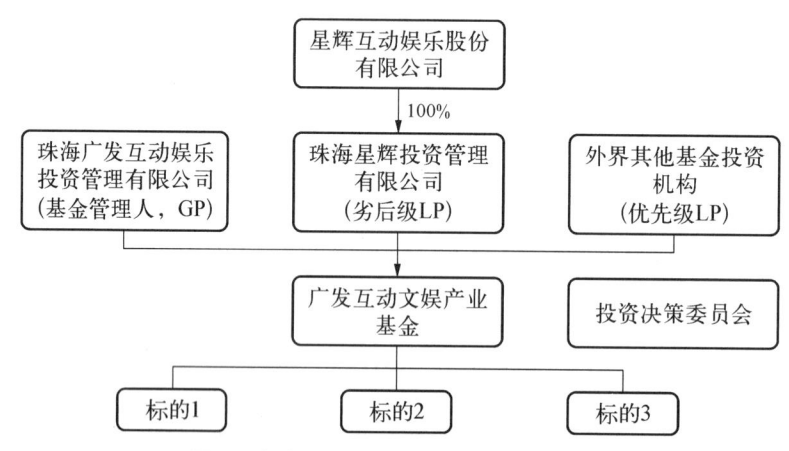

图 2 广发互动文娱产业并购基金示意图

由于乾亨投资实际控制人广发证券股份有限公司的内部监管要求,其不宜再参与向投资者募集资金的基金类业务,故乾亨投资不能履行《基金合作协议书》约定的主要义务,向珠海星辉提出终止履行原协议。经双方协商,同意原协议于 2016 年 5 月 31 日解除。自协议解除之日起,双方在原协议项下的全部权利义务即行终止,不再履行,且互不承担任何责任,双方不再依原《基金合作协议书》向对方主张一切权益。因此星辉娱乐在2016年第一次产业并购基金遭遇波折并最终解除。

## 三、第二次波折——星辉德润文化娱乐产业并购基金

2016年5月30日公告,星辉娱乐全资子公司香港雷星与前海德润签署《投资合作协议》,拟共同发起设立股权投资基金星辉德润文化娱乐产业并购基金(有限合伙),并拟共同出资在香港设立香港星辉德润资产管理公司担任该产业基金的普通合伙人。该产业基金经营期限5年,目标总规模5亿元港币,首期规模2亿元港币,星辉娱乐或香港雷星作为有限合伙人首期出资3 800万元港币。该产业基金主要投向暂定为文化娱乐产业,主要包括互联网文化、网络游戏、体育、影视剧行业,以及与上述领域相关的互联网项目。产业基金为公司进一步巩固行业地位、有效地整合产业提供支持,同时也有利于公司分享快速发展的投资并购市场的回报。基金管理人股东投资比例如图3所示,产业基金示意图如图4所示。

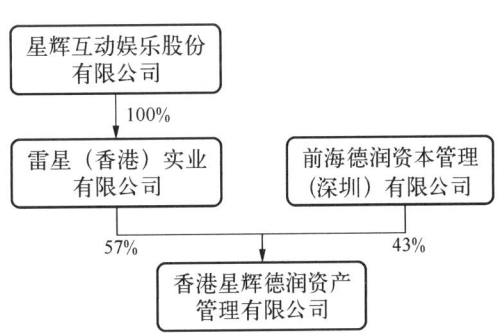

图3 基金管理人股东投资比例图

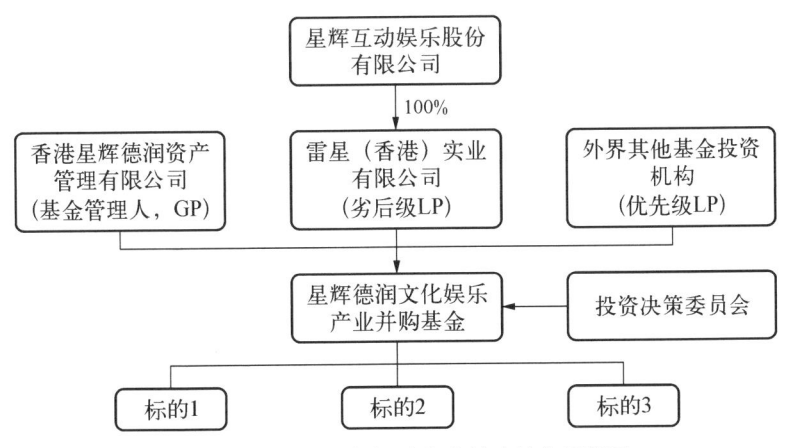

图4 星辉德润文化娱乐产业并购基金示意图

但是,星辉娱乐于2016年年底再次陷入波折。经协商,产业基金的双方终止履行原协议,并于2016年12月1日签署《解除合作协议书》。同意原协议于生效之日2016

年12月1日解除。自协议解除之日起,双方在原协议项下的全部权利义务即行终止,不再履行,且互不承担任何责任,双方不再依原《投资合作协议》向对方主张一切权益。双方无其他争议。但此次基金解除协议并未披露原因。

两次产业并购基金均受到挫折,其中纷繁复杂的外界原因暂且抛开,站在会计的角度来看,产业基金会计准则并未有清晰界定,因而很可能会导致会计处理遇到挑战,并成为基金解除的一个内部的风险因素。下面,站在现行会计准则的角度,我们来分析一下产业并购基金及会计处理的方法。

### 四、产业并购基金会计处理相关问题

在广发互动文娱产业基金的案例中,2016年1月设立该基金时,子公司珠海星辉作为有限合伙人首期出资2 426.50万元,尽管该产业基金于同年5月31日解除,但在该年第一季度财务报表中并未体现这部分出资。我们可以合理怀疑公司尚未对此次事项进行会计处理。

同样的,在星辉德润文化娱乐产业并购基金的案例中,2016年5月29日在设立该基金时,星辉娱乐或香港雷星首期出资3 800万元在该年第二季度报表中未体现,存在上述的会计处理问题。

根据《企业会计准则第2号——长期股权投资(2014年修订)》[①]第三条规定:"下列各项适用其他相关会计准则:……(二)风险投资机构、共同基金以及类似主体持有的、在初始确认时按照《企业会计准则第22号——金融工具确认和计量》[②]的规定以公允价值计量且其变动计入当期损益的金融资产,投资性主体对不纳入合并财务报表的子公司的权益性投资,以及本准则未予规范的其他权益性投资,适用《企业会计准则第22号——金融工具确认和计量》。"另外,参照《企业会计准则讲解(2010)》第三章第一节对《企业会计准则第2号——长期股权投资(2014年修订)》适用范围的说明,长期股权投资准则规范的权益性投资不包括风险投资机构、共同基金以及类似主体(如投资连接保险产品)持有的、在初始确认时按照《企业会

---

① 2014年3月13日,财政部以财会〔2014〕14号印发修订后的《企业会计准则第2号——长期股权投资》。该准则分总则、初始计量、后续计量、衔接规定、附则等5章20条,自2014年7月1日起施行。

② 《企业会计准则第22号——金融工具确认和计量》是财政部为了适应社会主义市场经济发展需要,规范金融工具的会计处理,提高会计信息质量,根据《企业会计准则——基本准则》修订的会计基本准则之一。

计准则第 22 号——金融工具确认和计量》的规定指定为以公允价值计量且其变动计入当期损益的金融资产或者分类为交易性金融资产的投资。风险投资机构、共同基金以及类似主体持有的、在初始确认时按照《企业会计准则第 22 号——金融工具确认和计量》的规定指定为以公允价值计量且其变动计入当期损益的金融资产或者划分为交易性金融资产的投资,即使符合持有待售条件,也应继续按《企业会计准则第 22 号——金融工具确认和计量》的规定核算。通常情况下,采用金融资产会计模式的股权投资限于对被投资企业无控制、共同控制和重大影响的股权性投资。对于私募基金而言,如果对被投资企业不具有控制、共同控制或重大影响的,则只能作为金融资产核算;如果对被投资企业具有控制、共同控制或重大影响的,则此处存在一个会计政策选择,可以选择在初始确认时将其指定为以公允价值计量且其变动计入当期损益的金融资产或者分类为交易性金融资产(需每期末估值),也可以将其按照长期股权投资准则进行核算。

(一)广发互动文娱产业基金

此次产业并购基金被投资单位为非上市公司,该项投资在活跃市场没有报价。如果对被投资企业不具有控制、共同控制或重大影响的,此类投资只能作为金融资产核算;如果对被投资企业具有控制、共同控制或重大影响的,则此类投资可以作为"长期股权投资"核算,也可以按照上述规定作为金融资产核算,但一旦选定其中一种会计模式,即应一贯地运用于所有同类或类似交易(就目前的实务而言,应以作为长期股权投资核算更为常见)。另外,根据《企业会计准则第 2 号——长期股权投资(2014 年修订)》第九条规定:"投资方对联营企业的权益性投资,其中一部分通过风险投资机构、共同基金、信托公司或包括投连险基金在内的类似主体间接持有的,无论以上主体是否对这部分投资具有重大影响,投资方都可以按照《企业会计准则第 22 号——金融工具确认和计量》的有关规定,对间接持有的该部分投资选择以公允价值计量且其变动计入损益,并对其余部分采用权益法核算。"据此,投资方在其合并财务报表中,对于通过其合并报表范围内风险投资机构、共同基金、信托公司或包括投连险基金在内的类似主体间接持有的这部分对联营企业投资,也可以选择按照公允价值进行后续计量,且其公允价值的变动计入当期损益,而仅对其余部分的对联营企业投资采用权益法核算。通常理解,运用此处的"公允价值计量选择权"应满足的前提是:该"风险投资机构、共同基金、信托公司或包括投连险基金在内的类似主体"在其自身的财务报表中,对其所持有的这部分对联营企业的投资,无论其自身对被投资企业是否具有重大影响,均已根据《企业会计准则第 2 号——长期股权投资(2014 年修订)》第三条规定,将其指定为以公允价值计量且其变动计入当期损益的金融资产进行核算。否则,如果仅仅在合并报表层面运用该"公允价值计量选择权",则不合逻辑。

虽只占 49%股权的珠海星辉对该并购基金构成重大影响并将其纳入合并报表范围,但对于星辉娱乐来说,2 426.50 万元的有限合伙份额在个别报表层面应计入"其他非流动资产"并按成本后续计量,类似于对子公司投资。但因为投资对象不是公司制企业的股权,此处不作为长期股权投资核算及列报。对并购基金的出资在个别报表层面列作其他非流动资产并按成本法进行后续计量,合并报表层面将其他合伙人的出资和所享有的收益确认为负债和利息支出。

但根据公司个别报表(2016 年第一季度资产负债表,见表1),我们不难看出,公司在其他非流动资产变动不大,未对基金投资部分进行相应的记录,很大程度上不符合现行会计准则下会计事务所建议的处理方法,在审计人员审计时,也会对此问题存在一定的疑虑。这里很大程度上存在产业并购基金会计处理的"擦边球"问题。

表 1　星辉娱乐资产负债表季报部分涉及科目

| 项目类别 | 2017-03-31 | 2016-12-31 | 2016-09-30 | 2016-06-30 | 2016-03-31 | 2015-12-31 |
| --- | --- | --- | --- | --- | --- | --- |
| 长期股权投资(万元) | 43 057.65 | 44 416.63 | 42 103.60 | 37 633.13 | 34 837.33 | 45 465.86 |
| 其他非流动资产(万元) | 1 867.55 | 13 187.16 | 4 676.98 | 3 190.97 | 3 107.30 | 10 694.65 |

依据《企业会计准则第 2 号——长期股权投资(2014 年修订)》第三条规定,对于星辉娱乐来说,2 426.50 万元的有限合伙份额在个别报表层面应计入"长期股权投资"并按成本后续计量,但因为投资对象不是公司制企业的股权,此处不作为长期股权投资核算及列报。对并购基金的出资在个别报表层面列作"其他非流动资产"并按成本法进行后续计量。依据《企业会计准则第 33 号——合并财务报表(2014 年修订)》[①],确定星辉娱乐对其子公司珠海星辉与乾亨投资共同设立的娱乐产业并购基金是具有重大影响的,其信息披露按照联营企业进行处理。

---

① 《企业会计准则第 33 号——合并财务报表》是为了规范合并财务报表的编制和列报,根据《企业会计准则——基本准则》所制定的。该准则自 2014 年 7 月 1 日起施行。

### (二)星辉德润文化娱乐产业并购基金

此次产业基金同广发互动文娱产业基金很相似,其中被投资单位为非上市公司,该项投资在活跃市场没有报价。如果对被投资企业不具有控制、共同控制或重大影响的,此类投资只能作为金融资产核算;如果对被投资企业具有控制、共同控制或重大影响的,则此类投资可以作为"长期股权投资"核算,也可以按照上述规定作为金融资产核算,但一旦选定其中一种会计模式,即应一贯地运用于所有同类或类似交易(就目前的实务而言,应以作为长期股权投资核算更为常见)。另外,根据《企业会计准则第2号——长期股权投资(2014年修订)》第九条规定:"投资方对联营企业的权益性投资,其中一部分通过风险投资机构、共同基金、信托公司或包括投连险基金在内的类似主体间接持有的,无论以上主体是否对这部分投资具有重大影响,投资方都可以按照《企业会计准则第22号——金融工具确认和计量》的有关规定,对间接持有的该部分投资选择以公允价值计量且其变动计入损益,并对其余部分采用权益法核算。"据此,投资方在其合并财务报表中,对于通过其合并报表范围内风险投资机构、共同基金、信托公司或包括投连险基金在内的类似主体间接持有的这部分对联营企业投资,也可以选择按照公允价值进行后续计量,且其公允价值的变动计入当期损益,而仅对其余部分的对联营企业投资采用权益法核算。通常理解,运用此处的"公允价值计量选择权"应满足的前提是:该"风险投资机构、共同基金、信托公司或包括投连险基金在内的类似主体"在其自身的财务报表中,对其所持有的这部分对联营企业的投资,无论其自身对被投资企业是否具有重大影响,均已根据《企业会计准则第2号——长期股权投资(2014年修订)》第三条规定,将其指定为以公允价值计量且其变动计入当期损益的金融资产进行核算。否则,如果仅仅在合并报表层面运用该"公允价值计量选择权",则不合逻辑。但因为投资对象不是公司制企业的股权,此处不作为长期股权投资核算及列报。对并购基金的出资在个别报表层面列作其他非流动资产并按成本法进行后续计量。

虽只占49%股权的珠海星辉对该并购基金构成重大影响并将其纳入合并报表范围,但对于星辉娱乐来说,3 800万元的有限合伙份额在个别报表层面应计入"其他非流动资产"并按成本后续计量,类似于对子公司投资。对并购基金的出资在个别报表层面列作其他非流动资产并按成本法进行后续计量,合并报表层面将其他合伙人的出资和所享有的收益确认为负债和利息支出。

但根据公司个别报表(2016年第一季度资产负债表,见表1),重点关注2016年6月30日的半年报可以发现,其他非流动资产部分变动不大,而长期股权投资部分变化的值为2 795.80万元,变化值小于与该项基金投资的3 800万港币(按2016年5月31日汇率,为人民币3 219.36万元)。很大程度上公司未进行基金投资部分相应的记录,不符合现行会计准则,会计事务所建议的处理方法也存在同广发互动文娱产业基金会计处理相似的问题。

依据《企业会计准则第2号——长期股权投资(2014年修订)》第三条规定,对于星辉娱乐来说,3 800万元的有限合伙份额在个别报表层面应计入"长期股权投资"并按成本后续计量,但因为投资对象不是公司制企业的股权,此处不作为长期股权投资核算及列报。对并购基金的出资在个别报表层面列作"其他非流动资产"并按成本法进行后续计量。依据《企业会计准则第33号——合并财务报表(2014年修订)》,确定星辉娱乐对其子公司与前海德润资本管理公司共同设立的娱乐产业并购基金是具有重大影响的,其信息披露按照联营企业进行处理。

### 五、产业并购基金信息披露相关问题

在本案例中,星辉娱乐在2016年9月设立产业并购基金的事项上存在重大披露问题。资本公司和基金公司对照《企业会计准则第33号——合并财务报表(2014年修订)》中对"控制"的定义和判断标准,确定对企业是否具有控制权以及是否应当将其纳入合并范围。其中应重点关注的要素是"权力与回报之间的联系",即资本公司和基金公司是否为其他合伙人的代理人,还是其自身即为首要责任人。由于合伙企业的组织结构与公司制企业相比具有更大的灵活性,因此在判断是否具有控制、共同控制或者重大影响时,应当更加看重合伙协议中的表决权和收益分配条款的作用,权益比例和权益份额在其中所起的影响相对较小。根据《企业会计准则第33号——合并财务报表(2014年修订)》及其应用指南,在确定决策者是否为代理人时,应当综合考虑该决策者与被投资方以及其他投资方之间的关系。其中,存在单独一方拥有实质性权利可以无条件罢免决策者的,该决策者为代理人;除此之外,应当综合考虑决策者对被投资方的决策权范围、其他方享有的实质性权利、决策者的薪酬水平、决策者因持有被投资方中的其他权益所承担可变回报的风险等相关因素进行判断。本案例所列的架构是有限合伙形式的私募基金经常采用的架

构。对此情况下 GP①(权益份额 1%)能否控制该私募基金的问题,一般认为:如果 GP 并不对 LP② 承诺保障投资本金安全和固定收益,且 GP 在该有限合伙形式的基金中所占的权益份额比例较低,GP 的薪酬确定方式符合市场通行的标准,仅包括在公平交易基础上有关类似服务和技能水平商定的安排中常见的条款、条件或金额,则此时 GP 的性质更接近于利用自身掌握的专业知识、技能和资源,受托为他人理财的职业经理人。这种情况下 GP 虽然有权对外代表合伙企业,执行合伙事务,但对合伙企业不具有控制权,该合伙企业不应纳入 GP 的合并报表范围。

就本案例中的资本公司而言,星辉娱乐对其子公司珠海星辉与珠海广发互动娱乐投资管理有限公司共同设立的广发互动文娱产业基金是具有重大影响的,原因如下:第一,其子公司珠海星辉作为有限合伙人首期出资 2 426.50 万元,占首期基金规模的 16.18%;且基金管理人注册资本中珠海星辉仅持股 49%,而另一方乾亨投资持股 51%,因此,在股权出资方面可以认为星辉娱乐对基金管理人不构成控制,具有重大影响。第二,从基金管理人董事会情况来看,董事会中的 3 名成员中,珠海星辉仅委派 1 名委员,表决权未占董事会成员半数以上,遂不构成控制。第三,投资决策委员会由 5 名成员组成,星辉娱乐及珠海星辉共同派出 3 名委员,但投资决策须经 4 票同意,因此星辉娱乐对并购基金构成重大影响,不构成控制。综上,星辉娱乐的信息披露按照联营企业进行处理。如上文会计处理所述,2 426.50 万元的有限合伙份额在个别报表层面本应计入"长期股权投资"并按成本后续计量,类似于对子公司投资,但因为投资对象不是公司制企业的股权,此处对并购基金的出资在个别报表层面列作"其他非流动资产"并按成本法进行后续计量。合并报表层面将其他合伙人的出资和所享有的收益确认为负债和利息支出。并遵循:第一,并购基金纳入合并报表时,其他合伙人所享有的权益在合并报表层面作为负债列示,其他合伙人享有的收益作为利息支出;第二,星辉娱乐和其他合伙人所享有的合伙份额应根据合伙协议中的收益分配条款计算确定。

以相同方法进行分析,同理可得,星辉娱乐对其子公司珠海星辉与前海德润共同设立的星辉德润文化娱乐产业基金是具有重大影响的。因此,此处对并购基金的出资在个别报表层面列作"其他非流动资产"并按成本法进行后续计量。合并报表层面将其他合伙人的出资和所享有的收益确认为负债和利息支出。并遵循:第一,并购基

---

① General Partner 的缩写,指普通合伙人。
② Limited Partner 的缩写,指有限合伙人。

金纳入合并报表时,其他合伙人所享有的权益在合并报表层面作为负债列示,其他合伙人享有的收益作为利息支出;第二,星辉娱乐和其他合伙人所享有的合伙份额应根据合伙协议中的收益分配条款计算确定。

## 六、尾声

回顾星辉娱乐在实现全产业链整合的道路上,自2016年的两次产业并购基金从设立到解除经历了波折的一年,伴随着原产业竞争加大,天花板明显,游戏及互联网产业新兴崛起,星辉娱乐在逐步调整进军文娱产业的步调,在发行产业并购基金之路上历经波折,不难看出其中原因有现行会计准则对产业基金会计处理的挑战,亦有证券投资基金相关法律未明确界定的重大信息披露问题。在文娱产业并购基金的相关问题上,星辉娱乐的波折使得全产业相关问题显露了冰山一角。

诚然,星辉娱乐的产业并购基金的波折之路尚未带来较严重的后果,会计政策的界定也非一朝一夕可以完善并试行,正因如此,星辉娱乐在未来产业整合之路上仍有很多功课需要做。未来何去何从,是偃旗息鼓还是放手一搏,静待时间给我们一个答案。

**参考文献**

[1] 王烨."PE+上市公司"模式的并购绩效研究——以天堂大康为例[D].成都:西南财经大学,2016.

[2] 陈忠勇.利用产业并购基金推进上市公司并购重组的研究[J].财会学习,2013(8).

[3] 彭威.券商并购基金发展模式探析[D].北京:中国社会科学院研究生院,2012.

[4] 徐海勇.中国私募基金发展分析[D].北京:对外经济贸易大学,2006.

[5] 谢泽锋.星辉娱乐泛娱乐产业全覆盖[J].英才,2017(5).

[6] 李扬.将"玩具+游戏+体育"泛娱乐文化概念植入互联网思维敢为人先成就"星辉"传奇[J].潮商,2016(5).

[7] 佚名.星辉娱乐:游戏+体育爆发可期[J].股市动态分析,2017(8).

[8] 彭洋.陈雁升:认真的"大玩家"[J].中国职业经理人,2017(2).

[9] 张宪.文娱产业并购基金会计处理的案例解析[J].中国乡镇企业会计,2018(4).

### 附录1 星辉娱乐2013—2016年合并资产负债表

| 报告期日期 | 2016-12-31 | 2015-12-31 | 2014-12-31 | 2013-12-31 |
| --- | --- | --- | --- | --- |
| 流动资产: | | | | |
| 　货币资金(元) | 440 729 149.68 | 708 692 254.10 | 228 950 548.12 | 227 862 815.18 |
| 　交易性金融资产(元) | — | — | — | — |
| 　应收票据(元) | — | 486 160.11 | 218 492.50 | — |
| 　应收账款(元) | 387 704 182.78 | 196 482 907.71 | 140 916 799.56 | 58 913 401.38 |
| 　预付款项(元) | 146 726 328.05 | 52 115 656.41 | 140 196 571.78 | 42 347 691.44 |
| 　应收利息(元) | — | 3 348 143.84 | — | 220 428.00 |
| 　其他应收款(元) | 86 647 404.92 | 116 772 085.33 | 265 036 004.92 | 9 620 059.07 |
| 　应收股利(元) | | | | |
| 　存货(元) | 125 766 477.19 | 167 618 548.49 | 178 129 172.31 | 286 613 889.47 |
| 　一年内到期的非流动资产(元) | — | — | — | — |
| 　其他流动资产(元) | 15 908 936.84 | 24 267 703.02 | 1 260 241.87 | 2 119 520.20 |
| 　流动资产合计(元) | 1 203 482 479.46 | 1 269 783 459.01 | 954 707 831.06 | 632 488 852.32 |
| 非流动资产: | | | | |
| 　发放贷款及垫款(元) | — | — | — | — |
| 　可供出售金融资产(元) | 110 322 356.22 | 62 065 000.00 | — | 13 012 862.99 |
| 　持有至到期投资(元) | | | | |
| 　长期应收款(元) | | | | |
| 　长期股权投资(元) | 444 166 292.58 | 454 658 644.40 | 396 432 652.09 | 108 332 340.89 |
| 　投资性房地产(元) | 24 805 479.22 | 22 413 626.31 | 23 172 149.91 | 23 935 169.39 |
| 　固定资产(元) | 996 918 922.93 | 459 748 448.39 | 452 536 103.66 | 565 144 007.44 |
| 　在建工程(元) | 17 666 555.00 | 24 940 023.49 | 45 646 185.66 | 19 580 802.39 |
| 　工程物资(元) | — | — | — | — |
| 　固定资产清理(元) | | | | |

(续表)

| 报告期日期 | 2016-12-31 | 2015-12-31 | 2014-12-31 | 2013-12-31 |
| --- | --- | --- | --- | --- |
| 生产性生物资产(元) | — | — | — | — |
| 油气资产(元) | — | — | — | — |
| 无形资产(元) | 648 906 719.09 | 76 176 215.02 | 88 614 269.68 | 250 373 059.99 |
| 开发支出(元) | 52 822 061.32 | 40 715 884.63 | 24 154 419.54 | 1 736 994.61 |
| 商誉(元) | 1 382 871 975.69 | 745 138 445.32 | 811 720 031.17 | 170 875 611.42 |
| 长期待摊费用(元) | 43 276 967.67 | 34 858 978.44 | 21 666 081.04 | 14 633 374.64 |
| 递延所得税资产(元) | 64 580 621.67 | 3 657 942.58 | 3 322 613.02 | 9 794 205.06 |
| 其他非流动资产(元) | 131 871 601.48 | 106 946 456.48 | 20 716 096.21 | 14 654 364.87 |
| 非流动资产合计(元) | 3 918 209 552.87 | 2 031 319 665.06 | 1 887 980 601.98 | 1 192 072 793.69 |
| 资产总计(元) | 5 121 692 032.33 | 3 301 103 124.07 | 2 842 688 433.04 | 1 824 561 646.01 |
| 流动负债: | | | | |
| 短期借款(元) | 522 960 200.00 | 115 967 313.04 | 439 375 008.25 | 316 984 306.19 |
| 交易性金融负债(元) | — | — | — | — |
| 应付票据(元) | — | — | 57 000 000.00 | 41 977 760.50 |
| 应付账款(元) | 400 434 049.50 | 65 093 160.65 | 56 352 975.11 | 246 606 803.59 |
| 预收款项(元) | 37 883 011.85 | 15 129 067.15 | 37 932 010.74 | 21 299 320.29 |
| 应付职工薪酬(元) | 45 617 062.17 | 18 914 419.21 | 22 231 680.06 | 9 626 394.48 |
| 应交税费(元) | 202 896 019.07 | 69 427 597.13 | 33 990 656.76 | 14 455 471.17 |
| 应付利息(元) | 41 617 635.29 | 3 937 500.00 | — | 395 933.60 |
| 应付股利(元) | — | — | 5 650 000.00 | 3 225 600.00 |
| 其他应付款(元) | 34 920 963.54 | 145 164 882.09 | 205 042 012.34 | 21 613 289.53 |
| 一年内到期的非流动负债(元) | 578 167.84 | 538 880.13 | 499 720.54 | 491 993.14 |
| 其他流动负债(元) | 18 596 412.60 | 1 622 356.61 | 1 209 990.90 | 766 293.18 |
| 流动负债合计(元) | 1 307 040 257.55 | 435 795 176.01 | 860 196 233.51 | 677 443 165.67 |
| 非流动负债: | | | | |
| 长期借款(元) | 625 087 928.52 | 4 296 049.72 | 4 553 207.70 | 5 035 573.21 |
| 应付债券(元) | 746 204 582.83 | 745 381 200.00 | — | — |
| 长期应付款(元) | 26 127 758.54 | 15 034 044.00 | 35 079 436.00 | 22 001 400.00 |
| 专项应付款(元) | — | — | — | — |
| 预计负债(元) | 986 542.52 | — | — | — |

(续表)

| 报告期日期 | 2016-12-31 | 2015-12-31 | 2014-12-31 | 2013-12-31 |
|---|---|---|---|---|
| 递延所得税负债(元) | — | — | 641 337.54 | 718 657.14 |
| 其他非流动负债(元) | — | — | — | — |
| 非流动负债合计(元) | 1 407 042 875.89 | 773 036 939.73 | 49 046 269.07 | 35 451 244.61 |
| 负债合计(元) | 2 714 083 133.44 | 1 208 832 115.74 | 909 242 502.58 | 712 894 410.28 |
| 所有者权益(或股东权益): | | | | |
| 实收资本(或股本)(元) | 1 244 198 401.00 | 1 244 198 401.00 | 565 544 728.00 | 241 781 794.00 |
| 资本公积金(元) | 69 299 757.45 | 39 057 584.54 | 740 393 880.37 | 408 260 477.20 |
| 减:库存股(元) | — | — | — | — |
| 盈余公积金(元) | 20 632 388.31 | 2 092 718.09 | 60 915 294.62 | 39 720 568.10 |
| 一般风险准备(元) | — | — | — | — |
| 未分配利润(元) | 1 007 052 914.46 | 805 119 784.74 | 539 326 443.96 | 331 718 839.36 |
| 外币报表折算差额(元) | — | — | — | — |
| 少数股东权益(元) | 51 719 402.04 | −1 939 996.50 | 29 575 394.70 | 92 793 225.36 |
| 归属于母公司所有者权益合计(元) | 2 355 889 496.85 | 2 094 211 004.83 | 1 903 870 535.76 | 1 018 874 010.37 |
| 所有者权益合计(元) | 2 407 608 898.89 | 2 092 271 008.33 | 1 933 445 930.46 | 1 111 667 235.73 |
| 负债和所有者权益总计(元) | 5 121 692 032.33 | 3 301 103 124.07 | 2 842 688 433.04 | 1 824 561 646.01 |

### 附录2 星辉娱乐2013—2016年合并利润表

| 报告期日期 | 2016-12-31 | 2015-12-31 | 2014-12-31 | 2013-12-31 |
|---|---|---|---|---|
| 一、营业总收入: | | | | |
| 营业收入(元) | 2 393 272 593.58 | 1 672 660 686.35 | 2 517 684 366.16 | 2 219 177 287.83 |
| 利息收入(元) | — | — | — | — |
| 二、营业总成本: | | | | |
| 营业成本(元) | 1 587 530 399.00 | 950 813 304.04 | 2 019 773 192.02 | 1 936 518 622.47 |
| 利息支出(元) | — | — | — | — |
| 营业税金及附加(元) | 12 750 052.97 | 12 709 989.69 | 11 397 216.75 | 4 672 913.49 |
| 销售费用(元) | 257 098 070.14 | 194 312 612.15 | 119 404 619.88 | 57 388 372.97 |
| 管理费用(元) | 241 278 938.71 | 133 895 734.36 | 115 356 857.12 | 64 117 717.78 |
| 财务费用(元) | 82 297 594.76 | 40 097 588.41 | 32 790 216.93 | 9 097 012.60 |

(续表)

| 报告期日期 | 2016-12-31 | 2015-12-31 | 2014-12-31 | 2013-12-31 |
|---|---|---|---|---|
| 资产减值损失(元) | 114 885 146.37 | 47 669 724.66 | 5 015 479.45 | 1 346 829.48 |
| 三、其他经营收益: | | | | |
| 公允价值变动净收益(元) | -1 536 735.69 | 912 178.81 | -5 703 226.39 | 4 791 047.58 |
| 投资净收益(元) | 326 210 723.28 | 149 965 457.21 | 91 519 529.93 | 13 589 378.02 |
| 其中:对联营企业和合营企业的投资收益(元) | 51 897 694.24 | 1 045 738.35 | 33 596 037.73 | 7 634 788.02 |
| 四、营业利润: | | | | |
| 营业利润(元) | 422 106 379.22 | 444 039 369.06 | 299 763 087.55 | 164 416 244.64 |
| 加:营业外收入(元) | 33 926 437.66 | 22 300 274.32 | 10 864 736.21 | 3 521 974.86 |
| 减:营业外支出(元) | 2 783 319.42 | 1 632 470.95 | 1 976 354.11 | 1 131 587.38 |
| 其中:非流动资产处置净损失(元) | 1 472 122.98 | 41 159.13 | 512 634.98 | — |
| 五、利润总额: | | | | |
| 利润总额(元) | 453 249 497.46 | 464 707 172.43 | 308 651 469.65 | 166 806 632.12 |
| 减:所得税(元) | -2 301 511.11 | 62 648 268.45 | 37 735 749.63 | 22 060 873.40 |
| 六、净利润: | | | | |
| 净利润(元) | 455 551 008.57 | 402 058 903.98 | 270 915 720.02 | 144 745 758.72 |
| 减:少数股东损益(元) | -2 476 656.36 | 50 125 270.05 | 13 836 152.50 | 10 489 749.51 |
| 归属于母公司所有者的净利润(元) | 458 027 664.93 | 351 933 633.93 | 257 079 567.52 | 134 256 009.21 |

(执笔人:张宪;指导老师:徐宗宇)

# PE 控股上市公司背后，产业并购基金成为并购利器

**适用课程：** 财务管理理论与实务　财务会计理论与实务

**编写目的：** 本案例旨在让学生了解在 PE 控股上市公司模式下产业并购基金自身的优势与作用以及其设置动因、设立过程与会计核算，了解其在监管中可调节的空间与其在并购中的作用。

**知 识 点：** 产业并购基金　PE 控股上市公司

**关 键 词：** PE 控股上市公司　产业并购基金　企业并购

**中文摘要：** 新三板创投公司信中利杠杆收购主板上市公司深圳惠程，并设立产业并购基金开展并购为深圳惠程谋求转型。本案例首先介绍了并购双方深圳惠程与创投公司信中利。其次，分析了信中利收购过程与动机；随后，分析了产业并购基金的设立过程、方案条款以及会计核算。又次，对并购基金所并购的项目是否会对上市公司业绩产生影响做出猜想。最后，引发 PE 控股上市公司对产业并购基金作用的思考。学生由此可了解产业并购基金的设计方案、控制权判定、会计核算以及对财务报表的影响。

## 一、引言

近年来，PE 控股上市公司的案例屡见不鲜。拥有一家上市公司对于 PE 意味着什么？其一，PE 拥有带杠杆的资金，能够提高效率；其二，在 IPO 和外部并购渠道不畅的情况下，PE 可能通过控股上市公司来为自身项目设计退出渠道。

2015年九鼎投资借壳中江地产,先拿下中江地产的控制权,后将PE业务注入中江地产,并更名为九鼎投资。2016年4月,新三板创投大鳄信中利神速拿下A股公司深圳惠程,这是又一起PE大鳄曲线登陆A股的并购案。在新三板融资遇瓶颈,短期再融资难以迅速实现的北京信中利投资股份有限公司(以下称为"信中利")是否会效仿九鼎投资,将拿下深圳惠程作为其入主A股的伏笔?

## 二、交易方主角

（一）信中利

信中利成立于1999年5月,公司创始人为汪超涌,实际控制人为汪超涌、李亦非夫妇。公司是中国领先的从事风险投资、银行投资以及基金管理业务的民营产业投资公司。

信中利坚持"三高、三大、三新"的投资方向,包括高科技与互联网、高端制造、高品质消费与服务、大健康、大文化、大环保、新能源、新材料、新模式。从2009年至2015年7月30日,信中利所管理的人民币私募股权投资基金以及直投基金共计54亿元,累计投资百余家企业,包括百度、搜狐、华谊兄弟、东田造型、龙文教育、中诚信、阿斯顿马丁、美年大健康、网信理财等一批明星企业。2015年10月23日信中利正式挂牌新三板,代码:833858。2014—2016年,伴随着国内私募股权基金的爆发式增长,信中利业绩表现抢眼,如图1所示。

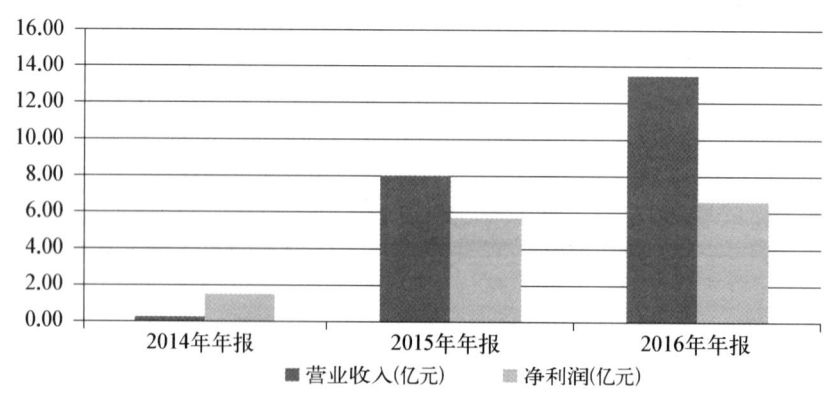

**图1 信中利2014—2016年业绩表现**

信息来源:Wind数据库

## （二）深圳惠程电气股份有限公司

深圳惠程电气股份有限公司（以下称为"深圳惠程"）成立于1999年，2007年登陆深交所，公司主要经营电气设备业务和投资业务。产品包括中压电缆分支箱、低压电缆分支箱、电气设备箱体、电缆附件及插头、绝缘母线和管母线、开关、聚酰亚胺薄膜材料（可弯曲白光柔性透明导电膜）、聚酰亚胺树脂产品（特种工程塑料）、聚酰亚胺纤维等。

2013年，深圳惠程面临企业毛利率下降危机，2014年，公司中标数量和金额大幅下降，成本上升，营业收入及净利润大幅下滑。2015年，改变公司章程，将公司主营业务增加"股权投资、资产管理、投资咨询；物业投资、物业经营、物业管理"，在投资路上一路狂奔，开展电气业务和投资业务共同发展的"双业务"模式。2015年，公司年报被曝"不务正业、炒股扭亏"，在其1.2亿元净利润中，1.15亿元为证券投资收益。更有"知情人士"透露，深圳惠程已处于壳公司状态，进驻高管多为资本运作界人士。

## 三、PE信中利入主深圳惠程，扑朔迷离引猜测

### （一）信中利高溢价拿下深圳惠程

2016年4月，信中利完成对深圳惠程的控股，4月20日，深圳惠程何平、任金生与中驰极速、中源信签署股权转让协议。中驰极速、中源信以现金出资16.5亿元收购深圳惠程86 736 417股的股份，中驰极速持股比例8.984 3%，中源信持股比例2.121 5%。中驰极速及其一致行动人合计持股11.105 8%。该笔股权的转让总价为16.5亿元，每股转让价格约合19元，如若按照停牌前8.89元/股的价格来计算，溢价率高达113.72%。

中驰极速与中源信均是汪超涌实际控制的控股公司。中驰极速成立于2015年2月，主营业务是体育运动项目经营、企业管理咨询；中源信成立于2016年4月，经营投资管理、资产管理、项目投资等。从成立时间来看，中源信是专门为此次股权转让而设立的。

深圳惠程实际控制人变更后，股权结构如图2所示，而新设立的中源信公司股权结构如图3所示。

### （二）全面拿下董事会

深圳惠程董事会原有7个席位，包括4位非独立董事、3位独立董事。股份转让

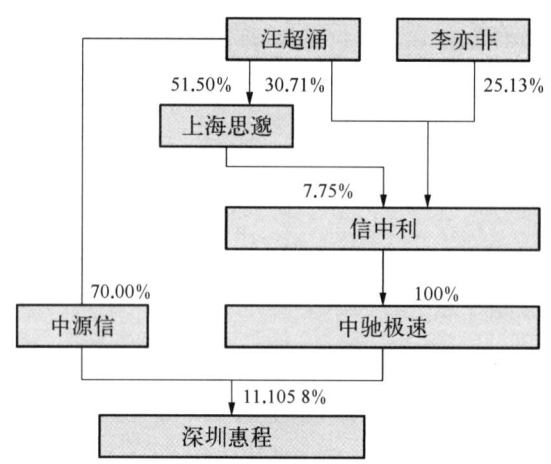

注：汪超涌和李亦非是夫妻关系

图 2 深圳惠程股权结构

信息来源：深圳惠程详式权益报告书

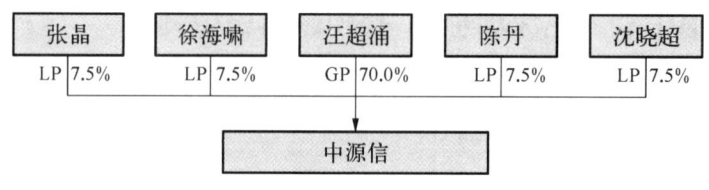

图 3 中源信股权结构

信息来源：深圳惠程详式权益报告书

完成后,深圳惠程4位非独立董事、2位独立董事辞职。中驰极速、中源信提名4位非独立董事(汪超涌、张晶、徐海啸、沈晓超)与2位独立董事,同时,深圳惠程董事会拟修改公司章程,将董事会席位扩大到9席,包括非独立董事6席。

(三)收购动机引市场猜测

猜测一：疑似奇虎360借壳回归A股? 2016年7月,奇虎360私有化完成,在纽交所摘牌,从美股退市后,奇虎360借壳上市的消息就不绝于耳。有媒体报道,深圳惠程重大事项时间表与奇虎360回归时间表对比,十分吻合,且实际控制人汪超涌与奇虎360掌门人周鸿祎为老乡,引发市场猜测：信中利收购深圳惠程系为奇虎360服务。然而,2016年7月20日,深圳惠程一纸澄清公告又让借壳传闻烟消云散,公司不仅否认与奇虎360的资产重组、上市公司收购等重大事项,还对实际控制人持有的股份做出承诺,如图4所示。

> 二、澄清说明
> 　　公司董事会针对上述报道和传言向控股股东中驰极速体育文化发展有限公司和共青城中源信投资管理合伙企业(有限合伙)、实际控制人汪超涌先生及李亦非女士发函核实,现将有关情况澄清如下:
> 　　1. 公司与奇虎360公司从未进行过任何接触,不存在相关重大资产重组、上市公司收购等重大事项。
> 　　2. 公司控股股东、实际控制人与奇虎360公司及周鸿祎先生从未针对深圳惠程进行过任何接触,不存在相关重大资产重组、上市公司收购等重大事项。
> 　　3. 公司及控股股东、实际控制人承诺,未来6个月内不会筹划重大资产重组等重大事项。
> 　　4. 公司控股股东、实际控制人承诺将严格遵守《上市公司收购管理办法》,其持有的深圳惠程股份自收购完成后12个月内不转让。

**图 4　深圳惠程澄清公告**
信息来源:2016年7月21日深圳惠程关于媒体对公司相关报道的澄清公告

　　猜测二:效仿九鼎,入主 A 股?市场猜测信中利是否会效仿九鼎,拿下深圳惠程后是否会将 PE 业务注入,是否是其入主 A 股的伏笔。对此,控股股东中驰极速表示,持有深圳惠程股份的目的是为了满足自身战略发展需要,将通过进一步规范运作,加强资本运作,优化资源配置,全面提升上市公司的持续经营能力。

　　中驰极速称:"在后续计划上,未来12个月内,不排除对上市公司主营业务结构做出调整及补充;为避免同业竞争或减少关联交易,可能推出对深圳惠程或其子公司的资产和业务进行出售、合并、与他人合资或合作的计划;不排除为优化企业资产结构和业务结构,进行包括但不限于股权收购、资产收购、发行股份购买资产等形式的并购重组。"而汪超涌接受采访时表示,不会注入金融业务。他指出,"首先会将资金注入到上市公司,未来也不排除注入优质资产。信中利是创投公司,所控股的上市公司是实体公司,不会将金融业务注入上市公司中。信中利收购上市公司的目的,主要是为了帮助一些有希望借重组渠道直接上市而不想挂新三板的实体公司"。这基本排除了注入金融业务的可能性,同时也预示着会将资产注入上市公司。

　　那么,溢价收购深圳惠程的目的是把上市公司作为 PE 资本运作的平台,打通融资渠道,还是为了帮助实体上市公司转型寻找业务新增长点?如果要注入优质资产,又将如何带领深圳惠程转型?

## 四、产业并购基金浮出水面,落地过程一波三折

### (一)深圳惠程设并购基金另辟蹊径

2016年市场环境发生较大变化,重组新规出台,并购重组审核整体趋紧;同时,深

圳惠程曾承诺6个月内不进行重大资产重组,因此信中利采用产业并购基金模式,既绕开了监管,又兑现了承诺,提前锁定并购标的,筹集资金。

并购基金的初步方案:2016年8月16日通过决议,深圳惠程与关联方信中利设立产业并购基金,总规模不超过20亿元,信中利(GP)拟出资0.2亿—1亿元,深圳惠程(LP2)出资5亿—8亿元,资金全部来源于自有资金,其他资金向第三方募集,第三方将作为(LP1)参与并购基金。

决策机制:深圳惠程作为并购基金的有限合伙人,不实际参与基金的运营管理,对基金不享有控制权,对基金按照长期股权投资进行权益法核算,而并购基金的投资决策委员会委员均由信中利股权管理公司委派。

投资目标:处于成长期、具有较好成长性、符合国家产业发展方向,经营相对成熟、在可预期的时间内可以IPO或并购等方式对接资本市场的企业;暂时未盈利,但具有良好发展前景、业绩快速增长的企业;可投资、收购已设立的基金。

退出机制:退出方式包括上市公司并购、IPO、股权转让或其他等。基金投资项目与公司主营业务相同或相近的资产,未来优先由公司进行收购。

费用与收益分配:基金管理费为基金总认缴出资额的2%/年;基金当年实现盈利且有项目退出时可以进行分配,分配顺序为:

(1) LP1、LP2按投资份额获取门槛收益率,门槛收益率原则上不超过7.5%,分配后还有超额收益暂不分配,待基金清算时一次性分配。

(2) 基金清算时,返还全体合伙人的实缴资本及门槛收益率以后的超额收益,由GP、LP1、LP2按20%、10%、70%的顺序和比例进行分配。

(二)并购基金方案设计遭深交所问询

深圳惠程与信中利设立并购基金的初步方案引来深交所问询函。问询函主要询问内容为:深圳惠程作为并购基金的有限合伙人不参与基金的实际经营管理,是否有利于保护上市公司及中小股东利益;与关联方信中利合作设立并购基金,是否符合《上市公司治理准则》有关控股股东、实际控制人行为规范中关于禁止同业竞争、减少关联交易的相关规定。

对此,深圳惠程回复称,其在并购基金中的基本定位是作为一个财务投资者,投资的主要目的之一是获取稳健回报、寻求资产保值增值。而对于对基金未来所投项目与深圳惠程可能存在同业竞争风险,深圳惠程已在《合作协议》"基金退出机制"中做了相应安排:基金投资项目与公司主营业务相同或相近的资产,未来优先由深圳惠程进行收购。

(三) 并购基金方案设计遭深交所再度问询

深交所于 2016 年 9 月 1 日再次发出问询函,主要问询了深圳惠程对于并购基金有无保障"财务性投资"安全、上市公司利益及权益的具体措施;并购基金投资项目是否会产生同业竞争、关联交易问题,是否涉嫌"过桥收购"及利益输送。

深圳惠程于 2016 年 9 月 2 日召开临时股东大会,成立并购基金的议案获得高票通过。深圳惠程于 9 月 12 日回复问询函,称为了保障自身作为 LP 的投资权利和权益,拟增加保障措施:

投资委员会:该产业基金投资委员会 3—5 人,深圳惠程拟委派 1—2 人。投资委员会约定审议相关事项必须经过全体委员 2/3 以上同意方可通过,且上市公司对审议事项拥有一票否决权。

LP 的权利:公司可以每月获取基金财务报告;随时查阅基金投资经营情况报告;如果公司发现基金运作、资金收付发生重大问题有权停止项目后续投资。

其他:对项目评议引入中介机构核查,而且中介机构全部由公司指定;如果信中利股权管理公司出现不符合上市要求的情况,深圳惠程可以提议更换 GP 和基金管理人。

潜在利益冲突与关联交易:不会收购基金从公司控股股东及实际控制人处收购的资产。这条约定暗含着潜台词,似乎保证了关联交易中上市公司的独立性,默认产业基金会从公司控股股东及实际控制人处收购资产,但上市公司深圳惠程不会作为产业基金的下盘接方。

(四) 产业并购基金终落地

2016 年 10 月,产业并购基金落地。

基金基本情况如表 1 所示。

表 1 信中利赞信产业并购基金

| 并购基金名称 | 北京信中利赞信股权投资中心(有限合伙) | 总规模:18 亿元 |
|---|---|---|
| 合伙人名称 | 北京信中利股权投资管理有限公司(GP) | 出资:0.2 亿元 |
| | 深圳市惠程电气股份有限公司(LP2) | 出资:5.8 亿元 |
| | 中航信托股份有限公司(LP1) | 出资:12 亿元 |

信息来源:深圳惠程公司公告

特殊关注点：

(1) 出资份额：深圳惠程 32.22%，中航信托 66.66%。

中航信托为上交所主板 A 股上市公司中航资本的下属子公司，系国资背景，董事长姚江涛。

(2) 投资委员会：该产业基金投资委员会由 5 名委员构成。其中信中利 2 名，中航信托 2 名，深圳惠程 1 名，投资委员会约定审议相关事项必须经过全体委员 2/3 以上同意方可通过，且上市公司对审议事项拥有一票否决权。

(3) 基金投资目标：除了投资成长期、有较好成长性的企业外，还可投资、收购已设立的基金。深圳惠程不会收购基金从公司控股股东及实际控制人处收购的资产。

(4) 基金退出机制：退出方式包括上市公司并购、IPO、股权转让或其他等。基金投资项目与公司主营业务相同或相近的资产，未来优先由公司进行收购。

(5) 会计核算方式：公司作为基金的有限合伙人，不实际参与基金的运营管理，对基金不享有控制权，公司对基金按照长期股权投资进行权益法核算。

(6) 收益分配：基金清算时，返还全体合伙人的实缴资本及门槛收益率以后的超额收益，由 GP、LP1、LP2 按 20%、10%、70% 的顺序和比例进行分配。

从并购基金的设计中可以看出，关联方信中利作为普通合伙人，对外代表基金，执行合伙事务，负责基金的日常经营管理，投资项目筛选、评估、组织实施、投资后监督管理及投资项目退出等工作。

而另一方合伙人中航信托，作为财务投资者，在投资委员会中占 2 席，出资比例最大，也有一定背景，中航信托的参与有可能是信中利不能完全控制该基金的原因。

而对于深圳惠程来说，其处境则较为尴尬。第一，其角色定位为财务投资人，起初方案中并不参与基金的实际经营管理；第二，上市公司与信中利实为关联方，即使有维护保障其权益的方案设计，条款也形同虚设。那么这个产业并购基金对于深圳惠程来说本身意义何在，仅仅是作为信中利资本运作的平台吗？

## 五、并购业务开展，能否为深圳惠程业务带来新转机

### (一) 并购标的战略构想

2016 年，深圳惠程通过产业并购基金，开展了 4 次对外投资。目前，其产业并购基金的目标标的主要为群立世纪和哆可梦科技。

（1）群立世纪，视频大数据综合服务商：深圳惠程称通过收购群立世纪，将快速获取信息化综合解决方案的先进技术和成熟经验、市场资源，快速突破原有电力板块的信息化升级难点，实现公司原主营业务从传统制造向智能化的"工业4.0"转化。

（2）哆可梦科技，网络游戏研发发行综合服务商：深圳惠程称收购哆可梦，将快速获得哆可梦现有的巨大互联网用户流量和强大的流量运营能力。未来围绕互联网流量资源和运营能力，借助大数据等技术深度挖掘用户价值，公司将稳步推进平台化、服务化战略，构建行业领先的互联网文娱服务板块，并在原有实业的基础上，构建新的利润增长极。

（二）产业并购基金累计投资情况

深圳惠程产业并购基金已完成了4次对外投资，投资金额共计16.675亿元，具体情况如表2所示。

表2 深圳惠程产业并购基金投资项目

| 序 号 | 投 资 项 目 | 投资金额（万元） |
| --- | --- | --- |
| 第一次对外投资 | 江苏群立世纪投资发展有限公司35％股权 | 36 750 |
| 第二次对外投资 | 北京信中利股权投资中心（有限合伙）100％股权、北京信中达创业投资有限公司100％股权 | 79 500 |
| 第三次对外投资 | 江苏群立世纪投资发展有限公司10％股权 | 10 500 |
| 第四次对外投资 | 成都哆可梦网络科技有限公司22.43％股权 | 40 000 |
| 合计 | | 166 750 |

信息来源：深圳惠程公司公告

从战略角度看，深圳惠程称并购群立世纪股份是为了从传统制造业向"工业4.0"布局，而并购哆可梦则是将文娱互联网产业作为新的利润增长极。在这冠冕堂皇的说辞背后，却是令人捉摸不透的布局。

而在一系列轰轰烈烈的并购举措后，深圳惠程披露2016年年报，但又遭到证监会问询：

第一，证监会要求深圳惠程说明其在并购基金中所拥有的权利和义务，说明将并购基金纳入长期股权投资的合理性及合规性。对此，深圳惠程表示，其在产业并购基金中为有限合伙人，并在投资委员会中有一票否决权，能够对投资决策施加重大影响，因此纳入长期股权投资。

第二，证监会要求深圳惠程补充披露长期股权投资的本期及后续计量方法，说明合规性；补充说明该项投资对深圳惠程本期及未来各期损益影响数。对此，深圳惠程披露了计量方法：

(1) 公司取得该项长期股权投资时：

借：长期股权投资——成本

  贷：银行存款

(2) 公司对该项长期股权投资后续计量方法：

借：长期股权投资——损益调整

  贷：投资收益

(3) 调整其他综合收益：

借：长期股权投资——其他权益变动

  贷：其他综合收益

合规性方面，深圳惠程也仅是说明符合企业会计准则。深圳惠程还说明，该项投资对公司本期利润影响数为 93 820 568.83 元。

### (三) 拿下网游"现金牛"哆可梦

2017 年 3 月 14 日，深圳惠程发布重大资产购买草案，拟以 19.61 亿元现金购买群立世纪 55% 股权和哆可梦 77.57% 股权。后购买方案经过调整，公司拟购买哆可梦 77.57% 股权，交易对价为现金 138 346 万元。

此前，哆可梦业绩承诺净利润如表 3 所示。

表 3 哆可梦业绩承诺

| 项目类别 | 2017 年 | 2018 年 | 2019 年 |
| --- | --- | --- | --- |
| 承诺净利润(万元) | 14 500 | 18 800 | 24 500 |

信息来源：深圳惠程公司公告

2016 年哆可梦净利润仅为 3 350.25 万元，而 2017 年 1—11 月其未经审计的财务数据显示，扣除非经常损益后的归属于母公司的净利润为 13 688.09 万元。

哆可梦披露了 2017 年净利润同比实现大幅增长的原因：第一，哆可梦 2016 年在广州组建流量经营团队，打造自有流量经营发行平台，沉淀优质客户，打通大游戏产业链。第二，2016 年全年哆可梦投入大量成本费用用于转型，前期投入大收益小，随着业务发展，规模效应逐渐凸显。

### (四) 哆可梦对深圳惠程业绩影响遭问询

然而市场的关注点似乎并不在哆可梦的业绩增长，市场似乎更关心网络游戏公司是否会成为深圳惠程的"现金牛"。正当市场期待深圳惠程新业绩的时期，深圳惠程的收购又遭到了交易所的问询。按理说现金收购不用经过证监会的监管,只需经过交易所的监管,但交易所监管也较严格,因此对深圳惠程发出了问询。

交易所要求深圳惠程补充说明收购哆可梦 77.75% 股权对产业并购基金投资收益的影响,以及合并报表层面对上市公司相关损益的影响。

对此,会计师事务所回复,本次交易前,产业并购基金持有哆可梦 22.43% 股权,采用权益法下的长期股权投资进行核算。哆可梦不会因为本次交易产生损益,也不会对产业并购基金的长期股权投资产生损益;同时,深圳惠程对产业并购基金采用权益法核算,因此也不会影响到深圳惠程对产业并购基金的投资收益。

交易所的本次问询意在提醒投资者要关注后续网游公司对产业并购基金的业绩影响,并提醒深圳惠程后期对被投资项目注入深圳惠程或者并表的操作。

## 六、尾声

众所周知,产业并购基金是信中利与深圳惠程并购项目的平台和过渡工具,如果被投资项目按照预期业绩向好,那么深圳惠程必将面临资产注入或者并表来提升业绩。

而对于新三板的资本大鳄信中利来说,控股深圳惠程是否即将为其业绩带来转型,还是将其作为资本运作的平台,而后续产业并购基金是否会通过被投资项目的业绩拉动深圳惠程的业绩,让我们一起期待。

## 参考文献

[1] 中国注册会计师协会.2017 年注册会计师全国统一考试辅导教材:会计[M].北京:中国财政经济出版社,2017.

[2] 中华人民共和国财政部.企业会计准则第 33 号——合并财务报表(2014 年修订)[S].

[3] 李连发,李波.私募股权投资基金理论及案例[M].北京:中国发展出版社,2008.

[4] 郑伟鹤.私募股权投资基金与金融业资产管理[M].北京:机械工业出版社,2004.

(执笔人:刘翀显;指导老师:李远勤)

# 内部控制理论与实务

NEIBU KONGZHI LILUN YU SHIWU

# 海尔集团美国收购之成败

**适用课程：** 内部控制理论与实务　财务管理理论与实务

**编写目的：** 本案例编写目的在于使学生对企业海外收购的动因、相关投资风险以及失败关键因素等问题进行深入的思考，从企业战本身和国际环境两个方面分析问题，并提出解决方案。

**知 识 点：** 收购整合

**关 键 词：** 海外收购　投资风险　外延式增长

**案例摘要：** 本案例以海尔集团为主角，分别描述了海尔集团在2005年收购美国美泰克公司的失败经历，以及2014年提出收购美国通用家电业务的议案并最终在2016年取得成功的全过程。通过两起收购案的前后对比，分析了海尔集团在收购美国通用家电业务的过程中，是如何克服重重困难完成收购的。在此基础上进一步分析两次收购成败的原因，希望能给进行海外收购的中国企业一些建议。

海尔集团在2005年收购美国美泰克公司一波三折最终失败之后，并没有因此气馁，而是吸取教训，愈战愈勇，终于在10年后鼓足勇气再一次向曾经受挫的美国市场发起具有重要意义的挑战。大多数人都对海尔试图再次"蛇吞象"的勇气和野心表示称赞，并对其竞购前景充满期待。2016年中期，一则海尔收购美国通用家电的消息成为世界各大新闻媒体争相关注的事件，这起总金额达55.8亿美元的收购创造了中国家电企业的历史！海尔在经历了美泰克的收购失败后为什么会再次选择收购比美泰克更具有知名度的美国通用呢？究竟是什么原因使海尔愿意再次以身犯险，成为世界媒体关注的焦点呢?

## 一、公司及背景简介

(一)海尔集团

海尔集团全称是青岛海尔股份有限公司,它成立于1984年,经历了30多年的风风雨雨,目前处于稳定发展的状态。从1998年起,海尔开始了一系列的海外收购,迈开了它的全球化步伐。目前海尔的经营网络已经分布全球,包括设计、采购、制作、销售与售后等,在国际上极具竞争力。

(二)美国美泰克公司

美国美泰克公司成立于20世纪初,总部位于美国艾奥瓦州,系美国四大家电生产公司之一,年销售额达47亿美元。自2000年以来,美泰克公司的生产经营情况持续下滑,这一现象归因于其生产成本的不断提高,为了节省成本以及提高其自身市场竞争力,该公司还曾对其20%的管理人员计划进行裁减,以此来达到每年减少1.5亿美元支出的目的。

(三)美国通用电气公司

美国通用电气公司是1892年正式创办的,该公司经营业务分布广泛,主要涉及100多个国家,具有职工315 000人,在世界范围内提供一系列服务。美国通用家电本部坐落于美国的肯塔基州路易斯维尔,是北美顶尖的家用电器公司之一,也是全球最大的综合型家电制造商之一。经过了100多年的发展,目前产品种类繁多,共400多个品种,主要产品包括厨电用品、洗衣用品、制冷用品、家庭护理产品等,其中美国市场占据了该公司90%左右的销售额。

## 二、案例概况

(一)海尔收购美泰克

海尔收购美泰克的过程概括来说就是"低调",低调到国内外媒体对这件事似乎一度不知道真假。

美泰克因生产吸尘器而成为美国的家电行业巨头之一,但是由于生产成本的不断提高以及不断加剧的市场竞争,该公司在2004年第一次出现高达7.95亿美元的亏损。业绩每况愈下的美泰克只好决定寻找买家。美泰克在2005年5月遇到了它的第一位买主里普伍德控股公司,该公司同美泰克签订了排他性协议,协议约定收购价格为每股14美元,总金额11.3亿美元。但协议并没有阻止美泰克寻找其他的买主,这一允许期限长达30天,这就给其他买主提供了竞购的时机。倘若美泰克在期限之内没有找到更好的买家,里普伍德同美泰克达成的协议就会生效。

20世纪末,海尔集团在美国开始建厂,仅仅4年时间,美国家电市场中冰箱领域有10%已被海尔占据,该比例仅仅低于美国通用电气、伊莱克斯和惠尔浦。而在国内市场,海尔已趋于市场饱和。倘若海尔能够进入美国市场,那么就会为公司自身注入新鲜的血液,给予海尔更多的发展空间,此时美泰克的出售自然进入海尔的视野。

2005年6月14日,有消息称海尔有意图加入美国家电巨头美泰克公司的竞购行列。然而海尔在6月15日发表声明称对于美泰克收购事件非常关注,但是目前为止还未做出明确决定是否收购美泰克。随后海尔集团官方发言人表示,在最终达成协议之前,为了保护双方的切身利益,不会透露与收购相关的信息。

此声明一出,国外媒体哗然,这一东方谨慎风格的策略被他们解读为海尔集团很高傲,对海尔集团的信任感也由此下降。在外界的议论声中,2005年6月22日,海尔联合黑石集团和美国的风险投资公司贝恩资本一起对美泰克公司提出了收购意向,宣布将以每股16美元的价格、总金额达12.8亿美元收购美泰克,并承诺对美泰克9.7亿美元的债务进行承担,海尔的收购时长为6—8周,而此前里普伍德给予的收购价为每股14美元,低于海尔的报价。为了对美泰克的竞购正式发出请求,海尔开始对美泰克进行详细的调查。

自美泰克同里普伍德达成收购协议以来,该公司股价上涨了33%。不过,里普伍德收购美泰克时的报价仅为每股14美元,这使得美泰克更加期待更高报价的买家出现。如果海尔最终抱得美人归,它将成为继联想收购IBM个人电脑业务后中国企业进军美国市场的又一起成功例子。[1]

当然,此时还不能说海尔有十足的把握能将美泰克收入囊中。美泰克董事会此前表示,虽然里普伍德的出价较低,但仍对它抱有希望。美泰克主要董事霍华德也曾明确表示:"我们仍然支持与里普伍德达成的协议,当然,也希望里普伍德公司能够从股东的利益出发,进一步提高收购价格。"一位国内业内人士分析称:"目前里普伍德

---

[1] 刘启诚.中国企业海外收购大潮将至? [J].通信世界,2005(24).

公司提高出价的可能性还不能完全排除,因为它此前由于低估了美泰克的实际价值,仅以每股14美元的价格出价。"

在这一收购消息发布后不到3天的时间,海尔似乎就碰到了问题。2005年6月25日,两家金融机构摩根和花旗银行向美泰克提供50亿美元的贷款,并且这笔贷款的还款期限为5年。这笔50亿美元的贷款在增加了公司负债的同时也增加了公司的资产总额,这就增加了海尔收购的难度。面对金融机构提供贷款的情况,最初买主里普伍德的控股公司粹通公司立即将压力施加于美泰克身上,强迫其快速与其签订收购协议,倘若美泰克不愿签订协议,根据规定,美泰克要赔偿4 000万美元的违约金给该公司,这一举动也无形之中给海尔收购施加了另一重压力。

对于美泰克的施压在几天的时间里就有了成效,美泰克决定7月中旬的时候可以结束这场收购,这样一来留给海尔的时间已经远远小于6—8周。美国联邦政府贸易委员会批准了这次竞购,此举也是美国政府有意打击海尔的收购。

里普伍德对美泰克的收购尽管取得了美国政府的同意,但其最终决定权并不在于美国政府,而是由双方股东共同商议的结果。要想最终赢得对美泰克的收购,第一步需获得收购方和美泰克双方董事会的准许,然后双方才能分别召开股东大会对这一事项进行表决。但一般来说,主动提出收购的那一方的股东大会较易通过,换言之,美泰克的股东大会的意见是这次收购的关键因素。因此,2005年8月19日美泰克召开的股东大会将决定收购最后的结果,此时留给海尔的时间已经不多了。

然而,充满戏剧性的一幕在2005年7月18日悄然出现,美国另一家电巨头惠而浦突然站了出来,将以每股报价17美元,比美泰克上个周五每股15.45美元的收盘价高出10%,总值超过13亿美元的报价竞购美泰克,超过了此前里普伍德公司每股14美元、总值11.3亿美元的报价。惠而浦对外界宣称,正式收购要约尚未确定,但是会在8月9日之前向外界公布。黑马的突然杀入对美泰克股东来说,可能是个不错的消息,因为他们一直抱怨里普伍德出价太低。而对于此时一直在做评估工作,并没有正式向美泰克发出收购邀约的海尔来说,无疑是巨大的威胁。当外界都在猜测海尔将如何应对这一威胁时,海尔秉承了其一贯的作风,其新闻发言人表示,非常关注美泰克的收购事宜,但是不便发表任何评论,也并未对收购事宜作出任何决定。

在外界对于美泰克竞购事件议论纷纷,期待最终结果的时候,美泰克在2005年7月19日突然正式对外宣布,对于本次寻找买主的过程中,海尔连同金融机构贝恩资本和黑石集团日前已经放弃了此次竞购。对于海尔放弃发出正式收购邀约的行为,外界议论纷纷,然而海尔的决定并不是随意的,而是经过了详细的调查之后获得的预期与其需求在很大程度上不相符。倘若随意收购美泰克,日后的整合可能远远超过海尔自身的实力。①

(二) 海尔收购美国通用

即使经历了美泰克的收购失败,海尔也一直未停止它在海外扩张的脚步。2011年,海尔以大约100亿日元的成交价格收购了日本三洋在东南亚和日本地区部分电器业务。随后,它的目标瞄准新西兰,以7亿美元的成交价格在2012年收购了新西兰传统家电企业斐雪派克。

然而海尔并不满足现状,它的收购脚步并未停歇。在美国享有极高声誉的通用电气的家电业务至今已经存在了100多年,收购通用电气的家电业务所面临的风险不言而喻,其风险程度相比收购美泰克来说有增无减,那为什么海尔执意以身犯险呢?这一次轰动国内外的被誉为中国家电行业目前为止最大并购案的收购是如何取得成功的呢?

对于海尔而言,之前其在美国中高端的家电市场的大门始终没有被打开,因此很难产生品牌溢价。在欧美这块市场中,美国通用、博世、惠而浦等一系列家电品牌对中高端市场拥有长期的统治地位,这方面就是中国企业一直以来攻不下的市场。所以,并购应该是海尔打通欧美地区中高端市场大门的最佳解决方案。并购美国通用成功就意味着不仅可以拥有美国通用的研发、渠道、产品、品牌,更重要的是可以通过通用获取大量高端市场用户,这对一直希望开拓国际化的海尔来说,特别重要,能够直接让海尔国际化进程加快一大截。

美国通用早在2008年就宣布,计划将其不稳定和增长缓慢的业务剥离,计划分拆或出售其家电部门。据当时相关媒体的报道,美国通用大约寻求50亿—80亿美元间的出售价格。而当时的海尔首席执行官、董事局主席张瑞敏就已经看上了通用家电,海尔便是其中的洽谈者之一。当时很多人都对海尔意欲"蛇吞象"的竞购前景满怀期待,并对其此举的勇气表示深深的佩服。但由于金融危机的全面爆发,现金流显得尤为重要,张瑞敏经过深思熟虑后不得不放弃收购通用家电,以保证海尔集团安全渡过金融危机。

当年瑞典著名家电制造商伊莱克斯准备花费33亿美元收购美国通用的家电部门。2015年中期,美国司法部门对收购后的系列风险表示担忧并且对市场竞争力的

---

① 刘勇.竞购美泰克:海尔小心面对收购难题[J].企业周刊,2005(7).

影响表示怀疑,经过仔细调查最终要求伊莱克斯和美国通用终止此项交易。2015年12月7日,伊莱克斯宣布,美国通用收了伊莱克斯1.75亿美元的"分手费"后,伊莱克斯终止了收购其旗下家电业务的计划。随后美国通用家电业务决定重启挂牌出售,这就又给了张瑞敏收购的第二次机会,此时的海尔相比收购美泰克时期已经积累了一定的并购经验,这一次,海尔势在必得!

当地时间2016年1月15日晚,海尔宣布《股权与资产购买协议》签署成功,并同时发布了重大资产购买预案。预案表明,海尔将使用总计54亿美元,来获得美国通用及其旗下子公司所拥有的所有家电相关资产和业务。这其中不仅仅包括美国通用家电所有的研发和生产能力,还包含了在美国的制造加工工厂以及遍布全球的售后网点和销售网络。但根据海尔的表态,此交易也仅仅只是一个意向,后续要由中国有关部门备案通过,还有在相关国家地区的反垄断反倾销审批调查。

海尔美国公司在美指定银行开设的托管账户已于当地时间2016年6月3日收到国家开发银行汇出的通过并购贷款获取的33亿美元款项。截至2016年6月6日,全部价款共计55.8亿美元已经全部向美国通用以及相关主体支付完毕。

值得注意的是,这一价格已经在此前54亿美元价格的基础上作出了相应调整,涉及小天鹅的股权调整、交易税费和营运资本调整等主要调整项目。在当地时间2016年6月7日,55.8亿美元最终收购价的落地,美国通用被海尔收购的交易完成。这标志着美国通用家电正式成为海尔一员。

这一次,海尔集团做到了!海尔董事长张瑞敏表示:"与时俱进的基因和不断进取的精神都根植在通用电气和海尔家电的企业文化中,相信经过这两家企业的强强联合,未来一定能产生1加1远远大于2的效果。"海尔执行CEO梁海山亦表示:"美国业务对海尔来说非常重要,海尔的核心策略一直对美国业务非常看重,通过此次收购交易能够快速促进海尔在美国的扩张,并且可以利用美国通用家电优秀的管理资源,使双方能够共同进步。"

据报道称,参与竞价的买家不仅仅包括中国的家电企业美的等一系列国内知名企业,还有韩国的LG、三星等相关海外知名企业,它们不仅仅有着较高的出价,而且对美国通用这块肥肉觊觎已久,但最终这次收购还是被海尔成功拿下。为什么海尔能够在巨大的竞争中拿下美国通用的家电业务?在业内人士眼里,这不仅归功于海尔富有经验的优秀整合能力,还和价格因素有着一定的关系。

在本行业分析师眼里,相对于其他竞购的企业而言,海尔以前拥有的大量的海外整合经验,可能比海尔最后高昂的出价更有优势。"美国通用其实是因为现在的业务重心发生了改变,由家电业务向B2B上靠拢,因此才希望出售家电业务来获取发展的资金。但实际上,美国通用的家电板块和许多其他公司相比,本身就是能够盈利的,美国通用是希望能够继续传承这一个品牌的,被做砸是他们不愿意看到的,这会毁了他们的品牌形象,因此,企业历史中的业务整合经历和经验是非常重要的。"而美国通用家电相关业务的管理资源、品牌价值及市场销售渠道等都是为海尔所看重的,双方因此一拍即合。

与收购美泰克时的低调、信息保密不同,海尔此次收购美国通用家电是渐进式的过程,历时将近 5 个月,从披露收购消息,到完成正式交割,海尔终于如愿以偿地把美国通用家电拿下。

据了解,即使海尔收购了美国通用的家电业务,但是仍然会保持其现有的管理团队,并且本部依然坐落于美国肯塔基州路易斯维尔,日后也将保持独立运营与发展。海尔承诺此次并购不会给美国通用造成任何人才及设备方面的损失,反而会继续投资在美国的业务以推动其增长,公司日后的战略管理方向以及其他具体事项也会在双方高管共同商议下执行,这些都证实了德鲁克成功收购五定律的正确性。张瑞敏表示,海尔与美国通用家电分别代表着中西方两国国家的家电市场,有了美国通用家电的帮助,海尔将进一步扩大其北美市场,这次跨国家的合作最终将达成双方利益最大化。

(三) 海尔海外收购之成败剖析

纵观海尔在美国的两次收购,同样是美国老牌家电企业,同样是在业绩下滑的情况下寻找买家,同样具有众多竞争者,为什么最后的收购结果会截然相反呢?

1. 公关手段的合理运用

海尔在收购美泰克的过程中一直十分低调,不愿回应任何传闻。海尔无论被国外媒体如何旁敲侧击,始终对该事避而不谈。这一东方谨慎风格的策略尽管对于国内媒体来说并不奇怪,但美国的公众显然是无法接受这种东方式沉默的。由于海尔在美国媒体上缺乏出镜率,这使他们的对手得以轻易控制媒体报道和相关辩论,让海尔的竞购寸步难行。

相反,在收购美国通用的过程中,海尔正确地运用了公关,及时披露与收购有关的信息。面对广大中小投资者,海尔尽量披露相关可靠的信息,防止股价出现大规模变动。再次成为国外媒体关注的焦点时,这一次海尔并没有选择沉默,而是合理地披露相关信息,利用美国的大众传媒引导美国公众,形成了有利的舆论局势,这成为国际并购过程中的关键之一。

2. 收购前期准备工作

海尔在收购美泰克前并没有充分地进行前期准备工作。海尔没能抓住美泰克被爆出出售的消息之前的时机,行动仓促,略显笨拙。相比庞大而复杂的并购案,海尔更像是随心所欲地行动,而不是谋定而后动,海尔并没有充足的收购时间。这种操之过急的并购在随后的整合方面可能会面临相当大的风险,如不同文化整合以及各地法律方面的风险等,所以并购并不能只关注表层,要放眼于后续发展。

相反,海尔与美国通用的合作可以追溯到几年前,两者在2008年曾就洗衣机等展开过一系列合作,包括生产、推广与人员配置等多方面的合作,这为日后的收购打下了一定的基础。当时海尔就萌生了收购美国通用家电业务板块的想法,只是迫于当时的环境因素不得不放弃了。沉潜了8年之久,海尔终于再次抓住了机会,一举拿下美国通用家电。

## 三、结束语

尽管众多百年品牌相继退出家电领域,然而海尔却反其道而行之,斥巨资接下了美国通用家电业务。在成功收购美国通用家电业务后,海尔能否对潜在的风险进行有效合理的控制从而取得卓有成效的收益,是非常值得我们关注并深入探讨和研究的问题。"蛇吞象"的故事已经开始,后续将如何发展,这一次耗费55.8亿美元的收购,会否成为海尔由盛转衰的转折点?让我们拭目以待。

## 四、问题讨论

(1) 海尔在两次海外收购中分别面对哪些投资风险?
(2) 用德鲁克成功收购五定律具体分析海尔的海外收购事件。
(3) 海尔在收购美国通用家电后是否能实现规模效应与协同效应?

## 参考文献

[1] 王亚亚.海尔:全球化下的"大资管"探索[J].企业周刊,2016(12).

[2] 沈伟民.海尔并表 GE 家电之问[J].经理人,2016(8).

[3] 邱晓宇.中国企业海外并购案例溢价水平研究和财务分析[D].北京:对外经济贸易大学,2006.

[4] 侯隽.海尔:"借 GE 生蛋"[J].公司聚焦,2016(3).

[5] 蒋起东.中国家电行业史上最大的并购案例(海尔与通用电器联姻)[EB/OL].(2016-06-29).http://blog.sina.com.cn/s/blog_ac5b40cb0102xn80.html.

[6] 蒋起东.GE 家电正式成为海尔一员有何战略逻辑[EB/OL].(2016-06-15).http://tech.sina.com.cn/e/2016-06-15/doc-ifxszkzy5318512.shtml.

[7] 董文杰.青岛海尔将整合美国 GE 家电业务[EB/OL].(2016-01-18).http://finance.huanqiu.com/roll/2016-01/8396914.html.

附表1 2004年美国家电市场四大制造商所占市场份额

| 名　称 | 惠而浦 | 通用电气 | 伊莱克斯 | 美泰克 |
| --- | --- | --- | --- | --- |
| 市场份额(%) | 36 | 28 | 20 | 16 |

附表2 海尔并购美泰克重大事件表①

| | |
| --- | --- |
| 2005年5月19日 | 美泰克发布公告称,里普伍德已经与它达成了收购协议。竞标团的每股14美元的出价,计入里普伍德代为承担的9.75亿美元债务,收购的总金额为21亿美元 |
| 2005年6月20日 | 美泰克公告称,中国的海尔集团已经组建了竞标团,并已向它发出初步收购建议书,收购报价为每股16美元,总报价22.5亿美元 |
| 2005年7月17日 | 美国第二大家电厂商惠而浦宣布加入竞购美泰克的行列,报价为每股17美元,总计13.5亿美元 |
| 2005年7月19日 | 海尔及其合作伙伴贝恩资本和黑石集团已经退出了对美泰克的竞购。惠而浦和里普伍德对美泰克展开最后的争夺 |
| 2005年7月22日 | 惠而浦又提高了收购报价,每股价格达到了18美元 |
| 2005年8月8日 | 惠而浦提高报价,达到每股20美元 |
| 2005年8月10日 | 惠而浦提高报价,达到每股21美元,总收购价格为16.8亿美元 |
| 2005年8月22日 | 美泰克与惠而浦达成兼并协议 |

---

① 邱晓宇.中国企业海外并购案例溢价水平研究和财务分析[D].北京:对外经济贸易大学,2006.

**附表3　海尔2015年核心业绩数据**[①]

| 类　别 | 主营构成 | 主营收入（亿元） | 收入比例（%） | 主营利润（亿元） | 利润比例（%） | 毛利率（%） |
|---|---|---|---|---|---|---|
| 按产品分类 | 电冰箱 | 276 | 30.74 | 89.8 | 36.44 | 32.54 |
| | 渠道综合服务业及其他 | 194 | 21.64 | 19.4 | 7.88 | 9.99 |
| | 洗衣机 | 175 | 19.47 | 60.0 | 24.34 | 34.33 |
| | 空调 | 163 | 18.11 | 45.9 | 18.63 | 28.24 |
| | 厨卫 | 66.2 | 7.38 | 28.9 | 11.73 | 43.65 |
| | 装备部品 | 18.2 | 2.03 | 2.41 | 0.98 | 13.28 |
| | 其他 | 5.79 | 0.65 | — | — | — |
| 按地区分类 | 国内地区 | 705 | 79.08 | 214 | 86.91 | 30.36 |
| | 国外地区 | 187 | 20.92 | 32.3 | 13.09 | 17.29 |

**附表4　海尔收购美国通用(GE)家电方案预览**

| 收购资产 | GE家电业务全部相关资产 | |
|---|---|---|
| 商标许可 | 全球范围内使用GE商标(包括GE标志在内)的许可权,该许可权不可撤销、不可再许可、不可转让；初始期限为20年,公司可以10年为周期单位对其进行不限次数的续展,但在第二次续展结束后,再次续展需取得GE的事先同意 | |
| 项　目 | 金　额 | 备　注 |
| 收购对价 | 54亿美元 | |
| 现金 | 21.6亿美元(142亿元) | 公司自有资金 |
| 融资比例 | 32.4亿美元(213亿元) | 贷款或发行公司债券 |
| 账面净资产 | 18.92亿美元(124亿元) | |
| 溢价率 | 185.4% | 收购价格/账面净值 |
| 终止费 | 2亿美元(13亿元) | 终止原因为海外反垄断审查不通过 |
| | 4亿美元(26亿元) | 终止原因为青岛海尔股东大会不通过 |

（执笔人：邓婉宁；指导老师：陈可喜）

---

① 沈伟民.海尔并表GE家电之问[J].经理人,2016(8).

# "一醉再醉",拨开酒鬼酒"营运危机"迷雾

**适用课程:** 内部控制理论与实务　财务管理理论与实务

**编写目的:** 本案例选取了酒鬼酒深陷塑化剂风波和丢失亿元存款这两个最受争议的事件进行分析。编写目的在于使学生对企业面临的风险种类、预防风险产生的控制点以及风险发生时的应对方式等问题有系统认识和深入思考,从战略着眼、从公司文化入手,结合政策变化和行业背景分析评价公司在内部控制和风险管理中所遇到的问题与采用的解决方案,鼓励学生对此提出自己的见解。

**知　识　点:** 风险管理　内部控制　COSO模型

**关　键　词:** 酒鬼酒公司　收入急剧下降　塑化剂危机　内部控制

**案例摘要:** 作为曾经的中国第一文化名酒,酒鬼酒曾成功跻身高端白酒行列。但在经历塑化剂风波后,酒鬼酒品牌遭到重创,业绩开始进入低谷期,除了经销商纷纷要求退货、退款外,消费者也对酒鬼酒丧失信任度。酒鬼酒虽然两次道歉并承诺整改,但是仍然无法摆脱负面影响和质疑。祸不单行,2013年其在银行的亿元存款突然不翼而飞,经银行工作人员检查印鉴公章均合法。2014年,受困于质检丑闻,业绩惨淡,酒鬼酒在很长一段时间深陷营运危机的泥潭。

2012年11月19日,有报道称中国知名白酒品牌酒鬼酒中的塑化剂邻苯二甲酸酯过量。随后两天,权威部门国家质检总局公开了检测报告的结果,报告显示,酒鬼酒送检产品中的DBP检出值最高竟然为1.04 mg/kg,参考卫生部食品DBP限量标准,超标值高达247%。这表明该检测结果与媒体的送检结果,基本保持一致。受此影响,当日白酒股全线下跌,市值蒸发328亿元,沪指因此一度跌破2000点;而引起这

场"沪指跳水"的罪魁祸首酒鬼酒惨遭停牌,舆论一片哗然。此波未平,一年后酒鬼酒风波再起。2014年1月27日,酒鬼酒公司突然对外宣称其子公司1亿元存款被盗,不翼而飞。近乎2013年前三季的收入一时间化为乌有,这令苦于在塑化剂风波泥潭中挣扎的酒鬼酒陷入很长一段时间的营运危机之中。

## 一、公司简介

酒鬼酒公司是由湘泉集团独家发起设立的股份有限公司,于1997年在深圳证券交易所上市(股票代码:000799)。公司凭借众所周知的资源优势,成为中国馥郁香型白酒的唯一品牌,名声大噪,甚至被列入湖南省非物质文化遗产名录,荣获"中国十大文化名酒"等称号。

酒鬼酒公司自主研发生产、销售多个系列白酒产品,产品因独特的文化定位和良好口碑在国内深受消费者欢迎,同时也远销海外,受到美、俄、日、韩、东南亚等许多国家和地区消费者的推崇。2007年,酒鬼酒公司在湖南省地方政府督促下,启动并完成相关的企业重组和改制工作,受到社会各界的强烈关注。公司总股本近30 305万股,中国糖业酒类集团公司子公司——中皇有限公司持有10 943.4万股,占总股本的36.11%,成为酒鬼酒公司第一大股东;中国长城资产管理有限公司持有3 636.6万股,占12.00%,为第二大股东;其他5 000万股为7家社会法人股东持有,占16.50%;剩余为社会流通股东持有,占35.39%。酒鬼酒公司股权结构如图1所示。

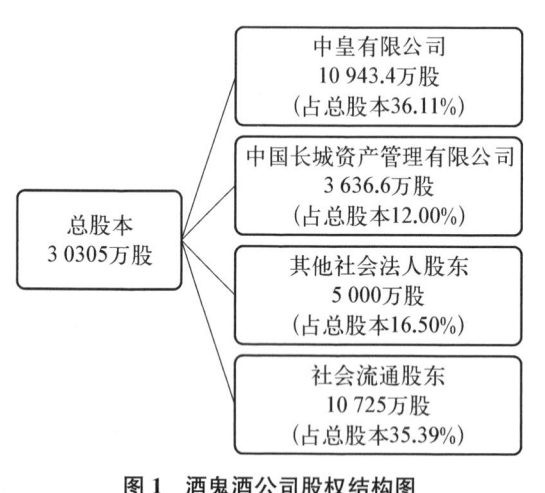

图1 酒鬼酒公司股权结构图

依托业界良好的口碑,酒鬼酒公司位列白酒行业中等地位。从品牌价值这一指标来看,2010年酒鬼酒公司品牌价值为近32.55亿元,位列白酒行业第27位知名企业;2011年其品牌价值继续上升,高达45.48亿元,位居白酒行业第26位知名企业,稳定向好发展。

## 二、案例概况

### (一) 塑化剂风波

1. "八项规定"出台,白酒行业低迷

2012年,国家颁布出台的限酒令给高端白酒的市场需求造成了严重影响,各大酒商的销售额一落千丈,曾经无限辉煌的白酒行业一时间门可罗雀,不得已纷纷展开为期3年的深层次调整。在此期间,白酒行业新增产能也越来越少。

"八项规定"的出台,无疑给炙手可热的白酒行业最致命的一击。先前贵州茅台股价一路看涨,新政出台后骤然下跌;五粮液的股价更是在一年的时间里缩水了四成左右。白酒行业的龙头品牌的经营业绩和市场信心尚且如此,其他中低档白酒厂商的境遇更是不言而喻。很多白酒企业的销售量一泻千里,出现严重积压产品的现象,存货周转出现问题。据相关专家表示,"目前白酒行业业绩惨淡,是由多方面因素导致的,国际经济态势和行业结构调整就是其中两方面"。中央反腐力度不断加强,改革主张深得人心,自上而下地开展、落实合理消费、压制公款吃喝等一系列措施赢得老百姓的热烈好评,最高可达几千元的白酒价格也不再疯狂,开始趋向理性。

据业内公布的报表,不难看出在相关政策未颁布之前的2012年上半年,各大酒商营业收入增长幅度高得惊人。据统计,行情飙升时增长率的最低值也超过30%,酒鬼酒公司甚至高达133%,整个行业前景可以说是姹紫嫣红、风生水起。可是,2012年底政府推出了"八项规定"政策,在经过半年的市场消化吸收之后,对所有酒商造成的负面影响在其2013年度半年报业绩披露中体现得一览无余、淋漓尽致,每家酒商的营业收入增长率都不足7%。2012年,酒鬼酒公司的发展水平远远高于行业平均水平,而2013年营业收入增长率骤降的幅度高达200%。相比之下,贵州茅台由于迅速调整销售策略,盯紧中间市场,受政策影响较小。2007—2015年白酒行业利润总额变化情况如图2所示。

酒鬼酒公司主营业务是生产、销售自创白酒产品。产品系列分高中低档,其中,中档产品主打湘泉系列,高档产品关注酒鬼系列。毛利率高达85%的酒鬼系列成为公司长期的主营产品;而湘泉系列毛利率虽在2012年有上升的势头,但在2013年降至原水平,公司还是依靠高端白酒盈利。2013年公司在年报中披露,"由于行业调整的影响,公司产品销量同比下降49.02%,生产量也同比下降56.09%"。

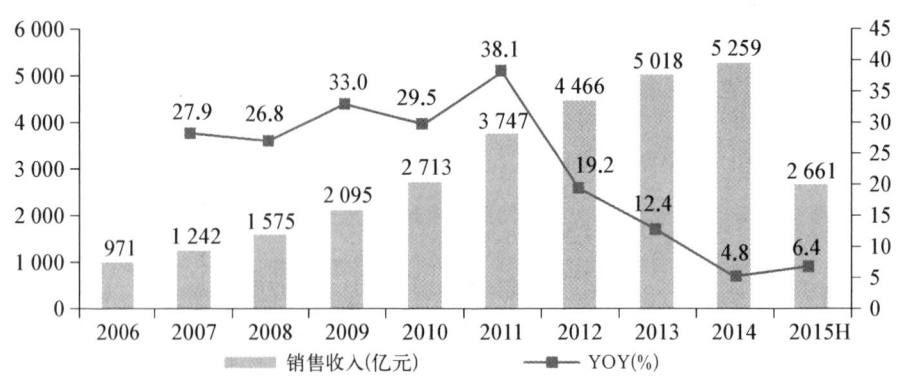

**图 2　2007—2015 年中国白酒行业利润总额变化情况图**
资料来源：根据中国统计局相关数据整理

2. 塑化剂被曝超标，直接停牌回应

2012年11月19日，在21世纪网上发表的文章曝出，"酒鬼酒惊现塑化剂超标，超标值高达260%"。该报道一出，酒鬼酒公司当日随即停牌，面对该事件的持续发酵，酒鬼酒无疑成为众矢之的、媒体舆论和资本市场关注的焦点。由于官方迟迟未做正面回应，外界众说纷纭。酒鬼酒副总经理范震就此事接受专访时回应："一是不确定送检的就是酒鬼酒产品；二是文中提到的送检机构'上海天祥质量技术服务有限公司'不是权威检测机构，公司有理由怀疑其检测标准、检测手段的准确可靠性；三是我国白酒行业的检验标准中，并不包括塑化剂检验这一项，也就无从谈起所谓超标2.6倍；四是公司并没有在酿酒过程中添加任何塑化剂的利益驱动，添加塑化剂既不能提高产品质量，也不能增加产出量。"范震的回应言外之意暗示白酒行业的其他品牌也存在塑化剂超标，一下子引致"战火"烧遍全行业。与古井贡酒"酒精门"的公关策略如出一辙，酒鬼酒这一效法"转嫁危机"的做法似乎奏效，再加上媒体对行业协会回应的大肆渲染、断章取义，整个白酒行业都在塑化剂的乌云密布中消沉。行业内任意一家公司在食品安全问题上的风吹草动，都能使整个行业在资本市场上产生草木皆兵的连锁效应，可从"白酒板块的全盘下跌""市值蒸发超300亿元"中窥见一斑。

针对网上报道，湖南省质监局立即展开检查工作，并在20日晚间发布公告称，"截至11月20日下午5时30分，质监局没有确凿证据证实酒鬼酒公司有在产品中人为添加塑化剂的行为。工作人员还会更进一步对案件进行调查核实，将依法从严处理一切违规行为"。有记者从广州多家大型超市采访了解到，尽管工商部门暂时没有强制要求下架产品，但是部分超市已经自行下架酒鬼酒的产品。吉之岛超市负责人表示,"考虑到消费者对酒鬼酒安全质量的担忧,超市已经下架酒鬼酒全部产品,以保护消费者权益"。华润万家则称,"华润没有对酒鬼酒进行下架,是考虑到媒体没有明确指出酒鬼酒的问题产品,但公司已经要求厂家提供最新的检测报告,以进一步保证产品安全"。

3. 反复道歉,被指狡辩

11月21日,国家质监总局在公告中证实了酒鬼酒样品的初检结果确实为塑化剂含量超标,超标值高达247%。该事件在被曝光后的第三天达到高潮。一时间报道铺天盖地,网络媒体、平面媒体和电视媒体都出现大篇幅的专题报道,这一新闻成为被置顶的热门话题,酒鬼酒良好的品牌形象遭遇"滑铁卢"。但此时酒鬼酒公司似乎仍未产生忧患意识,忽视了问题的严重性,疏忽了与消费者积极对话、重建信任这一至关重要的环节。

21日晚间,一直未做正面公开回应的酒鬼酒公司终于在新浪官方微博上发出声明,"酒鬼酒公司非常感谢社会各界人士对我们长期以来的信任和支持,正是由于广大投资人、消费者、新闻媒体等利益相关者的这份关注,公司得以有序健康发展。现对最近发生的所谓酒鬼酒'塑化剂超标'风波带来的恶劣影响,以及给大家造成的误解和疑虑表示最深刻的歉意"。酒鬼酒在此声明中着重强调权威部门之前的表态,即"没发现人为添加'塑化剂'","根本不存在所谓'塑化剂'超标"等字眼,同时还坚称"公司产品仍可放心饮用"。然而,该微博声明并未加盖公司公章,公司相关部门负责人也没有露面给公众关心的质检安全问题一个满意答复。这次道歉非但没有平息负面舆论,反而被许多媒体解读为"道歉却不认错",许多消费者纷纷表示没有感受到公司的诚意,有"死鸭子嘴硬"之感。无奈之下,酒鬼酒公司于22日再次公开道歉,并表示公司会对内部管理进行强化控制,积极推进整改,以实际行动让消费者喝上放心酒,道歉效果却不明显。随后,酒鬼酒在23日实现复盘,紧接着连续4个跌停,市值一下子蒸发了53.17亿元,惨不忍睹。在此期间,酒鬼酒于25日受访时称公司已找到导致塑化剂超标的三大原因,其中怀疑"包装线上的含量超标是最大主因";并于27日否认外界盛传的全面停产消息,称公司近期没有召回问题酒的决定;随后在酒鬼酒发布的公告中得以印证,"公司全面停产只是谣言,正在积极筹划整改,并预计11月30日前全面完成"。

4. 中报业绩惨淡,归咎分管生产副总

酒鬼酒公司称,"受市场规模缩小、政策严控等因素影响,各白酒企业将对业务进行重新调整,预计具体表现为公司2013年度前半年度的营收、净利润同比都会出现大幅度下滑"。中新网报道显示,"塑化剂事件爆发后,酒鬼酒无法继续保持高增长创收的经营传奇。酒鬼酒2012年最后一季度的净利润是3 686.13万元,同比下降高达65.42%,环比下降逾八成,将其自2011年四季度至2012年三季度连续4个单季净利润过亿的记录彻底终结",如表1所示。

表1 酒鬼酒季度净利润及增长率表

| 指标 | 2012年第四季度 | 2013年第一季度 |
| --- | --- | --- |
| 净利润(万元) | 3 686.13 | 1 010.91 |
| 净利润增长率(%) | −65.42 | −91.50 |

中信证券对此点评时称,"公务消费限制和塑化剂风波对酒鬼酒公司造成的负面影响范围超出预期,导致公司一季度毛利率的大幅下降。同时,预计该事件的影响将在未来逐步淡化,而公务消费限制政策的持续性还有待进一步观察",因此,中信证券对行业前景的回暖、公司品牌美誉度的恢复持风险提示态度。

2013年7月9日,酒鬼酒股票收盘价每股16.02元,跌幅0.93%,连续下挫导致收盘价创逾两年半新低,累计下跌共计50.86%,市值缩水至53.87亿元,相比2012年创下的61.25亿元高点,显然不可同日而语。同日,酒鬼酒的副总经理曾盛全因个人原因向公司递交辞职报告,申请辞去其所担任的副总经理职位,并且此后不再受聘公司的任何职务。2007年中糖通过旗下合资公司中皇有限公司,完成对酒鬼酒公司36%的股权收购,由此跃居酒鬼酒第一大股东。中糖入主酒鬼酒之后,对公司业务产品线进行重新调整,还从五粮液挖到包括分管生产的副总经理曾盛全等几位高层管理者来开展进一步的工作。据酒鬼酒公开披露的资料显示,曾盛全于1976年8月在五粮液集团开始工作,精通酿酒技术,兼负车间管理工作;自2009年6月18日起,被酒鬼酒公司聘用为副总经理。此外,有报道称,塑化剂风波曝光前,酒鬼酒公司曾内部检测出塑化剂"超标",但没有采取任何措施进行纠正和内部整改,对此的态度是放任自流。

(二)亿元存款离奇丢失

1. 亿元存款丢失的幕后黑手

酒鬼酒公司于2014年1月27日对外公告称子公司丢失1亿元存款,并介绍整个案件始末。2013年11月29日,公司的子公司——酒鬼酒供销有限责任公司,先后往其活期账户里存入共计1亿元存款,该账户名为"酒鬼酒供销有限责任公司"。之后公司查询账户明细变动发现,在 2013 年 12 月 10 日、11 日的连续两天时间里,有人先后向该账户存入 200 元、300 元现金,随后从支行柜台转走该账户高达 3 500 万元的存款。12 日,该嫌疑人又将现金 500 元存入账户里,同时又利用同样的作案手法转取了 3 500 万元存款;13 日,该账户的 3 000 万元存款又被柜台汇出。3 次骗取导致该账户余额仅存 1 176.03 元。令人诧异的是,3 次大额存款的转出酒鬼酒供销公司毫不知情,嫌疑人看似非常简单的作案手法也瞒天过海地成功转移了酒鬼酒公司的 1 亿元存款。

案发后,酒鬼酒公司将"1 亿元存款涉嫌被盗"事件向公安机关报案,公安机关接受审理并展开侦查。酒鬼酒称"由于案件正处于初步调查阶段,暂时无法估计此事项给公司造成重大损失的具体金额",承诺会对该案件的调查进展和结果向公众进行持续披露,以维护投资者利益。据酒鬼酒公司对外公布的财报显示,2013 年前三季度公司赚取的营业收入只有 1.03 亿元,与去年同期相比下降 81.2%;相应净利润亏损 1 037 万元,同比下降了 105.25%。经营业绩的持续惨淡让曾经风光无限好的这一白酒知名品牌无法向投资者交出满意的答卷,酒鬼酒公司的声誉危机进一步蔓延。由于子公司 1 亿元存款被盗,公司 2013 年前三季收入一下子化为乌有。酒鬼酒对此强调,"一是市场变化和政策调整造成公司营业收入大幅下降;二是'存款被盗'事件影响了净利润"。

2013 年 12 月 5 日,经公安机关调查核实,公告确认 1 亿元存款消失的始末。整个案件由两个犯罪嫌疑人主导,酒鬼酒供销公司曾与南京金亚尊酒业有限公司达成了一份销货合同协议,犯罪嫌疑人就利用该合同转取酒鬼酒子公司的 1 亿元存款,由于金额重大构成特大合同诈骗犯罪。一时间荒谬的存款丢失事件似乎有了合乎逻辑的始末,看似偶然的诈骗已被破解。该起事件时间表如表 2 所示。

**表 2　酒鬼酒存款被盗事件时间表**

| 时　　间 | 内　　容 |
| --- | --- |
| 2013 年 11 月 29 日 | 酒鬼酒名下子公司于中国银行的杭州华丰路支行开设了自身账户,2013 年 12 月在 9—12 日的 4 天时间内,共计存入金额 1 亿元 |
| 2013 年 12 月 10—13 日 | 犯罪嫌疑人通过银行柜台以酒鬼酒公司名义分 3 次转走了大概 1 亿元的存款金额,而酒鬼酒公司对于该情况却并不知情 |
| 2014 年 1 月 6 日 | 酒鬼酒供销公司发现自身储蓄账户金额出现了减少,剩余金额仅有 1 176.03 元。酒鬼酒于 1 月 10 日确认并向公安机关报案 |

(续表)

| 时　间 | 内　容 |
|---|---|
| 2014年1月28日 | 酒鬼酒公司发布了《重大事项公告》 |
| 2014年1月29日 | 酒鬼酒公司发布《2013年年度业绩亏损公告》,公告指出公司预计亏损6 800万—7 800万元 |
| 2014年2月26日 | 酒鬼酒公司发布《关于收到湖南证监局行政监管措施决定书的公告》,公司在存款被盗取的事件后并没有第一时间将此事向董事会报告,未及时进行信息披露,该行为不符合《上市公司信息披露管理办法》中具体第三十条的规定,证监会要求对其出具警告,并记入中国证监会诚信档案 |
| 2014年4月9日 | 酒鬼酒公司发布《2013年年度业绩预告修正公告》,表明截至具体公告日,公安机关已为其追回的资金总额为3 699万元,亏损减小,金额为3 500万—4 500万元 |
| 2015年11月23日 | 酒鬼酒供销公司向湖南湘西中级法院提起诉讼,要求华丰路支行及5名刑事案件被告人共同赔偿9 200余万元 |
| 2016年1月20日 | 湖南中级法院一审宣判6名被告构成金融凭证诈骗罪。至此,酒鬼酒仍有约5 900万元资金未被追回 |

2. 雪上加霜,还是欲盖弥彰

亿元存款蹊跷被盗引发市场广泛关注,对酒鬼酒子公司巨额资金被盗的质疑不断。许多网友调侃"作案方式真是天方夜谭",并对公司大额转账无须公章感到诧异。"亿元存款被盗"发生在2013年年底,对外声称一无所知的酒鬼酒公司在2014年1月初却发布公告称,"为满足公司正常的生产经营需要,从长远考虑,公司计划向银行申请贷款以补充企业流动资金,贷款金额高达5 000万元,该项决议已获董事会同意,并交由股东大会审批"。持有亿元现金存款的酒鬼酒仍需贷款5 000万元以维持经营,一时间引起外界对上市公司是否存在有意隐瞒众说纷纭。虽然公司对外声称正在缉拿犯罪嫌疑人,但公司对事件发生的确切时间、报案的具体时间,以及嫌疑人的信息等都未进行披露。未摆脱"塑化剂风波"影响的酒鬼酒股价,在存款被盗公之于众的第二天就重挫下跌4%。在这一年多来,曾市值154.6亿元的酒鬼酒公司已大幅缩水至37.53亿元,可谓令人大跌眼镜。

(三) 尾声

曾跻身高端白酒行列的酒鬼酒品牌,是曾也一时风靡市场、家喻户晓,凭借良好的品牌形象赢得过众多消费者的青睐。但塑化剂丑闻的东窗事发让这一文化名酒品牌深受重创,公司业绩滑入前所未有的低谷。经销商的退货、退款要求导致公司陷入资金链紧张的营运危机,消费者信任度的丧失造成公司市场份额的大幅缩减。尽管酒鬼酒公司两次向公众道歉并承诺加强管理、积极进行整改,仍然无法摆脱外界对公司的负面印象和质疑。

祸不单行,亿元存款不翼而飞,经有关部门调查,银行工作人员的印鉴公章均属合法。在此情况下,酒鬼酒开始采取放弃高端白酒定位的产品策略以稳住市场份额、保证营业利润,缓解营运危机,并在县乡级市场开拓市场,重新战略布局,尝试依靠中低端白酒市场获取盈利。

经过两年时间的调整和整改,2016年酒鬼酒计划重新拓展高端白酒市场。公司在60周年厂庆大会上对外宣布,"公司重新调整战略方向,决定重回高端白酒市场、定位战略单品推广,提高总代理和贴牌产品门槛,大量缩减贴牌产品数量,努力迈进白酒第一阵营"。还提出,公司将聚焦主导产品,将其推广至全国成为具有战略性和核心竞争力的单品。预计未来一年时间内,公司将逐渐放弃非核心单品的推广,缩减品牌数量,控制在80个左右。酒鬼酒董事长江国金还表示,"未来酒鬼酒将着力提高品牌价值,适应市场变化,建设优秀团队,完善内部机制,营造健康文化,力争实现'品牌、市场、人才、机制、文化'全方位重大突破,将公司发展成为迎合消费者需求的知名酒企,不断提高经营业绩、股东利益最大化的同时,结合白酒文化引导消费者需求,从而实现公司的可持续发展"。此外,公司将严格遵守"禁止有损品牌价值的行为,禁止干扰市场价格的行为"这两个原则,重新塑造酒鬼酒品牌的公众形象;通过三维互动式管理、四大业务难点重点突破、五项品牌战略强力举措和六大营销有效行动使公司重回白酒行业第一梯队。随着这些强有力的战略目标落到实处,"塑化剂风波"和"亿元存款离奇丢失"的迷雾似乎已经消散,酒鬼酒开始从"醉酒"中清醒。

## 三、问题讨论

(1)请分析酒鬼酒的先天条件。

(2)请分析酒鬼酒所处的优势和劣势、面临的机遇和挑战,明确酒鬼酒所在的市场环境。

(3)从酒鬼酒的经营方法中可以发现哪些隐藏的问题?

(4)酒鬼酒遭遇种种危机,有哪几方面的原因?

(5)针对这些经营中存在的问题,酒鬼酒应当采取什么应对措施?

## 参考文献

[1] 姜华山.白酒业回暖[J].企业观察家,2016(3).

[2] 唐敏.我国白酒行业之分析[J].商,2014(18).

[3] 龙成,黄平.市场环境剧变下白酒行业财务状况分析[J].商场现代化,2015(1).

[4] 马涛."醉倒"酒鬼酒[J].经理人,2015(4).

[5] 杨月洁.企业财务内控制度相关问题及对策——酒鬼酒事件的启示[J].中外企业家,2014(7).

[6] 姚凌云.基于COSO内部控制要素嵌入的企业组织控制模型研究[J].财会通讯,2011(6).

[7] 苏锡嘉.控制企业经营风险[J].经理人,2013(7).

(执笔人：韩颖；指导老师：陈可喜)

# 保定天威何故陷入破产境地

**适用课程：** 内部控制理论与实务　战略管理

**编写目的：** 本案例选取了保定天威进行分析，目的是为了使学生了解保定天威破产背后市场的风险信号，掌握企业投资决策时风险管理的概念与方法，思考企业应该如何降低风险，讨论债券持有人应对策略。

**知 识 点：** 风险管理

**关 键 词：** 破产　债务违约　盲目投资　风险管理

**案例摘要：** 2015年9月，保定天威发布公告称，集团及旗下3家子公司无力偿还到期债务，拟申请破产重整。保定天威破产重整意味着央企不败金身告破。回顾保定天威发展历程，没人能想到，5年之前还是收入过百亿、受资本市场热捧的企业，如今却成为首家债务违约的国有企业。

2015年9月18日，保定天威集团有限公司（以下称为"保定天威"）发布了一则破产公告《保定天威集团有限公司关于保定天威集团有限公司及部分子公司拟申请破产重整的公告》。公告称，因为全球经济增长缓慢、价格一直下降、新能源产能全面严重过剩等原因，从2011年开始，保定天威集团及部分下属新能源企业逐渐陷入经营危机和财务危机且日趋严重。根据破产重整需具有的相关条件，通过上级批准，天威集团及其相关子公司拟申请破产重整。

在河北省保定市，保定天威集团和当地名吃驴肉火烧一样出名。3条以"天威"命名的道路（天威东路、天威中路、天威西路）横贯城区，当地人都以在天威集团工作为荣。回首保定天威的发展之路，谁能想到昔日的新能源投资巨星，如今竟会落到破产重整的境地？谁能想到5年前还收入过百亿、受资本市场热捧的企业，如今竟成为首家债务违约的国有企业?

究竟是什么原因导致保定天威不堪重负?破产的背后又隐藏着怎样的故事?

## 一、公司简介

(一)保定天威

保定天威是兵器装备集团公司下属的全资子公司,于1958年创立,总部处于河北省保定市,前身是保定变压器厂,公司性质为地方国有企业。保定天威曾经是只有一种产品的变压器制造厂,经过自身多年的成长,发展成为拥有世界一流水平的输变电产业、新能源产业双主业和电工专用设备、纤维吊装带、变压器测试仪器等其他产业的国家重要的现代化高科技重大装备制造业企业集团。保定天威拥有15个控股子公司,员工上万人,是国家重大装备制造业骨干企业,河北省大型支柱性企业。其子公司保定天威保变电气股份有限公司(以下称为"保变电气")2001年在上海证券交易所上市,2008年1月天威集团通过资产重组并入中国兵器装备集团公司(以下称为"兵装集团"),是兵装集团新能源和装备制造产业的重要支柱,是兵装集团重点打造的新的增长极。保定天威、兵装集团、保变电气股权关系如图1所示。

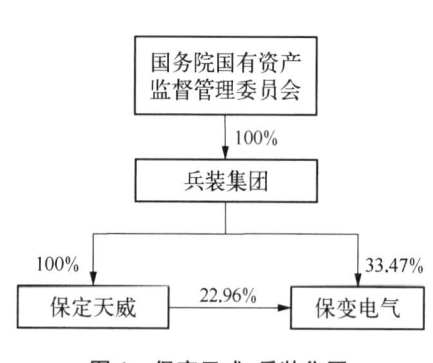

图 1 保定天威、兵装集团、保变电气股权关系图

(二)兵装集团

兵装集团还有一个名字是中国南方工业集团公司,两块牌子都属于一个公司,总部处于北京市。1999年7月1日,党中央、国务院、中央军委发布了关于深化国防科技工业体制改革的重大决策,按照该决策要求,在原中国兵器工业总公司的基础上改组创设了现在的兵装集团。兵装集团发展至今,已经成为由中央直接管理的特大型国有重要骨干企业、国家计划单列企业、中央企业,也是中国十大军工企业之一。主营行业有特种产品、车辆、新能源、装备制造等。兵装集团拥有中国长安汽车集团股份有限公司、保定天威集团有限公司、中国嘉陵工业股份有限责任公司、建设工业(集团)有限责任公司等40多家工业企业,拥有4家研究院所、3个研发中心,在全球30多个国家和地区建立了它的生产基地或营销机构,在世界100多个国家和地区都有其

产品销售。

在"世界500强"和"中国企业30强"企业名单中,兵装集团都榜上有名。在2012年,兵装集团在"中国企业50强"中位于第27位。在2016年7月,《财富》发布了"世界500强"排行榜,兵装集团在此榜中位列第102位。次月,在"2016中国企业500强"中,兵装集团的排名上升至第20位。

(三) 保变电气

1998年9月,保变电气创立,由保定天威作为主发起人,联合保定惠源咨询服务有限公司、河北宝硕集团有限公司、保定天鹅股份有限公司及乐凯胶片股份有限公司共同发起设立。保变电气于2001年9月成功上市。在保变电气刚上市的时候,其主营业务是生产与销售变压器、互感器与电抗器。2002年起,基于原材料上涨、行业竞争日益激烈、变压器价格下滑等不利因素,保变电气开始寻求跨行业发展,先后进军吊装带、光伏、橡胶、医药等产业。从2004年开始,公司投资光伏产业的力度开始加大,最后确定了发展战略为"双主业、双支持","积极开展新能源业务,构成输变电、新能源的双产业模式"。保变电气曾经作为我国变压器行业的领头羊,多台具有国际先进水平的变压器产品都是由它研发出来的,变压器单厂产量甚至曾经是世界第一名。

## 二、保定天威破产始末

(一) 盲目跟风——新能源投资

保定天威于2002年正式开始进军新能源行业,其标志是其与北京中新立业公司、保定英利集团有限公司共同出资建立了保定英利新能源有限公司(之后更名为保定天威英利新能源有限公司,以下称为"天威英利"),至此开始公司拉开了双主业经营的帷幕。保定天威主要控股或参股的新能源企业如表1所示。

表1 保定天威主要控股或参股的新能源企业

| 公司名称 | 首次投资年份 | 主要经营范围 | 首次投资出资额(万元) | 持股比例(%) |
|---|---|---|---|---|
| 保定天威英利能源有限公司 | 2002 | 硅太阳能电池及配套产品的研制、生产、销售,产品为硅片、太阳电池片、太阳电池组件、太阳能电源系统、光伏电站工程 | 15 577 | 2 |

(续表)

| 公司名称 | 首次投资年份 | 主要经营范围 | 首次投资出资额(万元) | 持股比例(%) |
|---|---|---|---|---|
| 四川新光硅业科技有限公司 | 2005 | 多晶硅、单晶硅、单晶切片、高纯金属等相关产品及其综合利用产品 | 10 000 | 35.66 |
| 保定天威风电科技有限公司 | 2006 | 风力发电机组和组件、配件的设计、研发、制造、销售及试验、检测、维修 | 25 000 | 100 |
| 西藏华冠科技有限公司 | 2007 | 太阳能产品及其他新能源产品、节能产品、环保产品 | 3 060 | 38.30 |
| 天威四川硅业有限公司 | 2007 | 生产、销售：多晶硅、单晶硅、单晶切片、多晶锭、多晶切片；太阳能电池、组件和系统；多晶硅副产物综合利用产品 | 24 097.5 | 51 |
| 乐山乐电天威硅业科技有限公司 | 2008 | 生产、销售及进出口多晶硅、单晶硅、单晶切片、多晶锭、多晶切片、太阳能 | 24 500 | 49 |
| 保定天威风电叶片有限公司 | 2008 | 风力发电机组叶片及其机械部件、玻璃钢制品的设计、研发、制造、销售、试验、检验、维修 | 39 000 | 100 |
| 美国 Hoku 科技公司 | 2008 | 生产、销售及进出口多晶硅、单晶硅、单晶切片、多晶切片 | 10 000(美元) | 60 |
| 保定天威薄膜光伏有限公司 | 2008 | 薄膜太阳能电池及配套产品的研制、生产、销售、安装与服务 | 35 000 | 97.22 |
| 天威新能源（长春）有限公司 | 2010 | 风力发电机组和组件、配件的设计、研发、销售及试验、检测、维修 | 4 960.16 | 100 |
| 澳中能源开发有限公司 | 2011 | 澳大利亚风电场、太阳能发电站项目的建设与运营 | 817.737 5 | 12.5 |

从这时开始，通过参股、控股等方式，保定天威继续成立了四川硅业、保定天威风电科技有限公司、西藏华冠科技有限公司等多家新能源公司，希望打造光伏和风电全产业链。光伏产业包括硅原料、电池、设备、组件等，而风电产业包括建设风电组件和风电厂等，这两个产业都有较长的产业链，保定天威必须要拥有充足资金才能实现做大做强的愿望，这样过长的战线导致了其极高的负债率。此外，保定天威的子公司并没有很好地进行产业整合，规模优势并不显著。

一开始刚进入晶硅领域时，不能说保定天威只是一时头脑发热去投资新能源，因为不管是投资新光硅业或是天威英利，保定天威一度均赚得盆满钵满——2007—2008 年间，仅这两笔投资就占到公司当年利润的 60%，从地方到兵装集团也认定找到了"甜点区"（网球击球最适合的点，一般是球拍中心，只有从这个点击出的球最好，最不容易发生失误，最好控制），而找到这个点之后，就要思考怎样使挥臂速率增加,将"球"死死地砸在利润的压线区。

随着身份的变化,保定天威和天威保变大幅加快了对光伏领域的全产业链渗透。从 2008 年开始,保定天威在 3 年多时间里连续上马了 21 个针对新能源的固定资产投资项目。而在这其中,其追加了对四川新津、乐山地区工厂的投资,除此之外,它还收购了美国著名的多晶硅制造商 Hoku 公司 60% 的股权,是以订货款转为股票和权证方式,这次收购动作以当时账面价值判断,保定天威方面在刚开始的阶段就支出了 1 亿美元。2009 年 8 月,光伏产业在国务院常务会议中被列为中央政府的产能过剩"黑名单",因为风电、多晶硅等众多新兴产业出现了重复建设倾向;此外,工信部也提出,太阳能、风能等新兴产业也存在重复建设、无序上马等严重问题。

保定天威于 2010 年一年购建的固定资产、无形资产和其他长期资产所支付的现金竟然达到 42.4 亿元,为历史最高点,同时这也使得公司的借款规模越来越大。之后,由媒体曝光的相关信息中得知,兵装集团和保定天威 20 个没有履行董事会审议等法定程序的项目所牵涉的金额高达 152.75 亿元。自 2005 年开始就在大力推行企业法律顾问制度、强调"不搞豆腐渣工程"的央企,对如此大规模、大手笔、长耗时的投入,却显得毫不知情,真的让人无法想象。

实话说,在 2011 年就已经敲响了保定天威的丧钟。随着光伏产业开始陷入衰退,保定天威当年营业收入下降了 29.93%,净利润下降了 94.32%,仅仅是新能源行业就损失了 1.21 亿元。幸运的是,当地政府一直很乐意补贴本地的国有企业,而 2 亿元的补贴暂时覆盖了一切,哪怕是地方政府这时早已明白:保定天威这件华丽袍子里面恐怕已经爬满了虱子。

2012 年底,董事长丁强离开了保定天威,成为兵装集团的总经理助理,董其宏正式接受了保定天威的邀请。对于董其宏来说,在可预见的未来,他的工作重心将是保留上市公司的壳资源,同时处理不良资产。3 年后,他以负债 10 亿美元的 Hoku 公司宣布破产、注册资本为 9.45 亿元的天威硅业宣告破产等为代价,做到了他当时所承诺的事情。

(二)破产之路——债务泥潭越陷越深

在迅猛投资之后只留下一地鸡毛,除了计提减值、逐渐剥离资产的负担之外,已经没有其他方式挽救公司。2014 年 7 月,保定天威债务水平被降级为"负"。为了保留上市主体,由保定天威向兵装集团非公开发行了 1.61 亿股股票,兵装集团终于成为保定天威第一大股东。与此同时,在以 3.89 亿美元的价格向兵装集团出售天威英利7％股份的情况下,保定天威所持有的兵装集团财务公司10％的股份被转移到南方资产公司,价格为2.55亿元。通过多个输血和转移资产,其结果是保定天威"脱帽",同时被直接爆料称其存在数十亿元的亏损濒临破产。

保定天威发布于2015年4月13日的公告称,2015年3月26日,农业银行保定分行扣划公司银行账户的资金,以抵消公司在农行遗留的一部分债务。这部分资金的扣划直接导致保定天威的资金短缺。4月15日,保定天威发布了一份关于11天威MTN2付息不确定特别风险预警通知。4月17日,保定天威的联合资信评级从BB降至B。

2015年4月21日,保定天威发布公告称,保定天威2011年度第二期中期票据应于2015年4月21日兑付利息,因为天威集团的巨额亏损未能兑付。保定天威的正式违约是债券市场上首次出现此类债券违约,同时也是第一只银行间公开发行债券发生违约。8月14日,保定天威发布公告宣布参与诉讼的资产已被数家债权人关闭,部分案件已进入强制执行阶段,暂时没有重大资产被强制执行,公司尚未形成有效的还款计划,公告中没有实质性的未来偿债安排。9月18日,保定天威发布公告,集团及其部分子公司计划申请破产重整。

(三)违约根源——成也兵装集团,败也兵装集团

保定天威最终违约的真正根源在于,兵装集团作为其唯一的外部支持力量抛弃了保定天威,并放弃得非常果断。梳理这其中的前因后果,有一个很重要的标志,就是原保定天威董事长丁强的职务变迁和董事长人选的变动。

1. 2007年之前:兵装集团入主,源于保定天威新能源业务

保定天威原本视输变电业务为主要业务,而这一块业务主要在上市子公司保变电气上,后来在董事长丁强带领下进入新能源行业。首先,2002年入股天威英利,丁强担任天威英利董事长;于2004年取得天威英利控股权。从2005年开始,保变电气独立发展新能源业务,当时新能源产业正旺,2006年,又对大规模多晶硅和风电项目进行布局。但也是在2006年,天威英利的另一个大股东英利绿色能源(YGE)增加了几次实现绝对控股的资本,在此过程中保变电气放弃股票期权,仅通过一次利润分配转增股本,之外不做任何资本增加。2006年8月天威英利不再并入保定天威合并报表,但直至2012年,丁强仍然担任天威英利法定代表人。从保定天威对天威英利的态度可以看出,保定天威在2006年开始独立发展新能源业务,2007年因其新能源业务赢得了兵装集团青睐,当年由保定国资委无偿转让给兵装集团。

2. 2007—2011年：新能源蜜月期，保定天威备受重视

2007年兵装集团参股之后，在几年之内兵装集团为保定天威投资数百亿元，建立了10多个新能源企业，完成了太阳能和风能产业链布局，保定天威资产规模和盈利能力大幅提升，直到2011年，这一时期是兵装集团和保定天威的蜜月期。从2008年3月开始，保定天威原董事长丁强担任兵装集团总经理助理和保定天威副董事长、总经理，兵装集团派其集团副总经理李守武担任保定天威的董事长，保定天威的这一任命，显示了兵装集团对保定天威集团的高度重视。

3. 2011—2012年：业绩急转直下，兵装集团频换领导

然而，蜜月期很快就走到了尽头。2011年第二季度，保定天威的营业利润突然从一季度的季度收益2.2亿元转为第二季度的亏损0.7亿元，利润损失持续扩大，2011年净利润亏损，然后再没有盈利。2011年8月保定天威宣布，从2011年5月开始，保定天威董事长变为周舰，丁强则继续担任保定天威副董事长和总经理，从领导的变化来看，兵装集团还对保定天威存有一丝希望。但随着2012年保定天威进一步亏损，2012年12月兵装集团又进行了进一步调整，领导层再次更换保定天威董事长，新任董事长董其宏曾任兵装集团审计与风险部主任，丁强不再担任保定天威的总经理，保留其兵装集团总经理助理的职务。此外，丁强在2012年不再担任天威英利董事长。从此，军装集团对保定天威失去了信心，从董其宏的任职审计中看，兵装集团开始考虑保定天威的后路问题。

4. 2013—2015年：上市平台转让，资产置换，天威集团终被弃

2013年9月，保定天威董事长由兵装集团财务部主任邓腾江担任，邓腾江的履职显示出兵装集团正式开始对保定天威的投资进行清算，主要分为3个步骤：第一步，控制上市公司保变电气。2013年6月，保定天威将保变电气25.64%股权转让给兵装集团，而在2011—2013年间，保定天威已经将25.64%的股权质押给兵装集团，因此当时保定天威已经无法控制保变电气的相关经营。第二步，置换保定天威的优质资产。2013年10月，保定天威将其输变电业务和一些土地、房子的所有权以及商标、专利等与保变电气进行了置换，保定天威不仅承担了巨大的损失，同时承接了部分问题债务。第三步，兵装集团冻结了保定天威的资产。保定天威在2013年底将部分资产质押给兵装集团，2014年开始，兵装集团开始要求其提前偿还债务，并对保定天威进行资产冻结和财产保全的相关申请。保定天威在这一过程中失去了所有外部融资渠道；而兵装集团主要通过这3个步骤转移了保定天威的优质资产，并获得了剩余资产

的第一轮处置收益权,从而完成了对保定天威的清算。

## 三、尾声：保定天威——被抛弃的"笨小孩"

对于保定天威的破产,兵装集团表示理解和支持对保定天威依法进行破产重整。兵装集团甚至还一度表示,如果保定天威不能尽快进入破产程序,为了维护国有资产的安全性和完整性,兵装集团将启动强制执行程序。实际上,兵装集团在坚决削减新能源业务后,转而积极支持电力输变电行业的振兴。兵装集团公开承诺,在作为保变电气实际控制人的时间限制内,保变电气是兵装集团唯一的输变电业务平台,通过资产重组、资本注入继续支持保变电气输变电业务的发展。兵装集团这种"弃帅保车"的做法十分罕见,保变电气勉强存活下来,而保定天威像个被抛弃的"笨小孩"进入了破产重整。

无独有偶,在2015年4月11日,美国最著名的电气公司通用电气(GE)宣布,在未来两年内将削减3 630亿美元的金融业务,重返高端制造业。通用电气首席执行官杰弗里·伊梅尔特表示,未来将"专注于打造竞争优势"。据报道,金融业务利润占通用电气总利润的一半,而未来的制造利润将增加到90%。很多制造业企业开始慢慢地回归到制造业的主营业务上来,是殊途同归吗?保变电气是否真与公告所说的那样,完全不受保定天威破产重组的影响呢?我们拭目以待。

## 参考文献

[1] 王娴.天威集团债券违约案例分析[D].石河子：石河子大学,2017.

[2] 陈玉博,余来冬,王宇斯.国企债券违约的影响[J].中国金融,2016(24).

[3] 曹佳培.相同行业企业应避免"一窝蜂"式扩张——天威保变13年巨亏分析[J].财经界,2015(11).

[4] 张嘉洋.保变电气财务风险控制案例研究[D].北京：财政部财政科学研究所,2015.

[5] 赵洋.市场对首只国企债券违约为何并不担忧[J].中国金融家,2015(5).

[6] 王东.天威保变战略转型后财务危机的研究[D].哈尔滨：哈尔滨商业大学,2015.

［7］袁志辉.中国兵器装备旗下保定天威发生债券利息违约首例国企债违约是打破刚性兑付的里程碑不应让企业债的无风险收益高于国债[J].中国经济周刊,2015(16).

［8］曹鸿宇,刘欣雨,李慷,黄娇玲.产业集群视角下的大型国有企业发展路径选择——以保定天威集团为例[J].中国市场,2014(46).

［9］曹沂.*ST天威投资决策中的"跟风"行为研究[D].呼和浩特:内蒙古大学,2014.

(执笔人:黄源源;指导老师:陈可喜)

# 光明食品集团的海外扩张之路

**适用课程：** 内部控制理论与实务　财务管理理论与实务

**编写目的：** 本案例选取了光明食品并购优诺和维多麦的案例进行分析，目的在于使学生对企业并购的动因、相关投资风险以及并购整合失败与成功的关键因素等问题具有感性的认识和深入的思考，并且能够从企业战略角度和国际环境两个方面讨论问题，提出解决方案。

**知 识 点：** 并购整合

**关 键 词：** 并购　排他性谈判　企业战略

**案例摘要：** 光明集团在开始走向国际化道路后，就将跨国并购作为集团的一个战略目标，并制定了一系列并购计划。但是并购的道路并不顺利，在经历3次并购失败后，本应胜券在握的优诺并购案也以失败告终。可是光明集团没有停下并购的脚步，最终成功并购英国维多麦。

　　2012年11月5日的晚上，光明食品（集团）有限公司（以下称为"光明食品集团"）宣布完成了对英国维多麦公司的并购。这起中国食品行业最大的海外并购项目的成功使得光明食品集团的国际化道路似乎顺利起来，但在这之前光明食品集团在这条路上也遇到了许多障碍。光明食品集团在2011年3月向外界宣布，法国优诺已经和美国通用磨坊达成一致进行合作，这意味着光明食品集团竞购优诺失败，这次失败已经是其海外收购的第四次失败。而一年后光明食品集团再次开始新的并购，是什么让它再次选择这条艰辛的海外并购之路？那么这次能够成功的主要原因又有哪些呢？

## 一、公司介绍

### (一)光明食品集团

光明食品集团成立于2006年8月8日。出资企业包括上海益民食品一厂(集团)有限公司、上海农工商(集团)有限公司、上海市糖业烟酒(集团)有限公司、锦江国际(集团)有限公司。光明食品集团定位为现代都市产业集团,食品产业链是其发展的核心,集团业务主要由现代农业、食品制造业和连锁商贸业组成,其中食品生产占据重要地位,产品包括乳制品、糖、酒、休闲食品和罐头食品。集团拥有千余家多种类型的经销网点、电子商务公司和品牌代理企业。集团旗下主要有上市公司如光明乳业、金枫酒业等,同时还拥有5个国家级农业产业化龙头企业和10个上海市级农业产业化龙头企业。

早在2008年,光明食品集团就开始走向国际化道路,将跨国并购作为集团的一个战略目标,并制定了一系列并购计划。2010年,副总裁葛俊杰为光明食品集团的国际化提出了一个集团两年奋斗目标,即到2012年,将光明食品集团建设成在国内属于一流企业、在国际上具有强竞争力的综合性食品集团,到2012年保证销售收入达到800亿元,力争900亿元。这一奋斗目标的实现,离不开在全球范围内展开收购兼并。事实证明,光明在2012年总资产达到900亿元,营业收入规模达到1393亿元,这与光明坚定地走国际化道路息息相关。

光明食品集团属于典型的国有企业,根据2011年上海市国资委文件[①],上海市城市建设投资开发总公司无偿取得原上海国有资产经营有限公司、上海国际集团有限公司等5家公司持有的光明股权,光明的实际控制人变为上海市国资委。截至2013年3月底,光明的股权分布如下:上海市国资委持有50.43%,上海大盛资产有限公司持有20.41%,上海市城市建设投资开发有限公司持有29.16%。

### (二)优诺(Yoplait)

优诺是一家深受消费者喜爱的法国酸奶品牌,1964年,10万名法国农民合并其区域的奶牛合作社,并在全国范围内销售产品。1965年,"优诺"由"约拉"合作社和"Coplait"合作社共同组成。优诺的股份分布比较简单,股东为法国著名私募基金PAI Partners和奶制品合作社Sodiaal集团,两家各占优诺一半的股份。PAI Partners

---

① 上海市国资委产权〔2011〕444号文。

于 1872 年开始运营,作为一家业内知名的私募公司,在世界多地均设立了分公司,主要包括巴黎、伦敦、马德里、慕尼黑等。该公司擅长所有权运作方案方面,为客户收购基金制定方案。Sodiaal 则在法国市场影响很大,拥有 1/5 以上的市场份额,总部位于巴黎,主要产品包括奶酪、液态奶、奶粉、黄油等。优诺这一酸奶品牌在欧美市场长久以来广受认可,它浓厚的口感以及高品质的原料都使得它在市场中与其他品牌有很大区分度。而在作为新兴市场的中国,优诺很有发展前景,这使得它被列入收购目标。

(三)维多麦食品公司

维多麦食品公司(以下称为"维多麦")作为一家英国较大的谷类食物制造商,该品牌的生产历史要追溯到 1932 年,如今它已经在谷物类食品行业中遥遥领先,同时获得了最受消费者信任并且喜爱的品牌称号。公司总部设在英国的北安普敦郡。旗下包括多种产品,包括 Weetabix、Weetos、Oatibix 和 Alpen 等品牌,这中间最有影响力的当属 Weetabix。目前 Weetabix 向全球许多国家出口谷物类食品,特别是欧美市场。

2003 年,维多麦出现经营危机,最终被狮王资本(Lion Captial)收购其股权,这次收购共花费 6.42 亿英镑。被 Lion Captial 控股的维多麦走出困境,销售额和利润逐步提升,每年的销售额均超过 1.78 亿美元。2010 年实现了约 4.5 亿英镑的销售收入和 2 040 万英镑的税前利润。2011 年销售收入更是高达 4.64 亿英镑,税前利润增长到了 1.2 亿英镑,实现了快速增长。

2008 年世界金融危机的影响尚未平息,这时的欧债危机却越演越烈,在经济萧条的影响下,维多麦在英国市场的份额很难再增长。2011 年尝试通过代理商 Sinodis 进入中国市场,进驻中国高端超市,但是效果并不理想。此时在这种压力下,Lion Captial 并不能再带领维多麦持续地走向辉煌,维多麦急需一个食品行业协同者与之合作。

## 二、案例概况

(一)光明食品集团收购优诺

2010 年 9 月,优诺集团内部发生变动,持有优诺 50% 股权的 PAI Partners 将要出售持有的股权,同时聘请银行助其物色买家。竞购要约估计将在 2011 年 1 月收到,并于同年 3 月按照 PAI Partners 的要约要求着手筛选买家。2010 年底,光明食品集团得到了出售股权的消息,但时间紧迫,离第一轮报价结束只有两个月。

1. 首轮竞标

在2011年2月3日光明食品集团给出了首轮非约束性报价,17.5亿欧元的巨额是对优诺股权的总估价,这个报价也是当时所有买方中的最高价。同时还提供了一份详尽的商业计划,包括产品设计、市场营销、奶源产地、生产工艺、研发费用等方面内容。这次的收购形式为股权收购,若收购成功,光明将成为优诺的股东,PAI Partners通过股权转让的方式,将所持股份让与光明,融资则以普通股融资方式为主。

因为优诺的品牌效应,许多大企业都来势汹汹。如国际化程度最高的企业之一的雀巢公司,因为雀巢的数百余家工厂遍布在世界各地,外国市场每年的销售额占近九成,这一优势恰好与优诺走向世界的发展需要相契合。又如"世界五百强"企业之一的美国通用磨坊,也是一家以食品为主营业务的国际化大公司,它很占优势的一点是,作为优诺的特许经营商,每年美国市场会贡献约18亿欧元,占全球48%的销售额,使美国成为优诺最大的市场。此外,法国的本土企业拉克塔利斯也被优诺吸引,作为一家奶制品生产厂商,它也是世界最大的奶酪生产企业之一。它利用身为法国本土企业的优势,通过宣传保护民族品牌,不断说服法国媒体和法国当地政府机构,成为法国政府认为的最佳收购方,由此向优诺出售股权的行为施加压力。

2. 第二轮竞标

2月28日光明食品集团得到正式通知,确认光明获得了第二轮竞标的资格。这次并购特殊的地方在于并不是排他性谈判这种传统形式,而是通过竞标的形式展开。这时光明食品集团收购案在法国当局态度以及媒体舆论上遇到了麻烦,为了缓解法国人民产生的民族品牌保护情结,同时弥补自身缺乏经验的不足,光明食品集团组建了专门的项目小组,于3月7日前往法国开展公关工作。通过与法国媒体互动、拜访工厂当地的议员,并与PAI Partners、优诺集团和Sodiaal的高层进行了洽谈,一定程度上光明集团的形象在法国政府及媒体中有了好转。

由于这次各个买方背后的顾问团队都精英荟萃,聚集了包括摩根士丹利、罗斯柴尔德等在内的世界著名投行。与对手相比,光明食品集团只能算是个新手。为了弥补不足,光明组建的专门项目小组中包含了一支顾问团队,2011年3月来自荷兰合作银行、律师事务所、普华永道、CLAI等的专业人士开始进行调查工作。

3. 最终结果

Sodiaal持有优诺50%的股权,在收购案中很有话语权。在召开董事会会议的前一天,Sodiaal董事长还会见了光明食品集团财务总监曹晓风。"Sodiaal突然打破之前谈好的合作模式,即光明食品集团占51%、Sodiaal占49%,而是提出了一个新方案,双方各占50%的股权。"曹晓风表示。在会谈后,经过讨论协商,光明决定接受Sodiaal的新方案,但光明食品集团也向Sodiaal提出要求,为了保证光明食品集团在企业中的决定权,需要拥有企业首席执行官的任命权,以及一票决定权,这主要是针对企业的经营规划和年度预算。对于光明食品集团的要求,Sodiaal当时接受了。谁能想到Sodiaal很快就变卦了,在第二天董事会会议上Sodiaal选择了通用磨坊。根据通用磨坊与PAI Partners以及Sodiaal达成的收购协议,PAI Partners全面退出优诺集团,通用磨坊和Sodiaal各掌握优诺51%和49%的股权。

(二) 光明食品集团收购维多麦

2003年维他麦被Lion Capital接手后,利润逐年上涨。Lion Capital在持股多年后已经获得了充分的投资回报,2011年9月,其准备出售股权谋求退出。

1. 首轮竞标

为了实现国际化战略的目标,光明食品集团一直在找寻优秀、合适的合作伙伴。在对维多麦的经营状况有了具体了解后,光明与Lion Capital进行了初步接触,这之后没过多久双方就敲定了并购方式,决定通过排他性谈判来进行。一位光明食品集团谈判团队的核心人士接受采访时表示,Lion Capital不是只看重回报的基金,而是为维他麦规划了一条战略道路以保证其能长久发展。正是因为Lion Capital与光明食品集团有相似的战略愿景和战略理念,光明希望在维他麦的后续经营中,Lion Capital能够继续参与其中。

但是很多业内观察者却对光明食品集团这桩收购案并不看好,主要因为维他麦高达75%的负债率,即此时的维他麦拥有资产12亿英镑以及9亿英镑的负债。但是光明参与并购的核心人士表示,这正是此桩收购的亮点所在,因为公司业绩不佳并不是维他麦负债过多的原因,它的大量负债是Lion Capital故意为之,其目的可能在于避税。

维他麦公司财务报告显示,在9亿英镑的负债中"股东借贷"就占据4亿英镑,而且很不合理的是贷款利率为9%。业内人士认为在欧洲经济下行的处境下,如果其有资金上的需求,可以以2%—4%的贷款利率轻易获得贷款。所以光明认定维他麦的贷款利率达到9%是Lion Capital的一种财务手段,通过这种方法降低利润来规避英国的高额税率。

光明食品集团的收购不仅不会因为维他麦的巨额负债而放弃,反而会在收购后支持维他麦更有力地增长。如果光明完成收购,这4亿英镑的借贷利率可以通过银行置换负债的办法,降低至市场化水平,2%—4%的银行贷款利率光明食品集团在金融市场上就可以取得,这样来算每年就有2 400万英镑的盈利入账。

2. 排他性谈判

2012年5月3日,光明食品集团与Lion Capital共同对外宣布,通过协商,光明食品集团将收购维他麦60%的股份,估计的收购价格为12亿英镑,约合122亿元人民币。Lion Capital仍然持有余下40%的股份,同时Lion Capital也会将维他麦之前的部分团队交给光明食品集团以帮助其进行企业管理,这体现了光明食品集团对Lion Capital的肯定。等到2014年Lion Capital则会开始还本付息程序,到时候光明将有两个选择,其一是将Lion Capital手中40%的股份直接全部纳入囊中,另外则是和Lion Capital一起准备维他麦在香港IPO。

而这次光明食品集团也吸取了之前的经验,组成了一个成熟的顾问团队。中外多家银行共同参与,其中包括中资的国家开发银行、中国银行等,以及外资的渣打银行、巴克莱银行、汇丰银行等。光明食品集团这次贷款方式也很独特,为没有指定牵头银行的"俱乐部融资"方式,这样所有银行都可以参与,不论银行大小都没有差别,所以此次利率低于普通的融资渠道。

但是跨国并购还有一个不能忽视的问题就是养老金,因为两国的社会保障体系不同。过去的英国员工并非缴纳养老保险再通过社保体系发放退休金,而是根据英国法律,将钱交给企业,这样就会形成一个资金池。而这笔由养老金构成的巨额资金则交给金融中介来代为保管,托管人需要对这笔钱进行投资管理,比如购买一定量的国债或者投资股票和房地产。通过3年做1次精算,将资金池中的钱数和退休人员数目进行核算,假如达不到退休金数额,则企业就会拿出经营利润对资金进行弥补。

随着金融危机和欧债危机的到来,整个欧洲的国债市场都陷入低迷,英国国债也不例外,所以光明和Lion Capital的争执点集中在企业养老金是不是真正存在缺口。Lion Capital根据国际会计准则为光明食品集团计算了维他麦的养老金,结果显示有1 800万英镑的养老金盈余,但是德勤会计师事务所做的计算结果表明有巨额养老金缺口,数额不少于1.5亿英镑。这不是光明食品集团第一次在养老金上吃亏了,此前曾在此问题上由于双方无法达成一致,导致收购美国联合饼干失败。所以在本次双方博弈中,光明财务总监曹晓风表示,养老金这个巨额缺口是在Lion Capital经营期间造成的,当它要全身而退时,必须在养老金问题上给光明食品集团这个买方一次性的补偿。

因为双方在养老金问题上反复博弈一直无法谈拢,导致谈判一度停滞不前。由于国债利率较低,而且50%的养老金会用来购买国债,最后双方决定Lion Capital先拿出3 000万英镑补偿款给光明。曹晓风事后表示,鉴于那时的英国国债利率处于非常低迷的阶段,触底反升的概率很大,同时养老金缺口也不需要一年内就补足,所以光明接受了Lion Capital的补偿条件。

3. 最终结果

2012年11月7日,光明食品集团并购维多麦获得成功。此次光明收购了维多麦60%的股权,部分债务需要光明食品集团承担,最终对价近6.8亿英镑约合68亿元人民币。在此次并购维他麦的过程中,光明食品集团吸取了前几次并购英国联合饼干失败等的经验教训,尽量保持低调,不让其细节曝光于媒体,减少了外界的干扰。

4. 后续发展

根据维多麦2016年的财报显示,其总销售收入同比下降1.6%,利润减少至8 460万英镑。尽管光明一直致力于推广谷物食品,但是中国市场一直反应平淡,最终光明食品集团食品还是放弃了维多麦。2017年4月18日,光明食品集团同意以14亿美元将持有的维多麦60%股权出售给美国Post Holdings公司。

## 三、尾声

收购维多麦曾被誉为"中国食品行业交易对价最大的一桩海外并购",但是几年后维多麦依旧没能逃过被出售的命运。所以收购的成功并不是结束而是新的开始,能否顺利完成企业整合,是否对潜在的风险进行有效控制从而取得卓有成效的收益,都非常值得我们关注,因为只有保持盈利和平稳发展,收购案才能算得上成功。

## 四、问题讨论

(1) 光明食品集团进行并购时要考虑的宏观因素有哪些?

(2) 光明食品集团并购优诺和维多麦的结果完全不同,原因是什么?

(3) 光明食品集团最终出售维多麦受哪些因素影响?

## 参考文献

[1] 黄淑慧.光明17.5亿欧元收购优诺泡汤[EB/OL].(2011-03-22).http://finance.sina.com.cn/stock/t/20110322/01379569474.shtml.

[2] 张娟娟.美巨头"独食"法国优诺 光明再铩羽[EB/OL].(2011-03-22).http://finance.ifeng.com/roll/20110322/3714842.shtml.

[3] 周琳,魏宗凯.食品巨头用资本换资源 光明68亿并购英国维多麦[EB/OL].(2012-11-07).http://finance.qq.com/a/20121107/002256.htm.

[4] 薛羽.光明：海外并购之殇[J].国际品牌观察,2011(5).

[5] 范博宏,顾亦玮.实力说话：光明食品的海外并购路[J].新财富,2013(6).

[6] 刘晓翠.光明并购维多麦交出首份成绩单[J].上海国资,2013(9).

（执笔人：王嘉昕；指导老师：陈可喜）

# 管理层权力到底有多重要?

**适用课程：** 公司治理　内部控制理论与实务

**编写目的：** 在现代公司治理结构模式中，管理层权力对企业的影响日趋增加，根据委托代理理论和信息不对称理论，高级管理人员作为公司信息的一手接触者，掌握着企业生存和未来发展的命脉。但是随着企业经营的复杂化，公司治理情况的变化使管理人员和中小股东之间也产生了代理冲突问题。通过本案例，希望能够引发学生对企业管理层权力以及中小股东权力冲突问题的重视，思考如何更好地优化公司治理结构模式。

**知 识 点：** 管理层权力　信息不对称理论　委托代理问题

**关 键 词：** 管理层权力　代理冲突　信息不对称

**案例摘要：** 在格力电器的发展历程中，格力电器的前任董事长董明珠从最初的只参与格力电器的经营，发展到拥有大量企业股份，从中可以看出管理层权力演变的整个过程。本案例通过对格力电器管理层权力的演变过程的分析，展现出现代上市公司管理层权力逐渐演变的整个过程及其显著特征，并通过对管理层权力实质的探讨，指出了企业优化公司治理结构模式的必要性。

## 一、珠海格力电器有限公司背景介绍

珠海格力电器股份有限公司(以下称为"格力电器")成立于1991年，1996年11月在深圳证券交易所上市。1994年遭遇经营危机，1995年即实现空调产销量全国第一。1997年于湖北武汉成立首家区域性销售公司,首创区域性销售经营模式。2001年6月在巴西投产2 000万美元,正式迈入国际化的道路。2003年拥有了全球最大的专业化空调生产基地,投资共达7亿元,厂房面积达20万平方米。2004年为完善产品配套产业链,完成了对格力集团旗下的凌达压缩机、新元电子等子公司的收购,进一步增加了行业核心竞争能力,为实现全国家电销售冠军打下了坚实的基础。2005年11月开始加大研发投入,第一件知名研发产品就是超低温热泵数码多联机组,为全球首创。同年12月格力空调全球产销量超过1 000万台。2011年先后研发出全球首条碳氢制冷剂以及首台高效直流变频离心机组,研发能力国际领先。2012年年报数据显示,公司全年营业总收入超过1 000亿元,净利润超73亿元,成为中国家电行业上市公司营收突破千亿元的第一家。次年,格力电器又实现了净利润、纳税额双双过百亿元的家电企业神话。2015年,"全球500强"企业名单首次出现了格力电器的名字,居第385位,排行家电类第一,2016年,又上升至前200名,排行第154位,上升速度之快令人惊讶。

## 二、格力电器股权结构演变

上市初期,格力电器第一大股东为珠海格力集团有限公司[珠海市国有资产监督管理委员会(以下称为"珠海市国资委")100%控股]对其直接及间接控股共计69%,2005年按比例对其直接控股50.28%,间接控股7.54%,共计57.82%,股权架构如图1所示(具体数值见本案例附录1)。

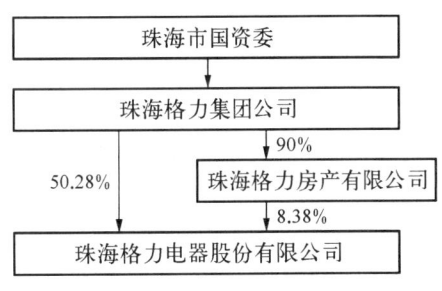

图1 2005年格力集团股份架构图

2006年,通过实施三阶段股权激励、增发新股以及引入战略投资者等后,格力电器渐进式地实现了股权多元化。2007年,河北京海投资担保有限公司(主要由格力经销商所组成)通过受让格力集团转让的9.65%股份成为格力的第二大股东(见本案例附录2)。

2014年2月,珠海市国资委公开挂牌转让其拥有的格力电器不超过49%的股权,同时转让持有的格力地产等其他相关股份,股权架构如图2所示。至此,格力集团的股东体系正式引进战略投资者,珠海市国资委对格力电器的股权控制也进一步削弱。

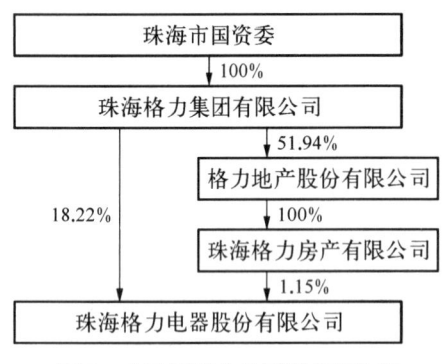

图 2 企改后格力集团股权架构图

截至 2016 年 9 月,格力电器排名前五的控股股东分别为珠海格力集团有限公司、河北京海投资担保有限公司、中国证券金融股份有限公司、UBS AG(瑞士联合银行股份有限公司)、中央汇金资产管理有限责任公司,占股比例分别为 18.22%、8.9%、2.85%、1.78%、1.40%,股权结构高度分散(股东详细名称见本案例附录 3)。

格力电器股权分置改革的结果,使格力经销商组成的河北京海投资担保有限公司成为格力电器的第二大控制人,不仅影响了格力电器的生产经营,在利益相关以外更是形成了话语权的平衡力量,身为大股东的珠海市国资委在格力的话语权逐渐受到制约,逐步脱离了格力电器的生产管理过程。

此外,在股权高度分散的治理结构下,中小股东也掌握了更多的话语权和决策权。2012 年格力电器进行的董事长选举,中小股东便利用了自己的投票权,反对珠海市国资委提名的董事长候选人周少强进入格力电器的权力体系,完全架空了珠海市国资委的预设控制力量。大股东权益的被制约,也使得管理层在管理过程中缺少了很多控制因素,使得管理层权力进一步膨胀成为可能。

2016 年,格力电器收购珠海银隆进一步引发了管理控制权的变化。

2016 年 3 月,格力电器宣布公司正在筹划以发行股票为主的投资收购活动,而投资收购对象——珠海银隆,主要从事电动汽车电池与充电设备的新技术研发活动以及核心部件与整车的制造销售;8 月,格力电器发布具体相关信息,宣布将以 130 亿元的交易价格将珠海银隆收购为其全资子公司;8 月 18 日晚,深交所的公告栏被格力电器不断刷新,陆续发布了数十条公告,其中具体包括以 130 亿元溢价收购珠海银隆 100% 股权、定向增发股票数额为 100 亿元、进一步完善员工持股计划、披露公司半年报以及数份审核评估报告等相关信息。

事实上,珠海银隆的审计报告中的数字明确显示,130 亿元的收购价格不仅约为其当日净资产的 28 倍,还是其估值的 2 倍之多;账面上拥有 1 000 多亿元的货币资金却仍然选择总额高达 230 亿元的增发;员工持股计划的对象主体也有明确的范围,以董明珠为首的 8 名高管认购比例达到 44.2%,持股锁定期为 3 年,认购价格远低于格力电器股票的市场交易价格,仅为 19 元/股,其中董明珠一人就增持了 6 015 万股,增持比例更是达到39.5%,该增持完成后,董明珠持股比例达到1.3%,将成为格力的第四大股东,个人话语权仅次于格力集团。

2016年10月下旬,董明珠辞去格力集团董事长一职,10月28日,以董明珠为首的格力电器董事会提出的收购珠海银隆以及定向增发等议案,在股东大会进行表决时遭到了大多数中小股东的集体投票否决。面对这一结果,董明珠在股东大会上大动肝火:"两年给你们分了180亿,你去看看哪个企业给你们这么多?格力人从1个亿、从1%利润都没有甚至亏损的企业做到今天,达到13%的利润,是靠你们来吗?我5年不给你们分红,你们又能把我怎么样?"董明珠的怒气,无疑进一步激化了管理层权力与股东权力之间的矛盾。11月16日晚,格力电器正式宣布收购珠海银隆的重组方案失败。

但是董明珠并没有放弃,一个月后,即2016年12月15日,她以个人名义参与了珠海银隆的增资计划,截至2017年3月31日,董明珠已成为珠海银隆第二大股东,个人持股比例达到17.46%。同时,格力电器虽然放弃了收购计划,但是2017年2月于深圳交易所公告发布与珠海银隆建立了数额高达200亿元的大额设备采购关联交易。

### 三、格力电器管理层权力的演变

董明珠是格力电器高级管理层的代表性人物,是格力电器公司治理结构中的重要部分,也是格力电器管理控制权演变的关键人物。

(一)进入管理层

1990年3月,董明珠进入格力电器担任业务员。1992年她在安徽完成的个人业绩占公司销售业绩的1/8,个人销售额突破1 600万元。随后,在家电行业几乎没有一丝市场剩余空间的南京签下200万元的销售单,并创造了一年内个人销售额达到3 650万元的奇迹。1994年11月,格力内部遭遇生存危机,董明珠没有离开,同时因为业绩突出被选为经营部副部长,带领格力电器渡过了难关,1995年晋升为经营部部长。1996年,空调销售市场进入一个高峰期,众多竞争对手出现,已升为销售经理的董明珠独辟蹊径,精简机构人员,带领仅23名营销业务员再一次创造了格力销售增长17%的神话。在董明珠的领导下,格力电器从1995年至2005年连续11年空调产销量、销售收入、市场占有率均居全国首位,2003年以后的销售额年均增速30%,年均净利润增长幅度保持15%以上。2001年4月,董明珠任格力电器总经理,2006年10月,董明珠出任格力电器副董事长兼总裁,2012年5月,公司董事会全票通过董明珠担任格力电器董事长,并续聘其为公司总裁。至此,董明珠独挑大梁,集格力集团董事长、集团旗下上市公司格力电器董事长及总裁三权于一身。

(二)提升和扩大管理层权力

董明珠在格力的管理制度中将公平公正、公开透明、公私分明表现得淋漓尽致。设立上班时间不准吃东西、不准窃窃私语等格力内部员工准则,在食堂、厕所等角落设置总经理投诉信箱,对公司管理干部进行风气整顿等,都是董明珠一贯的"对自己高要求、对管理高要求、对员工高要求"的管理风格。

在严格的管理下,格力电器公司员工具有极强的向心力,对计划的执行力度以及生产效率均处在优良水平。董明珠的管理能力深受股东以及投资者的信任,基于这种能力与信任,格力的重大决策计划几乎都由她领导的管理层提出并实施,以其为代表的管理层对企业的资本控制远超股东会。

随着格力电器企业的发展,董明珠在格力电器的管理权力逐步扩大,并成为格力电器管理层权力的一个代表(其他高管处于跟随状态)。董明珠具有的高水平的销售能力、极强的组织能力和优秀的管理公司水平,都使得格力的发展壮大与她紧密相连。身为委托代理关系里的经营者,她在实际管理公司的过程中不断累积其对企业的实际控制能力和影响能力,这种控制能力和影响能力就是管理层所拥有的管理层权力。

## 四、管理层权力和股东权力

(一)管理层权力

管理层权力,是高级管理人员在公司治理中能够执行自身意愿的能力,是在企业管理和决策中所能表现出的超出其理论控制权的影响力,是结构权力、所有权力、专家权力、声望权力4种权力类型在公司治理过程中的运用体现。在现代企业法人治理结构的机制中,所有权和经营权两权分离,股东会、董事会、监事会和经理层四方互相作用制衡。其中,股东会决定经营策略,是公司权力机构的核心部分;董事会主要负责制定经营计划和详细的投资方案;监事会的职责主要是审查监管董事、经理层执行行为;经理层则负责拟定和执行具体的架构方案。

在我国特殊的制度环境下,公司的董事长身为法定代表人,不仅可以兼任总经理职务,同时根据《公司法》,在董事会会议未开时,还可以行使对于董事会的部分权力,因而他必然会介入公司的决策和执行过程,实现职务决策权与执行权的高度统一,这就扩大了管理层权力所能涉及的权力边界。

在现代企业公司的管理过程中,出于降低交易以及管理成本的考虑,股东对公司的了解很大程度是依赖公司在特定时间段发布的财务信息,例如季度、年度财务报告等,若报告使用者不能及时掌握甚至无法获得有效信息,往往会失去自己拥有的决策权。而企业财务信息发布的主体为高级管理人员,高级管理人员负责企业日常生产活动并发布相关财务信息,从而自然而然地拥有了比治理结构中的其他个体更为集中与强大的权力,即他们拥有的管理层权力。

对于投资者来说,企业能够盈利、投资有所回报是第一要务。因此,投资者更多关心的是企业管理层的政策是否能够有利可图或者是否能够保持长久的可盈利能力。而这其中,管理者对公司的掌控程度会在一定程度上影响证券市场价格的波动,而股票价格的波动直接关系到股东以及其他投资者满意程度的变化,更进一步地影响到投资者的交易行为和由此产生的特质波动率。证据表明,集中高效的管理层权力以及更有影响力的CEO会有利于降低企业的特质波动率以及被收购的风险,也就是说管理层权力越集中,企业的稳健性越强,投资者投资的风险越小。

除此之外,投资者对于管理者本人的态度也非常重要。当投资者认为管理者具有实力值得信赖,那么就会无条件地支持管理者所做出的决策。基于对管理者信任的前提,投资者是希望管理层对企业的管控力度不断增加的,这样可以减少投资者对于企业管理运营的不确定性的担忧。

(二)管理层权力与股东权力

本案例中,除第一大股东格力集团外,其余四大股东几乎都是投资公司,且股权比例较低,各股东之间数额相差较小。对于投资公司来说,最重要的事情是能够获取到收益,对参与公司内部管理的热情并不高。因此,在珠海市国资委失去在格力集团的话语权很长时间内,身为格力集团董事长的董明珠便有了对格力电器绝对的管控权。尽管其本人拥有的股权比例很低,却掌握了大量的管理层权力。

对董明珠来说,管理层权力使她能够达到珠海银隆收购时对她有利的持股比例结构,然后她可以利用管理层权力带来的巨大的溢出效应,提出珠海银隆收购的增发计划。这一事件实际上是管理层权力的迅速扩大和"变现"导致的。正是由于管理层权力已经在前期"变现",即从管理层权力变现为股权,才使她有可能主导以股权方式进行珠海银隆的收购。整个过程符合《公司法》和公司治理结构要求。

但是,股权演变的背后,揭示了现代企业的委托代理关系已经出现了新动向——管理层和股东之间的委托代理关系已经不是简单的、传统的委托代理关系了,在委托代理关系中产生了一股中间力量,即管理层权力。

管理层权力成为处于股东权力与传统的高管权力之间的一种隐形权力。从委托代理关系中成长出来的管理层权力在法律上没有严格的限定与边界,它既渗透入股东权力中,也渗透进管理层权力中。管理层与投资人的角色已经从委托代理关系变化为投资人和投资人的关系。

管理层为什么会快速、顺利地变现为投资人呢?这与信息的不对称密切相关。从信息不对称理论看,掌握管理层权力的那些人其实是"信息最对称"的人,由于管理层能够得到企业最核心、最详细的财务信息,比如收益、股权、盈利、投资计划等信息,同时他们对企业的员工和资源在某种程度上具有强大的控制权,使得他们在获取股权方面具有优先权,而且这种权力在协议中被规定具有排他性,这样就确保了管理层利用管理层权力得到相应的股权。

随着企业中高新技术的运用和资本运作的复杂性,与信息较少的其他投资人相比,拥有大量管理层权力的管理者们对企业的了解比以往任何时候都要深入。在格力电器一例中,充分体现了以董明珠为代表的格力高级管理人员的管理层权力的演化和对企业的深远影响,潜在的管理层权力迅速替代现有的股东权力特别是大股东权力,可能会经常在资本市场上演。

格力电器的董事会冲突,本质是管理层权力与股东权力的冲突。在当今中国证券市场的运行模式下,管理层权力与股东权力之间已经产生了不可避免的矛盾,公司的治理结构模式面临着优化的必要性。

## 五、相关人员的反应

### (一) 控股股东的反应

作为格力电器控股大股东和格力集团的所有者,珠海市国资委在2012年便委派前副主任周少强参与竞选格力电器董事长之职,希望能够平衡格力的内部控制结构,但是由于投资机构以及中小股东对于国有管理力量缺乏信任而被联合反对,珠海国资委预设的掌控力量就此被完全架空。

2016年,在格力试图收购珠海银隆后,珠海国资委以上市公司和所属集团的董事长一般不能兼任为由,解释了2016年10月董明珠辞去格力集团董事长之职一事。回顾历史,其实这项提案在4年前就已经被提出过,此刻被重提,意味着珠海市国资委倾向于董明珠辞职。免去董明珠集团董事长职务的同时,珠海市国资委委派金湾区人民政府副区长周乐伟任珠海格力集团有限公司党委委员、书记,并兼任珠海格力集团有限公司董事、董事长、法定代表人。

控股股东可能已经感受到了管理层权力带来的巨大的隐形压力,因此才出现了后来的重大人事任免行为。

(二)中小股东的反应

对于格力的中小股东而言,董明珠一直以来都十分值得推崇与认可。2012年的格力电器董事选举上,中小股东与投资机构联手阻击了珠海市国资委的控制力量,选择董明珠领导格力电器的生产管理工作。董明珠虽然强势,但确实是一名优秀的经营管理者,在以其为代表的管理层的努力下,格力电器在十几年间的生产业绩蒸蒸日上,也为股东们创造了巨大的利润与财富。

但是,董明珠主导的管理层提议的对珠海银隆的收购,却遭到了中小股东的质疑,其实质为董明珠为首的管理层权力与中小股东权力之间的矛盾。这说明,管理层权力的不断上升逐渐让中小股东也感受到了前所未有的压力。

对于中小股东来说,最重要的就是当下的股利与能够获取的收益。根据定向增发与员工持股计划,收购珠海银隆成功后董明珠的个人持股比例将达到1.3%,成为公司第四大股东,而这其中却是以牺牲中小股东的利益为代价的,这些代价包括:大幅高估拟收购的珠海银隆资产;以管理层为主要认购对象的新发行股票价值远低于市场价值;各种定增计划政策的实施结果将造成20%的股利摊薄;珠海银隆的投资前景并不明朗。因此股东大会最终决议认为收购并非明智之举。

(三)其他高管的反应

对于其他的高级管理人员来说,董明珠就是格力管理层的"核心力量"。格力相关的重大决策计划几乎都是由她一人着手制定实施的,其他高管只是完成自己分内的本职工作，几乎不参与制定计划的过程。副总裁望靖东就曾经表示，董事长是一个非常严谨而自信的人，她做的决定很少有人敢去质疑。事实上，格力电器的管理层权力几乎都集中在董明珠一人身上，随着管理层中某些人权力的增加，管理层中其他人的权力可能是在缩小的，这其中隐藏了管理层权力内部的摩擦和权力的争夺与分化，对企业的战略发展构成不确定性。

## 六、管理层权力的实质

在现代企业治理结构模式下，管理层权力实质是企业高级管理人员可以利用手中掌握的权力和影响力所能实现的企业实际控制权。在格力电器的管理层权力的演变过程中，虽然董明珠个人占有的股权比例微不足道，但是在其长期的参与管理过程中，随着职位的逐步提高、任职时间的增加，她对格力电器的了解逐步加深，并凭借优秀的销售技术和管理水平获得了企业其他人员的信赖与支持，无形中扩大了管理层权力的管控范围。而管理层权力的扩大使得董明珠能够站在公司信息来源的第一处，有机会利用制定决策计划的权力达到控制公司的目的。由管理层权力到持有股权的演变，实际是高级管理人员从拥有管理权到拥有控制权的跨越。

对股东和其他投资者来说，在复杂的企业管理过程以及证券市场的现行情况下，需要一个具有智慧且值得信赖的经理人。股东会聘请的公司管理者所要发挥的重要作用，就是拥有能够从企业中获得解决管理不确定性策略的能力并加以实施。同时，高级管理者要能合理运用自己所拥有的显性管理权和隐性影响权，以及对公司信息掌握的优先权，做出符合大多数投资者利益的决策计划，将企业生产运作管理得井然有序，也为股东创造财富，实现公司价值的提升。

管理层权力之所以能够在现在发展到如此的程度，和现代的企业治理结构密切相关。它的发展当然也会根据法律的条件具有一定的不确定性，管理层权力在我国现行的法律中并没有明确的边界限定，在格力的案例中，对于珠海银隆的收购计划和员工持股等增发计划也是没有法律漏洞的。但是，随着公司治理制度的发展，相关法律也在不断地完善中。2002年国家颁布的《上市公司治理准则》明确规定，上市公司控股股东与所持有股份的公司之间，必须实行资产财务分开核算，机构业务独立运作，并且需要独立承担相关责任及风险。此外，在国家2016年8月更新的《关于国有控股混合所有制企业开展员工股试点的意见》中,党中央、国务院和地方党委等任命的国有企业领导人不得持有所管理企业的股份。董明珠若想实现自己对格力电器的所有权,就必须放弃格力集团的董事长职位,有效制约了其在格力内部的权力无止地增长。

## 七、结论

从企业治理的规范性角度来看,尽管董明珠在格力电器发展历程中的贡献毋庸置疑,但上市公司的老板仍然是股东,公司管理层受股东委托经营管理,管理层的经营权力来自股东授权。以董明珠为代表的管理层作为企业的管理人,尽管拥有企业管理权,但仍然不是企业的所有者。也就是说,根据标准化的公司治理结构,管理层权力仅仅只是一个被授权的工具,而不是高管人员利用其实现控制公司的目的的途径。

基于高层梯队理论和代理理论,像董明珠一样任期长且性格强势的CEO,期望实现个人利益最大化的可能性更高。在市场结构的限制下,现实中即使最有效的管理也不能完全顾及所有的股东和外部投资者的利益,在任职过程中,管理层权力随着任期的增加不断被强化,手中所拥有的大量信息也会进一步加剧管理层权力的膨胀。这就导致越具有权力的CEO越有可能以牺牲股东福利为代价追求自身的利益。在这样的环境体制中,其他监管力量的缺失,就会导致其依据自己的意愿做出风险性决策。而其风险性行为会通过优先认股权和股东的利益联系起来,增加公司的特质波动率。因此,在现代公司治理过程中,对于管理层权力应有一个合理的范围限制。

## 参考文献

[1] Ilie Mihai Taucean, Matei Tamasila, Gabriela Negru-Strauti. Study on Management Styles and Managerial Power Types for a Large Organization[J]. Procedia - Social and Behavioral Sciences, 2016(221).

[2] Mary S. Hilla, Thomas J. Lopezb, Austin L. Reitenga. CEO excess compensation: The impact of firm size and managerial power[J]. Advances in

Accounting, Incorporating Advances in International Accounting, 2016(33).

[3] Monica Tan, Bin Liu. CEO's managerial power, board committee memberships and idiosyncratic volatility[J]. International Review of Financial Analysis, 2016(9).

[4] Finkelstein, S. Power in top management teams: Dimensions, measurement, and validation[J]. Academy of Management Journal, 1992(35).

[5] 程继隆."任性"的董明珠成就了格力[J].企业研究,2016(1).

[6] 王钰,祝继高.基金参与公司治理：行为逻辑与路径选择——基于上海家化和格力电器的案例研究[J].中国工业经济,2015(5).

[7] 张晖明,陆军芳.从格力事件看公司治理机制[J].上海国资,2012(8).

### 附录1　格力电器1998、2005、2006年股权结构

| 截止日期 | 1998-12-31 | | |
|---|---|---|---|
| 编号 | 股东名称 | 持股数量(股) | 持股比例(%) |
| 1 | 珠海格力集团公司 | 180 000 000 | 55.35 |
| 2 | 珠海格力房产有限公司 | 30 000 000 | 9.23 |
| 3 | 珠海华声实业(集团)股份有限公司 | 6 000 000 | 1.85 |
| 4 | 国贸汽车服务公司汽配总汇 | 707 068 | 0.22 |

| 截止日期 | 2005-06-30 | | |
|---|---|---|---|
| 编号 | 股东名称 | 持股数量(股) | 持股比例(%) |
| 1 | 珠海格力集团公司 | 270 000 000 | 50.28 |
| 2 | 珠海格力房产有限公司 | 45 000 000 | 8.38 |
| 3 | 中国工商银行-申万巴黎盛利精选证券投资基金 | 10 801 470 | 2.01 |
| 4 | 中国银行-海富通收益增长证券投资基金 | 10 000 000 | 1.86 |
| 5 | 恒富(珠海)置业有限公司 | 9 000 000 | 1.68 |
| 6 | 中国建设银行-华宝兴业多策略增长证券投资基金 | 8 590 334 | 1.6 |
| 7 | 全国社保基金一零二组合 | 7 650 443 | 1.42 |
| 8 | 全国社保基金一零八组合 | 7 193 382 | 1.34 |
| 9 | 中国建设银行-宝康消费品证券投资基金 | 6 962 837 | 1.3 |
| 10 | 银丰证券投资基金 | 6 356 750 | 1.18 |

| 截止日期 | 2006-12-13 | | |
|---|---|---|---|
| 编号 | 股 东 名 称 | 持股数量(股) | 持股比例(%) |
| 1 | 珠海格力集团公司 | 328 889 984 | 40.84 |
| 2 | 珠海格力房产有限公司 | 46 674 300 | 5.8 |
| 3 | 中国人寿保险股份有限公司 | 20 011 300 | 2.48 |
| 4 | 中国银行-南方高增长股票型开放式证券投资基金 | 20 000 000 | 2.48 |
| 5 | 中国人寿保险(集团)公司-传统-普通保险产品 | 16 745 289 | 2.08 |
| 6 | 银丰证券投资基金 | 13 642 190 | 1.69 |
| 7 | 恒富(珠海)置业有限公司 | 13 510 000 | 1.68 |
| 8 | 全国社保基金一零八组合 | 12 700 000 | 1.58 |
| 9 | 全国社保基金一零二组合 | 12 453 915 | 1.55 |
| 10 | 中国工商银行-南方积极配置证券投资基金 | 10 421 696 | 1.29 |

**附录2 格力电器2007及2014年股权结构**

| 截止日期 | 2007-06-30 | | |
|---|---|---|---|
| 编号 | 股 东 名 称 | 持股数量(股) | 持股比例(%) |
| 1 | 珠海格力集团公司 | 229 087 360 | 28.44 |
| 2 | 河北京海担保投资有限公司 | 80 541 000 | 10 |
| 3 | 泰和证券投资基金 | 15 264 944 | 1.9 |
| 4 | 珠海格力房产有限公司 | 15 251 625 | 1.89 |
| 5 | 中国银行-长盛同智优势成长混合型证券投资基金 | 12 555 057 | 1.56 |
| 6 | 中国人寿保险股份有限公司 | 11 999 917 | 1.49 |
| 7 | 全国社保基金一零二组合 | 11 630 019 | 1.44 |
| 8 | UBS AG | 10 511 280 | 1.31 |
| 9 | 中国人寿保险(集团)公司-传统-普通保险产品 | 9 462 907 | 1.17 |
| 10 | 恒富(珠海)置业有限公司 | 9 131 466 | 1.13 |

| 截止日期 | 2014-03-31 | | |
|---|---|---|---|
| 编号 | 股 东 名 称 | 持股数量(股) | 持股比例(%) |
| 1 | 珠海格力集团有限公司 | 548 127 808 | 18.22 |
| 2 | 河北京海担保投资有限公司 | 270 025 568 | 8.98 |
| 3 | MERRILL LYNCH INTERNATIONAL | 81 470 232 | 2.71 |
| 4 | MORGAN STANLEY & CO. INTERNATIONAL PLC | 73 654 240 | 2.45 |
| 5 | YALE UNIVERSITY | 63 822 992 | 2.12 |
| 6 | CITIGROUP GLOBAL MARKETS LIMITED | 59 989 956 | 1.99 |

(续表)

| 截止日期 | 2014-03-31 | | |
|---|---|---|---|
| 编号 | 股东名称 | 持股数量(股) | 持股比例(%) |
| 7 | UBS AG | 45 431 768 | 1.51 |
| 8 | 易方达资产管理(香港)有限公司-客户资金 | 36 178 744 | 1.2 |
| 9 | 珠海格力房产有限公司 | 34 452 436 | 1.15 |
| 10 | 中国工商银行-易方达价值成长混合型证券投资基金 | 34 288 600 | 1.14 |

### 附录3 格力电器2016年股权结构

| 截止日期 | 2016-06-30 | | |
|---|---|---|---|
| 编号 | 股东名称 | 持股数量(股) | 持股比例(%) |
| 1 | 珠海格力集团有限公司 | 1 096 255 616 | 18.22 |
| 2 | 河北京海担保投资有限公司 | 536 062 048 | 8.91 |
| 3 | 中国证券金融股份有限公司 | 179 873 461 | 2.99 |
| 4 | 前海人寿保险股份有限公司-海利年年 | 90 102 880 | 1.5 |
| 5 | 中央汇金资产管理有限责任公司 | 84 483 000 | 1.4 |
| 6 | UBS AG | 62 524 608 | 1.04 |
| 7 | YALE UNIVERSITY | 49 813 732 | 0.83 |
| 8 | 和谐健康保险股份有限公司-传统-普通保险产品 | 48 193 392 | 0.8 |
| 9 | 高瓴资本管理有限公司-HCM中国基金 | 45 361 072 | 0.75 |
| 10 | 董明珠 | 44 278 492 | 0.74 |

| 截止日期 | 2016-09-30 | | |
|---|---|---|---|
| 编号 | 股东名称 | 持股数(股) | 持股比例(%) |
| 1 | 珠海格力集团有限公司 | 1 096 255 624 | 18.22 |
| 2 | 河北京海担保投资有限公司 | 536 062 033 | 8.91 |
| 3 | 中国证券金融股份有限公司 | 171 267 961 | 2.85 |
| 4 | UBS AG | 107 286 498 | 1.78 |
| 5 | 中央汇金资产管理有限责任公司 | 84 483 000 | 1.40 |
| 6 | 前海人寿保险股份有限公司-海利年年 | 59 740 624 | 0.99 |
| 7 | YALE UNIVERSITY | 49 813 733 | 0.83 |
| 8 | 高华-汇丰-GOLDMAN, SACHS & CO. | 46 609 696 | 0.77 |
| 9 | 高瓴资本管理有限公司-HCM中国基金 | 45 361 071 | 0.75 |
| 10 | 董明珠 | 44 298 492 | 0.74 |

(执笔人：崔文颖；指导老师：陈溪)

# 财务报表分析

CAIWU BAOBIAO FENXI

# 香飘飘上市的波折之路

**适用课程：** 财务管理理论与实务　财务报表分析　公司战略与风险管理

**编写目的：** 本案例旨在引导学生关注公司融资途径之一即通过IPO从资本市场获得资金，进而了解资本市场的相关动态以及公司运营治理中关于价值的创造、战略的设定等问题。一方面，学生可以以"奶茶第一股"为例，了解公司IPO上市的背景及具体情况；另一方面，通过香飘飘上市后的市场表现，找出使其发生该情况的因素，学生可以尝试对公司的财务及战略进行分析。

**知 识 点：** 公司财务分析　公司战略分析

**关 键 词：** IPO　核心竞争力　财务分析

**案例摘要：** 上市已经成为众多公司重要的融资手段之一，除借壳上市外，一部分公司选择IPO这条路径进入资本市场。然而如今的股市动荡不止，证监会从宏观角度对中国证券交易进行干预，除暂停IPO等手段外，还对申请IPO的公司审查得越来越严格。香飘飘因自身原因及证监会调控资本市场等多种原因，在历时多年后，终于在2017年11月30日登陆A股主板。还未走出"奶茶第一股"的喜悦时，香飘飘的股价出现了大动荡，由2017年12月11日最高价38元/股，跌到12月12日29.94元/股的封盘，相关股东损失巨大。这一现象出现之后，香飘飘食品股份有限公司运营过程中的弊端不断地被揭露出来，除使公司在股市受创之外，还令很多的股东对其经营状况及战略布局产生很大的质疑。本案例由此事件为出发点，意在通过香飘飘的上市过程和上市后的起伏，以及其"重广告、轻研发"的现状，折射出公司立足之本即为发展核心竞争力、创造价值；让学生在案例解读过程中，了解资本市场IPO背景的同时，掌握公司财务分析和战略分析的方法。

有人曾问过这样一个问题,地球外面是什么?有一个回答最搞笑:"香飘飘"。香飘飘是什么?没错,就是那个"一年卖出10亿多杯,杯子连起来可绕地球3圈,连续6年全国销量领先"的香飘飘奶茶。"香飘飘我盼望,空气中弥漫香香的味道,I am strong,浓郁的香香为你而闪亮""小饿小困,喝点香飘飘",香飘飘奶茶的这几句广告词,在中国可以说是家喻户晓,很多国民都是香飘飘奶茶的消费者。不断缠绕地球的这6年,香飘飘食品股份有限公司(以下称为"香飘飘")经历了3次IPO,回应着外界不断的质疑声,也回复着证监会不停的问询函。2017年6月6日晚,证监会发布审核结果,香飘飘的IPO申请通过;11月30日,香飘飘食品股份有限公司在上交所隆重举行上市挂牌仪式,香飘飘奶茶正式登陆A股市场,成为奶茶行业中首个上市企业。

## 一、公司背景介绍

香飘飘位于浙江省湖州市,创办于2005年8月,公司总投资额2.5亿元,注册资本5 000万元,是专业的杯装奶茶制造商。香飘飘奶茶被称为中国奶茶业发展最快的企业之一,为了满足和适应当今人们快节奏的生活需要,公司一直致力于方便食品的研发、生产和销售,先后开发出"香飘飘""磨坊农庄"等品牌20余种系列的奶茶、速食年糕和休闲花生产品,销售范围覆盖全国所有省、市、自治区和直辖市。由于公司业务的不断扩大,为了不断加强产品的市场竞争力,公司于2009年4月在成都市投资组建了全资子公司——香飘飘四川食品有限公司,并于2011年成立了天津香飘飘食品工业有限公司,2012年9月成立了杭州香飘飘食品销售有限公司。2012年"香飘飘"获得国家工商行政管理总局颁发的"中国驰名商标"。

为更好地经营公司,2013年6月18日香飘飘由有限公司整体变更为股份有限公司:2013年1月18日,香飘飘有限股东会做出决议,同意将有限公司整体变更为股份有限公司,以2013年1月31日作为整体变更为股份有限公司的审计和评估基准日,聘请立信会计师及北京中企华资产评估有限责任公司对公司净资产分别进行审计和评估,并委托立信会计师办理公司整体变更为股份有限公司的验资事项。2013年5月23日,香飘飘有限全体股东签署了《香飘飘食品股份有限公司之发起人协议书》,同意以香飘飘有限截至2013年1月31日止经审计的净资产的301 396 612.34元按1:0.524 226的比例折合股份总额15 800万股,每股1元,共计股本人民币15 800万元,大于股本部分的143 396 612.34元作为股份公司的资本公积。公司在设立时的持股比例如表1所示。

表 1 公司设立时股东持股比例

| 序号 | 持 股 人 | 持股数量(万股) | 持股比例(%) |
|---|---|---|---|
| 1 | 蒋建琪 | 10 048.041 6 | 63.595 2 |
| 2 | 蒋建斌 | 2 219.094 2 | 14.044 9 |
| 3 | 陆家华 | 1 580.000 0 | 10.000 0 |
| 4 | 宁波志同道合 | 1 534.606 6 | 9.712 7 |
| 5 | 蔡建峰 | 355.073 4 | 2.247 3 |
| 6 | 勾振海 | 21.061 4 | 0.133 3 |
| 7 | 沈士杰 | 12.640 0 | 0.080 0 |
| 8 | 陈 强 | 12.640 0 | 0.080 0 |
| 9 | 刘志伟 | 8.421 4 | 0.053 3 |
| 10 | 俞琦密 | 8.421 4 | 0.053 3 |
| 合 计 | | 15 800 | 100 |

股份公司的主要持股人为蒋建琪、蒋建斌、陆家华、宁波志同道合。在整体变更为股份公司前,蒋建琪拥有的主要资产为香飘飘有限公司 63.595 2%的股权和宁波志同道合 58.12%的财产份额;蒋建斌拥有的主要资产为持有香飘飘有限公司 14.044 9%的股权;陆家华拥有的主要资产为持有香飘飘有限公司 10%的股权、持有嘉辉置业 85%的股权以及宁波志同道合 1%的财产份额;宁波志同道合的主要资产为其持有香飘飘有限公司 9.712 7%的股权。宁波志同道合的主营业务为投资管理、实业投资与投资咨询。

申请 IPO 前香飘飘的主要股东、控股股东及实际控制人情况如图 1 所示。

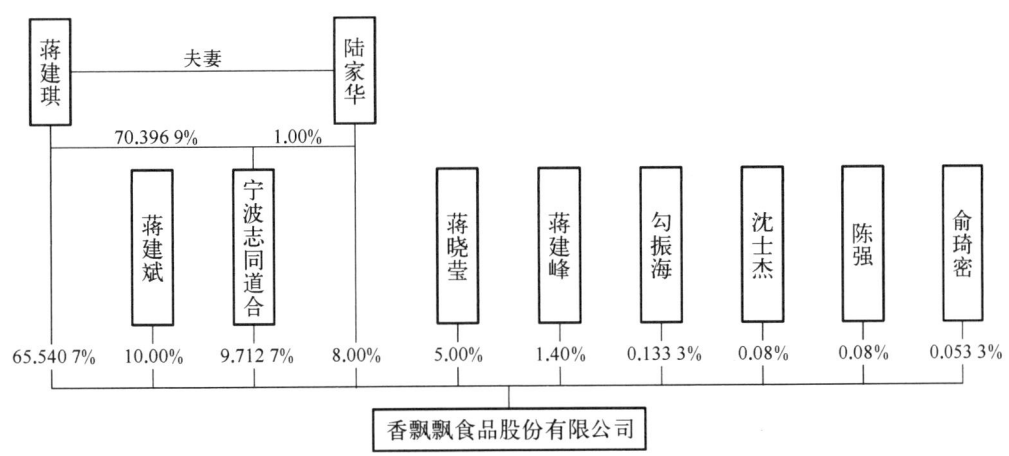

图 1 IPO 前香飘飘股东控股情况图

IPO前,香飘飘董事长、总经理蒋建琪与蒋建斌、宁波志同道合、陆家华、蒋晓莹为公司主要股东;实际控制人为蒋建琪和陆家华夫妇,两人合计直接持有公司73.540 7%的股权,通过持有宁波志同道合71.395 9%出资份额控制公司9.712 7%的股权,合计控制公司83.253 4%的股权。

## 二、案例概况

(一) 3次冲击IPO终成功

为促进公司战略发展,扩大生产,筹集资金,香飘飘于2011年2月带着年销量10亿杯的成就首次冲击IPO。经过更换投行和律师事务所、更改上市地点,2013年公司的官网公布上市进入上市环境保护核查阶段。根据披露的上市环境保护核查显示,香飘飘拟在上交所上市,计划发行5 280万A股,募集资金10.1亿元,用于湖州、成都与天津的杯装奶茶和液体奶茶生产线。随即证监会突然表态,关上IPO新申请材料的大门,香飘飘IPO无奈遭遇暂停。

2014年1月,证监会重启了香飘飘的IPO。这一年,香飘飘推出了3款美味系列的新品,久违的新品推出,暂停的IPO重启,似乎即将开始新发展,可是香飘飘的申报材料还没来得及被重新受理,就遇到了2015年7月的股市震荡,香飘飘IPO第二次暂停。彼时,香飘飘公司董事长蒋建琪对外回应称:"鉴于目前股市形势和公司战略调整,今年我们不准备上报,上市进程将推迟一年甚至更长。"本来打算推进的液体奶茶生产线也暂时作罢。

香飘飘公司董事长蒋建琪2016年宣称:"我们公司有一个5年规划,里面非常明确地提出,5年内只做奶茶,免得在公司产生内耗。"2017年4月20日,香飘飘披露最新招股书,计划向社会公开发行不低于4 001万股,拟募集资金约7.48亿元。其中,约2.61亿元将用于"年产10.36万吨液体奶茶建设项目"。当天,证监会发布《香飘飘食品股份有限公司首次公开发行股票申请文件反馈意见》,提出公司与规范性和信息披露相关的共42个问题。5月16日,香飘飘IPO被第三次暂停,幸运的是,这次的暂缓表决没有持续太久,20天后,香飘飘IPO审核通过,于2017年11月30日在上交所主板上市,股票代码603 711,首发价格14.18元/股。

通过招股说明书显示,香飘飘2014—2016年近3年来的总资产分别为156 587.98万元、167 684.34万元、216 854.92万元,呈不断增加之势,其中负债和股东权益均有增加;营业收入分别为209 297.05万元、195 174.01万元、238 970.89万元,总体呈增加的趋势;营业利润分别为 22 471.65 万元、23 996.42 万元、30 319.54 万元,利润总额及净利润均逐年上升。其相关主要财务数据如表2、表3、表4、表5所示。

表2　香飘飘 2014—2016 年度主要财务数据一

| 项 目 类 别 | 2016 年度 | 2015 年度 | 2014 年度 |
| --- | --- | --- | --- |
| 资产总计(万元) | 216 854.92 | 167 684.34 | 156 587.98 |
| 负债总计(万元) | 90 470.29 | 67 945.37 | 77 208.32 |
| 归属于母公司股东权益合计(万元) | 126 384.63 | 99 774.42 | 79 379.66 |
| 少数股东权益(万元) | — | −35.45 | — |

表3　香飘飘 2014—2016 年度主要财务数据二

| 项 目 类 别 | 2016 年度 | 2015 年度 | 2014 年度 |
| --- | --- | --- | --- |
| 营业收入(万元) | 238 970.89 | 195 174.01 | 209 297.05 |
| 营业利润(万元) | 30 319.54 | 23 996.42 | 22 471.65 |
| 利润总额(万元) | 32 733.18 | 27 035.52 | 24 401.23 |
| 净利润(万元) | 26 610.21 | 20 342.16 | 18 527.11 |
| 归属于母公司股东的净利润(万元) | 26 610.21 | 20 394.76 | 18 527.11 |

表4　香飘飘 2014—2016 年度主要财务数据三

| 项 目 类 别 | 2016 年度 | 2015 年度 | 2014 年度 |
| --- | --- | --- | --- |
| 经营活动产生的现金流量净额(万元) | 36 558.05 | 11 190.82 | 19 332.00 |
| 投资活动产生的现金流量净额(万元) | −25 641.51 | 16 001.00 | −33 116.39 |
| 筹资活动产生的现金流量净额(万元) | 5 591.74 | −1 227.32 | −231.88 |
| 汇率变动对现金及现金等价物的影响(万元) | −276.70 | — | — |
| 现金及现金等价物净增加额(万元) | 16 231.57 | 25 964.50 | −14 016.27 |

如表5所示,母公司的资产负债率高于合并后资产负债率,流动比率及速冻比率均有所增长,应收账款周转率逐渐维持在较稳定水平,存货周转率呈U字形变动等。

表5　香飘飘 2014—2016 年度主要财务数据四

| 序号 | 指　　　标 | 2016 年度 | 2015 年度 | 2014 年度 |
| --- | --- | --- | --- | --- |
| 1 | 资产负债率(合并)(%) | 41.72 | 40.52 | 49.31 |
| 2 | 资产负债率(母公司)(%) | 63.07 | 55.21 | 62.28 |

(续表)

| 序号 | 指标 | 2016年度 | 2015年度 | 2014年度 |
| --- | --- | --- | --- | --- |
| 3 | 流动比率(倍) | 1.71 | 1.76 | 1.50 |
| 4 | 速冻比率(倍) | 1.60 | 1.62 | 1.38 |
| 5 | 应收账款周转率(次/年) | 98.96 | 96.89 | 486.55 |
| 6 | 存货周转率(次/年) | 14.02 | 11.85 | 13.76 |
| 7 | 息税折旧摊销前利润(万元) | 36 484.54 | 30 458.52 | 27 837.00 |
| 8 | 利息保障倍数(倍) | 113.23 | 1 490.38 | 96.55 |
| 9 | 每股净资产(元/股) | 3.51 | 2.77 | 5.02 |
| 10 | 每股经营活动产生的现金流量(元/股) | 1.02 | 0.31 | 1.22 |
| 11 | 每股净现金流量(元/股) | 0.45 | 0.72 | −0.89 |
| 12 | 无形资产(扣除土地使用权)占净资产的比例(%) | 5.192 5 | 0.003 5 | 0.069 4 |

(二) 上市后股价堪忧

2016年香飘飘占据着杯装冲泡奶茶市场近60%的份额,"奶茶第一股"名号或将坐实,但与6年前第一次闯关IPO时相比,奶茶行业已是一片"红海",在喜茶、一点点等网红奶茶店和各种液体奶茶品牌的挤压下,这个之前只卖固体奶茶的绝对家族控制企业,可预见的未来却并非一片大好。

自2017年12月12日全国的"双12"节日盛典当日起,香飘飘股价直线下降,在"双12"当日跌落到29.94元/股封盘,其次日K线图如图2所示。表6中龙虎榜显示香飘飘在上市时由华安证券深圳海岸城、中航证券北京慧忠路、东海证券常州博爱路共买入额合计4 100多万元,最后损失了800多万元。一小散户12月11日集合竞价买了65 000股,购买价37.79元,两天亏损51万元。

表6 香飘飘龙虎榜数据

| 营业部 | 买入(万元) | 卖出(万元) | 亏损(%) | 亏损金额(万元) |
| --- | --- | --- | --- | --- |
| 华安证券深圳海岸城 | 1 491.51 | 1 191.31 | 20.13 | 300.2 |
| 中航证券北京慧忠路 | 1 418.58 | 1 150.44 | 18.90 | 268.14 |
| 东海证券常州博爱路 | 1 194.28 | 929.25 | 22.19 | 265.03 |
| 合计 | 4 104.37 | 3 271 | | 833.37 |

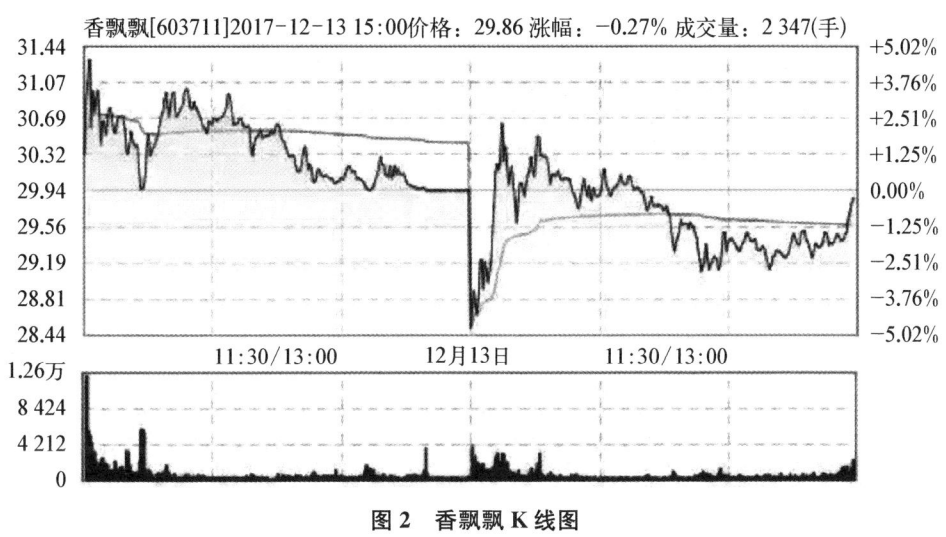

图 2　香飘飘 K 线图

香飘飘的股价如此变化,不少人把它归因于香飘飘自身的老问题:从开始 IPO 到现在,香飘飘的经营模式多遭指责。2005 年,做棒棒冰起家的浙江香飘飘食品有限公司因为棒棒冰突出的季节性特点,将奶茶作为互补产品推出。这时候的香飘飘,其年糕、花生、奶茶、房地产四大业务蒸蒸日上。奶茶市场的突然火爆是香飘飘未能预料的。随着喜之郎推出"优乐美",立顿奶茶来到中国市场,大好大又推出了"香约",手足无措的蒋建琪在听了咨询公司的建议后决心专注杯装奶茶,狠心砍掉了其他业务线。既然决定专攻奶茶市场,怎么打出知名度是蒋建琪必须考虑的,跟喜之郎、立顿等比起来,香飘飘就像是混迹奶茶圈的草根,没有后台撑腰,也没有捆绑销售,只有账上的 3 000 万元。当时的蒋建琪背水一战用这 3 000 万元密集投放了湖南卫视的广告,现在回过头看,当时决策的显著结果就是,几乎一代人都记住了"杯子连起来可绕地球 3 圈"的广告语,花钱投广告也成了香飘飘一以贯之的营销态度。10 多年来,香飘飘的业绩扶摇直上。2014—2016 年,香飘飘在杯装奶茶占据的市场份额分别达到 57%、56.4%、59.5%,保持了绝对的行业领先地位。但是伴随着香飘飘越来越多财务数据的公开,其产品结构单一、新品研发滞后、广告营销投入过多等问题逐渐成为众矢之的。

(三)香飘飘短板凸显

根据香飘飘的招股说明书可得出表 7 的数据。

表7 香飘飘上市前部分财务数据

| 年份 | 营业收入（亿元） | 净盈利（亿元） | 研发费用 | | 广告费用 | |
|---|---|---|---|---|---|---|
| | | | 金额（万元） | 营业收入占比(%) | 金额（亿元） | 年度销售总费用占比(%) |
| 2012 | 19.24 | 1.71 | 164.17 | 0.09 | 3.17 | 63.32 |
| 2013 | 21.01 | 1.84 | 388.42 | 0.18 | 2.98 | 57.77 |
| 2014 | 20.93 | 1.85 | 1 477.14 | 0.71 | 3.32 | 57.03 |
| 2015 | 19.52 | 2.03 | 558.53 | 0.29 | 2.52 | 48.54 |
| 2016 | 23.89 | 2.66 | 639.38 | 0.27 | 3.59 | 53.17 |

根据表7的数据可以看出，香飘飘在保持近5年整体营收增长的同时，广告投入占比高居不下，而公司业绩却没有正相关的增长；同时，消费升级后，杯装奶茶的市场空间已经遭到挤压，香飘飘营收、净利增速放缓趋势也初露端倪。对于香飘飘来说，还有两方面的问题也明显反映在财报上。

一方面，奶茶产品营收多年来占据香飘飘总营收的98%以上，结构单一已经成为制约香飘飘继续发展的最大障碍之一。在2017年4月披露的招股书中，香飘飘将产品结构单一列在公司的风险项中，明确写道"如果杯装奶茶市场环境出现较大变化，公司的经营情况将受到较大影响"。曾经专注做杯装奶茶的优势正在一定范围内被消解，新品研发的投入又微乎其微，2014年因升级美味系列奶茶香飘飘加大了研发投入，其余多年的研发支出仅是技术人员的工资发放，单一产品结构下的新品乏善可陈。

另一方面，国内奶茶消费者以15—35岁的年轻群体为主，年轻群体消费饮料的要求是要随手可得、随处可喝。香飘飘99%的销售渠道都在传统的线下经销商，并且是各大中型超市，在一些小型便利店难觅踪迹，电商渠道的占比更是不足1%。

目前，香飘飘的主营业务是奶茶的研发、生产与销售，主要产品是椰果系列和美味系列两大类共12种口味杯装奶茶产品，这也是香飘飘的营收保障。面对竞争激烈的整个奶茶市场，香飘飘仅在冲泡奶茶领域有话语权。在瓶装液体奶茶市场，统一、康师傅、麒麟、娃哈哈、三得利等都已经在竞争中获取了自己固定的消费人群，统一最新公布的数据显示，其在无菌灌装液态奶茶市场的份额已经超过71.1%。整个奶茶市场目前已经渐趋饱和，液态奶品类发展已遭遇瓶颈，基于奶茶市场长久的竞争局势及中国整个消费升级对奶茶行业的影响，香飘飘再想要谋得一席之地，将会面临不少压力。

## 三、结论

通过对香飘飘的公司背景、上市的准备及过程、上市后股市的变动情况的介绍,香飘飘由设立到发展再到上市的画面清晰地展现出来。从"绕地球1圈"到"绕地球3圈",香飘飘傲人的市场成绩给予了它充分的信心和实力冲击IPO。然而由于自身的原因以及证监会对资本市场的调整,香飘飘的进军IPO之路第三次才得以成功。上市后,香飘飘被冠以"奶茶第一股"的称号及荣誉,谱写了奶茶行业的历史。但是,好景不长,在上市不到半个月的时间里,香飘飘在A股主板的股价出现了大的动荡,股价狂跌。这一现象的出现,不仅给股东造成损失,同时让其运营的缺陷暴露在聚光灯之下:出名只靠广告,研发投入占比极少。这不禁让人深思:在奶茶行业已是"红海"的环境下,香飘飘的实力究竟能否保住其奶茶行业第一的名号?

## 四、问题讨论

(1) 香飘飘为何要上市?其IPO有哪些优缺点?

(2) 香飘飘的IPO之路为何如此艰难?

(3) 香飘飘所处的行业环境如何?行业竞争力如何?

(4) 依据香飘飘的历年财务报表数据,如何通过财务指标对香飘飘的经营状况进行评价?如何对香飘飘未来的价值进行评估?

(执笔人:唐颖倩;指导老师:戴书松)

# 上市公司分立动因及效果研究
## ——基于城投控股分立案例

**适用课程**：财务会计理论与实务　财务报表分析

**编写目的**：公司分立作为与公司合并相对应的形式，可在解决并购带来的管理难、效率低等诸多问题上发挥重要作用，20世纪90年代开始在美国、日本等资本市场发达的国家得到发展和完善，但其在我国的发展却很缓慢。我国A股市场发生的分立案例屈指可数，城投控股与阳晨B股吸收分立作为最新的一例，有其特殊性和复杂性，具有一定的教学探究意义。通过对本案例的学习，结合"财务会计理论与实务"或"财务报表分析"课程理论知识，利用公司数据进行业绩效果分析，探究公司分立能否达到资源整合、提升各业务业绩的目的，可掌握公司分立的动因、业绩评价等基础知识，也可对分立这一资本运作形式有更多的了解。

**知　识　点**：财务报表分析　动因分析　业绩评价

**关　键　词**：公司分立　业绩评价　政策建议

**案例摘要**：本案例以城投控股与阳晨B股吸收分立为背景，梳理分立的动因及达到的财务效果，探究分立是否带来了实际效益。由此，一方面介绍了分立、业绩评价相关的理论知识，另一方面通过案例分析与总结，为监管部门完善相关制度提供政策建议，解决上市公司分立方式使用过程中存在的问题。

我国公司分立概念最早出现于1988年的《全民所有制工业企业法》中，随后又出现在第一版《公司法》(1993)中，其后《公司法》(2005)分立部分增加了对债权人的保护，但截至目前的《公司法》都还未明确公司分立的一般定义、方式以及对象等根本性问题，关于上市公司的分立规定更无从谈起。上市公司分立不可被简单视为只是将主语从"公司"替换为"上市公司",因其涉及分立后上市资格能否继续、能否传递等问题,较一般的公司分立而言具有特殊性。2010年我国发生第一起上市公司分立事件——东北高速公路分立,之后证监会表明会修订《上市公司分立试行办法》以规范上市公司的分立行为,而截至目前仍没有出台相关文件。目前已有的两例成功分立案例都是参照《首次公开发行股票并上市管理办法》,对分立后公司的上市资格进行审核。

## 一、主要公司简介

本起分立的经过可概括为由原上市公司城投控股先进行合并,其全资子公司环境集团吸收合并由城投集团控股的阳晨B股,合并完成后将环境集团划分出去并变更为股份有限公司谋求上市,方案涉及的主要公司为城投控股、阳晨B股和环境集团。

(一)城投控股公司简介

城投控股的前身是上海市原水供应股份有限公司(原水股份),由上海市自来水公司水源厂改制而来,1993年5月在上交所上市。1996年经营范围增加"饮用水及设备,饮用水工程安装及咨询服务",2003年经营范围增加"污水治理、处理及输送,给排水设施工程建设、运营、维修,机电设备制造与安装,技术开发咨询和服务",2008年发行股份向城投集团购买环境集团及置地集团100%股权,经营范围增加"实业投资",同年公司名称变更为城投控股。

通过梳理公司的发展轨迹,可以发现城投控股的业务范围不断扩张,逐渐呈多元化发展。分立方案前近3年,城投控股未发生控股权变化,主营业务范围包括环境业务、地产业务和股权投资,主营业务收入情况如表1所示。

表1 分立方案前近3年城投控股主营业务收入情况

| 分 类 | 2014年度 | | 2013年度 | | 2012年度 | |
|---|---|---|---|---|---|---|
| | 金额(万元) | 占比(%) | 金额(万元) | 占比(%) | 金额(万元) | 占比(%) |
| 房地产 | 351 808.51 | 71.35 | 217 863.43 | 61.95 | 350 630.89 | 67.56 |
| 环 境 | 89 117.53 | 18.07 | 58 611.56 | 16.67 | 47 525.1 | 9.16 |
| 其 他 | 52 147.74 | 10.58 | 75 184.8 | 21.38 | 120 797.98 | 23.28 |
| 合 计 | 493 073.78 | 100.00 | 351 659.79 | 100.00 | 518 953.97 | 100.00 |

注:投资业务收益列示于投资收益,不计入营业收入

通过数据,分立方案进行前3年,城投控股约70%的营业收入来自房地产业务,而环境业务的收入贡献率虽然较少,但是呈现逐年上升的趋势。更进一步,可知主要业务贡献的毛利率如表2所示。

表2 分立方案前近3年城投控股房地产、环境业务毛利率　　　　单位:%

| 项目类别 | 2014年度 | 2013年度 | 2012年度 |
|---|---|---|---|
| 房地产 | 35.14 | 47.01 | 19.59 |
| 环　境 | 43.09 | 28.28 | 23.60 |

可发现分立方案进行前3年,虽然环境业务的营业收入占比少,但是毛利率并不低且呈稳步上升态势,相较而言,房地产业务虽然毛利率也高但是波动性较大。

(二) 阳晨B股公司简介

阳晨B股的前身是上海金泰股份有限公司,1995年发行B股上市。2002—2003年间进行重大资产重组,将原经营资产全部出售,购入上海龙华、长桥和闵行3家水质净化厂,主营业务变更为"城市污水处理等环保项目和其他市政基础设施项目的投资、经营、管理及相关服务",并由此更名为上海阳晨投资股份有限公司。2011年,上海市国资委将其持有所有阳晨B股股份无偿划转至城投集团名下。

分立方案前近3年,阳晨B股未发生控股权变化,主营业务范围为污水处理,主营业务收入情况如表3所示。

表3 分立方案前近3年阳晨B股主营业务收入情况　　　　单位:万元

| 项目类别 | 2014年度 | 2013年度 | 2012年度 |
|---|---|---|---|
| 主营业务收入 | 46 149.49 | 44 449.99 | 45 133.35 |

通过数据可知,分立方案前近3年阳晨B股的营业收入呈平稳态势,一定程度上可说明公司经营比较稳定。

(三) 环境集团公司简介

环境集团的前身是一家国有独资有限责任公司,本身的经营范围为"环境及市政工程项目投资,环境科技产品开发,环境及市政工程设计、建设、投资咨询、营运管理,资源综合利用开发,卫生填埋处置等"。2007年被整体划转至城投集团,2008年又被100%协议转让给城投控股。2010年曾引入外资,但已于2014终止合资合同,重新变更为内资企业,同年吸收合并城投控股的全资子公司环境投资。

目前环境集团的主营业务是城市生活垃圾处理业务,分立方案前近3年主营业务收入情况如表4所示。

表4　分立方案前近3年环境集团主营业务收入情况　　　　单位:万元

| 分　　类 | 2014年度 | 2013年度 | 2012年度 |
| --- | --- | --- | --- |
| 主营业务收入 | 109 986.24 | 49 485.49 | 42 630.41 |

通过分立方案前近3年数据可知,环境集团的营业收入逐年升高,同时结合母公司相关数据可知,城投控股上市公司环境业务部分的收入几乎全部来自环境集团。

三者关系概括而言,环境集团是上市公司城投控股的全资子公司,城投控股呈现的是双业务模式,环境集团与同受上海城投集团控制的阳晨B股在环境业务上存在同业竞争关系。

## 二、分立方案介绍

(一) 分立目的

本起案例因其复杂性被市场冠以"重大无先例"的说法,对涉及的各参与方都有着不同的意义。

对于城投控股而言,通过本次方案可达到两个目的:第一,吸收合并阳晨B股,将城市污水处理业务进行整合,解决了其与阳晨B股之间的同业竞争问题;第二,通过分立实现环境业务板块整体独立上市,实现了业务的分离,有利于各不同板块的业务的价值发现。房地产业务因为行业的特殊性,受国家调控的影响一直较大,进而带来融资等多方面问题,而环境业务现处于朝阳阶段,相关技术的研发需要大量资金和技术投入,城投控股分立前较大部分收入来自房地产行业,会影响市场对于其环境业务的价值判断,此举正好可以解决相关问题。

对于阳晨B股而言,随着资本市场的发展,B股已逐渐失去正常的融资功能,且其交易价格也丧失了实际价值,对阳晨B股的未来发展极其不利。B股作为历史遗留问题,很多公司和监管层都一直在寻找妥善的处理办法,虽有公司已成功解决B股问题,但使用路径未被推广,通过本次分立可有效解决该问题,不失为一次全新的尝试。

总体而言,从股东角度来看,本次分立方案兼顾了A股和B股股东的共同利益,从公司发展角度来看,达到了业务分割、资源整合的目的,真正达到了一举多得的效果。

(二) 案例具体内容

城投控股分立方案交易报告书皆是按相关法律法规或者行业要求编制,以下仅就分立方案中涉及的资产、负债及权益的划分原则做详细介绍。

资产划分,完成吸收合并后的环境集团全部资产,作为分立后新上市公司的全部资产,剩余其他资产归于存续的原上市公司城投控股。

负债划分,根据"负债随资产及业务划分"的原则,不能确定归属则先按照友好协商原则解决,仍不能划分则按照分立后两上市主体截至 2015 年 3 月 31 日经审计的备考归属于母公司所有者权益的比例划分(0.782 637∶0.217 363)。

权益划分,分立完成后两个上市公司归属母公司的股东权益之和等于分立实施前城投控股(吸收合并后)归属母公司的股东权益,两者间的划分比例按照分立后两公司截至 2015 年 3 月 31 日经审计的备考归属于母公司所有者权益的比例(0.782 637∶0.217 363)。股本的划分完全按照权益划分的标准,除股本后其余所有者权益计入资本公积。

## 三、分立结果

本案例于 2015 年 6 月提出方案,到 2016 年 1 月获批,再到 2016 年 10 月获正式批文,最终 2017 年 3 月 31 日完成分立上市,新股上海环境与原股城投控股一起登录 A 股市场。

由交易报告书披露的模拟财务报表来看,分立之后城投控股的资本结构不大,对原上市公司影响并不太大,如表 5 所示。

表 5 分立前后城投控股资本结构对比

| 项目类别 | 交 易 前 | | 交 易 后 | |
| --- | --- | --- | --- | --- |
| | 金额(万元) | 占总额比(%) | 金额(万元) | 占总额比(%) |
| 流动资产 | 2 307 242.21 | 52.65 | 2 168 033.02 | 62.21 |
| 非流动资产 | 2 074 698.99 | 47.35 | 1 317 232.30 | 37.79 |
| 资产合计 | 4 381 941.20 | 100.00 | 3 485 265.31 | 100.00 |

(续表)

| 项目类别 | 交易前 | | 交易后 | |
|---|---|---|---|---|
| | 金额(万元) | 占总额比(%) | 金额(万元) | 占总额比(%) |
| 流动负债 | 1 142 659.87 | 49.34 | 959 047.85 | 52.39 |
| 非流动负债 | 1 173 370.92 | 50.66 | 871 654.72 | 47.61 |
| 负债合计 | 2 316 030.78 | 100.00 | 1 830 702.57 | 100.00 |

资料来源：城投控股公司《控股吸收合并及分立上市暨关联交易报告书》

由交易报告书披露的模拟财务报表来看，分立形成的上海环境的资本结构较为稳定，如表6所示。

表6 分立后上海环境财务状况

| 项目类别 | 2015-12-31 | | 2014-12-31 | | 2013-12-31 | |
|---|---|---|---|---|---|---|
| | 金额(万元) | 占总额比(%) | 金额(万元) | 占总额比(%) | 金额(万元) | 占总额比(%) |
| 流动资产 | 178 161.76 | 16.30 | 216 325.70 | 21.98 | 140 395.67 | 16.88 |
| 非流动资产 | 915 156.58 | 83.70 | 767 895.80 | 78.02 | 691 301.24 | 83.12 |
| 资产合计 | 1 093 318.34 | 100 | 984 221.51 | 100 | 831 696.91 | 100 |
| 流动负债 | 220 949.19 | 39.03 | 148 995.89 | 30.16 | 114 005.29 | 30.28 |
| 非流动负债 | 345 162.57 | 60.97 | 345 019.94 | 69.84 | 262 498.64 | 69.72 |
| 负债合计 | 566 111.75 | 100 | 494 015.83 | 100 | 376 503.93 | 100 |

## 四、分立案例对比

目前我国二级市场上发生的上市公司分立案例屈指可数，2010年东北高速在三大股东均不愿放弃上市公司控制权的情况下创新性地选择采用分立这一方式来解决大股东之间恶意抗衡导致的经营治理问题，开启了我国上市公司分立的先河。时隔5年，城投控股公布了"合并＋分立"的重组方案，历时约3年最终成功。然而与城投控股同年，2015年9月宣告分立的建发股份却没有那么幸运，在分立公告一年后公司宣布分立终止，并同时经历了股价的连续跌停，对公司和广大股东造成了不小的损失。以下分别从分立类型、原因、概况、方案和结果5个方面对已有的3起案例进行对比分析，详见表7。

表7 分立公司对比表

| | 东北高速 | 城投控股 | 建发股份 |
|---|---|---|---|
| 分立类型 | 解散分立 | 存续分立 | 存续分立 |
| 分立原因 | 解决大股东内部斗争 | 解决B股问题；解决同业竞争 | 业务划分以实现专业化经营管理 |
| 分立概况 | 原上市公司东北高速分立为龙江交通和吉林高速,分别上市,原上市公司依法注销 | 原上市公司城投控股先进行了合并,其全资子公司环境集团吸收合并由城投集团控股的阳晨B股,合并完成后将环境集团划分出去并变更为股份有限公司谋求上市 | 原上市公司建发股份根据业务划分,供应链运营业务保留在原上市公司中,新设建发发展承继房地产业务以谋求上市 |
| 分立方案 | (1)资产及主营业务根据属地原则划分<br>(2)负债划分总体根据"负债随资产划分"原则,部分负债划分需结合历史、地域原因,不能确定归属则平均分配<br>(3)公司股份及股权比例,分立形成的两公司与原东北高速相同 | (1)环境集团全部资产作为分立后的新环境集团的全部资产,剩余其他资产归于存续的原上市公司城投控股<br>(2)负债划分根据"负债随资产及业务划分"的原则,不能确定归属则按照分立后两上市主体截至2015年3月31日经审计的备考归属于母公司所有者权益的比例划分<br>(3)权益按照分立后两公司截至2015年3月31日经审计的备考归属于母公司所有者权益的比例划分 | (1)资产按业务分别划入分立后的建发股份和新设的建发发展<br>(2)负债划分根据"负债随资产及业务划分"的原则<br>(3)实施10股转增9股送红股1股并现金分红0.15元的分红转增方案,股份及股权比例,分立形成的两公司与原建发股份相同 |
| 分立结果 | 成功,具体参见图1 | 成功,具体参见图2 | 失败,具体参见图3 |

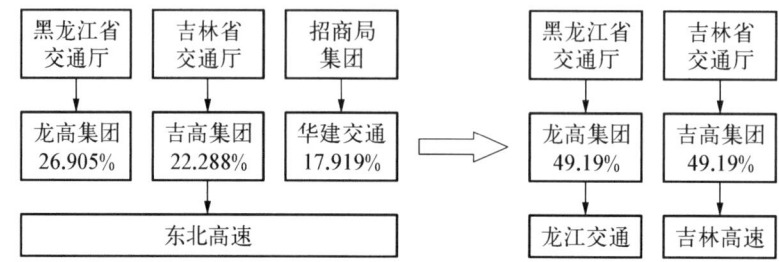

图1 东北高速分立前后结构对比图

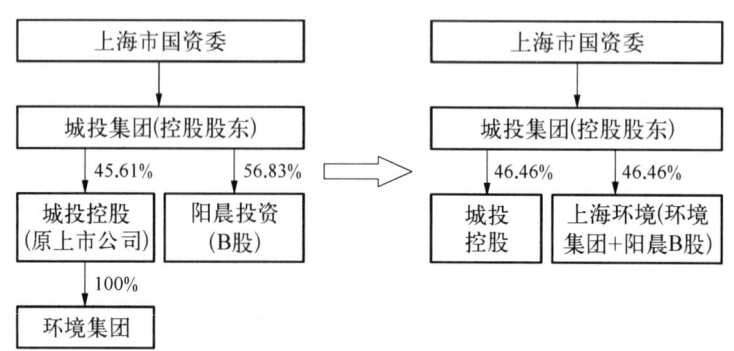

图2 城投控股分立前后结构对比图

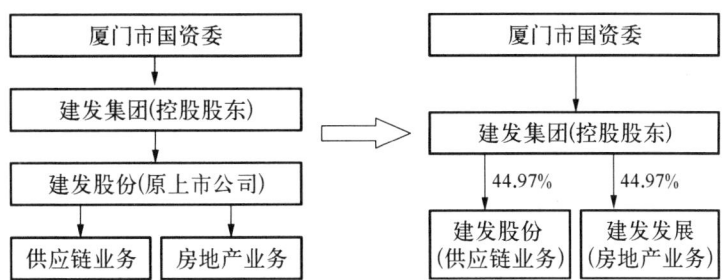

图3 建发股份分立前后结构对比图

综上可知,相似的国企背景,合理的资产、负债、权益的划分依据以及分立原因根据,却产生了两起成功一起失败的经济结果,个中反映的问题值得深思。

## 五、问题讨论

(1) 总结有哪些一般性的分立动因。
(2) 对资本运作后进行业绩评价的一般性指标有哪些?
(3) 探讨分立能否真的解决企业多元化带来的问题。
(4) 从制度建设层面出发,可以从哪些方面建设我国的分立上市制度?

(执笔人:蔡陈;指导老师:王晶晶)

# 宝能何以撬动万科？
## ——从万科股权之争看我国上市公司内部治理问题

**适用课程：** 内部控制理论与实务　财务报表分析

**编写目的：** 公司的内部治理结构是现代企业制度的核心内容，其是否合理对企业的绩效有着重要的影响。良好的内部治理对于促进企业的股权结构优化，增强企业的内部控制，降低企业代理成本，增强企业核心竞争力，提高经营业绩，实现企业的可持续发展有着不可替代的作用。同时，财务报表的分析能够反映企业的财务状况和经营成果，从而更好地反映企业价值，因此对于股票价值以及股权结构的分析也成为研究公司内部治理的重要部分。备受瞩目的"宝万之争"中相关公司的体量之大、牵扯关联方之多、情节之波折使这场股权之争成为21世纪以来公司收购与反收购的经典案例，为课程教学案例提供了良好的素材，而其中折射出来的公司治理、公司机构设置、公司法等规章制度完善、金融市场规范等问题都将成为我们课堂中研究的重点。

**知　识　点：** 企业内部控制　财务管理

**关　键　词：** 上市公司　内部治理　股权之争

**案例摘要：** 从2015年开始的万科集团股权纷争引起了社会各界的广泛关注，近两年的时间中事件不断反转，牵扯的势力不断增加，甚至包括中央国资委、地方国资委以及地方政府。本案例将整个纷争分为4个阶段，还原事件的发展历程；从公司治理的角度出发，对万科在股权之争中各个阶段的事件进行概括性阐述；对在案例中体现出的公司治理的问题进行剖析，以期研究宝能系能够轻易拿下万科大股东的原因，并希望能借这次股权之争的契机为完善我国上市公司治理、提高公司的反收购意识提供经验及借鉴。

## 一、引言

从20世纪90年代初以来,我国资本市场在不断摸索中逐步走向成熟,透明度与自由度越来越高,特别是近年来企业业务扩张和竞争日益激烈,公司经营业务的复杂性、动态性日益加大,公司并购、重组等业务发展迅猛,资金量日益增多。在公司所有权与控制权进一步分离的大背景下,各种资本大鳄层出不穷,各路金融好手、险资机构、股市投资者对我国的上市公司优质资产垂涎欲滴。在经过了2015、2016两年资本市场股权争夺的风起云涌后,证监会保监会终于紧急出手,叫停了各路资本的下一步动作,着手规范市场中的资本机构投资者并拯救摇摇欲坠的公司治理。自2015年7月起,宝能系动用巨额杠杆资金数次举牌地产行业龙头公司万科的股票,以王石、郁亮为代表的万科管理层对此做出了强烈反应,继而引发了一场旷日持久也备受瞩目的"宝万之争"。相关公司的体量之大、牵扯关联方之多、情节之波折使这场股权之争成为21世纪以来公司收购与反收购的经典案例,而其中折射出来的公司治理、公司机构设置、公司法等规章制度完善、金融市场规范等问题都将是学者们研究的重点。对此郑志刚教授认为进入分散股权时代的中国资本市场,股东应真正成为公司治理的权威,保护投资者的根本利益。资本市场近期频频发生的机构投资者对上市公司发起的接管威胁切实地反映出我国上市公司公司治理方面存在的诸多问题,这为我国证监会和上市公司共同努力改善上市公司内部治理机制提供了良好契机,同时也为我们对公司收购与反收购的研究提供了不可多得的机会。

## 二、案例背景

### (一) 公司简介

**1. 万科企业股份有限公司简介**

万科企业股份有限公司(以下称为"万科"),成立于1984年,股票代码000002,公司总股本1 103 915.20万股,总部位于中国深圳,现任董事会主席、总裁为郁亮,董事会名誉主席为王石。

万科1988年迈入房地产行业,历经30载的成长,2016年公司首次跻身"世界500强"行列。截至目前万科总市值达2 086.4亿元,2016年净利润达210.23亿元,皆为行业第一名,是房地产行业当之无愧的龙头企业。房地产开发和物业服务是公司目前两个最核心的业务品种。近年来,围绕其城市配套服务商定位,在提升其核心业务的优势的基础上,万科不断加快拓宽业务的步伐。除了进军物流地产、商业地产、长租公寓等地产相关产业,万科还将公司业务拓展到了教育、养老、冰雪运动等其他行业。在多年的发展扩张中,万科建立起一套规范而有效的公司治理结构,形成了规范的董事会运作体系和股权结构,在股权危机爆发前,其公司治理结构一直为人称赞。其2017年7月25日董事会换届前董事会成员如表1所示。

表1 换届前董事会成员

| 姓 名 | 性别 | 年龄 | 学历 | 职 位 | 关 系 |
| --- | --- | --- | --- | --- | --- |
| 王 石 | 男 | 65 | 本科 | 董事会主席,法定代表人,董事 | 万科管理层 |
| 郁 亮 | 男 | 51 | 硕士 | 总裁,董事 | 万科管理层 |
| 乔世波 | 男 | 62 | 本科 | 董事会副主席,董事 | 华润代表 |
| 王文金 | 男 | 50 | 硕士 | 执行副总裁,董事 | 万科管理层 |
| 孙建一 | 男 | 63 | 大专 | 董事 | 外部董事(平安) |
| 陈 鹰 | 男 | 46 | 硕士 | 董事 | 华润代表 |
| 魏 斌 | 男 | 47 | 硕士 | 董事 | 华润代表 |
| 张利平 | 男 | 58 | 硕士 | 独立董事 | 黑石大中华区主席 |
| 罗君美 | 女 | 62 | 本科 | 独立董事 | |
| 华 生 | 男 | 63 | 博士 | 独立董事 | |
| 海 闻 | 男 | 64 | 博士 | 独立董事 | |

2. 宝能系简介

宝能系是一个涵盖了围绕宝能集团为核心的众多公司的资本集团,其中深圳市宝能投资集团有限公司是其主要核心。成立于2000年的宝能集团,注册资本3亿元,董事长为姚振华,他也是公司的唯一股东。宝能集团旗下涉及产业众多,主要包括以下五大板块:金融、文化旅游、现代物流、民生产业以及综合物业开发,下辖多家子公司,其中最主要的产业为宝能地产、钜盛华、前海人寿。这3家子公司2014年的净利润分别为1.79亿、2.9亿、17.38亿元。宝能系商业版图如图1所示。

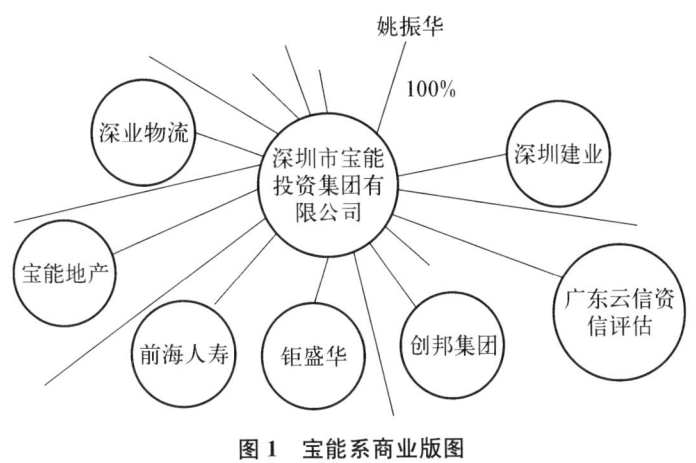

**图 1　宝能系商业版图**

## 三、案例回顾

**(一)"野蛮人"入侵与"白衣骑士"介入,"宝万之争"开幕**

万科股权之争始于 2015 年 7 月 10 日,宝能系通过其绝对控股的保险公司前海人寿首次举牌,在股票二级市场逐步购进万科 A 股达 5.52 亿股,占万科公司总股本的 5%。表 2 为万科 2015 年 6 月 30 日前十大股东及其持股比例,我们可以看到万科第一大股东华润也只占 14.91% 的股份,股权结构相当分散,在二级市场内流通的万科股票数量巨大。同时在万科庞大的规模和良好的业绩背后,万科股票价格依然保持在较低的水平,在经过了 2015 年的牛市以及股灾之后万科的股票价格并未有大幅度的变化,仍然维持在 13—15 元/股的价值区间内,因此,面对如此诱惑美味的万科,宝能系打起了自己的算盘。

**表 2　2015 年 6 月 30 日万科前十大股东及其持股比例**

| 股　东　名　称 | 持股比例(%) |
| --- | --- |
| 华润股份有限公司 | 14.91 |
| HKSCC Nominees Limited | 11.92 |
| 国信证券-工商银行-国信金鹏分级 1 号集合资产管理计划 | 4.14 |
| GIC Private Limited | 1.38 |
| 刘元生 | 1.21 |
| Merrill Lynch International | 1.12 |

(续表)

| 股 东 名 称 | 持股比例(%) |
|---|---|
| 中国人寿保险股份有限公司-分红-个人分红-005L-FH002深 | 0.87 |
| 万科企业股份有限公司工会委员会 | 0.61 |
| 中国人寿保险(集团)公司-传统-普通保险产品 | 0.57 |
| UBS AG | 0.54 |

仅仅间隔半个月,宝能系通过其旗下前海人寿以及钜盛华再度举牌万科。2015年8月26日,宝能系的增持毫不停歇,第三次举牌万科,首次成功超过原第一大股东华润,万科第一大股东的位置就此换人。而在这次"野蛮人"敲门的背后,原大股东华润一直持有的暧昧态度耐人寻味,在万科管理层的数次求援后,也仅在9月初做出0.38%的象征性增持,暂时性地重新回归第一大股东之位。不久之后的12月6日,迎来了宝能系的第四次举牌,这次增持后,宝能系以高达20%的总持股比例稳居第一大股东的位置。

在宝能系的步步紧逼和华润的模棱两可的立场下,2015年12月7日,安邦保险进入战局。经过11天的高位增持后,安邦持股万科比例升至7.01%,并随后发声表示支持万科管理层,被认为是万科请来的"白衣骑士"。对于宝能系的增持,王石在12月17日公开表态不欢迎宝能。而宝能系则对此回应"相信市场的力量",同时面对"白衣骑士"的介入也毫不示弱,继续增持,到12月18日,宝能系总持股比例升至24.26%,平均持股成本约为16.7元/股。当天下午,公司发布重大资产重组公告,其A股和港股同时停牌,宝能和万科的争夺之战短暂地落下帷幕。表3为万科2015年12月31日前十大股东及其持股比例情况。

表3 2015年12月31日万科前十大股东及其持股比例

| 股 东 名 称 | 持股比例(%) |
|---|---|
| 华润股份有限公司 | 15.23 |
| HKSCC Nominees Limited | 11.90 |
| 深圳市钜盛华股份有限公司 | 8.38 |
| 国信证券-工商银行-国信金鹏分级1号集合资产管理计划 | 4.14 |
| 前海人寿保险股份有限公司-海利年年 | 3.16 |
| 中国证券金融股份有限公司 | 2.99 |

(续表)

| 股　东　名　称 | 持股比例(%) |
|---|---|
| 招商财富-招商银行-德赢1号专项资产管理计划 | 2.98 |
| 安邦财产保险股份有限公司-传统产品 | 2.34 |
| 安邦人寿保险股份有限公司-保守型投资组合 | 2.20 |
| 西部利得基金-建设银行-西部利得金裕1号资产管理计划 | 2.04 |

(二)华润几度变脸,呛声万科,引发"华万之争"

在宝能系大举入侵的情况下,作为万科16年之久的大股东华润并未有具体的表示。在万科管理层数次求援下也只是在宝能系第三次举牌超越其所持股份时才象征性地在二级市场花费不到5亿元买入0.38%的股份重新拿回第一大股东的地位,同时在宝能系随后的收购中未作出任何应对措施,眼睁睁看着自己潜心支持16年的优秀企业落入他人之手。华润否决了万科提出的向华润定向增发股份或与其旗下华润置地进行资产组合等应对措施的提议,但对万科随后提出的寻求其他国资方重组的方案未表示不同意见。2016年3月12日,万科与深圳地铁达成初步合作意向并签署合作备忘录,3月17日,对于万科与深圳地铁的重组预案,万科董事全票通过,华润未表示不同意见。而在3个月后的6月17日,事情发生了戏剧性的转折:华润的3名董事代表对万科与深圳地铁的重组具体方案投出了反对票,同时独立董事张利平表示回避,重组方案以7/10的比例获得通过,但华润方却对方案通过的合法性提出了质疑,并引发了第一次大规模的口水战。

2016年6月23、24日,华润与宝能携手作战,否决深圳地铁的重组计划,并抨击公司是"内部人控制"的企业。宝能系于6月26日提请罢免万科所有董事。次日,华润与宝能继续携手,否定了公司2015年度董事会监事会报告。"华万之争"进入高潮。

华润、宝能的联手行为引发了高层的关注。2016年6月27、28日,深交所向宝能系以及华润下发了关注函和问询函,随后国资委勒令华润方面"闭嘴",命令华润对万科事件的发声需经过国资委同意。6月30日,华润发声,对宝能系的罢免案提出异议,对万科董事会的罢免提案被否决,由此华润与万科管理层关系趋于缓和,双方在某些观点上达成一致,7月4日,万科复牌。

(三)峰回路转,恒大强势介入,"恒万之争"开场

在持续了近一年的"宝万之争"与"华万之争"后,各方的博弈还未平息,万科复牌不到一个月,新买家恒大正式登场。2016年8月4日,恒大通过恒大人寿的万能险业

务筹资购入万科A股5.17亿股,占比4.68%。经过多次增持,到11月30日,恒大耗资约363亿元,累计持有公司股份15.532亿股,持股比例升至14.07%,其平均持股成本高达23.35元/股。万科控制权花落谁家再次有了悬念。12月初,一向态度中立的证监会、保监会突然发声痛批并出手整顿"野蛮人",前海人寿、恒大人寿的万能险业务因此被叫停并遭到处罚。2016年12月30日万科前十大股东及其持股比例如表4所示。随后,在2017年1月13日,恒大表示不对万科增持,不当万科控股股东,服从政府的一切安排,对万科的重组方案鼎力支持。并于3月17日将万科股票表决权全部让渡深圳地铁,随后于6月10日以巨亏70亿元的代价将万科全部股票出让给深圳地铁,恒大的介入就此告一段落,深圳地铁公司持有万科绝对多数的股票,准备迎接万科董事会新一轮的改选。

表4 2016年12月30日万科前十大股东及其持股比例

| 股　东　名　称 | 持股比例(%) |
| --- | --- |
| 华润股份有限公司 | 15.24 |
| HKSCC Nominees Limited | 11.91 |
| 深圳市钜盛华股份有限公司 | 8.39 |
| 广州市欣盛投资有限公司 | 4.77 |
| 国信证券-工商银行-国信金鹏分级1号集合资产管理计划 | 4.14 |
| 前海人寿保险股份有限公司-海利年年 | 3.17 |
| 招商财富-招商银行-德赢1号专项资产管理计划 | 2.98 |
| 安邦财产保险股份有限公司-传统产品 | 2.34 |
| 中国证券金融股份有限公司 | 2.25 |
| 安邦人寿保险股份有限公司-保守型投资组合 | 2.21 |

(四)各方休战,深圳地铁掌握话语权,"万科之争"结局将至

自2016年3月深圳地铁与万科从最初达成重组的合作意向开始,其重组的道路可谓一波三折,直至2016年12月19日,这一重组事项宣告中断。在深圳市政府以及国资委的主持下,国资方互相之间做出了妥协。

2017年1月12日,华润签署让渡协议,将其所持15.31%的万科股份以22元/股的价格让渡深圳地铁,交易额达371.71亿元。由此,虽然有失作为国企的体面,但也算赚得盆满钵满,华润正式退出万科的股权争夺,深圳地铁摇身一变,变成了公司的第二大股东。

2017年3月17日,深圳地铁再次收获了恒大所持全部万科股票表决权,并随后于6月10日以292亿元购入恒大所持的万科14.07%的全部股票。到此为止,深圳地铁对万科的表决权已经达到29.42%。在万科董事会改选之前稳稳拿下了万科第一大股东的位置,深圳地铁的表决权将决定这场长达两年的股权争夺战的最后结局。

表5 2017年9月30日万科前十大股东及其持股比例

| 股东名称 | 持股比例(%) |
| --- | --- |
| 深圳市地铁集团有限公司 | 29.42 |
| HKSCC Nominees Limited | 11.93 |
| 深圳市钜盛华股份有限公司 | 8.40 |
| 国信证券-工商银行-国信金鹏分级1号集合资产管理计划 | 4.15 |
| 前海人寿保险股份有限公司-海利年年 | 3.17 |
| 招商财富-招商银行-德赢1号专项资产管理计划 | 2.99 |
| 安邦财产保险股份有限公司-传统产品 | 2.34 |
| 安邦人寿保险股份有限公司-保守型投资组合 | 2.21 |
| 西部利得基金-建设银行-西部利得金裕1号资产管理计划 | 2.05 |
| 前海人寿保险股份有限公司-聚富产品 | 1.98 |
| 合计 | 68.64 |

## 四、小结

在万科集团股权争夺的整个过程中,我们可以发现即使体量之大如房地产的龙头万科,在面对比它规模小得太多的宝能时却显得手足无措,其第一大股东地位被轻易夺走。这不禁引发我们对其被收购风险的应对能力的质疑。此事件也是对大规模公司的一种启示:在面对恶意收购和管理权利争夺时,是否已有后续准备去面对对方的各种举措?

除了面对突发事件的紧急应对措施,万科在面对宝能系强有力的买进卖出时的反应颇失"大家风范",曾数次公开发表语气强硬的声明反对。然而,上市公司的股权买卖本应是纯粹的市场行为,在交易中,只要在遵守市场规则的前提下,任何买方就应该是平等的。万科的激进做法是为了让公司赢得更多关注和曝光,还是在欠准备的情境下的鲁莽之举,我们不得而知。

设想假如宝能成功坐稳万科集团第一大股东之位,在花了如此大成本和代价的情况下,在已经成为经济利益共同体的情况下,将万科做空或转移其财富的操作可能性其实又能有多少?这其中反对的声音是否能反映万科其余股东的意愿,还是以王石为首的管理团队的一厢情愿?这也是我们应该思考的。

此外,就大股东华润而言,万科管理层与大股东之间的沟通配合显然存在着很大的问题,在面对万科被收购时华润却表现出无动于衷,并在随后联合"野蛮人"对万科管理层进行了否定。这其中万科在处理与大股东之间的关系方面显得非常不成熟,逐步使自己公司治理结构一直赖以生存的股权环境渐渐恶化。因此,万科管理层与大股东之间应保持什么样的关系,成为我们下一步思考的问题。

我们还应该看到在此场争夺中的另一利益关联体,也就是中小股东。管理层为了阻止宝能系的收购,曾停牌数月,导致各种追高的散户被套牢,丝毫未将中小股东的利益考虑在内。所以万科的股权纷争也折射出中小股东在资本市场的"委屈"地位,本应是公司真正主人的他们却诉说无门。在互联网、大数据不断发展的今天,是否能利用这些技术和公开透明的信息为中小股东建立有效的权益维护工具以保障他们的权利,也帮助市场和投资规范化呢?不论是监管层或是上市公司自身都应该对此有所思考,借这次机会完善我国上市公司的内部治理体系,促进我国资本市场的持续健康发展。

## 参考文献

[1] 马广奇,王欢.万科股权之殇:与阿里巴巴合伙人制度的比较[J].经济管理,2016(11).

[2] 周敏."宝万之争"引发的思考[J].沪港经济,2016(2).

[3] 雷亚云.王石的战斗:从"宝万之争"到"华万之争"[J].金融天地,2016(7).

[4] 蒋雪.从宝万之争看中国公司治理的发展及实践[J].商场现代化,2017(1).

[5] 马传刚.万科董事会的神秘"配角"[J].董事会,2016(8).

[6] 姚远.浅析企业的敌意并购与反并购:以"宝万之争"事件为例[J].西部财会,2016(5).

[7] 简练.中国版"门口的野蛮人"来了:从"宝万之争"看中国上市公司公司治理发展趋势与对策[J].经济导刊,2016(2).

[8] 赵惠芳.基于万科公司个案的房地产企业发展战略[J].经营管理者,2013(32).

[9] 朱文彬,张良.恒大让渡万科股权表决权 深铁集团筹码反超宝能[EB/OL].(2017-03-17).http://finance.sina.com.cn/roll/2017-03-17/doc-ifycnikk0922799.shtml.

[10] 董亮.恒大再出手 持股万科比例已达14.07%[EB/OL].(2016-11-29).http://money.163.com/16/1129/21/C72O710L002580S6.html.

(执笔人:杨旭;指导老师:王晶晶)

# 融创中国收购绿城集团失败案的分析

**适用课程：**财务管理理论与实务　财务报表分析

**编写目的：**本案例旨在通过对融创收购绿城控制权之争的过程进行探讨，并对控制权争夺战给企业带来的经营业绩及财务状况变化进行分析，为类似企业的融资及收购行为提供相关的经验教训，努力避免企业出现控制权混乱的局面，减少企业控制权争夺战发生的概率。

**知 识 点：**控制权之争　收购失败

**关 键 词：**融创中国　绿城　控制权之争

**案例摘要：**融创中国于2014年5月22日发布公告宣布，将以63亿港元购买绿城约24.313%的股份，与九龙仓并列为绿城集团第一大股东。融创中国董事长孙宏斌成为绿城集团实际掌门人。11月19日，绿城集团创始人宋卫平免去了孙宏斌的大将田强的绿城总经理职务，掀开了控制权之争的序幕。最终，12月18日收购双方签署终止收购协议，宣告该收购事件失败。本案例以该收购事件为背景，探究融创收购绿城事件的发展过程、控制权冲突的起因与最终结果，并分析控制权争夺战给企业带来的影响，给类似企业的融资、收购提供借鉴经验。

随着资本市场的发展和企业竞争的加剧，公司间的并购交易也愈发频繁，通过并购交易使公司的资本结构得以改善，成为目前解决企业融资难、逃脱公司困境的一个重要选择。

但复杂的并购交易，尤其在令人眼花缭乱的控制权变动过程中，往往充斥着力量的博弈和利益的冲突，此时如果交易方违背市场经济的规则，就会事倍功半，甚至前功尽弃,导致失败的后果。以下将要讨论的融创中国控股有限公司(以下称为"融创中国")收购绿城房地产集团有限公司(以下称为"绿城集团")失败案就是一个值得深思的案例。

## 一、收购方融创中国简介

融创中国 2003 年成立于天津,专业从事住宅及商业地产综合开发。融创中国坚持区域聚焦和高端精品发展战略,在京、津、沪、渝、杭等地拥有众多处于不同发展阶段的项目,产品涵盖高端住宅、别墅、商业、写字楼等多种物业类型。现任董事长孙宏斌是公司第一大股东,占公司 53.22% 的股权。

融创中国以天津为基地开始操作高端物业项目,2004 年进入重庆、无锡市场,开始拓展公司业务。2007 年引入国际战略投资者雷曼、鼎晖及新天域,三者成为融创中国股东。2010 年 10 月 7 日,成功登陆香港联交所主板市场,标志着公司正式迈向国际资本市场。2011 年获得第十九届中华建筑金石奖"卓越品牌企业类——大陆地区高端地产卓越企业"。2012 年位于中国房企成长速度排行榜榜首。2014 年收购绿城集团,但以失败告终。

## 二、被收购方绿城集团简介

绿城集团成立于 1995 年,创始人为宋卫平。绿城集团是国内知名的房地产企业之一,专注开发系列城市优质、高端房产品,具有国家一级开发资质,总部设在浙江省杭州市。2000 年,绿城集团开发了第一个商业地产项目——黄龙世纪广场,在杭州市场的占有率达 15%,基于此基础,公司开始采取对外扩张战略。2002 年绿城集团作为"浙江兵团"的领军企业带头冲击上海市场与北京市场,也拉开了进军全国市场的序幕,2007 年绿城集团在港交所上市并开始加快国际化进程。2014 年,绿城集团因为资金链问题以及与融创中国之间发生的控制权之争等种种因素,最后被中国交通建设集团收购。

## 三、融创中国收购绿城集团的过程

(一)收购起因

1. 资金链与债务危机

绿城集团自成立以来,其较高的资产负债率一直受到诟病。特别在绿城集团实施全国扩张战略以后,资金链开始出现明显缺口,宋卫平高杠杆率赌发展的激进发展战略的后遗症开始显现。当时绿城集团通过信托形式内部融资、战略合作方式融资、积极筹划上市融资以及海外融资这4种融资方式成功渡过危机,并保证了集团进一步发展。2008年的全球金融危机使绿城集团再次陷入严重的资金链断裂危机中。其净资产负债率较2007年增加了50%,首次突破1达到了140%。随着融资早期的注入与房地产市场的回暖,绿城集团再次幸运地安全渡过此次危机,并于2009年大幅提高其运营效率,销售业绩也呈爆发式增长。

2. 限购限贷调控政策使房地产行业急剧降温

可是自从2010年限购限贷调控政策施行以来,以高端住宅为主要产品的绿城集团遭遇寒冬。调控政策限制了绿城集团目标客户的购买资质,而民营经济的持续萎靡则使得这部分人的购买能力受限。绿城集团的产品60%以上是企业主购买的,另外40%为事业和各类管理机构,包括央企、国企里面的从业人员购买。他们的购买力在2010—2011这两年里已下降了起码2/3。面对这些情况,宋卫平相继卖项目、卖股权自救。可情况并没有好转,2011年下半年起绿城集团遭遇了资金链紧张的情况,持续走高的总借贷额拉升了净资产负债,其6月净资产负债率高达163%,在当时地产界已属高位。而高额负债也带来了高额的偿债利息,绿城集团每年需为此支付的大量利息成为即将压垮绿城集团的最后一根稻草。在命悬一线之际,融创中国及SOHO中国及时出手,收购了绿城集团手中多个项目,为其注入大量资金。2012年6月,融创以33.72亿元收购绿城集团9个项目半数股权,融创中国和绿城集团随即建立战略合作关系,并成立上海融创绿城控股有限公司,双方各占50%的股权,共同投资开发房地产项目。可绿城集团的寒冬仍未过去。同年6月8日,绿城集团和九龙仓达成认购协议及投资协议,获得九龙仓近51亿港元资金入股。在8月完成配发后,九龙仓持有绿城集团股票约5.2亿股,占总股本24.6%,成为绿城集团第二大股东。

3. 融创中国势头良好,助力绿城集团渡过难关

在与融创中国、九龙仓进行战略合作之后,绿城集团改变策略,开始与这两家企业合作拿地,变割肉卖地为买地。此外,绿城集团发挥长年以来深耕高端物业品质及服务在业内外享有的良好口碑优势,并结合融创中国在营销管理和资本运作等方面的强项,双方强强联手,进一步扩大企业战略布局并在控制负债率和资本支出的前提下为集团创造新的市场和利润空间。2006—2014年度绿城集团负债情况如表1所示。

表 1　绿城集团 2006—2014 年度负债情况表

| 年　度 | 净资产负债率(%) | 利息支出(亿元) | 总负债(亿元) |
|---|---|---|---|
| 2006 | 73.7 | 3.65 | 73.72 |
| 2007 | 88.2 | 7.32 | 117.54 |
| 2008 | 140 | 13.86 | 161.18 |
| 2009 | 105.1 | 18.53 | 248.61 |
| 2010 | 13.2 | 26.62 | 340.47 |
| 2011 | 148.7 | 35.53 | 321.12 |
| 2012 | 49 | 34.81 | 213.73 |
| 2013 | 60.1 | 24.31 | 305.12 |
| 2014 | 76.7 | 31.25 | 358.15 |

然而绿城集团的发展并未一路向好。2013 年开始绿城集团的总负债、净资产负债率又呈上升趋势。而 2014 年受到银行信贷紧缩、"钱荒"的影响,房企深陷资金链危机的现象频现。绿城集团同年 4、5 月的销售指标碰到严峻的挑战。4 月过去 1/3 之时,绿城集团当月的销售额只完成了计划的 9%。在绿城集团生死存亡之际,考虑到融创中国良好的发展势头,宋卫平决定将绿城集团约 24.31% 的股份卖给多次在患难中对自己伸出援手的好兄弟孙宏斌。

(二) 收购过程

2012 年 1 月 5 日,融创中国全资附属公司融创置地与绿城集团全资子公司绿城地产签订股权转让协议,绿城地产向融创置地出售湖滨置业 51% 股权,合计人民币 5 100 万元。尽管 5 100 万元对绿城集团这样一家年销售额五六百亿元的房企来说是杯水车薪,但融创中国这一举动,还是被业内认为是向处境艰难之中的绿城集团伸出援手。不到半年,绿城集团与融创中国又有了第二次牵手。2012 年 6 月 22 日,融创中国与绿城集团联合组建上海融创绿城控股有限公司,融创中国出资 33.72 亿元,绿城集团则以上海、天津、无锡、苏州、常州等地 9 个项目 50% 的股权,注入新的合营公司,双方各持股 50%。借助与绿城集团的合作,融创中国实现了大举布棋长三角的战略目标。正是有了绿城集团与融创中国这段蜜月经历,才让后来双方的收购交易有了合作基础。

考虑到绿城集团在高端房产物业领域积累的良好口碑和提供的优质服务再加上孙宏斌个人对宋卫平的敬意与惺惺相惜,融创中国打算收购绿城集团并以此为平台进军中高端房地产市场,同时将战略布局聚焦于长江三角洲区域。

2014 年 5 月 15 日,绿城集团和融创中国同时发布停牌公告,向市场发出融创中国拟收购绿城集团的信号。5月17日,宋卫平发布公开信,称将绿城集团的"掌舵"之位转交给融创中国董事长孙宏斌。

2014年5月22日,融创中国和绿城集团发布公告称双方已经订立了股权买卖协议,约定以目标公司绿城集团的账面净资产定价,融创中国将以62.98亿港元收购绿城集团24.313%的股份,与九龙仓并列为绿城集团的第一大股东,并且掌控公司经营。宋卫平退居公司第三股东。合同签订后不久,在绿城集团的年中重要工作会议中,绿城融创系班底亮相,孙宏斌派出融创中国高管田强担任绿城集团全资控股的绿城房产的总经理,陈恒六、郑甫担任副总经理,宣告着融创中国的管理团队正式进入绿城集团的管理层。融创中国人员进入绿城集团后,开始了大刀阔斧的改革,针对绿城积压的大量难以消化的大面积、高总价、长周期的房产库存,制定了"加速库存去化"战略。同年7月,融创中国向绿城集团支付了收购全款。8月24日,有媒体称香港证监会认为,在该并购案中,融创中国与宋卫平属于一致行动人士,合计持股超过30%。按香港《公司收购及合并守则》,已触发全面收购要约条件,融创中国如需完成并购,则必须提出全面收购要约。这意味着孙宏斌须拿出近200亿港币的资金。面对如此庞大的资金压力,孙宏斌当时坚称收购交易一定会进行。随后,孙宏斌和宋卫平又都否认其为一致行动人,暂时使该消息的影响消退。

在融创中国团队全面进驻绿城集团后,绿城集团的销售业绩迅速好转。绿城集团2014年7—11月销售同比增长56%,增速超过大多数房地产20强企业。同年前10个月,绿城集团共实现销售回款584亿元,已完成全年计划目标的89%,其中仅10月单月销售额就高达159亿元。

1. 控制权之争概述

(1) 开端——融创中国高管质疑宋卫平运营策略。

2014年10月底,市场传出宋卫平有意回归绿城集团的消息。就此开始,融创中国、绿城集团双方开始了反复的谈判和两方阵营的舆论战。绿城房产总经理田强曾发内部信,指出绿城集团存在1 000亿元大面积、高总价、长周期的难去化库存,并表示相当比例的项目产品成本远高于市场标准,成本远超市场售价的承载能力,剑锋直指前几年宋卫平掌控下绿城集团运营策略出现的问题。该信引得宋卫平勃然大怒。同年11月绿城集团董事长宋卫平突然向融创中国表示要终止此次收购交易并于2014年11月9日签发免职令,免去孙宏斌得力干将田强绿城房产总经理职务,改由宋卫平旧部应国永暂代这一职。此事一出,不仅让并购案"悬而未决",也让宋卫平和孙宏斌两人关系变得更加紧张。对于绿城集团控制权的争夺,双方也由暗斗转向明争。

(2) 发展——融创中国终止收购行为。

2014年12月19日,融创中国和绿城集团发布公告,表示由于双方对于目标公司的经营理念有较大分歧,签署终止协议,绿城集团相关方需于2015年2月12日中午12点前偿还全部净额。12月29日,融创中国发布公告披露,截至公告当日,绿城集团已向融创中国悉数偿还款项合计62亿港元,即终止协议项下拟支付的全部代价净额及其应计利息,股份抵押亦已获解除。

而绿城集团于同年12月23日宣布央企中国交通建设集团(以下称为"中交集团")以总价60.13亿港元收购绿城集团24.288%股份,与九龙仓成为并列第一大股东。交易完成后,中交集团将向绿城集团派遣部分董事和高级管理人员,参与绿城集团的管理。

(3) 风波又起——"融绿平台"归属问题引发争端。

事情并没有到此结束。宋卫平本有意将上海融创绿城控股有限公司所有股权转让给融创中国,可遭到了另一大股东九龙仓的强烈反对。由于该"融绿平台"的归属问题还未明确,融创中国、绿城集团双方2015年1月起就围绕着"融绿平台"的归属权问题轮番发布公告争执不休。

(4) 结局——融创中国、绿城集团收购分裂事件终止。

直至2015年5月5日,融创中国、绿城双方洽谈完毕并发布公告,明确划分了"融绿平台"资产的归属。公告称,绿城集团回购黄埔湾、北京御园和杭州之江壹号3个项目,上海"融绿平台"归属融创中国。至此,从2014年持续到2015年的融创中国、绿城集团收购分裂事件画上终止符。整个收购事件历程如图1所示。

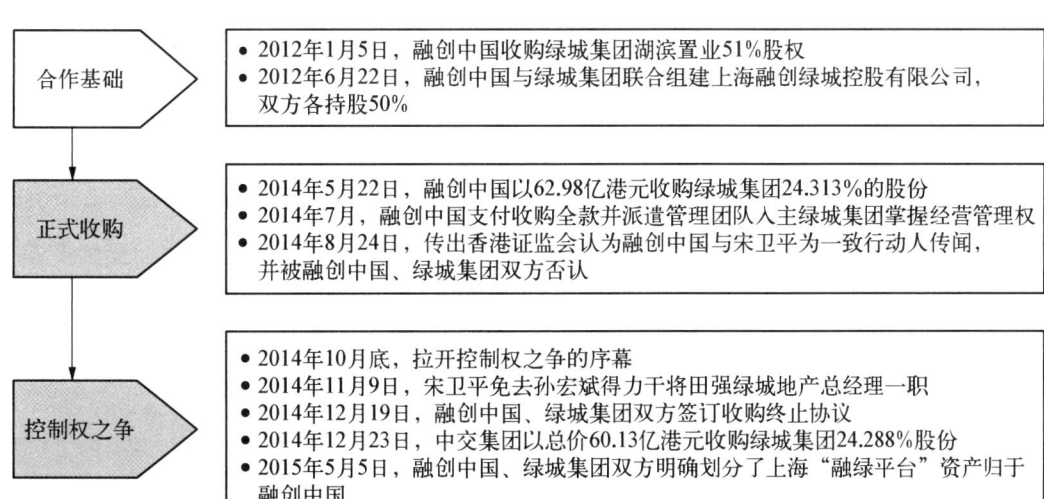

**图1 收购事件历程**

## 2. 控制权之争对企业的经营业绩与财务状况影响

在不断的谈判和舆论战之中,融创中国和绿城集团的销售在2014年11月都受到影响。11月单月融创中国的合同销售金额为72.3亿元,同比增长了7%,却出现了11%的环比下滑,而这也是融创中国销售额近5个月的首次环比下滑。

绿城集团经营业绩及财务状况则急速跌入谷底。其销售收入迅速下滑,11月单月销售额98亿元,虽然较去年同期上涨44%,但出现了环比38%的下滑,这也是绿城集团自2014年7月以来首次出现销售金额环比下滑。此外,绿城集团年度净利润较2013年的59.9亿元减少46.4%,销售毛利率也持续下降,且降幅为近5年来最大,高达17.25%。绿城集团2010—2014年盈利状况如表2所示。

表2 绿城集团2010—2014年盈利水平统计表

| 年度 | 净利润(亿元) | 销售毛利率(%) |
| --- | --- | --- |
| 2010 | 15.32 | 29 |
| 2011 | 25.75 | 32.6 |
| 2012 | 48.51 | 29.2 |
| 2013 | 48.86 | 28.4 |
| 2014 | 20.72 | 23.5 |

而绿城集团在并购案上有失"诚信",2015年年底仍需支付30亿元左右的利息费用并向融创中国归还62亿元的融资款。其负债情况又一度恶化,净资产收益率、利息支出、负债总额再度呈上升趋势。绿城集团2012—2014年负债情况变化如图2所示。虽然中交集团财力雄厚,但无论是业界影响力还是产品营销能力,中交集团都远不如融创中国,而这正是绿城集团所欠缺的。

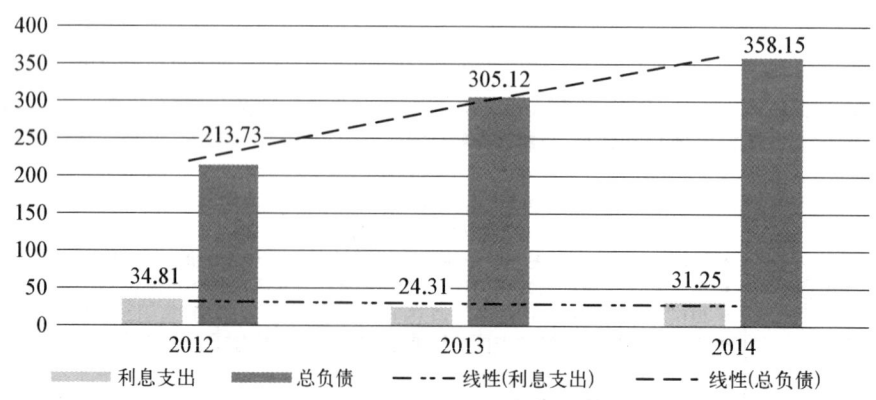

图2 绿城集团2012—2014年负债总额及利息变化图(单位:亿元)

3. 收购失败原因

(1) 经营理念冲突。

虽然绿城集团与融创中国均将产品目标定位于中高端房地产市场,但是两者团队的经营理念截然不同,这是导致收购失败的主要原因。宋卫平是一个有着理想主义情怀的管理者,注重房地产产品与物业服务的优质性,却忽略了营销的重要性。而孙宏斌与其融创中国团队有着狼性文化,执行力很强且十分注重营销策略。

融创中国入主绿城集团期间一改往日"重产品、轻营销"的风格,全力以赴控成本、促销售、提高销售收入、改善企业经营财务状况,却忽略了如何保持产品本身及服务的优质性。因此,在融创中国掌权期间,绿城房产遭到了不少业主关于房产质量及物业服务的投诉。

(2) 战略定位冲突。

孙宏斌收购绿城集团后,为绿城集团的未来发展制定了新的战略,收缩三、四线城市的布局,聚焦一、二线精品城市。而这一战略定位与绿城集团原有的大举进军三、四线城市的定位大有不同。

针对以上种种经营管理理念与战略理念的不同,绿城融创双方团队曾多次协商磨合,结果均不尽如人意。这也为日后收购的失败埋下了导火索。

## 四、结论

绿城集团因为资金链断裂问题而导致了严重的财务危机,并将24.31%的股权与集团经营管理权转让给融创中国,以获得大量资金。在融创中国执掌绿城集团的短短100多天时间内,改变了绿城集团的战略模式使得绿城集团的销售收入及财务状况迅速好转,可经营管理理念的不同却最终导致了收购的失败。

回顾整场收购,有江湖道义式的英雄相惜,有无数的口头承诺,有法律责任不清晰的商业合同,也有感情破裂后的相互指责,唯独缺少了对商业规则的尊重。根据2014年5月22日公告,融创中国要在绿城集团股票交割之后付全款,而双方的做法则是在7月提前支付全款,宋卫平也提前交出管理权,这已经涉及两家上市公司重大债务关系和管理权权限问题,而这在当时并没有任何公告,只是几个月后才进行补充公告。这一系列操作手法在商业股权并购中显然不是按照程序来做,缺乏违约条款,没有公告意识,导致此后的一系列纠纷。对于需要提高契约意识的企业家们来说,这无疑是一个重要的案例和课程。

## 五、问题讨论

（1）如何通过财务指标来评价控制权之争对绿城集团、融创中国的绩效影响？

（2）绿城集团与中交集团联手后将面临怎样的机遇与挑战？

（3）从监管层角度,试分析如何加强对企业收购行为的管理。

（执笔人：程谊宁；指导老师：李建华）

# 其他

QI TA

# 贝因美"伪高新门"补税案例研究

**适用课程：** 企业税收筹划

**编写目的：** 本案例研究企业"伪高新"骗取税收优惠后经监管机构撤销高新资格补税事件，目的在于使学生正确解读高新技术企业的税收优惠政策，学会系统思考防范"伪高新"乱象的发生。

**知 识 点：** 税收优惠　前期差错

**关 键 词：** 伪高新　研发费用　补税

**案例摘要：** 为激励更多企业加入创新投入，发展高新技术产业，国家相关部门对符合高新企业评判标准的企业进行认定，通过认定的各类企业可享受各类税收、人才、融资、上市等优惠。在利益诱惑面前，总有冒险逾矩者，一些不符合条件的企业"没有条件，创造条件也要上"，高新企业滥竽充数现象严重，贝因美就是其中之一。贝因美接连两次收到税务局的补税通知单，合计共补缴税款达8 000多万元，成为因"伪高新"而被追缴补税金额最高的案例。本案例通过对贝因美"伪高新门"补税事件的分析，结合"伪高新"现状，提出一些治理建议。

2008年的"三聚氰胺事件"让中国乳业元气大伤，中国婴幼儿配方奶粉市场品牌格局发生重大变化。当伊利、蒙牛等乳业不得不整改、进行自我"疗伤"之际，未被查出三聚氰胺的浙江贝因美科工贸股份有限公司（以下称为"贝因美"）得以在国内奶企中脱颖而出，并利用行业格局异军突起。

2008年9月18日贝因美创始人谢宏在接受《中国经济周刊》采访时提及中国乳业企业的发展，"当前中国乳业应该进行自我救赎，细分市场。目前中国婴童产品的市场规模在5 000亿元左右,主要产品需求量年增长率在50%以上,强大的市场规模需求给婴童食品用品生产及流通企业带来巨大的商机,未来的3—5年,中国婴童用品行业即将迎来发展的黄金期"。

## 一、贝因美简介

贝因美初创于1992年11月,是一家致力于婴童行业的专业化集团公司,经营范围涉及婴幼儿食品、用品生产、研发、销售以及妇幼保健、健康产业等。贝因美在浙江、吉林、黑龙江、广西、湖北、安徽等地建有产业基地,现拥有杭州、宜昌、敦化、安达、北海、淮南等6个生产基地。集团目前主营业务分为基础业务和零售特许经营业务两大领域:以0—12岁婴童为服务对象,全方位拓展婴幼儿食品、婴童用品、育婴咨询服务、生命科学、母婴保健、育婴工程和爱婴工程事业。公司基础业务自主研发、生产贝因美系列婴幼儿食品,共计100多个品种。零售特许经营业务主要从事婴童专业渠道拓展,以贝因美特国际连锁店为主导,经营0—12岁婴童与孕妇用品、食品、玩具和服装,从而发展全方位的婴童事业。

## 二、可行性商讨:高新技术企业申请资格

2008年1月1日施行的《中华人民共和国企业所得税法》规定,国家需要重点扶持的高新技术企业,减按15%的税率征收企业所得税。2008年4月14日,首个《高新技术企业认定管理办法》由科技部、财政部、国家税务总局印发,对高新技术企业的认定作了详细规定,明确了"凡通过高新技术企业认定的,其企业所得税可在三年内从25%减为15%"。

处于重要发展战略期的贝因美此时也正密切关注着政策,正如很多企业所想的那样,看到高新技术企业的税收优惠政策力度之大,此时,在贝因美公司高层会议上,一场激烈的讨论正在进行中。

在做完季度财务汇报以后,时任财务总监的周凯补充说道:"首批国家高新技术企业管理办法刚刚颁布,我们一直在密切关注,现在政策一出,是否该考虑申请高新技术企业了?高新技术企业的税收优惠和政策扶持力度对我们企业的发展会带来很大的便利。"董事长谢宏讲道:"关于高新企业申请我也在关注着,申请高新技术企业,

对我们公司来讲是很重要的机遇,我希望在座各个部门能全力协助公司高新技术企业申请工作,将政策研究出来以后制定可行性报告,看我们是否具备高新技术企业申请资格,如若达标,本月内尽快完成申报工作。"

在接下来的一个月里,各部门积极配合公司的高新技术企业申请资料准备,并及时向谢宏汇报进度,高新技术企业申请似乎一切按照计划的那样进行着。很快,浙江省2008年第二批高新技术企业名单公布,贝因美也在其中。

根据《高新技术企业认定管理办法》以及《科学技术部、财政部、国家税务总局关于印发〈高新技术企业认定管理工作指引〉的通知》(国科发火〔2008〕362号)的相关规定,在按照新标准取得认定机构颁发的高新技术企业资格证书之后,可以在2008年1月1日以后,享受对尚未到期的定期减免税优惠执行到期满的过渡政策。

### 三、"高新盖帽"助推贝因美顺利上市

2008年后,盖帽"高新技术"的贝因美依托政策优惠和行业格局的洗牌局面,一路突飞猛进,销售规模快速增加,在长达3年的高新技术企业"盖帽"下,整体业绩上升迅猛,并于2011年4月12日在深圳证券交易所顺利上市,股票代码:002570。

(一)资产构成分析

贝因美固定资产等非流动资产规模增长很快,2010年末较2008年末增长了106.58%,且占公司总资产的比重由2008年末的43.92%上升至2010年末的47.63%。由于主营业务增长,2010年度的主营业务收入较2008年度增长达到108.16%,为了满足业务规模增长的需求,贝因美在黑龙江安达、湖北宜信、广西北海以及杭州建立奶粉、米粉生产基地,相应的土地、房屋及机器设备等长期资产大幅增加。流动资产规模随公司营业规模的增长而增长。

(二)偿债能力及现金流量分析

2008年末—2010年末贝因美资产负债率较高,分别为75.56%、52.56%和56.94%。2008年末—2010年末流动负债占总负债的比重分别为97.94%、84.44%和76.46%,流动负债主要为短期借款、应付票据、应付账款、预收账款和其他应付款构成,5项合计占各期末流动负债的比例分别为85.55%、83.12%和84.60%。公司实力增强,银行融资能力也得到显著的提高,截至2010年末,取得35 099万元长期借款,使得公司负债结构得以改善,拥有长期稳定资金。

2008年度、2009年度和2010年度,息税前折旧摊销前利润总额分别为19 679.02万元、51 967.43万元和65 000.21万元;利息保障倍数分别为4.25倍、17.81倍和15.78倍。公司具有良好偿付借款利息能力,并具有进一步举债的能力。2009年度和2010年度,公司经营活动现金流量净额低于当期实现的净利润,但销售产生的现金能够加好回款,资金周转情况良好,盈利良好。2008年度经营活动现金流量净额低于同期的净利润,主要是2008年度实现的收入中,有一部分于2007年底预收的货款。

(三) 资产周转能力分析

2008—2010年度应收账款周转率分别为14.38次、17.73次和16.32次,略微波动,整体呈上升趋势。随着业务规模快速发展,产品在市场的知名度及影响力不断提升,在市场供不应求,贝因美在应收账款回收期间上掌握较大的主动性。2008—2010年存货周转率分别为4.66次、4.32次和3.83次,虽有所下降,导致存货周转天数逐年增加,但幅度较小,主要源于贝因美销售规模快速增加,产品质量和销量增速都较快。

## 四、"伪高新门"余波不断　丢了认证资格又补税

2009年5月《关于实施高新技术企业所得税优惠有关问题的通知》(国税函〔2009〕203号文)要求高新企业在通过认定的3年内,每年均需保持认定的所有条件,否则将无法享受税收优惠。这一纸"通知"搅醒了很多企业"突击做账,三年享福"的美梦,此前企业均认为只要获得"高新证书",就必然享受3年税率15%的税收优惠,但"通知"的出台意味着,一旦"假冒"的高新技术企业被查出,将不得享受高新技术企业的优惠,已享受优惠的将追缴其已减免的企业所得税税款。

2011年,颁布《高新技术企业认定管理办法》及配套规定的实施即将走过第一个"3年"。依规定,高新资格自颁发证书之日起有效期为3年,即至2011年底,首批获证的上市公司(或其下属公司)将面临"证书到期"的境况,它们要么提出复审以延续证书效用,要么不再上报坐待证书失效。由于"高新"认证至少可为企业换来15%所得税率等优惠政策,此时的贝因美也正在厉兵秣马"备战"复审。

(一) 贝因美"伪高新"剥下画皮

2011年9月初,一份杭州市滨江区国家税务局的通知到达贝因美总部,原董事长谢宏已于7月辞职,新上任的董事长朱德宇一脸凝重,紧急召开公司高层会议。会议上财务总监周凯讲道:"当前我们需要尽快将需补缴的资金补缴,在会计处理上,依据

企业会计准则第28号的相关规定,确定为会计前期差错,采用追溯重述法更正2008年、2009年度财务报表,即:减少公司的净资产及公司资金5 892万元,影响2008年、2009年度净利润分别为1 082.25万元、4 810.46万元,对2011年业绩无影响。"董事长朱德宇说:"我希望各部门积极主动配合财务部出台问题解决方案,尽快将此事的解决方案提交给董事会、监事会,不要给公司带来过大的影响。"

2011年10月26日,贝因美发布《关于前期差错更正及追溯调整的公告》称,根据《审计署关于浙江省国家税务局2009年至2010年税收征收征管情况的审计决定》(审财决〔2011〕193号),经审计署认定,贝因美2008年申报高新技术企业资格时,前3年实际投入的研发费用占销售收入的比重仅为0.65%,且申报的发明专利与其主要产品的核心技术不直接相关,减免的2008年度和2009年度高新技术企业所得税,需补缴税款58 927 096.40元。

同时贝因美根据《企业会计准则》的相关规定,对2008年度、2009年度财务报表予以追溯调整。相关财务数据(合并财务报表口径)更正情况如表1所示。

表1 贝因美2008年度、2009年度财务报表追溯调整前后变化情况 单位:元

| 调整期间 | 项 目 | 负债项目 | 股东权益项目 | | 损益项目 | |
|---|---|---|---|---|---|---|
| | | 所交税费 | 未分配利润 | 盈余公积 | 所得税 | 归属于母公司净利润 |
| 2008年度 | 更正前 | 56 962 633.66 | 67 089 588.67 | 19 568 426.10 | 16 608 578.78 | 109 345 370.77 |
| | 更正后 | 67 785 119.23 | 57 349 351.66 | 18 486 177.54 | 27 431 064.35 | 98 522 885.20 |
| | 影响数 | 10 822 485.57 | −9 740 237.01 | −1 082 248.56 | 10 822 485.57 | −10 822 485.57 |
| 2009年度 | 更正前 | 12 803 025.91 | 323 177 385.62 | 51 509 894.97 | 84 632 276.19 | 375 781 265.82 |
| | 更正后 | 71 730 122.31 | 270 142 998.86 | 45 617 185.33 | 132 736 887.02 | 327 676 654.99 |
| | 影响数 | 58 927 096.40 | −53 034 386.76 | −5 892 709.64 | 48 104 610.83 | −48 104 610.83 |

贝因美在被审计署查出属"伪高新"后,迅速补缴了2008年度、2009年度企业所得税款共计58 927 096.40元。原以为此次"伪高新门"事件已经过去,却未曾料到"伪高新门"余波不断。

(二)贝因美补税"地雷"炸第二波

2012年5月23日,贝因美发布公告称收到浙科发〔2012〕19号文件《关于浙江贝因美科工贸股份有限公司不具备高新技术企业资格的通知》:鉴于浙江贝因美科工贸股份有限公司认定前3年研发费用归集不合理,根据《高新技术企业认定管理办

法》(国科发火〔2008〕172号),经浙江省高新技术企业认定管理领导小组研究决定,浙江贝因美科工贸股份有限公司不具备高新技术企业资格。根据通知,贝因美将于2012年5月30日前补缴税27 852 597.94元,此事项将影响贝因美2012年费用27 852 597.94元。

自贝因美曝出"伪高新"事件以来,负面消息不断,9个月内连续两任董事长辞职,部分股东匆忙低价抛售股份。2012年4月23日和26日就发生3笔大宗交易,成交金额达到1.16亿元,折价率在11.40%和11.63%不等。受此消息影响,贝因美股价接连下跌,5月24日收报21.04元/股,相比2011年上市时42元/股的发行价,股价已经腰斩。而根据相关规定,贝因美5年内不能再申请"高新"资格,所得税率恢复到25%,也丧失了土地、政策扶持等方面的优惠。

## 五、贝因美高新资格之"伪"的思考

### (一) IPO路演忽悠技术研发

作为国内婴幼儿奶粉生产的龙头企业,贝因美IPO时,原董事长同时也是贝因美实际控制人的谢宏向投资者讲道:"贝因美已建立同行业领先水平的研发团队,具有较强的技术创新及研发能力,公司目前拥有28项专利权、13项专利申请权,并已掌握多项与婴幼儿食品相关的关键技术。"

实际控制人的话音犹在,贝因美随即被审计署查出并不符合高新企业条件,不仅研发费用占销售收入的比重不达标,且申报的发明专利与贝因美主要产品的核心技术不直接相关,要求退回已经享受的税收减免。

讽刺的是,自称"具有较强的技术创新及研发能力""已掌握多项与婴幼儿食品相关的关键技术"的贝因美,在被审计署查出属"伪高新"后,迅速补缴了税款。

### (二) 研发费用投入比例从未达标

科技部、财政部、国家税务总局2008年印发的《高新技术企业认定管理办法》中规定,根据企业最近1年销售额的高低,最近3个会计年度的研发费用投入比划分3个标准即3%、4%和6%。在年收入尚不得知的情况下,贝因美研发费用投入比至少需达到最低等级即3%。然而,根据贝因美发布的公告发现,其在申请高新企业资格认定时,前3年的研发费用只占销售收入的0.65%,这与认定要求相差甚远。另外,2008、2009和2010年,贝因美研发费用分别为5 972.55万元、10 204.65万元和 11 098.88 万元,占当期主营收入的比重分别为 3.09%、3.14% 和 2.76%,并没有达到《高新技术企业认定管理办法》要求的"最近 3 年不低于 3%"的标准,即使按照 3 年累计研发费用计算,贝因美 2008—2010 年投入的研发费用总额也只占到总营收的 2.99%,与 3% 的标准还是"失之毫厘"。因此贝因美研发费用投入比例之"伪"是显而易见的。

(三) 28 项专利权中奶粉专利仅 1 项

贝因美不仅无法满足研发费用投入比"3%"的硬性条件,《高新技术企业认定管理办法》中"高新企业最近 3 年内通过自主研发、受让、受赠、并购等方式,或通过 5 年以上的独占许可方式,对其主要产品(服务)的核心技术拥有自主知识产权"的条件,贝因美也无法满足。

贝因美实际控制人谢宏曾宣称的公司"拥有 28 项专利权、13 项专利申请权",实属忽悠。事实上,在贝因美所拥有的 28 项专利权中,仅 1 种"微米花果山金猴子糖消食益胃奶粉制备方法"与公司主要产品相关,其余 27 个专利都是关于产品包装、展示等不直接相关的技术。且贝因美 13 项专利申请权中,也只有 5 项与主要产品直接相关。

## 六、结束语

2011 年贝因美上市后,似乎并未受到"伪高新门"事件的影响,一路高歌猛进,并在 2013 年达到顶峰,当年实现营业收入 61.17 亿元,净利 7.21 亿元,但上市 1 年时间,包括董事长谢宏在内的 5 名公司高管先后辞职。在新一任董事任职会议上,贝因美新任董事长黄小强讲道:"公司目前没有申请到高新企业称号,贝因美正经历成长之痛。"

(执笔人:高攀;指导老师:娄祝坤)

# 杉杉股份的"华丽转身"

**适用课程：** 财务管理与理论实务　管理会计与理论实务

**编写目的：** 本案例通过分析杉杉股份从传统的服装行业成功转型到高新技术锂电池材料行业的过程，一方面帮助学生开阔视野，加深对企业战略转型动因及转型效果的认识；另一方面引导学生探讨企业多元化经营和实施战略转型过程中可能遇到的风险与存在的问题。

**知 识 点：** 企业战略转型　多元化经营　SWOT分析　财务指标分析

**关 键 词：** 多元化经营　企业战略转型

**案例摘要：** 从负极材料起步，如今，杉杉在锂离子正极、负极、电解液等综合材料方面已成为全球最大的供应商，进入苹果、奔驰、松下等跨国公司供应链。随着近两年新能源汽车市场的井喷，杉杉锂电池材料也进入全新的大发展阶段。从过去服装行业的佼佼者"华丽转身"成为高科技、新材料领域的龙头老大，杉杉转型的成功涉及的企业战略转型、多元化经营等问题值得探讨。

2001年，杉杉股份收购控股股东杉杉集团旗下上海杉杉科技有限公司，正式进军新材料领域。上海杉杉科技有限公司以锂离子负极材料产业化、商品化为重点，全面推进锂离子电池负极材料的国产化进程。2002年，杉杉股份的锂离子电池负极材料业务开始并表，但当年的营收占比不到6%。经过多年发展，杉杉股份已经完成锂电池全产业链布局，并且成为行业内龙头企业。从2013年年报来看，杉杉股份正极材料销量近万吨，在第一梯队中已经脱颖而出；负极材料销量近8 500吨，稳居行业第二；电解液销量在3 000吨左右，虽然暂时滑落至行业第四，但是研究机构认为，随着廊坊新增4 000吨产能的投产,公司将重回行业"三甲"。近几年,杉杉股份为自己寻找了一份新的副业——投资业务,在金融股权投资、类金融股权投资和创投业务等方面的工作稳步推进。杉杉股份服饰、锂电池、投资业务"三驾马车"并进的格局正式形成。

## 一、背景介绍

### (一) 公司情况简介

杉杉股份是国内服装行业中第一家通过中国环保认证和国际环保认证的企业,也是国内服装行业中规模较大、知名度较高的企业。1996年1月,杉杉股份在上海证券交易所向社会公开发行境内上市内资股(A股)股票并上市交易。"杉杉"商标于1999年被国家工商行政管理局认定为中国驰名商标。1999年杉杉总部迁往上海,从此开始实施其多元化的扩张战略,现有业务覆盖锂离子电池材料、锂离子电容、电池PACK、充电桩建设及新能源汽车运营和能源管理服务等新能源业务,以及服装、创投和融资租赁等非新能源业务,其中新能源成为公司主要的业绩来源及未来发展重点。公司的愿景是通过内部资源的高效协同,形成覆盖新能源较完整产业链环节的高性价比的系统化解决方案,致力于将公司打造成为全球新能源产业的领导者。

### (二) 转型时行业背景

#### 1. 服装行业

服装行业作为传统行业,进入壁垒较低,市场竞争激烈。20世纪90年代初涌现的诸多知名服装生产企业,成为国内服装业的先到者,占据国内市场的主要份额,竞争的主要手段主要体现在销售网络和服装产品的设计、数量和质量等方面。进入90年代末期以后,随着国内经济的快速发展、人民生活水平的提高和全球经济一体化程度的提高,服装行业体现出产品品质竞争、产品个性化竞争的特点,境外品牌在竞争中体现出良好的竞争力,而国内多数服装企业竞争主要集中在中低档产品市场和服装加工出口市场。过去的生产加工型模式已经无法适应新的市场竞争格局,只有以市场为先导发展品牌、壮大品牌,才能在国际市场竞争中赢得自己的舞台。国内优秀服装品牌的工艺水平已接近或达到国际品牌的标准,但核心价值、品牌文化内涵还远没有达到国际水平。只有不断地与国际知名品牌合作,整合产业链资源,才能提高自主品牌的内涵,提升经营品牌、运作品牌的能力,积极寻求对外合作机遇,才能拓展中国服装品牌的海外发展空间。

2. 锂离子电池材料行业

锂电池产业链包括上游原材料供应商、中游电池材料生产商和下游电池生产商。作为整条产业链的中游,锂电池材料行业的发展源自其下游锂电池产业的推动。随着国家节能环保政策相继出台,节能环保产品日益受到重视,特别是新能源汽车的推广为锂电池材料行业提供了前所未有的发展机遇。从市场容量看,受新能源汽车的拉动,锂电池市场需求持续看涨,下游市场广阔的发展空间将给上游材料供应商带来巨大的商机。从产品结构来看,市场需求的多样化推动了锂电池市场逐步走向细化,并带动了上游材料产品的细分,同时随着行业竞争的加剧,锂电材料将不断向高安全、高容量、低成本方向转化。从市场竞争格局来看,目前国内锂电池行业的企业竞争多集中于低端市场,产品相对单一、技术含量较低,高端产品之间的竞争主要表现在国内仅有的几家企业与国外产品的竞争。

## 二、杉杉股份转型始末

在商品短缺、品类单一、品牌不足的时代,杉杉西装借助大量的广告投放和生产、销售渠道的完善,成为那个时代人们对高档男装的认定标志之一。1997年,杉杉西服年销售收入20亿元,连续7年位于中国服装市场占有率第一名,最高时独占市场37.4%的份额。但是服装业是竞争性领域,没有垄断,品牌都有各自的目标消费群体,属于个性化消费,和汽车、化工、石油开采不一样,无法做到无限大。在杉杉最辉煌兴旺的时候,杉杉开始思考转型的事情。杉杉一把手郑永刚曾说:"说实话,作为一个计划经济的老企业,我们的服装做得再好,也很难做成优衣库、Zara那样的国际知名度。因为不管是工艺、技术,还是设计,我们都在跟随时尚,而不是引领时尚。"在郑永刚看来,既然改变不了在服装领域的被动局面,那就需要改变企业的战略决策。

因此,在财力和精力都还有剩余,而不是原有服装行业做不下去的时候,杉杉开始考虑转型的问题,考虑如何把企业做大,如何让企业一直健康地生存和发展下去。1999年,郑永刚将杉杉总部移师上海,开始寻找新的转型机会,实施多元化的发展战略。选择上海,是因为"上海有信息,有人才,这是企业发展的核心"。

一个偶然的机会,冶金工业部鞍山热能研究院一个研发中的"中间相炭微球(CMS)"项目进入了郑永刚的视野。调研报告指出,鞍山热能研究院碳素研究所是中国唯一一个碳素研究所;中间相炭微球是继碳纤维之后的又一重要的高科技新型炭素材料,从 20 世纪 90 年代中期一直是锂离子电池炭负极材料的主流品种和首选材料,当时只有日本才能大规模生产,价格昂贵,中国在这个领域还是空白的。当时该项目正处于中试阶段,并在申报国家"863"发展计划项目,项目产品已送往多家锂电池生产企业试用,反馈效果良好,可以替代进口的同类炭负极材料。调研报告还指出,随着使用可充电电池的电子产品品种和产量的不断增加,锂电池的市场会越来越大,将取代当时占据市场主流的镍氢电池,成为通信电子、动力汽车的主要能源材料,代表着新兴产业发展的方向。凭借多年的市场经验,郑永刚意识到这个项目的巨大发展空间。

当郑永刚考虑未来产业转型时,在进行了一次又一次的咨询后,认为新能源一定是未来的方向,于是收购了这家国家唯一的碳素研究所。郑永刚曾说:"我不是科学家,我也不是科研人员,我做的事就只是给这些科研人员在上海买房子,给他们的老婆找工作,给他们的孩子找学校。就是从这个新能源锂电材料开始,到现在为止,杉杉已经是全世界最大的锂电池材料供应商。所以说转型升级要有意识,但是要熬,要坚持。当时我们的服装产业还是蛮赚钱的,不是走投无路的时候去转型,而是在你还有钱、还健康的情况下去转型。"

1999 年,上海杉杉科技有限公司正式成立,郑永刚任董事长,杉杉和鞍山热能研究院分别以资金和项目技术入股。上海杉杉科技有限公司积极整合产学研资源,用一年左右的时间,完成了年产 200 吨中间相炭微球的设计、施工、设备安装与调试。2001 年 1 月,项目正式投产,生产锂电池负极材料,终结了日本企业在这一行业的垄断,大大降低了我国锂电池生产企业的原材料采购成本。而在选择做锂电池和锂电池材料的问题上,杉杉是这样考虑的:全世界有 200 多家锂电池制造企业,杉杉做材料供应商,它们全都有可能成为客户;如果做锂电池,就给自己带来 200 多个本可以成为客户的竞争对手。因此,杉杉的抉择是:做国际一流的锂电池材料供应商,最终目标是成为全球第一的锂电池材料供应商。

于是,杉杉开始了电池综合材料领域的横向布局和拓展。

中南大学教授李新海是新能源材料的领军人物,2003 年 11 月,杉杉股份并购了他创建的锂电池正极材料企业,经重组后共同成立了湖南杉杉新材料有限公司。2013 年底,正极材料年产 9 000 吨技改扩产项目基本完成。

2005 年,杉杉科技收购年产 500 吨电解液的东莞市锦泰电池材料有限公司,并以此为基础组建了东莞市杉杉电池材料有限公司。如今,东莞市杉杉电池材料有限公司已成为国内唯一一家南北均布局的电解液供应商。

2007年4月,杉杉旗下另一家上市公司中科英华与西部矿业集团有限公司合作,合资组建青海西矿联合铜箔有限公司,研发生产另一重要锂电材料——铜箔,目前年产高档电解铜箔1.5万吨,成为国内产业与研发并进的新材料龙头企业。

但很少有人知道,这个转型过程,郑永刚顶住了非常大的压力。由于服装行业和新能源行业的巨大差异,以及初期技术、人才储备的劣势,杉杉转型锂电池材料行业并不是一开始就那么顺利的。当时董事会8个人,7个人反对郑永刚。用他的原话来说,杉杉进入锂电池领域前面8年都是亏的,而且是亏得一塌糊涂!尽管如此,杉杉还是坚持下来了。此后,杉杉积极布局锂电池综合材料领域,拓展产学研建设,积极加强研发力量和提升人员素质,经过十几年发展,杉杉成为国内最大、世界前三的锂电材料综合供应商,这是技术人才、研发经费大量投入以后慢慢才形成的。

截至2017年上半年,杉杉的新能源业务比去年上半年同期利润增长170%。根据公司年报资料,近年来锂电池材料业务占营业收入百分比持续增加,截至2017年,公司主营业务中75.78%已经被锂电池材料覆盖,而服装业务慢慢在历史舞台中淡化,占比仅为7.96%。

### 三、杉杉转型效果

(一)杉杉服装板块剥离

在服装行业整体市场下滑态势下,杉杉已悄然剥离服装业务。杉杉发布2016年年报显示,报告期内,杉杉实现营业收入54.75亿元,同比增长11.09%,归属于上市公司股东的净利润为3.3亿元。

其中曾让杉杉名声大噪的服装业务在公司中占比再次下降。据杉杉2016年年报显示,报告期内,服装业务实现主营业务收入5.24亿元,归属于上市公司股东的净利润为3 626.17万元。虽然服装业务营收2016年同比上涨8.72%,但在杉杉整体业绩中依然呈现下降的态势,在杉杉2016年的整体营收中占比不足10%。

事实上,近年来服装业务在杉杉的整体营业收入中占比越来越小。2012年,服装业务占比约为47.98%;2013年,占比变为42.65%;2014年,占比再降为31.35%;2015年,这一数字骤降为13.5%;再到2016年,这一数字已不足10%。

媒体翻阅杉杉近年年报发现,服装业务在杉杉中占比不断下滑,不仅是由于公司锂电池新能源业务发展迅速,更是因为近年来服装板块本身的营业收入持续下滑。2012年,服装业务营收实现18.02亿元,净利润实现850万元,同比暴跌85.6%;2013年,服装业务出现亏损,净利润为-552.91万元;2014年,服装业务持续亏损,净利润为-417.39万元。2015年,服装业务实现主营业务收入5.81亿元,同比大跌49.32%,虽然终于扭亏为盈,但这主要是由于针织品业务的剥离。2016年,服装业务虽再度盈利,但服装业务本身并未实现实质性好转。目前服装业务下共4个品牌,FIRS营收微增0.67%,实现4.24亿元,但毛利率同比下降2.8%;SHANSHAN营收同比增长,但仅为3 440万元,在服装业务中占比也很小;此外,LUBIAM与MARCO AZZALI品牌营收则同比分别下滑20%、15.13%。

杉杉在发展锂电池材料业务的同时,开始逐步剥离服装业务。据年报显示,2016年,杉杉对控股子公司宁波杉杉服装品牌经营有限公司实施了整体改制。整合后的服装业务主要包括杉杉服装品牌业务及其他品牌业务,由杉杉品牌公司统一经营,并以其为上市主体在香港联交所分拆上市。此后,杉杉将彻底告别服装产业,转型成为一家新能源上市企业。

表1、表2所示分别是杉杉2012—2016年锂电池材料业务和服装业务的营业收入及归属于上市公司股东的净利润数据。

表1 杉杉锂电池材料业务和服装业务营业收入数据表　　　　单位:万元

| 营业收入 | 2012年 | 2013年 | 2014年 | 2015年 | 2016年 |
| --- | --- | --- | --- | --- | --- |
| 锂电池材料 | 167 841 | 216 385.76 | 239 888.79 | 339 821.39 | 409 594.66 |
| 服　　装 | 180 244 | 172 587 | 114 713 | 58 134.86 | 52 373.82 |

表2 杉杉锂电池材料业务和服装业务归属于上市公司股东的净利润数据表　　单位:万元

| 归属于上市公司股东的净利润 | 2012年 | 2013年 | 2014年 | 2015年 | 2016年 |
| --- | --- | --- | --- | --- | --- |
| 锂电池材料 | 34 801 | 12 903.18 | 7 810.27 | 9 996.91 | 28 069.35 |
| 服　　装 | 45 971 | -552.91 | -417.39 | 1 762.33 | 3 626.17 |

(二)财务表现

根据杉杉2001—2016年的销售毛利率额、净资产收益率以及净利润同比增长率、营业总收入同比增长率的数据(如表3、表4所示),可以对这些年来转型中的杉杉进行盈利能力和发展能力分析。

**表3　杉杉股份盈利指标数据**

| 年　份 | 销售毛利率(%) | 净资产收益率(%) |
| --- | --- | --- |
| 2001 | 33.58 | 9.14 |
| 2002 | 24.76 | 6.92 |
| 2003 | 25.28 | 6.33 |
| 2004 | 25.28 | 6.55 |
| 2005 | 22.35 | 5.28 |
| 2006 | 19.22 | 6.22 |
| 2007 | 19.38 | 7.43 |
| 2008 | 19.87 | 6.05 |
| 2009 | 20.78 | 3.49 |
| 2010 | 24.07 | 3.57 |
| 2011 | 24.43 | 4.96 |
| 2012 | 22.76 | 5.18 |
| 2013 | 21.52 | 5.16 |
| 2014 | 23.87 | 9.34 |
| 2015 | 21.66 | 14.71 |
| 2016 | 24.95 | 4.17 |

**表4　杉杉股份成长性指标数据**

| 年　份 | 净利润同比增长率(%) | 营业总收入同比增长率(%) |
| --- | --- | --- |
| 2001 | −26.41 | −9.49 |
| 2002 | 3.69 | 22.50 |
| 2003 | 0.83 | −3.85 |
| 2004 | 4.76 | 16.31 |
| 2005 | −16.73 | 24.05 |
| 2006 | 23.43 | 28.52 |
| 2007 | 21.51 | 36.90 |
| 2008 | −14.79 | 14.07 |
| 2009 | −0.91 | −14.43 |
| 2010 | 26.87 | 33.24 |
| 2011 | 27.06 | 5.69 |

(续表)

| 年 份 | 净利润同比增长率(%) | 营业总收入同比增长率(%) |
|---|---|---|
| 2012 | 3.56 | 25.11 |
| 2013 | 15.70 | 7.78 |
| 2014 | 89.58 | −9.61 |
| 2015 | 90.81 | 17.58 |
| 2016 | −52.24 | 11.09 |

## 四、问题讨论

(1) 杉杉为什么会进行战略转型?

(2) 从传统服装行业转型锂电池材料行业,跨越两种似乎完全不同的行业,杉杉转型的效果是怎样的呢?

(3) 从财务的角度来看,杉杉转型的财务表现如何?

(执笔人:李怡琛;指导老师:方宗)

# 后 记

《会计专业硕士(MPAcc)教学案例集(Ⅲ)》是在《会计专业硕士(MPAcc)教学案例集(Ⅰ)》和《会计专业硕士(MPAcc)教学案例集(Ⅱ)》基础上对上海大学管理学院会计系 MPAcc 教育工作的又一次检阅。本系列案例集的出版工作一直以来得到上海大学管理学院领导的大力支持,不仅学院给予了宝贵资助,许学国副院长还对出版工作提出了建设性意见,会计系主任徐宗宇教授更是亲自主持了案例集的策划、遴选、出版工作。

本书出版工作前后历时半年多,得益于会计系全体教师的大力支持和 2016 级 MPAcc 全体学员的努力。本书是从 2016 级 MPAcc 学员开发的 100 多篇案例中经指导老师推荐,案例集编委会筛选审核,最终结集出版,所有入选的案例均几经修订,以飨读者。

同时也感谢上海大学管理学院会计系方宗老师和上海大学出版社农雪玲女士的辛勤付出,方宗老师负责了案例集出版的协调工作,农雪玲女士在案例集的出版过程中也为我们做了大量的工作。

教学案例开发目前已经成为上海大学管理学院会计系 MPAcc 教育的一大特色,并已形成了一批成果。将来,我们会继续前行,希望通过我们的努力,能有更多优秀的案例呈现给读者,促进 MPAcc 教育的发展。

上海大学管理学院 MPAcc 案例编写委员会
2018 年 7 月 2 日于上海大学宝山校区